עִבְרִית חַיָּה

MODERN HEBREW

3rd EDITION

A First-Year Course in Conversation, Reading and Grammar

HARRY BLUMBERG and
MORDECAI H. LEWITTES

HEBREW PUBLISHING COMPANY

NEW YORK

הַתֹּכֶן

סִפּוּרִים נוֹסָפִים

נִסְפָּח APPENDIX

שִׁירִים

עִבְרִית חַיָּה

PREFACE

The revival of Hebrew as a spoken language may well be regarded as one of the miracles of our age. That Hebrew has permanently taken its place among the living languages of our time can no longer be disputed. The use of Hebrew as the language of daily speech in Israel, the growth of the Hebrew press and theatre and the rebirth of modern Hebrew literature bear eloquent testimony to this fact.

In appreciation of the new role that the Hebrew language has begun to play, many secondary schools, colleges and adult institutes throughout the United States have introduced instruction in modern Hebrew as a regular part of the curriculum. The Board of Education of the City of New York, in particular, has pioneered in this field and now offers instruction in Hebrew in eighteen junior and senior high schools.

The need for suitable Hebrew texts which would appeal to older students and to adults has been keenly felt. The authors, therefore, have prepared this basic beginners' text in Hebrew in the hope of filling a genuine need for a text which would incorporate the best features of modern language pedagogy.

The authors have sought to emphasize the following aims:

1. SPOKEN HEBREW. The war has shown the importance of stressing skill in speaking as one of the primary aims of modern language instruction. The text emphasizes this aim by means of narrative material that can serve as the basis for conversation, exercises to promote spoken Hebrew, conversational guides and a carefully chosen active vocabulary of 350 words based on the frequency list compiled by Dr. Rieger of the Hebrew University. (The words for active recall have been listed after each five lessons in the first review exercise.) In accordance with the emphasis on spoken Hebrew, the pronunciation indicated is the Sefardic, since it is the Sefardic pronunciation which is used in every-day speech in Israel.

The stories lend themselves to narration and teachers are urged to develop aural comprehension by telling the story in Hebrew before the story is read. (According to this method, new words and their translation are written on the board at the beginning of the lesson and presented in context as the instructor tells the story in simple Hebrew. After the story has been told orally, the student can refer to the printed word.)

2. READING. To promote reading ability, the authors have presented a series of carefully-graded stories. Besides the basic story in each lesson many additional stories for extensive reading have been included. There are also supplementary stories after the 50 lessons of the regular text. The stories are based on daily experiences, Hebrew folk-lore and life in Israel or America, and will appeal to the student both from the point of view of content and presentation. The book employs, in addition to the 350 active words, about 750 words, nearly all of which are of high frequency on the Rieger list.

3. GRAMMAR. The grammatical principles are arranged systematically; they have been integrated with the reading lessons, and have been presented functionally with numerous illustrations. A variety of exercises for each lesson, review drills, comprehensive tests after every 5 lessons, useful paradigms, English-Hebrew and Hebrew-English dictionaries have been added in the hope that they will help the student to acquire a thorough grasp of the basic elements of Hebrew.

The ultimate aim of all language instruction, of course, is to acquaint the student with the culture and civilization of the people whose language he is studying. The authors have striven, therefore, to include stories that have interesting cultural content. In addition, proverbs, songs, photographs, maps and extensive supplementary material will serve to introduce the student to the rich world of Hebrew culture.

H. B.
M. H. L.

PREFACE TO REVISED EDITION

The unusually favorable and appreciative reception accorded *Modern Hebrew* by students, teachers and educators alike, since the first edition appeared in 1946, has encouraged the authors to undertake a thorough re-examination and revision of the text in the light of the more recent trends in modern language teaching. The writers have felt that the acceptance of *Modern Hebrew* as an approved text for the study of the Hebrew language by so many public and private schools in this country and abroad is chiefly due to two desirable features of the book: 1) the interesting, challenging, and culturally valuable reading materials contained in the text, and 2) the pedagogically sound methodology employed in presenting the vocabulary, reading materials and grammar to the beginning student. The authors have therefore aimed to preserve these two worthwhile features in the revised edition.

In line with the recent emphasis upon the audio-lingual aspect of modern language learning, the authors have revised a number of lessons by adding useful and pertinent conversational material. They have also introduced a few new lessons reflecting modern Israeli living and speech patterns, and have transferred the Conversational Guide, which appeared as a supplement to the first edition, to appropriate lessons in the present edition. Some stylistic changes have likewise been made in keeping with current Israeli usage.

Since the ability to speak Hebrew is one of the basic aims of a course in Modern Hebrew, the teacher is urged to use varied audio-lingual devices in the classroom. Special recordings to accompany the text have been prepared to help the student improve his Hebrew pronunciation and develop an ability to comprehend the spoken word.

It is the hope of the authors that the revisions made in this edition will enhance the usefulness of the text and that *Modern Hebrew* will continue to serve as a helpful medium for the acquisition and dissemination of the fundamentals of the modern Hebrew language and culture.

PREFACE TO THE THIRD EDITION

Changes in Israeli life require changes in the text of "Modern Hebrew." New stories and photographs have also been added.

The continuing popularity of "Modern Hebrew" indicates that its basic approach to the teaching of conversation, reading, grammar and culture is helpful to the student.

We should like to thank Ephraim Kishon for permission to use "How Is the Cake?" and Ruth Raphaeli and Avi Teken for suggestions for revision.

When Joseph revealed himself to his brothers he said, "It is my mouth that speaks unto you." The Midrash interprets his words to mean: "It is in our language — Hebrew — that I speak unto you." By mastering the Hebrew language the student will understand how ancient and modern Israel speaks to the Hebrew nation and to the world.

H. B.
M. H. L.

ACKNOWLEDGEMENTS

We should like to express our appreciation to our colleagues: Abraham Aaroni, Clara Barras, Benjamin Benari, George Epstein, Solomon Feffer, Abraham S. Halkin, Edward Horowitz, Abraham Katsh, Bilhah Klein, Judah Lapson, Rose Mereson, Joseph Snow, Levi Soshuk, Reuben Wallenrod, Max Zeldner and to the late Israel S. Chipkin and Samuel Rakowitz. Thanks to their leadership and pioneering efforts, many thousands of students in the public high schools and colleges have been inspired to study Hebrew as a modern language.
H. B.
M. H. L.

The publishers acknowledge with thanks the assistance of
REBA ROTTENBERG
toward making possible this printing of the third edition.

Photographs in this volume are by Leni Sonnenfeld.

דבר אל המורה

עמדה חשובה כבשה השפה העברית בשנים האחרונות בין חוגי הדור הצעיר וביחוד בין תלמידי בתי הספר התיכוניים הממשלתיים והמכללות. למוד הלשון העברית כבר חדר לבתי ספר תיכוניים רבים שע״י ועד החינוך הכללי בניו יורק ולכמה מכללות, ולא זו בלבד, אלא שבאותם המוסדות החינוכיים הועמדה השפה העברית על מדרגה אחת עם שאר השפות החיות ולומדיה מקבלים זכויות שוות.

עובדה היא שרוב ספרי הלמוד העבריים שהופיעו עד עתה נועדו לתלמידים בגיל הילדות, והורגש זה מכבר הצורך בחומר נאות למתחילים בוגרים ולמתלמדים הרוצים לקנות את ראשית ידיעת השפה העברית בדבור ובכתב. הספר הנוכחי הוכן, איפוא, בכדי להמציא את החומר הדרוש בצורה נאה שתתאים לרוחם והבנתם של מתחילים מבוגרים, והוא יכול לשמש ספר למוד לשנה הראשונה בקורס אינטנסיבי יום־יומי, או אפילו לשנתיים במקום שאין מקדישים להוראה למעלה משנים־שלשה שעורים לשבוע.

ואלה הן המטרות העיקריות שהציבו להם המחברים בספר זה:

א. הדגשת השפה המדוברת, כי עיקר שאיפתו של הלומד הוא לרכוש את שפת הדבור.

ב. הכנת פרקי קריאה קלים ומודרגים שיש בהם תוכן מענין לקורא המבוגר.

ג. הסברת הדקדוק העברי עפ״י שיטה נוחה וקלה והקניית כללי הדקדוק לתלמיד ע״י הסברים והערות פשוטים ומובנים, לוחות פעלים ושמות, תרגילים מגוונים ומבחנים מקיפים.

ד. הצתת ניצוץ האהבה בלב התלמיד לתרבות העברית אגב קריאה בספורים עבריים מקוריים, למוד שירי ארץ ישראל החדשה וידיעות מענינות מחיי העברים בעבר ובהוה.

וכאן רוצים המחברים להעיר את תשומת לב המורה לכמה עניני הוראה חשובים:

1. שיחה

הרבה מן השעורים עובדו בצורת שיחות מענינות בין אנשים על נושאים מעשיים ויום־יומיים; וגם הכינו המחברים תקליטים כדי להרגיל את התלמיד למבטא הנכון.

חוץ מזה, קל יהיה למורה המנוסה להפוך את פרקי הקריאה להצגות ומחזות וע״י כך לתת לחניכים הזדמנות מצוינה להתבטא בעברית חיה.

2. אוצר המלים

לשם הוראת שפה חדשה נחלק אוצר המלים לשני סוגים: א) אקטיביות, ב) פא־סיביות. בסוג הראשון הוכנסו 350 מלים שכיחות, רובן ככולן לקוחות מ„אוצר מ׳ ות

היסוד" של הד"ר אליעזר ריגר מהאוניברסיטה העברית. המלים האקטיביות נרשמו וסודרו אחר כל שעור חמישי (בחזרה, בתרגיל הראשון שבו נתבקש התלמיד לתת תרגום כל מלה אקטיבית מאנגלית לעברית). שאר המלים, 750 בערך, פאסיביות הן וטעונות הכרה או הבנה בלבד. גם המלים מן הסוג השני הן מן המצויות ביותר בשפה.

3. למוד מלים חדשות

מרובות הן הדרכים אשר בהן יוכל המורה ללמד מלים וניבים חדשים, אולם כאן יספיק לציין שתים מהמקובלות והמוצלחות ביותר בהוראת לשונות:

א. המורה יספר את הספור או את תוכן פרק הקריאה בע"פ קודם שיקריא אותו לתלמידים והוא ירשום למפרע את המלים והניבים החדשים על הלוח ובאוריהן ותרגומיהן בצדן, ואח"כ יצרף את המלים החדשות באופן שתבלענה המלים בתוך הרצאת השעור או הספור. ואחרון אחרון יפתח התלמיד את ספרו ויקרא בו את השעור החדש. יוצא מזה שהתלמיד רוכש לו את המלים החדשות אגב התענינות בתוכן הספור וע"י כך הוא מסתגל להבנת השפה המדוברת.

ב. המורה יבור את המלים החדשות ויחבר בהן שיחות מענינות, שאלות ותשובות, משחקי לשון, משפטים הקולעים אל המטרה, וכדומה, עד שהתלמיד יתרגל למלים החדשות, וגם כאן מוטב שהמורה יכתוב את המלים על הלוח, ואחר שינון מספיק יגש המורה ללמד את פרק הקריאה בספר.

4. דקדוק

השעורים בדקדוק משולבים בחומר לקריאה ואגב קריאת השעור יתעורר הצורך לבאר תמונה דקדוקית, ואחר שיבינו התלמידים את השמוש הדקדוקי, יעלה בידי התלמידים לשנן את הכלל הדקדוקי בעזרת המון תרגילים המצויים בסוף כל שעור. בסוף הספר יימצאו לוחות נאים וברורים של תמונות הפעלים והשמות.

אם ליודעי לשון וספר מהווה תורת הנקוד פרשה מסובכת למדי, למתחילים גמורים עאכו"כ. ולכן החליטו המחברים לוותר במקומות אחדים על רפיית הדגש אחר אותיות אהו"י לבל ייכשלו הלומדים המתחילים בהבנת פירוש המלות. בשאר המקומות, כמובן, נשמרו כל כללי הנקוד.

5. קריאה אינטנסיבית

פרקי הקריאה חוברו באופן הדרגתי. הוכנס מספר מצומצם של מלים חדשות בכל שעור. החומר נלקט מחיי התלמיד וחוויותיו בבית הספר, מההוי הארץ־ישראלי, מאוצר האגדה והמדרש ומחיי היהודים באמריקה. בסוף חמשים פרקי הקריאה נוספו עוד כמה שעורים אם המורה יזדקק לחומר נוסף.

6. קריאה נוספת וחרישית

החל משעור עשרים ושבעה נוספו שני ספורים קלים לכל חמשה שעורים לשם עבודה עצמית וחרישית בכדי שהתלמיד יסתגל לקריאה רהוטה שאינה טעונה הכנה לשונית מרובה.

7. עניני תרבות

בסוף כל שעור כמעט, נוסף חומר תרבותי רב תוכן וענין לשם הרחבת אופקו של הלומד המתחיל. החומר ניתן בעברית ותרגומו האנגלי בצדו, ולקוח הוא עפ"י רוב מחיי היהודים בארץ ישראל והוא מכיל ידיעות חשובות בדבר תחיית הארץ והשפה. רוב הפרטים התרבותיים יש להם קשר ישר בגוף פרקי הקריאה וקל יהיה למורה לצרף את שניהם כי הם מתמלאים זה מזה ומשלימים זה את זה.

ערך מיוחד יש לזמרה ולמוסיקה העברית החדשה בטיפוח האהבה לשפה והרחבת ידיעתה ולזה הכניסו המחברים מספר ידוע של שירים עבריים שנתחבבו על לב העם, יחד עם תווי הזמרה.

8. תרגילי קריאה

מדור מיוחד בסוף הספר הוקדש לתרגילי קריאה מיכנית ומובנת עפ"י המבטא הספרדי ובו מבוארים כללי המבטא הזה, ונוספו הערות לאלה הרוצים ללמוד את הספר עפ"י המבטא האשכנזי. לתלמידים שאין להם ידיעה בקריאת הא"ב העברי, כדאי להתחיל במדור הזה מיד, ואחר למוד האותיות העבריות יעבור המורה אל פרקי הקריאה.

9. תרגילים, חזרות ומבחנים

עובדה היא ששפת האם אינה נקנית אלא אחר הרבה חקוי לשון וחזרה, ואם אצל שפת האם כך הוא, לגבי שפה זרה עאכו"כ. ולכן הוכנסו תרגילים מרובים בלשון ובדקדוק שמושי. סודרה רשימה שלמה של „מלות היסוד" בסוף כל חמשה שעורים, ועובדו חזרות וגם מבחנים מקיפים — הכל לשם קליטת החומר המלולי במוחו של התלמיד וסוף כל סוף בכדי שיוכל התלמיד להתבטא במדה מספיקה בשפה העברית החיה.

הקדמה למהדורה השנייה

עברו שבע עשרה שנה מאז יצא לאור הספר „עברית חיה" במהדורתו הראשונה. במשך השנים האלו זכה הספר ונתקבל כספר לימוד בהרבה בתי ספר תיכוניים, אוניברסיטאות, ובתי ת"ת בכל רחבי ארצות הברית ומחוצה לה. ואמנם התגובה החיובית הזאת מצד סטודנטים ומורים ותפוצתו הרחבה של הספר עודדו והניעו את המחברים לגשת להכנת מהדורה מתוקנת שתשקף ביתר הטעמה את השיטה החדשה הנהוגה כעת בהוראת שפות זרות, דהיינו השיטה השמעית־לשונית בה יושם הדגש בשמיעת השפה ודבורה. המחברים משוכנעים ששתי המעלות הטובות של הטכסט במהדורתו הראשונה הן: א) חומר־המקרא המשובח והמלא ערך תרבותי, ב) המיתודיקה המסודרת והיעילה בהרצאת שעורי המקרא והדקדוק. משום כך החליטו העורכים לשמור צביון מיוחד זה של הספר גם במהדורתו השנייה.

ברם, כדי להקנות לסטודנטים את שפת הדבור ביתר קלות והרחבה, הוסיפו המחברים בכמה שעורים שיחות מענינות הנוגעות לנושאי השעורים. הוכנסו גם כן מספר שעורים חדשים לגמרי המשקפים את ההווי הארץ־ישראלי ודרכי הבעה חדישות הנהוגות בארץ כיום. השיחון השמושי שנמצא במהדורה הראשונה בסוף הספר הועבר ושולב בשעורים המתאימים לשיחות השונות. נעשו גם כן כמה שנויים קלים בסגנון העברי בהתאם לשמוש הלשון הרווח כעת בארץ.

תקוותם הנאמנה של המחברים היא שהתיקונים והשנויים שנעשו במהדורה השנייה יהיו לעזר לסטודנט ולמורה ויעלו את ערכו השמושי של הספר, ושהטכסט ימשיך לשמש אמצעי יעיל לרכישת יסודות השפה העברית ותרבותה.

צ. ב.

מ. צ. ל.

הקדמה למהדורה השלישית

מפני שנויים בחיים הישראלים בשנים האחרונות הכניסו המחברים ספורים חדשים ותיקונים בתוכן הספר. גם הצילומים הם חדשים.

היחס החיובי ל„עברית חיה" מוכיח שגישת המחברים להוראת שיחה, קריאה, דקדוק ותרבות היא מועילה מאד לסטודנט.

אנחנו מודים לסופר אפרים קישון שנתן רשות להכניס את ספורו „איך העוגה?" ולרות רפאלי ולאבי תקן בעד הצעותיהם.

צ. ב.

מ. צ. ל.

TO THE STUDENT

Shalom!

You are now beginning the study of the Hebrew language, the language of the ancient Bible and modern Israel.

The Hebrew language has had a tremendous influence on world civilization. The Ten Commandments, for example, were originally written in Hebrew; so too was the golden rule of brotherhood, "Love thy neighbor as thyself." It is characteristic that the American colonists, who were inspired by the historic Israelite struggle for freedom, chose the translation of a Hebrew verse as the inscription for the Liberty Bell, "Proclaim liberty throughout all the land unto all the inhabitants thereof."

The stories of Adam and Eve in the garden of Eden, Abraham in Canaan, Joseph and his brethren, Moses in Egypt, Ruth and Naomi, David and Solomon, Mordecai and Esther were first told in Hebrew. These narratives, as well as the prophecies of Isaiah and Jeremiah, the poetry of the Psalms, "The Ethics of the Fathers," the poems of Halevi and Bialik are among the great literary treasures composed in Hebrew.

It is important for the student to remember that Hebrew is both a modern and an ancient language. Some day if you have the good fortune to visit Israel you will observe how the tongue of the prophets has been reborn on the lips of young and old. Hebrew, now a living language, is spoken in the homes and in the schools, in the factories and on the farms, in the cities and settlements of Israel. As one author picturesquely described it, "Airplanes as well as angels now fly through Hebrew literature." Hebrew is the key to the soul of the Jewish people and to the culture of modern Israel.

עִבְרִית חַיָּה

שִׁעוּר רִאשׁוֹן

LESSON 1

Vocabulary מִלּוֹן

pupil (*m.*)	תַּלְמִיד	Sarah	שָׂרָה
how are you? (*m. s.*)	מַה שְׁלוֹמְךָ?	and	וְ
how are you? (*f. s.*)	מַה שְׁלוֹמֵךְ?	Dan	דָּן
fine; O.K.; all right (literally, "in order")	בְּסֵדֶר	hello; good-bye; peace	שָׁלוֹם
good	טוֹב	who (are)?	מִי
teacher (*m.*)	מוֹרֶה	you (*m. s.*)[1]	אַתָּה
the teacher	הַמּוֹרֶה	I (am)	אֲנִי
		uncle	דּוֹד

שָׂרָה וְדָן

Sarah and Dan meet and exchange greetings in Hebrew.

דָּן: שָׁלוֹם.

שָׂרָה: מִי אַתָּה?

דָּן: אֲנִי דָּן, אֲנִי תַּלְמִיד.

שָׂרָה: שָׁלוֹם, דָּן. אֲנִי שָׂרָה. מַה שְׁלוֹמְךָ?

דָּן: בְּסֵדֶר. מַה שְׁלוֹמֵךְ?

שָׂרָה: טוֹב.

דָּן: שָׁלוֹם, שָׂרָה.

שָׂרָה: שָׁלוֹם, דָּן.

[1] Masculine singular; for a complete list of abbreviations see page 393.

1

Grammar דִקְדּוּק

A. Indefinite and Definite Articles

Definite		Indefinite		
the pupil	הַתַּלְמִיד	(a) pupil	תַּלְמִיד	.1
the teacher	הַמּוֹרֶה	(a) teacher	מוֹרֶה	.2
the uncle	הַדּוֹד	(an) uncle	דּוֹד	.3

The indefinite article "a" or "an" is omitted in Hebrew. (It is understood.) The definite article "the" is expressed by the letter הַ which is attached as a prefix to the noun.

B. Masculine and Feminine

Feminine נְקֵבָה		Masculine זָכָר		
(a) pupil	תַּלְמִידָה	(a) pupil	תַּלְמִיד	.1
(an) aunt	דּוֹדָה	(an) uncle	דּוֹד	.2
(a) teacher	מוֹרָה	(a) teacher	מוֹרֶה	.3

The feminine is usually formed by adding ָה as a suffix to the noun. (Note: מוֹרֶה is made feminine by changing the vowel ֶ to ָ.)

C. The Conjunction "And"

Sarah and Dan	שָׂרָה וְדָן	.1
an uncle and an aunt	דּוֹד וְדוֹדָה	.2
the teacher and the pupil	הַמּוֹרֶה וְהַתַּלְמִיד	.3

"And" is expressed in Hebrew by the letter וְ which is always attached as a prefix to the following word.

D. Omission of "Am," "Is," "Are"

I (am) a pupil.	1. אֲנִי תַּלְמִיד.
Sarah (is) a pupil.	2. שָׂרָה תַּלְמִידָה.
You (are) a pupil.	3. אַתָּה תַּלְמִיד.

The various forms of "to be" in the present tense, "am," "is" and "are," are not expressed in Hebrew. (They are understood.)

Exercises תַּרְגִּילִים

I. Translate the dialogue on page 1 into English.

II. Translate the following dialogue into Hebrew:

Teacher: Hello, Sarah. Hello, Dan.
Sarah and Dan: Hello.
Teacher: How are you, Sarah?
Sarah: Fine.
Teacher: Who is a pupil?
Sarah: Dan is a pupil.
Teacher: Who am I?
Sarah: You are a teacher.
Teacher: How are you, Dan?
Dan: Fine.
Teacher: Who is Sarah?
Dan: A pupil.
Teacher: Good-bye, Sarah and Dan.
Sarah and Dan: Good-bye.

III. Make the following nouns definite:

1. תַּלְמִיד 2. תַּלְמִידָה 3. מוֹרֶה 4. מוֹרָה 5. דּוֹד

IV. What is the gender of each of the following nouns?

1. הַתַּלְמִיד 2. דָּן 3. מוֹרֶה 4. מוֹרָה
5. תַּלְמִידָה 6. דּוֹד 7. דּוֹדָה 8. שָׂרָה

V. Connect each pair of words with וְ:

1. דָּן ...שָׂרָה   2. דּוֹד ... דּוֹדָה   3. הַמּוֹרֶה ...הַתַּלְמִיד

4. אֲנִי ...אַתָּה   5. דָּן ...הַדּוֹד

VI. Translate. (Remember that "am," "is" and "are" are understood in Hebrew, but must be added in English.)

1. דָּן תַּלְמִיד.
2. אֲנִי תַּלְמִיד.
3. שָׂרָה תַּלְמִידָה.
4. מִי אַתָּה?
5. אֲנִי הַמּוֹרֶה.

VII. Vocabulary test. (Translate into Hebrew):

1. hello
2. good
3. uncle
4. the pupil
5. teacher
6. how are you? (*m.*)
7. how are you? (*f.*)
8. I
9. Sarah
10. Dan
11. you
12. who?
13. and
14. fine
15. book

VIII. Oral Hebrew:

Pretend you have met somebody in Tel Aviv. Exchange greetings and inquire about each other's welfare in Hebrew.

The Western Wall, Jerusalem

Damascus Gate, Jerusalem

שִׁעוּר שֵׁנִי

LESSON 2

מִלּוֹן

book	סֵפֶר	room	חֶדֶר
on	עַל	in the room	בַּחֶדֶר
table	שֻׁלְחָן	pupils (*m.*)	תַּלְמִידִים
chair	כִּסֵּא	(in) Hebrew	(בְּ)עִבְרִית'
yes	כֵּן	where (is)?	אֵיפֹה
blackboard	לוּחַ	what (is)?	מַה, מָה
writes, is writing	כּוֹתֵב	this (is)	זֶה
		wall	קִיר

מוֹרֶה וְתַלְמִיד

Can you answer questions in Hebrew? Dan discovers that it can
be done.

הַמּוֹרֶה בַּחֶדֶר. הַתַּלְמִידִים בַּחֶדֶר.

הַמּוֹרֶה (בְּעִבְרִית): שָׁלוֹם, תַּלְמִידִים.

הַתַּלְמִידִים: שָׁלוֹם.

הַמּוֹרֶה: מַה שְׁלוֹמְךָ, דָּן?

דָּן: בְּסֵדֶר.

הַמּוֹרֶה: מִי תַּלְמִיד?

דָּן: אֲנִי תַּלְמִיד.

---

¹ בְּ means "in;" בַּ means "in the."

5

הַמּוֹרֶה: מִי הַמּוֹרֶה?

דָּן: אַתָּה הַמּוֹרֶה.

הַמּוֹרֶה: מִי בַּחֶדֶר?

דָּן: הַתַּלְמִיד בַּחֶדֶר.

הַמּוֹרֶה: מִי תַּלְמִידָה?

דָּן: שָׂרָה.

הַמּוֹרֶה: אֵיפֹה שָׂרָה?

דָּן: שָׂרָה בַּחֶדֶר.

הַמּוֹרֶה: מַה זֶה?

דָּן: זֶה סֵפֶר.

הַמּוֹרֶה: טוֹב. אֵיפֹה הַסֵּפֶר?

דָּן: הַסֵּפֶר עַל הַשֻּׁלְחָן.

הַמּוֹרֶה: מַה זֶה?

דָּן: כִּסֵּא.

הַמּוֹרֶה: כֵּן. מַה זֶה?

דָּן: לוּחַ.

הַמּוֹרֶה: מִי כּוֹתֵב עַל הַלּוּחַ?

דָּן: אַתָּה. הַמּוֹרֶה כּוֹתֵב עַל הַלּוּחַ.

הַמּוֹרֶה: אֵיפֹה הַלּוּחַ?

דָּן: הַלּוּחַ עַל הַקִּיר.

הַמּוֹרֶה: כֵּן. שָׁלוֹם, דָּן. שָׁלוֹם, תַּלְמִידִים.

הַתַּלְמִידִים: שָׁלוֹם.

שעור שני

דִּקְדּוּק

A. Plural of Nouns

Plural רִבּוּי		Singular יָחִיד	
		Masculine זָכָר	
pupils	תַּלְמִידִים	pupil	תַּלְמִיד
uncles	דּוֹדִים	uncle	דּוֹד
lessons	שִׁעוּרִים	lesson	שִׁעוּר
exercises	תַּרְגִּילִים	exercise	תַּרְגִּיל
vocabularies	מִלּוֹנִים	vocabulary	מִלּוֹן
		Feminine נְקֵבָה	
pupils	תַּלְמִידוֹת	pupil	תַּלְמִידָה
aunts	דּוֹדוֹת	aunt	דּוֹדָה
teachers	מוֹרוֹת	teacher	מוֹרָה

1. Masculine nouns generally form their plural by adding ־ִים. Feminine nouns ending in ־ָה form their plural by dropping the ־ָה and adding וֹת.

2. Note that שִׁעוּר, תַּרְגִּיל and מִלּוֹן are regarded as masculine and form their plurals by adding ־ִים.

3. The plural of מוֹרֶה is מוֹרִים.

B. Auxiliary Verbs

I (am) writing on the board.	1. אֲנִי כּוֹתֵב עַל הַלּוּחַ.
The teacher (is) writing on the board.	2. הַמּוֹרֶה כּוֹתֵב עַל הַלּוּחַ.
What (does) the teacher write?	3. מַה כּוֹתֵב הַמּוֹרֶה?
What (are) you writing?	4. מָה אַתָּה כּוֹתֵב?

The auxiliary verbs "am," "is" and "are", used in the progressive form of the English verb ("am writing," "is writing"), are not expressed in Hebrew. (See sentences 1, 2 and 4, above.) Similarly, the verbs "do" and "does," used frequently in English in interrogative sentences, are not expressed in Hebrew. (See sentence 3, above.)

תַּרְגִּילִים

I. Answer each question in Hebrew:

1. מַה שְּׁלוֹמְךָ?
2. מִי תַּלְמִידָה?
3. אֵיפֹה הַסֵּפֶר?
4. אֵיפֹה הַלּוּחַ?
5. מִי תַּלְמִיד?
6. מִי בַּחֶדֶר?
7. מַה בַּחֶדֶר?
8. מִי כּוֹתֵב עַל הַלּוּחַ?

II. Choose the correct word:

1. הַתַּלְמִידִים ——————. (בַּחֶדֶר, בַּסֵּפֶר)
2. מַה שְּׁלוֹמְךָ, ——————? (דָּן, שָׂרָה)
3. —————— הַכִּסֵּא? (מִי, אֵיפֹה)
4. הַסֵּפֶר עַל ——————. (הַלּוּחַ, הַשֻּׁלְחָן)
5. שָׁלוֹם, ——————. (תַּלְמִידִים, תַּרְגִּילִים)
6. הַלּוּחַ עַל ——————. (הַכִּסֵּא, הַקִּיר)

III. Change into the plural. (Study the rule on page 7.)

1. תַּלְמִיד 2. דּוֹד 3. שִׁעוּר 4. תַּרְגִּיל 5. מִלּוֹן

6. מוֹרֶה 7. מוֹרָה 8. דּוֹדָה 9. תַּלְמִידָה 10. הַדּוֹד

IV. Translate into Hebrew. (Auxiliary verbs are not translated.)

1. What (is) this? This (is) a book.
2. The book (is) on the table.
3. Where (is) the teacher?
4. I (am) writing on the blackboard.
5. What (does) the pupil write?
6. What (are) you writing?

V. Match the following:

room	שֻׁלְחָן
Hebrew	סֵפֶר
blackboard	כִּסֵּא
yes	לוּחַ
uncle	תַּלְמִיד
book	מוֹרֶה
chair	דּוֹד
table	עִבְרִית
teacher	חֶדֶר
pupil	כֵּן

VI. Oral Hebrew:

Pretend you are the teacher. Ask 5 questions in Hebrew about people or objects in the classroom.

HEBREW NAMES

Hebrew has contributed more proper names to English than any other language. Here are some examples:

MEANING	ENGLISH	HEBREW
Exalted father	Abraham	אַבְרָהָם .1
Praise	Judah	יְהוּדָה .2
Judge	Dan	דָּן .3
Father of light	Abner	אַבְנֵר .4
God has given	Jonathan	יְהוֹנָתָן .5
Beloved	David	דָּוִד .6
Peace	Solomon	שְׁלֹמֹה .7
Strong	Ethan	אֵיתָן .8

שִׁעוּר שְׁלִישִׁי

LESSON 3

מִלּוֹן

nice, pretty	יָפֶה ז׳ (נ׳ יָפָה)²	only	רַק
Solomon	שְׁלֹמֹה	says, say	אוֹמֵר (ר׳ אוֹמְרִים)¹
picture	תְּמוּנָה	to	אֶל
David	דָּוִד	see	רוֹאֶה
English	אַנְגְּלִית	what else?	מָה עוֹד
no	לֹא	asks, ask	שׁוֹאֵל
bell	פַּעֲמוֹן	pen	עֵט
		rings	מְצַלְצֵל

רַק עִבְרִית

The students grow eloquent in Hebrew—all except David. But David
is saved by the bell.

הַמּוֹרֶה בַּחֶדֶר. הַתַּלְמִידִים בַּחֶדֶר.

הַמּוֹרֶה אוֹמֵר שָׁלוֹם. הַתַּלְמִידִים אוֹמְרִים שָׁלוֹם אֶל הַמּוֹרֶה.

הַמּוֹרֶה אוֹמֵר אֶל דָּן: „דָּן, מָה אַתָּה רוֹאֶה בַּחֶדֶר?״

„אֲנִי רוֹאֶה מוֹרֶה וְתַלְמִידִים,״ אוֹמֵר דָּן.

„מָה עוֹד?״ שׁוֹאֵל הַמּוֹרֶה.

„אֲנִי רוֹאֶה שֻׁלְחָן. עַל הַשֻּׁלְחָן עֵט וְסֵפֶר יָפֶה.״

---

¹ The ר׳ stands for רַבּוּי (plural). For a complete list of abbreviations see page 393.

² The ז׳ stands for זָכָר (masculine). The נ׳ stands for נְקֵבָה (feminine).

11

„טוֹב," אוֹמֵר הַמּוֹרֶה. „שְׁלֹמֹה, מָה אַתָּה רוֹאֶה?"
אוֹמֵר שְׁלֹמֹה: „אֲנִי רוֹאֶה לוּחַ. הַלּוּחַ עַל הַקִּיר.
עַל הַקִּיר תְּמוּנָה. בַּתְּמוּנָה אֲנִי רוֹאֶה תַּלְמִיד וְתַלְמִידָה.
הַתַּלְמִידָה יָפָה."
„טוֹב, שְׁלֹמֹה," אוֹמֵר הַמּוֹרֶה. „דָּוִד, מָה אַתָּה רוֹאֶה בַּחֶדֶר?"
„בְּאַנְגְּלִית?" שׁוֹאֵל דָּוִד.
„לֹא, רַק עִבְרִית," אוֹמֵר הַמּוֹרֶה.
אוֹמֵר דָּוִד: „אֲנִי רוֹאֶה... אֲנִי רוֹאֶה..."
„כֵּן," שׁוֹאֵל הַמּוֹרֶה, „מָה אַתָּה רוֹאֶה?"
„אֲנִי רוֹאֶה... אֲנִי רוֹאֶה... אֲנִי רוֹאֶה..."
הַפַּעֲמוֹן מְצַלְצֵל.
„שָׁלוֹם," אוֹמֵר דָּוִד. „הַפַּעֲמוֹן מְצַלְצֵל."
„שָׁלוֹם," אוֹמֵר הַמּוֹרֶה.

דִּקְדּוּק

A. Conjugation of אוֹמֵר (אמר)

נְקֵבָה	זָכָר
יָחִיד	
שָׂרָה אוֹמֶרֶת שָׁלוֹם.	דָּן אוֹמֵר שָׁלוֹם.
Sarah says, "Hello."	Dan says, "Hello."
רִבּוּי	
הַתַּלְמִידוֹת אוֹמְרוֹת שָׁלוֹם.	הַתַּלְמִידִים אוֹמְרִים שָׁלוֹם.
The pupils say, "Hello."	The pupils say, "Hello."

1. A verb agrees with its subject in number and in gender.
2. Note the ending of each verb:

   In the feminine singular, add ֶ—ת (אוֹמֶרֶת).

   In the masculine plural, add ִ—ים (אוֹמְרִים).

   In the feminine plural, add —וֹת (אוֹמְרוֹת).

Note, too, the changes of vowel under the מ.

3. The letter ו is added to the three root letters in the present tense.

B. Word-Order

I. The Verb

"How are you?" the teacher asks.	„מַה שְׁלוֹמְךָ?" שׁוֹאֵל הַמּוֹרֶה.
"Fine," the pupil says.	„בְּסֵדֶר," אוֹמֵר הַתַּלְמִיד.

In Hebrew, the verb often precedes the noun.

II. The Adjective

a nice book	סֵפֶר יָפֶה
a good pen	עֵט טוֹב

The adjective in Hebrew follows the noun.

תַּרְגִּילִים

I. Answer the questions, based on the story on page 11, in complete Hebrew sentences:

1. מִי בַּחֶדֶר?
2. מַה שׁוֹאֵל הַמּוֹרֶה?
3. מָה רוֹאֶה דָּן?
4. אֵיפֹה הַתְּמוּנָה?
5. מָה רוֹאֶה שְׁלֹמֹה בַּתְּמוּנָה?
6. מַה שּׁוֹאֵל דָּוִד?
7. מִי אוֹמֵר, „רַק עִבְרִית"?
8. מַה מְּצַלְצֵל?

II. Complete each sentence with the missing word:

1. הַמּוֹרֶה אוֹמֵר שָׁלוֹם אֶל ———.
2. עַל הַשֻּׁלְחָן ———.
3. הַלּוּחַ עַל ———.
4. הַמּוֹרֶה שׁוֹאֵל: „מָה אַתָּה ———?"
5. הַמּוֹרֶה אוֹמֵר אֶל דָּוִד: „רַק ———."
6. הַפַּעֲמוֹן ———.

III. Rewrite the story „רַק עִבְרִית" in the form of a dialogue.

IV. Fill in the correct form of the verb אוֹמֵר. (Study the rule on page 13.)

1. דָּן ——— שָׁלוֹם.
2. הַתַּלְמִידָה ——— שָׁלוֹם.
3. „אֲנִי רוֹאֶה תְּמוּנָה," ——— שְׁלֹמֹה.
4. „רַק עִבְרִית," ——— הַתַּלְמִידִים.
5. הַתַּלְמִידוֹת ——— שָׁלוֹם אֶל הַמּוֹרֶה.

V. Translate. (Note that the English word-order often differs from the Hebrew. Study page 13.)

1. „מָה עוֹד בַּחֶדֶר?" שׁוֹאֵל הַמּוֹרֶה.
2. „בְּאַנְגְּלִית?" שׁוֹאֵל דָּוִד.
3. „לֹא, רַק עִבְרִית," אוֹמֵר הַמּוֹרֶה.
4. דָּן תַּלְמִיד טוֹב.
5. זֶה סֵפֶר יָפֶה.

VI. **Oral Hebrew:**

Tell in Hebrew what you see in the classroom.

HEBREW NAMES

Here are some female names borrowed by English from the Hebrew language.

Meaning	English	Hebrew
Life	Eve	1. חַוָּה
Princess	Sarah	2. שָׂרָה
A ewe-lamb	Rachel	3. רָחֵל
Palm tree	Tamar	4. תָּמָר
Pleasantness	Naomi	5. נָעֳמִי[1]
Friendship	Ruth	6. רוּת
Gracious	Hannah	7. חַנָּה

[1] Pronounced *Naw-aw-mee* in both Sefardic and Ashkenazic.

שִׁעוּר רְבִיעִי

LESSON 4

מִלּוֹן

בַּיִת ז.	house	לוֹמֵד	learns, studies
(הָ)אָב,[1] אַבָּא	(the) father, papa	בָּא	came, comes
אֵם, אִמָּא	mother, mama	הֵם	they
בֵּן	son	מִסְתַּכֵּל בַּ. (ר. מִסְתַּכְּלִים)	looks at
בַּת	daughter	טֶלֶוִיזְיָה	television
יוֹשֵׁב (ר. יוֹשְׁבִים)	sits, sit	עוֹשֶׂה	do; doing; make
קוֹרֵא בְּ...	reads	שִׁעוּרֵי בַּיִת	homework
גּוֹמֵר אֶת הַשִּׁעוּר	finishes the lesson		

בַּבַּיִת

An enjoyable evening at home—but one member of the family has too much homework.

בַּיִת. הָאָב וְהָאֵם בַּבַּיִת. הַבֵּן וְהַבַּת בַּבַּיִת. הַבַּיִת יָפֶה.

שְׁלֹמֹה יוֹשֵׁב וְקוֹרֵא בְּסֵפֶר. שְׁלֹמֹה לוֹמֵד. הַדּוֹד בָּא.

„שָׁלוֹם," אוֹמֵר הַדּוֹד.

„שָׁלוֹם."

הָאָב, הָאֵם, הַדּוֹד וְשָׂרָה יוֹשְׁבִים. הֵם מִסְתַּכְּלִים בַּטֶּלֶוִיזְיָה.

שְׁלֹמֹה לוֹמֵד.

[1] The definite article becomes הָ before א, ע, ר.

„שְׁלֹמֹה, מָה אַתָּה עוֹשֶׂה?" שׁוֹאֵל הָאָב.

„אֲנִי לוֹמֵד, אַבָּא," אוֹמֵר שְׁלֹמֹה. „אֲנִי כּוֹתֵב שִׁעוּרֵי בַּיִת."

הָאָב, הָאֵם, הַדּוֹד וְשָׂרָה מִסְתַּכְּלִים בַּטֶּלֶוִיזְיָה.

שְׁלֹמֹה לוֹמֵד וְגוֹמֵר אֶת הַשִּׁעוּר.

דִּקְדּוּק

A. אֶת

I. אֶת and the Direct Object

Definite Direct Object	Indefinite Direct Object	
דָּוִד גּוֹמֵר אֶת הַשִּׁעוּר.	דָּוִד גּוֹמֵר שִׁעוּר.	1.
David finishes the lesson.	David finishes a lesson.	
דָּן רוֹאֶה אֶת הַתְּמוּנָה.	דָּן רוֹאֶה תְּמוּנָה.	2.
Dan sees the picture.	Dan sees a picture.	
אֲנִי רוֹאֶה אֶת דָּוִד.	אֲנִי רוֹאֶה תַּלְמִיד.	
I see David.	I see a pupil.	

Note that אֶת is placed before the direct object of a verb if the object is definite. (See sentences 1 and 2, above.) In sentence 3, "David" is a proper noun and is regarded as definite even without the definite article. (There is no equivalent for the word אֶת in English.)

II. Object of a Preposition

Dan sits on the chair. דָּן יוֹשֵׁב עַל הַכִּסֵּא.

The teacher says hello to the pupil. הַמּוֹרֶה אוֹמֵר שָׁלוֹם אֶל הַתַּלְמִיד.

אֶת is not required before the object of a preposition.

B. Present Tense

נְקֵבָה	זָכָר
הַתַּלְמִידָה לוֹמֶדֶת	הַתַּלְמִיד לוֹמֵד
הַתַּלְמִידוֹת לוֹמְדוֹת	הַתַּלְמִידִים לוֹמְדִים
הַתַּלְמִידָה יוֹשֶׁבֶת	הַתַּלְמִיד יוֹשֵׁב
הַתַּלְמִידוֹת יוֹשְׁבוֹת	הַתַּלְמִידִים יוֹשְׁבִים

The verbs לוֹמֵד (למד), and יוֹשֵׁב (ישב) are conjugated in the present tense like אוֹמֵר (אמר). Many other verbs, such as כּוֹתֵב (כתב) and גּוֹמֵר (גמר), are conjugated in similar manner.

תַּרְגִּילִים

I. Answer in Hebrew.

1. אֵיפֹה הָאָב וְהָאֵם?
2. מָה עוֹשֶׂה שְׁלֹמֹה?
3. מִי בָּא?
4. מִי מִסְתַּכֵּל בַּטֵּלֵוִיזְיָה?
5. מַה שׁוֹאֵל הָאָב?
6. מָה אוֹמֵר שְׁלֹמֹה?

II. Act out the following dialogue.

הָאֵם וְשָׂרָה

הָאֵם: שָׁלוֹם, שָׂרָה.

שָׂרָה: שָׁלוֹם, אִמָּא.

הָאֵם: מַה שְּׁלוֹמֵךְ?

שָׂרָה: בְּסֵדֶר. אֵיפֹה אַבָּא?

הָאֵם: בַּבַּיִת. אַבָּא קוֹרֵא.

שָׂרָה: מִי עוֹד בַּבַּיִת?

הָאֵם: שְׁלֹמֹה וְהַדּוֹד.

שָׂרָה: מָה עוֹשֶׂה שְׁלֹמֹה?

הָאֵם: שְׁלֹמֹה לוֹמֵד.

שָׂרָה: וְהַדּוֹד?

הָאֵם: הַדּוֹד מִסְתַּכֵּל בַּטֶּלֶוִיזְיָה.

III. Write a Hebrew sentence with each of the following words:

1. קוֹרֵא 2. בַּיִת 3. מִסְתַּכֵּל 4. בָּא 5. עוֹשֶׂה

6. לוֹמֵד 7. אִמָּא 8. יוֹשֵׁב 9. הֵם 10. גּוֹמֵר

IV. Rewrite each sentence inserting אֶת where necessary. (Remember that אֶת is placed before the definite object of a verb.)

1. דָּן רוֹאֶה תְּמוּנָה.
2. אֲנִי לוֹמֵד שִׁעוּר.
3. הַתַּלְמִיד כּוֹתֵב הַתַּרְגִּיל.
4. הַסֵּפֶר עַל הַשֻּׁלְחָן.
5. דָּן רוֹאֶה הַתְּמוּנָה.
6. אֲנִי לוֹמֵד הַשִּׁעוּר.
7. שְׁלֹמֹה רוֹאֶה דָּן.
8. שָׂרָה כּוֹתֶבֶת הַשִּׁעוּר.

V. Substitute שָׂרָה for דָּן in the following sentences. Change the underlined words from masculine to feminine.

1. דָּן <u>יוֹשֵׁב</u> בַּבַּיִת.
2. דָּן <u>שׁוֹאֵל</u>, „אֵיפֹה אַבָּא וְאִמָּא?"
3. „מַה <u>שְּׁלוֹמְךָ</u>, דָּן?"
4. דָּן <u>אוֹמֵר</u>, „בְּסֵדֶר."
5. דָּן <u>לוֹמֵד</u> עִבְרִית.
6. דָּן <u>כּוֹתֵב</u> עַל הַלּוּחַ.

VI. Conjugate each of the following verbs in the present tense. (Study the correct forms on page 18.)

1. אוֹמֵר   2. גּוֹמֵר   3. לוֹמֵד   4. יוֹשֵׁב   5. כּוֹתֵב

VII. Oral Hebrew:

Summarize the story בַּבַּיִת in Hebrew.

THE ALPHABET

Two Hebrew letters, "aleph" and "bet," are easily recognized in the English word "alphabet." This is no accident since the English alphabet is indirectly derived from the Hebrew.

The Hebrew alphabet is regarded by some scholars as the oldest in existence. Many ancient inscriptions in the Hebrew language have been unearthed by scientists. The Phoenicians, a seafaring race inhabiting the coastal region directly north of Israel, spoke a language almost identical with Hebrew and used the same alphabet. The Greeks learned about the letters of the Hebrew or Phoenician alphabet while trading with the Phoenicians and began to use this alphabet to write down the words of their own language. The Romans, in turn, borrowed the alphabet from the Greeks, the Latin alphabet later serving as the basis for the English and many other Western alphabets.

Of course, the ancient Hebrew characters found on inscriptions look much different from modern Hebrew characters, but the names of the letters have remained the same.

Proud Kibbutz Father

Kibbutz Ein Gesher

שִׁעוּר חֲמִישִׁי

LESSON 5

מִלּוֹן

sings	שָׁר (ר· שָׁרִים)	a Hebrew song	שִׁיר עִבְרִי
also; too	גַּם	word	מִלָּה (ר· מִלִּים)
very	מְאֹד	he; it	הוּא
thanks	תּוֹדָה	tra-la-la	זוּם גַּלִּי
you (m. pl.)	אַתֶּם	(the) pioneer	(הֶ)חָלוּץ
good (m. pl.)	טוֹבִים	for the sake of	לְמַעַן
boy, child	יֶלֶד	work (n.)	עֲבוֹדָה
		girl	יַלְדָּה

שִׁיר עִבְרִי

The students learn a Hebrew song.

חֶדֶר. הַמּוֹרֶה בַּחֶדֶר. הַתַּלְמִידִים בַּחֶדֶר.

הַמּוֹרֶה כּוֹתֵב עַל הַלּוּחַ.

שׁוֹאֵל דָּן: „מָה אַתָּה כּוֹתֵב עַל הַלּוּחַ?‟

אוֹמֵר הַמּוֹרֶה: „אֲנִי כּוֹתֵב שִׁיר עִבְרִי עַל הַלּוּחַ.‟

הַמּוֹרֶה כּוֹתֵב אֶת הַמִּלִּים עַל הַלּוּחַ. הוּא כּוֹתֵב:

זוּם גַּלִּי, גַּלִּי, גַּלִּי,

זוּם גַּלִּי, גַּלִּי.

הֶחָלוּץ לְמַעַן עֲבוֹדָה,

עֲבוֹדָה לְמַעַן הֶחָלוּץ.

זוּם גַּלִּי, גַּלִּי, גַּלִּי,

זוּם גַּלִּי, גַּלִּי.

הַמּוֹרֶה שָׁר אֶת הַשִּׁיר.

גַּם הַתַּלְמִידִים שָׁרִים אֶת הַשִּׁיר.

„זֶה שִׁיר יָפֶה,” אוֹמֵר דָּן.

„כֵּן,” אוֹמְרִים הַתַּלְמִידִים, „זֶה שִׁיר יָפֶה מְאֹד.”

„תּוֹדָה,” אוֹמֵר הַמּוֹרֶה. „וְאַתֶּם תַּלְמִידִים טוֹבִים.”

דִּקְדּוּק

A. The Adjective

זָכָר	נְקֵבָה
תַּלְמִיד טוֹב	תַּלְמִידָה טוֹבָה
a good pupil	a good pupil
תַּלְמִידִים טוֹבִים	תַּלְמִידוֹת טוֹבוֹת
good pupils	good pupils
מוֹרֶה יָפֶה	מוֹרָה יָפָה
a nice teacher	a nice teacher
מוֹרִים יָפִים	מוֹרוֹת יָפוֹת
nice teachers	nice teachers

An adjective must agree with the noun it modifies in number and in gender.

Note that the plural of יָפֶה is יָפִים. (The ה of יָפֶה drops out.)

B. Accent

1. שָׂרָה, תַּלְמִיד, מוֹרֶה, עִבְרִית, שֻׁלְחָן, כּוֹתֵב, אוֹמְרִים, תְּמוּנָה, יַלְדָּה, טוֹבוֹת.

2. בְּסֵדֶר, חֶדֶר, לוּחַ, סֵפֶר, בַּיִת, לְמַעַן, יֶלֶד.

Most Hebrew words, as in the first list, are accented on the last syllable. Some words are accented on the syllable before the last. (See the second list.) This is especially true of words following the pattern of בַּיִת and יֶלֶד.

תַּרְגִּילִים

I. Answer in Hebrew:

1. אֵיפֹה הַתַּלְמִידִים?
2. מִי כּוֹתֵב עַל הַלּוּחַ?
3. מַה שׁוֹאֵל דָּן?
4. מִי שָׁר?
5. מָה אוֹמְרִים הַתַּלְמִידִים?
6. מָה אוֹמֵר הַמּוֹרֶה?

II. Act out the following dialogue:

שְׁלֹמֹה וְדָן

שְׁלֹמֹה: שָׁלוֹם.

דָּן: שָׁלוֹם.

שְׁלֹמֹה: מִי אַתָּה?

דָּן: אֲנִי דָּן. מִי אַתָּה?

שְׁלֹמֹה: שְׁלֹמֹה. אֲנִי שְׁלֹמֹה. (הוּא שָׁר שִׁיר.)

דָּן: מָה אַתָּה שָׁר?

שְׁלֹמֹה: שִׁיר עִבְרִי, „זוּם גַּלִּי גַּלִּי."

דָּן: שִׁיר יָפֶה.

שְׁלֹמֹה: כֵּן, שִׁיר יָפֶה מְאֹד.

דָּן: שָׁלוֹם.

שְׁלֹמֹה: שָׁלוֹם.

III. Fill in the correct form of the adjective:

1. (טוב) שָׂרָה תַּלְמִידָה ———.
2. (יָפֶה) הַבַּת ——— מְאֹד.
3. (יָפֶה) הַיֶּלֶד שָׁר שִׁירִים ———.
4. (טוב) שְׁלֹמֹה וְדָוִד תַּלְמִידִים ———.
5. (יָפֶה) הָאֵם וְהַבַּת ———.

IV. Change the underlined words into the plural:

1. שָׂרָה אוֹמֶרֶת שָׁלוֹם אֶל הַמּוֹרָה.
2. עַל הַשֻּׁלְחָן עֵט.
3. הֶחָלוּץ שָׁר שִׁיר.
4. הַדּוֹד בַּבַּיִת.
5. הַיַּלְדָּה כּוֹתֶבֶת אֶת הַתַּרְגִּיל.
6. הַתַּלְמִיד קוֹרֵא אֶת הַשִּׁעוּר.

V. Which syllable is accented? (Consult page 23.)

1. מוֹרִים 2. יֶלֶד 3. יַלְדָּה 4. שָׂרָה 5. בְּסֵדֶר
6. כּוֹתְבִים 7. בַּיִת 8. לוּחַ 9. שִׁירִים 10. חֶדֶר

VI. Fill in the correct form of the verb:

1. (שׁוֹאֵל) שָׂרָה ———, „אֵיפֹה הָעֵט?"
2. (כּוֹתֵב) הַתַּלְמִידִים ——— אֶת הַמִּלִּים עַל הַלּוּחַ.
3. (יוֹשֵׁב) הָאָב וְהַדּוֹד ——— בַּחֶדֶר.
4. (גּוֹמֵר) הַתַּלְמִידוֹת ——— אֶת הַשִּׁעוּר.
5. (לוֹמֵד) הַיַּלְדָּה ——— עִבְרִית.
6. (אוֹמֵר) הָאֵם ——— שָׁלוֹם אֶל הַדּוֹדָה.

REVIEW חֲזָרָה

I. Do you know how to say these words in Hebrew?

1. and
2. hello (peace)
3. who?
4. you (*m. s.*)
5. I
6. pupil
7. how are you? (*m. s.*)
8. how are you? (*f. s.*)
9. fine; all right
10. good
11. teacher
12. the
13. uncle
14. room
15. in, in the
16. Hebrew
17. where?
18. what?
19. this
20. book
21. on
22. table
23. chair
24. yes
25. blackboard
26. writes
27. wall
28. only
29. says
30. too
31. see
32. what else?
33. asks
34. pen
35. nice
36. picture
37. English
38. no
39. house
40. father
41. papa
42. mother
43. mama
44. son
45. daughter
46. sits
47. reads
48. learns, studies
49. came, comes
50. they
51. lesson
52. finishes
53. song
54. word
55. sings
56. also, too
57. very
58. thanks
59. boy
60. girl
61. doing, make
62. homework
63. story

II. Do you know the meaning of these words?

1. דּוֹדָה
2. מִלּוֹן
3. דִּקְדּוּק
4. תַּרְגִּילִים
5. פַּעֲמוֹן
6. מְצַלְצֵל
7. זָכָר
8. נְקֵבָה
9. רִבּוּי
10. מִסְתַּכֵּל בַּ...
11. טֵלֵוִיזְיָה
12. מִלִּים
13. חָלוּץ
14. לְמַעַן
15. עֲבוֹדָה
16. אַתֶּם
17. חֲזָרָה
18. רִאשׁוֹן

III. Which English names are derived from the following Hebrew names?

1. שָׂרָה
2. דָן
3. אַבְרָהָם
4. יְהוּדָה
5. אַבְנֵר
6. יְהוֹנָתָן
7. דָוִד
8. שְׁלֹמֹה
9. חַוָּה
10. רָחֵל
11. תָּמָר
12. נָעֳמִי
13. רות
14. חַנָּה
15. אֵיתָן

IV. Do you know the following grammatical forms?

A. Noun: feminine, page 7; plural, page 7.

B. Verb: omission of "to be" and auxiliary verbs, page 3 and page 8; present tense, page 12 and page 18.

C. Adjective: definite article, page 2; position of adjective, page 13; declension, page 23.

D. Miscellaneous: אֶת, page 17; accent, page 23; word order, page 13.

V. Oral Hebrew:

A. Can you summarize in Hebrew each of the first five stories?

B. Can you converse in Hebrew on each one of these topics:

1. מַה שְּׁלוֹמְךָ? 2. בַּבַּיִת 3. מוֹרֶה וְתַלְמִיד

Test מִבְחָן

I. Answer in Hebrew: **(20)**

1. מַה שְּׁלוֹמְךָ? 3. מִי בַּחֶדֶר?
2. מָה עַל הַשֻּׁלְחָן? 4. מָה אַתָּה רוֹאֶה בַּתְּמוּנָה?
5. אֵיפֹה הַלּוּחַ?

II. Translate: **(20)**

1. The father and the mother are in the house.
2. The teacher and the pupils are sitting in the room.
3. I see a pretty girl in the picture.
4. Sarah is writing Hebrew on the blackboard.

III. Write the following nouns in the plural: **(15)**

1. דּוֹדָה 2. עֵט 3. מוֹרֶה 4. שִׁיר 5. תַּלְמִידָה

IV. Write the correct form of the verb. **(15)**

1. (יוֹשֵׁב) הָאֵם וְהַבַּת ——— בַּבַּיִת.
2. (אוֹמֵר) הַתַּלְמִידִים ——— שָׁלוֹם.
3. (כּוֹתֵב) הַמּוֹרָה ——— אֶת הַשִּׁיר עַל הַלּוּחַ.
4. (שׁוֹאֵל) שָׂרָה ———: „מַה שְּׁלוֹמְךָ?"
5. (קוֹרֵא) דָּוִד וְדָן ———.

V. Fill in the correct form of the adjective: **(10)**

1. (יָפֶה) שָׂרָה יַלְדָּה ———.
2. (טוֹב) חַנָּה בַּת ———.
3. (יָפֶה) הֶחָלוּץ שָׁר שִׁירִים ———.
4. (טוֹב) אַתֶּם תַּלְמִידִים ———.
5. (טוֹב) חַנָּה וְשָׂרָה תַּלְמִידוֹת ———.

VI. Summarize in Hebrew the story „בַּבַּיִת" either orally or in writing. **(20)**

שִׁעוּר שִׁשִּׁי

LESSON 6

מִלּוֹן

composition	חִבּוּר	I have	יֵשׁ לִי
near, alongside of, at	עַל יַד	school	בֵּית סֵפֶר
she	הִיא	in school	בְּבֵית הַסֵּפֶר
you (*f. s.*)	אַתְּ	why?	מַדּוּעַ
by	מֵאֵת	not, do not	אֵין
Shalom Aleichem (popular Jewish author)	שָׁלוֹם עֲלֵיכֶם	know	יוֹדֵעַ
small	קָטָן ז׳ (נ׳ קְטַנָּה)	more	עוֹד

חִבּוּר עִבְרִי

David struggles with a Hebrew composition.

בַּיִת. הָאָב וְהָאֵם וְדָוִד וְשָׂרָה בַּבַּיִת.

דָּוִד הַבֵּן, וְשָׂרָה הַבַּת.

דָּוִד יוֹשֵׁב עַל יַד הַשֻּׁלְחָן וְהוּא כּוֹתֵב.

שָׂרָה יוֹשֶׁבֶת עַל כִּסֵּא וְהִיא קוֹרֵאת בְּסֵפֶר.

הָאָב שׁוֹאֵל: „שָׂרָה, מָה אַתְּ קוֹרֵאת?"

אוֹמֶרֶת שָׂרָה: „אֲנִי קוֹרֵאת סֵפֶר מֵאֵת שָׁלוֹם עֲלֵיכֶם."

שׁוֹאֵל הָאָב אֶת דָּוִד: „מָה אַתָּה כּוֹתֵב?"

אוֹמֵר הַבֵּן הַקָּטָן: „אֲנִי כּוֹתֵב חִבּוּר עִבְרִי."

דָּוִד קוֹרֵא אֶת הַחִבּוּר אֶל הָאָב.

בְּבַיִת

אֲנִי יוֹשֵׁב (live) בְּבַיִת[1] יָפֶה. יֵשׁ לִי אָב, וְיֵשׁ לִי אֵם. אֲנִי הַבֵּן וְשָׂרָה הַבַּת. שָׂרָה לוֹמֶדֶת בְּבֵית הַסֵּפֶר. הִיא תַּלְמִידָה טוֹבָה. הִיא קוֹרֵאת בְּסֵפֶר יָפֶה. גַּם אֲנִי לוֹמֵד בְּבֵית הַסֵּפֶר.

שׁוֹאֵל הָאָב: „דָּוִד, מַדּוּעַ אֵין אַתָּה כּוֹתֵב עוֹד?"

אוֹמֵר דָּוִד: „אֵין אֲנִי יוֹדֵעַ עוֹד מִלִּים."

דִּקְדּוּק

A. Personal Subject Pronouns (מִלּוֹת־הַגּוּף)

I am studying in school.	1. אֲנִי לוֹמֵד בְּבֵית הַסֵּפֶר.
He is writing a Hebrew composition.	2. הוּא כּוֹתֵב חִבּוּר עִבְרִי.
We live in a beautiful house.	3. אֲנַחְנוּ יוֹשְׁבִים בְּבַיִת יָפֶה.

The words אֲנִי, הוּא and אֲנַחְנוּ in the above sentences are personal subject pronouns. They are used only as subjects of sentences. The following is a complete list of personal subject pronouns:

נְקֵבָה		זָכָר	
I	אֲנִי	I	1. אֲנִי
you	אַתְּ	you	2. אַתָּה
she	הִיא	he	3. הוּא

[1] Note that the dagesh or dot in the second letter has dropped out. This happens to several letters such as ב, כ, פ, ת when they do not begin a syllable.

רִבּוּי נְקֵבָה		רִבּוּי זָכָר	
we	אֲנַחְנוּ	we	1. אֲנַחְנוּ
you	אַתֶּן	you	2. אַתֶּם
they	הֵן	they	3. הֵם

B. Adjectives and the Definite Article

the small son	1. הַבֵּן הַקָּטָן
the small daughter	2. הַבַּת הַקְּטַנָּה
the good student	3. הַתַּלְמִיד הַטּוֹב
the pretty songs	4. הַשִּׁירִים הַיָּפִים
this son	5. הַבֵּן הַזֶּה

If the noun is definite, the adjective which modifies it must also be definite.

תַּרְגִּילִים

I. If the statement is true, write כֵּן. If the statement is false, write לֹא, and rewrite the sentence making it correct. (Based on the story on page 29.)

1. רַק דָּוִד בַּבַּיִת.
2. דָּוִד יוֹשֵׁב עַל יַד הַטֶּלֶוִיזְיָה.
3. דָּוִד כּוֹתֵב חִבּוּר.
4. הָאָב שׁוֹאֵל: „דָּוִד, מָה אַתָּה כּוֹתֵב?"
5. דָּוִד קוֹרֵא אֶת הַחִבּוּר אֶל הָאֵם.
6. שָׂרָה כּוֹתֶבֶת חִבּוּר עִבְרִי.
7. אֵין דָּוִד יוֹדֵעַ עוֹד מִלִּים בְּעִבְרִית.

II. ‏עֲנֵה בְּעִבְרִית:

‏1. מִי בַּבַּיִת?

‏2. אֵיפֹה דָּוִד?

‏3. מַה כּוֹתֵב דָּוִד?

‏4. מַה קוֹרֵאת שָׂרָה?

‏5. מִי לוֹמֵד בְּבֵית הַסֵּפֶר?

‏6. מַה שׁוֹאֵל הָאָב אֶת שָׂרָה?

‏7. מַדּוּעַ אֵין דָּוִד כּוֹתֵב עוֹד?

III. Change the underlined words from the singular to the plural:

‏1. אֲנִי בַּחֶדֶר.

‏2. מִי אַתָּה?

‏3. אֵיפֹה הוּא?

‏4. הִיא בַּחֶדֶר.

‏5. אֵיפֹה אַתְּ?

IV. Change the underlined words from the plural to the singular:

‏1. מִי אַתֶּם?

‏2. אֲנַחְנוּ בְּבֵית הַסֵּפֶר.

‏3. מִי הֵן?

‏4. הֵם בַּבַּיִת.

‏5. אֵיפֹה אַתֶּן?

V. Write the correct form of the adjective in parenthesis:

1. תְּמוּנָה (יָפֶה) —— עַל הַקִּיר.

2. הַתַּלְמִידִים (טוֹב) —— לוֹמְדִים.

3. בַּבַּיִת יֵשׁ בַּת (קָטָן) ——.

4. הַסֵּפֶר (זֶה) —— עַל הַשֻּׁלְחָן.

5. אֲנִי יוֹדֵעַ שִׁירִים (יָפֶה) ——.

VI. Review the use of the word אֵת on page 17; then translate the following sentences:

1. He is writing a good composition in Hebrew.
2. We are studying the Hebrew lesson.
3. She is writing to David.
4. Sarah is reading (in) a Hebrew book.
5. He sees the teacher and says, "Hello."

VII. Reread lesson 6 on page 29 and compose a dialogue with the following persons taking part: שָׂרָה, הָאָב, דָּוִד.

HEBREW AND ENGLISH ALPHABETS

We have already seen that the English alphabet is indirectly derived from the Hebrew. "Aleph" in Hebrew, for example, became "alpha" in Greek and "a" in English; "bet" in Hebrew became "beta" in Greek and "b" in English. Of course, many changes took place; thus, English has 26 letters and Hebrew only 22.

Here are several examples of English letters indirectly derived from Hebrew.

English Derivative	Hebrew	
	Printed Form of Letter	Name of Letter
A	א	אָלֶף
B	בּ	בֵּית
D	ד	דָּלֶת
K	כּ	כַּף
L	ל	לָמֶד
M	מ	מֵם
N	נ	נוּן
P	פּ	פֵּא
R	ר	רֵישׁ
S	שׁ, שׂ	שִׁין, שִׂין
T	ת	תָּו

Allenby Road in Tel Aviv

Apartment House and Stores

שִׁעוּר שְׁבִיעִי

LESSON 7

מִלּוֹן

תַּיָּר	tourist
תֵּל אָבִיב	Tel Aviv
רְחוֹב אַלֶּנְבִּי	Allenby Road (a main thoroughfare in Tel Aviv)
אִישׁ	man
הוֹלֵךְ	walk
מְדַבֵּר	speak
סְלִיחָה	pardon!
אֲדוֹנִי	Sir, Mr.
מְעַט	a little
עַכְשָׁו	now
אֲמֵרִיקָאִי	American
מִנְּיוּ יוֹרְק	from New York
רוֹצֶה	want
שֶׁל	of
רְחוֹב בְּיַאלִיק	Bialik Street (street named after Bialik, Hebrew national poet)
גַּן	garden, park

תַּיָּר בְּתֵל אָבִיב

An American tourist in Tel Aviv looks for the Bialik Museum.

רְחוֹב אַלֶּנְבִּי בְּתֵל אָבִיב.

תַּיָּר הוֹלֵךְ בָּרְחוֹב.

הַתַּיָּר רוֹאֶה אִישׁ.

הַתַּיָּר הוֹלֵךְ אֶל הָאִישׁ.

הַתַּיָּר מְדַבֵּר אֶל הָאִישׁ.

הַתַּיָּר: סְלִיחָה, אֲדוֹנִי, אַתָּה מְדַבֵּר אַנְגְּלִית?

הָאִישׁ: לֹא, אֲדוֹנִי, רַק עִבְרִית. אַתָּה מְדַבֵּר עִבְרִית?

הַתַּיָּר: מְעַט. אֲנִי לוֹמֵד עִבְרִית עַכְשָׁו.

הָאִישׁ: אַתָּה אֲמֵרִיקָאִי?

הַתַּיָּר: כֵּן, אֲנִי תַּיָּר אֲמֵרִיקָאִי מִנְּיוּ יוֹרְק.

הָאִישׁ: מָה אַתָּה רוֹצֶה, אֲדוֹנִי?

הַתַּיָּר: אֵיפֹה הַבַּיִת שֶׁל בְּיַאלִיק?

הָאִישׁ: הַבַּיִת שֶׁל בְּיַאלִיק[1] בִּרְחוֹב בְּיַאלִיק עַל יַד הַגַּן.
הַבַּיִת שֶׁל בְּיַאלִיק יָפֶה מְאֹד.

הַתַּיָּר: תּוֹדָה, אֲדוֹנִי. שָׁלוֹם.

הָאִישׁ: שָׁלוֹם.

דִּקְדּוּק

1. אֲנִי לוֹמֵד עִבְרִית עַכְשָׁו.	I am studying Hebrew now.
2. הִיא לוֹמֶדֶת בְּבֵית הַסֵּפֶר.	She is studying in school.
3. אַתֶּן לוֹמְדוֹת עִבְרִית.	You (*f. pl.*) study Hebrew.
4. אֲנַחְנוּ לוֹמְדִים גַּם אַנְגְּלִית.	We are also studying English.

The present tense of the verb has different endings for the masculine and feminine, singular and plural.

Present Tense of לוֹמֵד (למד)

זָכָר		נְקֵבָה	
1. אֲנִי לוֹמֵד	I study, am studying	אֲנִי לוֹמֶדֶת	I study, am studying
2. אַתָּה לוֹמֵד	you study, are studying	אַתְּ לוֹמֶדֶת	you study, are studying
3. הוּא לוֹמֵד	he studies, is studying	הִיא לוֹמֶדֶת	she studies, is studying

[1] Bialik's former house now serves as a museum.

רִבּוּי נְקֵבָה		רִבּוּי זָכָר	
we study, are studying	אֲנַחְנוּ לוֹמְדוֹת	we study, are studying	1. אֲנַחְנוּ לוֹמְדִים
you study, are studying	אַתֶּן לוֹמְדוֹת	you study, are studying	2. אַתֶּם לוֹמְדִים
they study, are studying	הֵן לוֹמְדוֹת	they study, are studying	3. הֵם לוֹמְדִים

Note that the present tense in Hebrew may be translated in any of three ways, thus: אֲנִי לוֹמֵד, I study, I am studying, I do study.

This pattern is called the קַל or Simple Conjugation. Regular verbs are called שְׁלֵמִים.

תַּרְגִּילִים

I. עֲנֵה בְּעִבְרִית:

1. אֵיפֹה הוֹלֵךְ הַתַּיָּר?
2. אֶל מִי הוּא מְדַבֵּר?
3. מַה שׁוֹאֵל הָאִישׁ?
4. מַה שׁוֹאֵל הַתַּיָּר?
5. מָה אוֹמֵר הָאִישׁ?

II. Compose a Hebrew sentence with each of the following words:

1. אִישׁ 2. סְלִיחָה 3. מְדַבֵּר 4. הוֹלֵךְ 5. רוֹצֶה

6. מְעַט 7. רְחוֹב 8. עַכְשָׁו 9. תַּיָּר 10. גַּן

III. Conjugate the following verbs in the present tense (see page 36):

1. אוֹמֵר 2. כּוֹתֵב 3. יוֹשֵׁב

IV. Fill in the correct form of the verb in the present:

1. (לוֹמֵד) אַתָּה ——— בְּבֵית הַסֵּפֶר.
2. (אוֹמֵר) הִיא ———, „שָׁלוֹם, אֲדוֹנִי."
3. (קוֹרֵא) מַדּוּעַ אֵין אַתֶּם ——— סֵפֶר עִבְרִי?

4. (יוֹשֵׁב) אֲנַחְנוּ ——— בַּחֶדֶר.
5. (יוֹדֵעַ) הֵן ——— עִבְרִית.
6. (הוֹלֵךְ) הֵם ——— בִּרְחוֹב בְּיַאלִיק.
7. (כּוֹתֵב) דָּוִד ——— חִבּוּר עִבְרִי.

V. עִבְרִית מְדֻבֶּרֶת (Oral Hebrew):

The dialogue on page 35 is to be read aloud by two students taking the parts of the tourist and the Israeli respectively. Then the conversation is to be acted out without the aid of the text.

MEANINGS OF LETTERS OF ALPHABET[1]

The name of each Hebrew letter has a meaning. Here are some of the meanings:

Meaning	Printed Form	Name of Letter
house	בּ	בֵּית
camel	ג	גִּמֶל
door	ד	דָּלֶת
hook	ו	וָו
weapon	ז	זַיִן
hand	י	יוֹד
palm of hand	כּ	כָּף

[1] For complete alphabet see page 373.

שִׁעוּר שְׁמִינִי

LESSON 8

מִלּוֹן

Aleph, Bet	א, ב	Samuel	שְׁמוּאֵל
call out; read	קוֹרֵא	Persian	פַּרְסִי
that (*conj.*)	כִּי	wise, clever	חָכָם
to mock him	לְצַחֵק בּוֹ	The Land of Israel	אֶרֶץ יִשְׂרָאֵל נ.
strikes, hits	מַכֶּה	to study	לִלְמֹד
ear	אֹזֶן נ.	opens	פּוֹתֵחַ
my ear	הָאֹזֶן שֶׁלִּי	this	זֹאת נ.
everybody	כָּל אִישׁ	hand	יָד נ.

שְׁמוּאֵל וְהַפַּרְסִי

Here is a story, taken from the Talmud, of an ancient scholar named Samuel who taught courtesy to a rude student.

שְׁמוּאֵל אִישׁ חָכָם. הוּא יוֹשֵׁב בְּאֶרֶץ יִשְׂרָאֵל.

פַּרְסִי בָּא אֶל הַבַּיִת שֶׁל שְׁמוּאֵל.

„שָׁלוֹם," אוֹמֵר הַפַּרְסִי.

„שָׁלוֹם," אוֹמֵר שְׁמוּאֵל, „מָה אַתָּה רוֹצֶה?"

אוֹמֵר הַפַּרְסִי: „אֲנִי רוֹצֶה לִלְמֹד עִבְרִית."

„טוֹב," אוֹמֵר שְׁמוּאֵל.

הָאִישׁ יוֹשֵׁב עַל יַד הַשֻּׁלְחָן.

שְׁמוּאֵל פּוֹתֵחַ סֵפֶר וְאוֹמֵר: „זֹאת א, וְזֹאת ב."

הַפַּרְסִי אוֹמֵר: „א, ב."

„מַה זֹאת?" שׁוֹאֵל שְׁמוּאֵל.

„ב," קוֹרֵא הַפַּרְסִי.

„לֹא," אוֹמֵר שְׁמוּאֵל, „זֹאת א."

„לֹא, זֹאת ב," אוֹמֵר הַפַּרְסִי.

שׁוֹאֵל שְׁמוּאֵל, „מַה זֹאת?"

„א," אוֹמֵר הַפַּרְסִי.

„ב," אוֹמֵר שְׁמוּאֵל.

„לֹא, א," קוֹרֵא הַפַּרְסִי.

שְׁמוּאֵל רוֹאֶה כִּי הָאִישׁ רוֹצֶה לְצַחֵק בּוֹ.

הוּא מַכֶּה אֶת הַפַּרְסִי עַל הָאֹזֶן.

„אוֹי (ouch) הָאֹזֶן שֶׁלִּי, הָאֹזֶן שֶׁלִּי!" קוֹרֵא הַפַּרְסִי.

„אֵין זֹאת אֹזֶן," אוֹמֵר שְׁמוּאֵל, „זֹאת יָד."

„מָה אַתָּה אוֹמֵר?" קוֹרֵא הַפַּרְסִי. „כָּל אִישׁ יוֹדֵעַ כִּי זֹאת אֹזֶן."

„כֵּן," אוֹמֵר שְׁמוּאֵל, „וְכָל אִישׁ יוֹדֵעַ כִּי זֹאת א וְזֹאת ב."

דִּקְדּוּק

1. אֲנִי קוֹרֵא בְּסֵפֶר עִבְרִי. — I am reading a Hebrew book.
2. שָׂרָה קוֹרֵאת אֶת הַחִבּוּר. — Sarah is reading the composition.
3 הַתַּלְמִידִים קוֹרְאִים אֶת הַמִּלִּים. — The pupils are reading the words.

A. Present Tense of קוֹרֵא (קרא) in the קַל

נְקֵבָה		זָכָר	
קוֹרֵאת	אֲנִי	קוֹרֵא	אֲנִי
	אַתְּ		אַתָּה
	הִיא		הוּא

רִבּוּי נְקֵבָה		רִבּוּי זָכָר	
קוֹרְאוֹת	אֲנַחְנוּ	קוֹרְאִים	אֲנַחְנוּ
	אַתֶּן		אַתֶּם
	הֵן		הֵם

Note that the א, although silent, is retained throughout. In the feminine singular, the vowel under the third letter is ֵ. All verbs ending in א are conjugated in the present like קוֹרֵא. For example: יוֹצֵא (go out), נוֹשֵׂא (carry), שׂוֹנֵא (hate). This type of verb is called ל״א which means that the third root-letter is א.[1]

B. The Verb מְדַבֵּר (דבר)

David speaks Hebrew.	1. דָּוִד מְדַבֵּר עִבְרִית
The pupil (*f.*) speaks English.	2. הַתַּלְמִידָה מְדַבֶּרֶת אַנְגְּלִית.
The son and daughter speak nicely.	3. הַבֵּן וְהַבַּת מְדַבְּרִים יָפֶה.

Present Tense

נְקֵבָה		זָכָר	
מְדַבֶּרֶת	אֲנִי	מְדַבֵּר	אֲנִי
	אַתְּ		אַתָּה
	הִיא		הוּא

[1] The Hebrew word for verb is פֹּעַל. The first root-letter is therefore called פ, the second root-letter ע and the third root-letter ל.

רִבּוּי נְקֵבָה		רִבּוּי זָכָר	
	אֲנַחְנוּ		אֲנַחְנוּ
מְדַבְּרוֹת	אַתֶּן	מְדַבְּרִים	אַתֶּם
	הֵן		הֵם

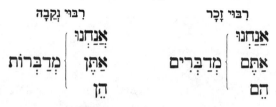

Note that some verbs are formed in the present tense by prefixing the letter מְ as in the verb מְדַבֵּר. Other such verbs are: מְקַבֵּל (receive), מְסַפֵּר (tell), מְלַמֵּד (teach). This pattern is called the פִּעֵל, Intensive Conjugation.

תַּרְגִּילִים

I. עֲנֵה בְּעִבְרִית:

1. אֵיפֹה יוֹשֵׁב שְׁמוּאֵל?
2. מִי בָּא אֶל שְׁמוּאֵל?
3. מָה רוֹצֶה הַפַּרְסִי לִלְמֹד?
4. מַדּוּעַ אוֹמֵר הַפַּרְסִי: „זֹאת ב, זֹאת א?"
5. מַדּוּעַ קוֹרֵא הַפַּרְסִי, „אוֹי"?

II. Translate:

1. Sarah speaks Hebrew nicely (יָפֶה).
2. David is sitting near the table and reading a Hebrew book.
3. Solomon says, "I am studying Hebrew. I want to see (לִרְאוֹת) Israel."
4. "(Do) you (*m. pl.*) speak Hebrew?" "A little."
5. The Persian comes to Samuel to learn Hebrew.

III. Change the underlined words from masculine to feminine:

1. הָאָב קוֹרֵא בְּסֵפֶר אַנְגְּלִי.
2. הוּא יוֹשֵׁב בַּחֶדֶר.
3. הַתַּלְמִידִים קוֹרְאִים: „שָׁלוֹם, אֲדוֹנִי."

4. הַדּוֹד מְדַבֵּר עִבְרִית.

5. הַמּוֹרֶה כּוֹתֵב עַל הַלּוּחַ.

6. הַבֵּן כּוֹתֵב חִבּוּר עִבְרִי.

7. אֲנִי קוֹרֵא בַּסֵּפֶר.

8. הֵם מְדַבְּרִים מְעַט עִבְרִית.

9. הַמּוֹרֶה מְדַבֵּר עִבְרִית אֶל הַתַּלְמִידִים.

10. הֵם אוֹמְרִים „שָׁלוֹם."

IV. Conjugate in the present tense:

1. כּוֹתֵב 2. יוֹצֵא 3. מְסַפֵּר 4. מְקַבֵּל

V. Fill in the correct word:

1. יֵשׁ לִי מוֹרֶה ———. (טוֹב, טוֹבָה)
2. ——— מְדַבֶּרֶת עִבְרִית וְאַנְגְּלִית. (הָאָב, הָאֵם)
3. ——— קוֹרֵא בַּסֵּפֶר. (דָּוִד, שָׂרָה)
4. ——— כּוֹתְבוֹת חִבּוּר עִבְרִי. (אַתֶּם, אַתֶּן)
5. ——— אוֹמֵר: „הַכֹּל בְּסֵדֶר." (הוּא, הִיא)

VI. Translate the following dialogue into Hebrew:

Teacher: What do youwant, David?
David: I want to learn Hebrew.
Teacher: I am writing on the blackboard Aleph and Bet.
David: What is Aleph and what is Bet?
Teacher: This is Aleph and this is Bet.
David: No, teacher, this is Bet and this is Aleph.
(Teacher strikes David's ear.)
David: Ouch, my ear.
Teacher: That's not the ear. That's the hand.
David: Everybody knows this is my ear.
Teacher: And everybody knows this is Aleph and this is Bet.

פִּתְגָם עִבְרִי

Say little and do much. אֱמֹר מְעַט וַעֲשֵׂה הַרְבֵּה.

(Ethics of the Fathers, I) (פִּרְקֵי אָבוֹת, א)

MEANINGS OF LETTERS OF ALPHABET

Here are the meanings of some of the letters in the second half of the alphabet.

Meaning	Printed Form	Name of Letter
water	מ	מֵם
fish	נ	נוּן
eye	ע	עַיִן
mouth	פ	פֵּא
head	ר	רֵישׁ
tooth	שׁ	שִׁין
sign	ת	תָּו

Near the Jerusalem Knesset

Students

שִׁעוּר תְּשִׁיעִי

LESSON 9

מִלּוֹן

took	לָקַח	morning	בֹּקֶר
again	עוֹד פַּעַם	Torah (usually the 5 Books of Moses)	תּוֹרָה
laugh	צוֹחֵק (ר׳ צוֹחֲקִים)	one	אֶחָד
aloud	בְּקוֹל	name	שֵׁם
in the beginning	בְּרֵאשִׁית	answers (v.)	עוֹנֶה
created	בָּרָא	Dan has a pen	לְדָן עֵט
God	אֱלֹהִים	afterwards	אַחֲרֵי כֵן
heavens	שָׁמַיִם	takes	לוֹקֵחַ
earth	אֶרֶץ נ׳		

„לֹא אֲנִי"

Story of a student who never admits his faults.

בֹּקֶר. הַתַּלְמִידִים לוֹמְדִים בְּבֵית הַסֵּפֶר.

הֵם לוֹמְדִים אֶת הַתּוֹרָה בְּעִבְרִית.

רַק תַּלְמִיד אֶחָד לֹא טוֹב.

הַשֵּׁם שֶׁל הַתַּלְמִיד הוּא אַבְנֵר.

אֵין אַבְנֵר לוֹמֵד. הוּא מְדַבֵּר אֶל דָּוִד.

„מִי מְדַבֵּר?" שׁוֹאֵל הַמּוֹרֶה.

„לֹא אֲנִי," עוֹנֶה אַבְנֵר, „לֹא אֲנִי."

לְדָן עֵט יָפֶה.

45

אַבְנֵר לוֹקֵחַ אֶת הָעֵט שֶׁל דָּן.

רוֹאֶה דָן כִּי אֵין הָעֵט עַל הַשֻּׁלְחָן, וְהוּא שׁוֹאֵל:

‎„אֵיפֹה הָעֵט שֶׁלִּי?"

‎„מִי לָקַח אֶת הָעֵט שֶׁל דָּן?" שׁוֹאֵל הַמּוֹרֶה.

‎„לֹא אֲנִי," עוֹנֶה אַבְנֵר, „לֹא אֲנִי."

אַבְנֵר מְדַבֵּר עוֹד פַּעַם. אַחֲרֵי כֵן הוּא צוֹחֵק בְּקוֹל.

‎„מִי צוֹחֵק?" שׁוֹאֵל הַמּוֹרֶה.

‎„לֹא אֲנִי," קוֹרֵא אַבְנֵר, „לֹא אֲנִי."

אוֹמֵר הַמּוֹרֶה אֶל שְׁלֹמֹה: „קְרָא (read) בַּסֵּפֶר!"

שְׁלֹמֹה קוֹרֵא:

‎„בְּרֵאשִׁית בָּרָא אֱלֹהִים אֵת הַשָּׁמַיִם וְאֵת הָאָרֶץ."

שׁוֹאֵל הַמּוֹרֶה: „מִי בָּרָא אֶת הַשָּׁמַיִם וְאֶת הָאָרֶץ?"

‎„לֹא אֲנִי!" קוֹרֵא אַבְנֵר בְּקוֹל, „לֹא אֲנִי!"

הַתַּלְמִידִים יוֹשְׁבִים וְצוֹחֲקִים.

דִּקְדּוּק

A. Possession

I. Affirmative

David has a book (literally, "To David there is a book").	1. לְדָוִד יֵשׁ סֵפֶר.
Miriam has a pen.	2. לְמִרְיָם יֵשׁ עֵט.
Dan has a good teacher.	3. לְדָן יֵשׁ מוֹרֶה טוֹב.
Sarah has an uncle.	4. לְשָׂרָה דּוֹד.

There is no Hebrew equivalent for the English verb "have." Possession is indicated by the phrase לְ... יֵשׁ, as in sentences 1, 2, 3, above; or simply by the letter לְ placed before the possessor, as in sentence 4, above.

II. Negative

David does not have a book.	1. לְדָוִד אֵין סֵפֶר.
Miriam does not have a pen.	2. לְמִרְיָם אֵין עֵט.

Negative possession is indicated by the phrase לְ... אֵין.

B. Repetition of Pronoun After Subject

The name of the boy (it) is Abner.	הַשֵּׁם שֶׁל הַיֶּלֶד הוּא אַבְנֵר.
The teachers (they) are good.	הַמּוֹרִים הֵם טוֹבִים.
The girl (she) is pretty.	הַיַּלְדָּה הַזֹּאת הִיא יָפָה.

In Hebrew the subject is often reinforced by the addition of the personal pronoun, particularly when the subject is separated from its predicate by intervening words.

תַּרְגִּילִים

I. עֲנֵה בְּעִבְרִית:

1. מַה לּוֹמְדִים הַתַּלְמִידִים?
2. מִי מְדַבֵּר אֶל דָּוִד?
3. מַה לּוֹקֵחַ אַבְנֵר מִדָּן?
4. מִי בָּרָא אֶת הַשָּׁמַיִם וְאֶת הָאָרֶץ?
5. מָה אוֹמֵר אַבְנֵר?

II. תַּרְגֵּם לְעִבְרִית:

Use the additional personal pronouns wherever necessary:

1. The name of the boy is Solomon.
2. David has a nice pen.
3. Dan does not have a book.
4. This teacher is clever.
5. I have a good teacher.

III. Change each word into the plural:

1. דוֹדָה 2. תְּמוּנָה 3. תַּלְמִיד 4. שִׁעוּר 5. סִפּוּר

6. תַּרְגִּיל 7. שִׁיר 8. מוֹרֶה 9. עֵט 10. גַּן

IV. Complete each sentence with one of the words in parenthesis:

(אַחֲרֵי, עַל יַד, עַל, אֵין, אֶת, מִי, אֶל, יֵשׁ לִי, כִּי, עוֹד)

1. ——— עֵט יָפֶה.
2. ——— לָקַח אֶת הַסֵּפֶר?
3. ——— הַמּוֹרֶה בַּחֶדֶר.
4. שְׁמוּאֵל רוֹאֶה ——— הַפַּרְסִי רוֹצֶה לְצַחֵק בּוֹ.
5. הַתַּלְמִידִים שָׁרִים ——— הַשִּׁיר.
6. הַסֵּפֶר ——— הַשֻּׁלְחָן.
7. אֲנִי בָּא ——— הַבַּיִת.
8. „מָה ——— אַתָּה רוֹאֶה?" שׁוֹאֵל הַמּוֹרֶה.
9. ——— כֵּן צוֹחֵק אַבְנֵר בְּקוֹל.
10. שְׁלֹמֹה יוֹשֵׁב ——— הַשֻּׁלְחָן.

V. עִבְרִית מְדֻבֶּרֶת:

Give an oral Hebrew summary of the story „לֹא אֲנִי".

שִׁעוּר עֲשִׂירִי

LESSON 10

מִלּוֹן

שִׂיחָה	conversation
(בַּ)טֶּלֶפוֹן	(on the) telephone
הַכֹּל	everything
הַלּוֹ	hello
אוּלַי	perhaps
יֵשׁ	there is; there are
יֵשׁ לְךָ	you (*m. s.*) have
עַל	about, concerning; on
לְהִתְרָאוֹת	au revoir (I hope to see you soon)
אוֹ	or
הַאִם	(introduces a question)
הַאִם הַסֵּפֶר יָפֶה?	Is the book nice?
בְּבַקָּשָׁה	if you please; please
בּוֹא	come! (*imp. m. s.*)
(הָ)עֶרֶב	(this) evening
אָבוֹא	I shall come
עַל לֹא דָבָר	You're welcome (literally, "over nothing")

שִׂיחָה בַּטֶּלֶפוֹן

A Hebrew telephone conversation.

אַבְרָהָם: הַלּוֹ, הַלּוֹ!

יְהוּדָה: מִי מְדַבֵּר?

אַבְרָהָם: זֶה הוּא אַבְרָהָם. מַה שְּׁלוֹמְךָ?

יְהוּדָה: בְּסֵדֶר, תּוֹדָה. וּמַה שְּׁלוֹמְךָ, אַבְרָהָם?

אַבְרָהָם: הַכֹּל בְּסֵדֶר. יְהוּדָה, אוּלַי יֵשׁ לְךָ סֵפֶר עַל אֶרֶץ יִשְׂרָאֵל?

יְהוּדָה: עַל אֶרֶץ יִשְׂרָאֵל? בְּעִבְרִית אוֹ בְּאַנְגְּלִית?

אַבְרָהָם: בְּאַנְגְּלִית. אֲנִי רוֹצֶה סֵפֶר עַל הַחֲלוּצִים.

יְהוּדָה: כֵּן, יֵשׁ לִי סֵפֶר בְּאַנְגְּלִית. בַּסֵּפֶר תְּמוּנוֹת יָפוֹת.

אַבְרָהָם: מַה הַשֵּׁם שֶׁל הַסֵּפֶר?

יְהוּדָה: הַשֵּׁם שֶׁל הַסֵּפֶר הוּא „הַחֲלוּצִים בְּאֶרֶץ יִשְׂרָאֵל.‟

אַבְרָהָם: הַאִם הַסֵּפֶר יָפֶה?

יְהוּדָה: כֵּן, זֶה הוּא סֵפֶר יָפֶה מְאֹד. הַאִם אַתָּה רוֹצֶה אֶת הַסֵּפֶר?

אַבְרָהָם: בְּבַקָּשָׁה.

יְהוּדָה: בּוֹא אֶל הַבַּיִת שֶׁלִּי הָעֶרֶב.

אַבְרָהָם: אָבוֹא הָעֶרֶב. תּוֹדָה, יְהוּדָה.

יְהוּדָה: עַל לֹא דָבָר. שָׁלוֹם, אַבְרָהָם.

אַבְרָהָם: שָׁלוֹם, יְהוּדָה, לְהִתְרָאוֹת.

דִּקְדּוּק

A. GENDER OF NOUNS

זָכָר

חִבּוּרִים טוֹבִים	חִבּוּר טוֹב
good compositions	a good composition

סִפּוּרִים יָפִים	סִפּוּר יָפֶה
nice stories	a nice story

נְקֵבָה

תְּמוּנוֹת יָפוֹת	תְּמוּנָה יָפָה
nice pictures	a nice picture

מִטּוֹת גְּדוֹלוֹת	מִטָּה גְּדוֹלָה
large beds	a large bed

50

In Hebrew all nouns are either masculine or feminine. Nouns ending in ָה— are usually feminine. Most other nouns are masculine. Other classes of nouns regarded as feminine will be taken up later. Note that the adjective must agree with the noun it modifies in gender and in number.

B. Interrogative

Is David at home? 1. הַאִם דָּוִד בַּבַּיִת?

Does Dan speak Hebrew? 2. הַאִם דָּן מְדַבֵּר עִבְרִית?

The word הַאִם introduces a question. It takes the place of auxiliary verbs like "is" and "does" in English questions.

Is the house large? 1. הֲגָדוֹל הַבַּיִת?

Are you studying Hebrew? 2. הֲלוֹמֵד אַתָּה עִבְרִית?

Questions may also be introduced by placing the letter הֲ before the word about which the question is asked.

תַּרְגִּילִים

I. עֲנֵה בְּעִבְרִית:

1. אֶל מִי מְדַבֵּר אַבְרָהָם?
2. מָה רוֹצֶה אַבְרָהָם?
3. מָה עוֹנֶה יְהוּדָה?
4. מָה הַשֵּׁם שֶׁל הַסֵּפֶר?
5. מִי אוֹמֵר: „בּוֹא אֶל הַבַּיִת שֶׁלִּי הָעֶרֶב"?

II. **Translate:**

1. The students (*m.*) are reading nice stories.
2. We are writing good compositions.
3. This is a beautiful picture.
4. Do you have a pen?
5. Abner has a clever teacher.
6. David does not have a book.
7. Is this a good book?
8. Hannah has a nice house.

III. **Match the following:**

א	ב
אֶרֶץ	בְּיַאלִיק
תֵּל	שְׁלוֹמְךָ
הַכֹּל	גַּלִּי
עַל	יִשְׂרָאֵל
רְחוֹב	לֹא דָבָר
יֵשׁ	אָבִיב
מַה	פַּעַם
אַחֲרֵי	כֵּן
עוֹד	בְּסֵדֶר
זוּם	לִי

IV. Make the following sentences negative:

1. לְדָוִד יֵשׁ עֵט.
2. לְשָׂרָה יֵשׁ טֵלֵפוֹן בַּבַּיִת.
3. לְרוּת יֵשׁ מוֹרִים טוֹבִים.
4. לְאַבְנֵר יֵשׁ אָח קָטָן.
5. לְמִרְיָם סֵפֶר עִבְרִי.

V. **עִבְרִית מְדַבֶּרֶת:**

Pretend you are conversing over the telephone. Carry on a Hebrew conversation similar to that of Judah and Abraham in the text.

חֲזָרָה

I. Do you know how to say these words in Hebrew?

1. composition
2. near, at
3. he
4. she
5. you (*f. s.*)
6. by
7. small
8. I have
9. school
10. why?
11. is not
12. know
13. more
14. man
15. walk
16. speak
17. Sir, Mr.
18. a little
19. now
20. want
21. of
22. park (garden)
23. wise
24. Land of Israel
25. open (*v.*)
26. this (*f.*)
27. hand
28. that (because)
29. ear
30. morning
31. Torah
32. one (*m.*)
33. name
34. answer (*v.*)
35. afterwards
36. take
37. laugh
38. beginning
39. God
40. heavens
41. earth
42. conversation
43. perhaps
44. everything
45. there is (are)
46. you have (*m. s.*)
47. or
48. please
49. evening
50. you're welcome
51. Is the book nice?

II. Do you know the meanings of these words?

1. תַּיָּר
2. רְחוֹב אַלֶּנְבִּי
3. סְלִיחָה
4. אֲמֵרִיקָאִי
5. רְחוֹב בְּיַאלִיק
6. שְׁמוּאֵל
7. פַּרְסִי
8. לְצַחֵק בּוֹ
9. מַכֶּה
10. כָּל אִישׁ
11. עוֹד פַּעַם
12. בְּקוֹל
13. בָּרָא
14. טֶלֶפוֹן
15. הַלּוֹ
16. בּוֹא
17. אָבוֹא
18. לְהִתְרָאוֹת

III. Alphabet. (For a complete list of the names of the letters, **see** page 373.)

A. Give the Hebrew name of each of the following letters:

א, בּ, ב, ג, ד, ה, ו, ז, ח, ט, י, כּ, כ, ל, מ, נ, ס,
ע, פּ, פ, צ, ק, ר, שׁ, שׂ, ת.

B. From what Hebrew letters are the following English letters in directly derived?

A, B, D, K, L, M, N, P, R, S, T.

C. Give the meanings of at least 5 Hebrew letters.

IV. Do you know the following grammatical forms?

A. Noun: Gender, page 50.

B. Verb: Present tense of לוֹמֵד, page 36; קוֹרֵא and מְדַבֵּר, page 41.

C. Personal pronoun, page 30 and page 31.

D. Adjective and definite article, page 31.

E. Possession, page 46.

F. Interrogative, page 51.

V. Oral Hebrew:

A. Retell each story in Hebrew:

„חִבּוּר עִבְרִי"; „לֹא אֲנִי"; „שְׁמוּאֵל וְהַפַּרְסִי"

B. Converse on each of these topics:

„תַּיָּר בְּתֵל אָבִיב"; „שִׂיחָה בַּטֶּלֶפוֹן"

מִבְחָן

I. עֲנֵה בְּעִבְרִית: (20)

1. מָה אַתָּה קוֹרֵא בְּבֵית הַסֵּפֶר?
2. מַה שׁוֹאֵל תַּיָּר אֲמֵרִיקָאִי בְּתֵל אָבִיב?
3. מַדּוּעַ בָּא הַפַּרְסִי אֶל שְׁמוּאֵל?
4. מִי בָּרָא אֶת הַשָּׁמַיִם?
5. מַה שֵּׁם סֵפֶר עִבְרִי?

II. הַשְׁלֵם בַּמִּלָּה הַנְּכוֹנָה (Fill in the correct word): (10)

(הָאִישׁ, לוֹקֵחַ, פּוֹתֵחַ, עַל יַד, סְלִיחָה, אֹזֶן,
בְּבַקָּשָׁה, אוּלַי, אֶרֶץ יִשְׂרָאֵל, יוֹדֵעַ)

1. הַתַּלְמִיד ——— אֶת הַסֵּפֶר וְקוֹרֵא.
2. ——— שׁוֹאֵל: „הַאִם אַתָּה מְדַבֵּר עִבְרִית?"
3. „אֵין זֹאת ———; זֹאת יָד."
4. אֵין דָּוִד ——— עוֹד מִלִּים בְּעִבְרִית.
5. „———, אֲדוֹנִי, אֵיפֹה בֵּית בְּיַאלִיק?"
6. דָּן ——— עִפָּרוֹן וְכוֹתֵב.
7. יְהוּדָה יוֹשֵׁב בְּ———.
8. „——— יֵשׁ לְךָ סֵפֶר עַל הַחֲלוּצִים?"
9. ———, בּוֹא אֶל הַבַּיִת שֶׁלִּי הָעֶרֶב.
10. הַבַּיִת שֶׁל בְּיַאלִיק הוּא ——— הַגַּן.

עברית חיה

III. Translate: **(20)**

1. David is writing a good composition in Hebrew.
2. The tourist asks the man, "Where is Bialik's house?"
3. David is studying Hebrew; he wants to see Israel.
4. Sarah is sitting near the table and reading a Hebrew book.
5. The students (*f.*) are reading nice stories.

IV. Write the correct form of the adjective in parenthesis: **(10)**

1. הַתַּלְמִידִים כּוֹתְבִים חִבּוּרִים (יָפֶה) ______.
2. הַבַּיִת (קָטָן) ______ הוּא עַל יַד הַגַּן.
3. הַתְּמוּנָה (יָפֶה) ______ עַל הַקִּיר.
4. הֵן תַּלְמִידוֹת (טוֹב) ______.
5. אֲנַחְנוּ לוֹמְדִים שִׁירִים (יָפֶה) ______.

V. Change to the plural: **(10)**

1. אַתְּ לוֹמֶדֶת.
2. הַתַּלְמִיד כּוֹתֵב.
3. הִיא מְדַבֶּרֶת.
4. אַתָּה קוֹרֵא.
5. הוּא יוֹשֵׁב.

VI. Change the underlined words to the feminine: **(10)**

1. הַתַּלְמִיד מְדַבֵּר עִבְרִית.
2. הָאָב יוֹשֵׁב בַּבַּיִת.
3. הֵם קוֹרְאִים אֶת הַשִּׁעוּר.
4. הַיֶּלֶד מְסַפֵּר סִפּוּר יָפֶה.
5. הַמּוֹרֶה הוֹלֵךְ אֶל בֵּית הַסֵּפֶר.

VII. Write the dialogue of a telephone conversation between David and Abraham in at least 10 sentences. **(20)**

שִׁעוּר אַחַד עָשָׂר

LESSON 11

מִלּוֹן

brother	אָח (ר׳ אַחִים)	family	מִשְׁפָּחָה
sister	אָחוֹת	large, big	גָּדוֹל (נ׳ גְּדוֹלָה)
too bad	חֲבָל	how many?	כַּמָּה
ten	עֲשָׂרָה	people; men	אֲנָשִׁים (י׳ אִישׁ)
dog	כֶּלֶב	your, yours	שֶׁלְּךָ (נ׳ שֶׁלָּךְ)
cat	חָתוּל (ר׳ חֲתוּלִים)	three	שְׁלשָׁה
bird	צִפּוֹר נ׳	four	אַרְבָּעָה
	fish	דָּג	

מִשְׁפָּחָה גְּדוֹלָה

Abner boasts of his large family.

הַמּוֹרֶה: שָׁלוֹם, תַּלְמִידִים וְתַלְמִידוֹת.

הַתַּלְמִידִים: שָׁלוֹם.

הַמּוֹרֶה: רוּת, מַה שְּׁלוֹמֵךְ?

רוּת: בְּסֵדֶר, תּוֹדָה.

הַמּוֹרֶה: כַּמָּה אֲנָשִׁים בַּמִּשְׁפָּחָה שֶׁלָּךְ?

רוּת: שְׁלשָׁה אֲנָשִׁים – אַבָּא, אִמָּא וַאֲנִי.

הַמּוֹרֶה: מִשְׁפָּחָה קְטַנָּה. שְׁלֹמֹה, כַּמָּה אֲנָשִׁים בַּמִּשְׁפָּחָה שֶׁלְּךָ?

שְׁלֹמֹה: אַרְבָּעָה.

הַמּוֹרֶה: מִי הֵם?

שְׁלֹמֹה: אַבָּא, אִמָּא, אָח וַאֲנִי.

הַמּוֹרֶה: וְאֵין אָחוֹת?

שְׁלֹמֹה: לֹא.

הַמּוֹרֶה: חֲבָל, חֲבָל. וְאַתָּה, אַבְנֵר?

אַבְנֵר: יֵשׁ לִי אָחוֹת קְטַנָּה.

הַמּוֹרֶה: וְאָח?

אַבְנֵר: כֵּן, גַּם אָח יֵשׁ לִי.

הַמּוֹרֶה: מִי עוֹד בַּמִּשְׁפָּחָה?

אַבְנֵר: יֵשׁ לִי מִשְׁפָּחָה גְדוֹלָה – עֲשָׂרָה בַּמִּשְׁפָּחָה.

הַמּוֹרֶה: עֲשָׂרָה? מִי הֵם?

אַבְנֵר: יֵשׁ לִי אָב, אֵם, דּוֹד, כֶּלֶב, אָח, חָתוּל, צִפּוֹר,
דָּג וְאָחוֹת קְטַנָּה.

(הַמּוֹרֶה וְהַתַּלְמִידִים צוֹחֲקִים).

הַמּוֹרֶה: שָׁלוֹם, תַּלְמִידִים.

הַתַּלְמִידִים: שָׁלוֹם.

דִּקְדּוּק

Cardinal Numbers

1. רַק תַּלְמִיד אֶחָד בַּחֶדֶר.	Only one student is in the room.
2. שְׁלֹשָׁה תַּלְמִידִים בַּחֶדֶר.	Three pupils are in the room.
3. עֲשָׂרָה אֲנָשִׁים בַּמִּשְׁפָּחָה.	There are ten people in the family.
4. יֵשׁ לִי שְׁנֵי דוֹדִים.	I have two uncles.
5. כַּמָּה אַחִים לְדָוִד? שְׁנַיִם.	How many brothers does David have? Two.

Masculine Numbers 1-10

six	שִׁשָּׁה	one	אֶחָד
seven	שִׁבְעָה	two	שְׁנַיִם (שְׁנֵי)
eight	שְׁמֹנָה	three	שְׁלֹשָׁה
nine	תִּשְׁעָה	four	אַרְבָּעָה
ten	עֲשָׂרָה	five	חֲמִשָּׁה

The number generally precedes the noun (except for אֶחָד). Note that שְׁנֵי is used when the number is followed by a noun. (See sentence 4, above.) שְׁנַיִם is used when the number occurs alone. (See sentence 5.)

תַּרְגִּילִים

I. עֲנֵה בְּעִבְרִית:

1. מִי בַּחֶדֶר?
2. כַּמָּה אֲנָשִׁים בַּמִּשְׁפָּחָה שֶׁל רוּת?
3. מִי בַּמִּשְׁפָּחָה שֶׁל שְׁלֹמֹה?
4. כַּמָּה בַּמִּשְׁפָּחָה שֶׁל אַבְנֵר?
5. מִי בַּמִּשְׁפָּחָה שֶׁל אַבְנֵר?

II. כֵּן אוֹ לֹא?

1. לְרוּת אָח.
2. שְׁלֹשָׁה בַּמִּשְׁפָּחָה שֶׁל רוּת.
3. חֲמִשָּׁה בַּמִּשְׁפָּחָה שֶׁל שְׁלֹמֹה.
4. לְאַבְנֵר אָחוֹת גְּדוֹלָה.
5. לְאַבְנֵר כֶּלֶב, חָתוּל, צִפּוֹר וְדָג.

III. כְּתֹב מִשְׁפָּטִים (sentences) בַּמִּלִּים הָאֵלֶּה:

1. שֶׁלְּךָ 2. גָּדוֹל 3. כַּמָּה 4. אֲנָשִׁים 5. מִשְׁפָּחָה
6. חֲבָל 7. כֶּלֶב 8. חָתוּל 9. אָחוֹת 10. אַחִים

IV. הַשְׁלֵם בַּמִּסְפָּרִים הַנְּכוֹנִים (Fill in the correct numbers):

1. (5) ——— סְפָרִים 6. (3) ——— מוֹרִים
2. (2) ——— תַּיָּרִים 7. (6) ——— שִׁירִים
3. כֶּלֶב (1) ——— 8. (9) ——— אֲנָשִׁים
4. (10) ——— תַּלְמִידִים 9. (8) ——— חִבּוּרִים
5. (4) ——— חֲלוּצִים 10. (7) ——— חֲתוּלִים

V. כַּמָּה?

1. בַּמִּשְׁפָּחָה אָב, אֵם וְיֶלֶד. כַּמָּה אֲנָשִׁים בַּמִּשְׁפָּחָה?
2. בַּמִּשְׁפָּחָה אָב, אֵם, שְׁנֵי יְלָדִים וְיַלְדָּה. כַּמָּה בַּמִּשְׁפָּחָה?
3. בַּמִּשְׁפָּחָה אָב, אֵם, אָח וְאָחוֹת. כַּמָּה בַּמִּשְׁפָּחָה?
4. בַּמִּשְׁפָּחָה אָב, אֵם וַחֲמִשָּׁה יְלָדִים (children).
כַּמָּה בַּמִּשְׁפָּחָה?
5. בַּמִּשְׁפָּחָה רַק אִישׁ וְאִשָּׁה (and wife). כַּמָּה בַּמִּשְׁפָּחָה?

VI. Oral Hebrew:

Dramatize the story on page 57.

פִּתְגָּם עִבְרִי

כַּבֵּד אֶת אָבִיךָ וְאֶת אִמֶּךָ. Honor your father and your mother.

(שְׁמוֹת כ, יב) (Exodus XX, 12)

שִׁעוּר שְׁנֵים עָשָׂר

LESSON 12

מִלּוֹן

night	לַיְלָה [1]	for; to	לְ, לַ, לָ
sleep (*n.*)	שֵׁנָה	want (*f. s.*)	רוֹצָה
works (*v.*)	עוֹבֵד	know (*f. s.*)	יוֹדַעַת
eats	אוֹכֵל	answers (*f. s.*)	עוֹנָה
correct, right	נָכוֹן	noon	צָהֳרַיִם [1]
when?	מָתַי	meal	אֲרוּחָה
rests	נָח	rest (*n.*)	מְנוּחָה
		sleeps	יָשֵׁן

בֹּקֶר בָּא לַעֲבוֹדָה

The students learn another Hebrew song.

בֵּית סֵפֶר. הַמּוֹרֶה וְהַתַּלְמִידִים בַּחֶדֶר.

הַתַּלְמִידִים מְדַבְּרִים עִבְרִית אֶל הַמּוֹרֶה.

„בְּבַקָּשָׁה,” אוֹמֶרֶת שָׂרָה, „אֲנִי רוֹצָה לִלְמֹד עוֹד שִׁיר עִבְרִי.”

„טוֹב,” עוֹנֶה הַמּוֹרֶה. „אוּלַי אַתְּ יוֹדַעַת אֶת הַשִּׁיר ,בֹּקֶר בָּא׳?”

„לֹא,” עוֹנָה שָׂרָה.

[1] The vowel under the first and second letters is pronounced like the “o” in “more” in both Sefardic and Ashkenazic.

הַמּוֹרֶה כּוֹתֵב אֶת הַמִּלִּים עַל הַלּוּחַ.

הוּא כּוֹתֵב:

בֹּקֶר בָּא לַעֲבוֹדָה,

צָהֳרַיִם בָּא לַאֲרוּחָה,

עֶרֶב בָּא לִמְנוּחָה,

לַיְלָה בָּא לְשֵׁנָה.

הַמּוֹרֶה שָׁר אֶת הַשִּׁיר. אַחֲרֵי כֵן, הַתַּלְמִידִים שָׁרִים אֶת הַשִּׁיר.

הַמּוֹרֶה שׁוֹאֵל: „מָה אַתְּ עוֹשָׂה בַּבֹּקֶר?"

„בַּבֹּקֶר אֲנִי עוֹבֶדֶת," עוֹנָה שָׂרָה.

„כֵּן," אוֹמֵר הַמּוֹרֶה. „מָה אַתָּה עוֹשֶׂה בַּצָּהֳרַיִם?"

„אֲנִי אוֹכֵל בַּצָּהֳרַיִם," עוֹנֶה אַבְנֵר.

„נָכוֹן. מָתַי אַתָּה נָח?"

„בָּעֶרֶב אֲנִי נָח," עוֹנֶה דָּוִד.

„מָתַי אַתָּה יָשֵׁן?"

„בַּלַּיְלָה," עוֹנֶה שְׁלֹמֹה.

הַמּוֹרֶה וְהַתַּלְמִידִים שָׁרִים אֶת הַשִּׁיר עוֹד פַּעַם.

„זֶה שִׁיר יָפֶה מְאֹד," אוֹמֶרֶת שָׂרָה.

הַפַּעֲמוֹן מְצַלְצֵל.

דִּקְדּוּק

A. Present Tense of Verbs Ending in ה in the קַל

1. "אֲנִי רוֹצָה לִלְמֹד שִׁיר עִבְרִי," אוֹמֶרֶת שָׂרָה.

2. מָה אַתֶּם עוֹשִׂים?

Note that if the verb ends in ה, the feminine singular is formed by changing the vowel under the third letter to ָ (רוֹצָה). In the plural, the ה drops out (עוֹשִׂים). This type of verb is called ל״ה which means that the third root-letter is ה.

The four forms of these verbs in the present tense are as follows:

יָחִיד		רִבּוּי	
זָכָר	נְקֵבָה	זָכָר	נְקֵבָה
רוֹאֶה	רוֹאָה	רוֹאִים	רוֹאוֹת
עוֹנֶה	עוֹנָה	עוֹנִים	עוֹנוֹת
רוֹצֶה	רוֹצָה	רוֹצִים	רוֹצוֹת
עוֹשֶׂה	עוֹשָׂה	עוֹשִׂים	עוֹשׂוֹת

B. Present Tense of Verbs Ending in חַ or עַ

1. שָׂרָה יוֹדַעַת שִׁיר יָפֶה.

2. הַמּוֹרָה פּוֹתַחַת אֶת הַסֵּפֶר.

3. הַתַּלְמִידִים יוֹדְעִים עִבְרִית.

Note that if the verb ends in עַ or חַ the vowel under the third and fourth letters in the feminine singular is ַ. The other forms are regular (sentence 3). This type of verb is called ל״ע or ל״ח.

תַּרְגִּילִים

I. הַשְׁלֵם (complete):

1. הַמּוֹרֶה וְהַתַּלְמִידִים בַּ ———.
2. הַתַּלְמִידִים מְדַבְּרִים עִבְרִית אֶל הַ———.
3. שָׂרָה אוֹמֶרֶת: „אֲנִי רוֹצָה לִלְמֹד שִׁיר ———."
4. הַמּוֹרֶה כּוֹתֵב אֶת הַשִּׁיר עַל הַ———.
5. בֹּקֶר בָּא לַ———.
6. צָהֳרַיִם בָּא ———.
7. הֶחָלוּץ ——— בָּעֶרֶב.
8. הֶחָלוּץ ——— בַּלַּיְלָה.
9. הַמּוֹרֶה וְהַתַּלְמִידִים שָׁרִים אֶת הַ———.

II. עֲנֵה בְּעִבְרִית:

מָה עוֹשֶׂה הֶחָלוּץ

1. בַּבֹּקֶר? 2. בַּצָּהֳרַיִם? 3. בָּעֶרֶב? 4. בַּלַּיְלָה?

III. ‏הַטֵּה בַּהֹוֶה (conjugate in the present):

‏1. רוֹאֶה   2. עוֹשֶׂה   3. עוֹנֶה   4. יוֹדֵעַ   5. לוֹקֵחַ

IV. Fill in the correct form of the verb:

‏1. (רוֹאֶה) חַנָּה ———— אֶת שָׂרָה.

‏2. (עוֹנֶה) מַדּוּעַ אֵין אַתְּ ———— בְּעִבְרִית?

‏3. (עוֹשֶׂה) מָה ———— הַחֲלוּצִים בַּבֹּקֶר?

‏4. (רוֹצֶה) הַתַּלְמִידוֹת ———— לִלְמֹד שִׁיר עִבְרִי.

‏5. (רוֹאֶה) אֵין הָאָב וְהָאֵם ———— אֶת הַבֵּן.

‏6. (יוֹדֵעַ) שָׂרָה ———— שִׁיר עִבְרִי.

‏7. (פּוֹתֵחַ) הַתַּלְמִידָה ———— אֶת הַמַּחְבֶּרֶת (notebook).

‏8. (לוֹקֵחַ) חַנָּה ———— מַחְבֶּרֶת וְכוֹתֶבֶת אֶת שִׁעוּרֵי הַבַּיִת.

‏9. (יוֹדֵעַ) הַחֲלוּצִים ———— עִבְרִית.

‏10. (גּוֹמֵר) אֲנַחְנוּ ———— אֶת הַשִּׁעוּר.

V. Substitute ‏שָׂרָה for ‏דָּן in each sentence, and change the verb from masculine to feminine.

‏1. דָּן רוֹצֶה לִלְמֹד עִבְרִית.

‏2. דָּן עוֹבֵד בַּבֹּקֶר.

‏3. דָּן אוֹכֵל אֶת הָאֲרוּחָה.

‏4. דָּן יוֹדֵעַ שִׁיר יָפֶה.

‏5. דָּן פּוֹתֵחַ אֶת הַסֵּפֶר.

‏6. מָה עוֹשֶׂה דָּן?

‏7. הַמּוֹרֶה שׁוֹאֵל וְדָן עוֹנֶה.

‏8. מָה רוֹאֶה דָּן בַּחֶדֶר?

‏9. דָּן לוֹקֵחַ אֶת הָעֵט.

65

VI. Dramatize the following dialogue:

שִׂיחָה

הַמּוֹרֶה: שָׁלוֹם, דָּן.

דָּן: שָׁלוֹם, אֲדוֹנִי.

הַמּוֹרֶה: מַה שְּׁלוֹמְךָ?

דָּן: הַכֹּל בְּסֵדֶר, תּוֹדָה.

הַמּוֹרֶה: מָה עַל הַקִּיר?

דָּן: תְּמוּנָה.

הַמּוֹרֶה: מָה אַתָּה רוֹאֶה בַּתְּמוּנָה?

דָּן: אִישׁ.

הַמּוֹרֶה: אֵיפֹה יוֹשֵׁב הָאִישׁ?

דָּן: בְּאֶרֶץ יִשְׂרָאֵל.

הַמּוֹרֶה: מָה עוֹשֶׂה הָאִישׁ?

דָּן: הוּא עוֹבֵד.

הַמּוֹרֶה: מָה אַתָּה עוֹשֶׂה בַּבֹּקֶר?

דָּן: אֲנִי לוֹמֵד בְּבֵית הַסֵּפֶר.

הַמּוֹרֶה: מָה אַתָּה עוֹשֶׂה בָּעֶרֶב?

דָּן: אֲנִי מִסְתַּכֵּל בַּטֶּלֶוִיזְיָה.

הַמּוֹרֶה: טֶלֶוִיזְיָה? מָתַי אַתָּה כּוֹתֵב אֶת שִׁעוּרֵי הַבַּיִת?

(דָּן צוֹחֵק. הַפַּעֲמוֹן מְצַלְצֵל.)

דָּן: שָׁלוֹם, אֲדוֹנִי.

הַמּוֹרֶה: שָׁלוֹם.

שִׁעוּר שְׁלֹשָׁה עָשָׂר

LESSON 13

מִלּוֹן

מַה שִּׁמְךָ? (נ׳ מַה שְּׁמֵךְ)	what is your name?	מֶלֶךְ	king
שְׁמִי	my name (is)	אוֹהֵב	love
חָדָשׁ	new	כִּי	because
הָיָה (נ׳ הָיְתָה)	was	כָּתַב	(he) wrote
עַם	nation, people	תְּאוֹמוֹת	twins
רִאשׁוֹן ז׳	first	כְּמוֹ	like, as
אִשָּׁה	wife; woman	תַּנַ"ךְ (תּוֹרָה, נְבִיאִים, כְּתוּבִים)	Bible (Law, Prophets, Writings)

מַה שִּׁמְךָ הָעִבְרִי?

The students take pride in their Hebrew names.

מוֹרֶה חָדָשׁ בָּא אֶל בֵּית הַסֵּפֶר.

הַמּוֹרֶה: שָׁלוֹם, תַּלְמִידִים.

הַתַּלְמִידִים: שָׁלוֹם.

הַמּוֹרֶה: מַה שִּׁמְךָ הָעִבְרִי?

אַבְרָהָם: שְׁמִי אַבְרָהָם.

הַמּוֹרֶה: מִי הָיָה אַבְרָהָם?

אַבְרָהָם: הוּא הָיָה הָאָב שֶׁל הָעָם הָעִבְרִי. הוּא הָיָה הָעִבְרִי הָרִאשׁוֹן.

הַמּוֹרֶה: נָכוֹן. מַה שְּׁמֵךְ?

שָׂרָה: שְׁמִי שָׂרָה.

הַמּוֹרֶה: מִי הָיְתָה שָׂרָה? מִי יוֹדֵעַ?

דָּוִד: אֲנִי יוֹדֵעַ. שָׂרָה הָיְתָה הָאִשָּׁה שֶׁל אַבְרָהָם, הִיא הָיְתָה הָאֵם שֶׁל הָעָם הָעִבְרִי.

הַמּוֹרֶה: טוֹב מְאֹד. מַה שִּׁמְךָ?

דָּוִד: שְׁמִי דָּוִד. דָּוִד הָיָה מֶלֶךְ בְּיִשְׂרָאֵל. אֲנִי אוֹהֵב אֶת הַשֵּׁם הַזֶּה.

הַמּוֹרֶה: מַדּוּעַ?

דָּוִד: כִּי דָּוִד הָיָה מֶלֶךְ טוֹב וְחָכָם, וְגַם כָּתַב שִׁירִים יָפִים.

רוּת: דָּוִד הוּא שֵׁם יָפֶה גַּם בְּאַנְגְּלִית.

הַמּוֹרֶה: מַה שְּׁמֵךְ?

רוּת: שְׁמִי רוּת.

הַמּוֹרֶה: גַּם זֶה שֵׁם יָפֶה.

שְׁלֹמֹה: שֵׁם יָפֶה וְתַלְמִידָה יָפָה.

הַמּוֹרֶה: מַה שְּׁמֵךְ?

נָעֳמִי: שְׁמִי נָעֳמִי. אֲנַחְנוּ תְּאוֹמוֹת.

הַמּוֹרֶה: רוּת וְנָעֳמִי. כְּמוֹ רוּת וְנָעֳמִי בַּתַּנַ"ךְ.[1]

[1] In the Biblical story, Ruth refused to be separated from Naomi, her mother-in-law. "Whither thou goest," said Ruth, "I will go."

שְׁלֹמֹה: כֵּן. הֵן יָפוֹת כְּמוֹ רוּת וְנָעֳמִי, וְהֵן חֲכָמוֹת כְּמוֹ רוּת וְנָעֳמִי. רוּת אוֹהֶבֶת אֶת נָעֳמִי, וְנָעֳמִי אוֹהֶבֶת אֶת רוּת.

הַמּוֹרֶה: מַה שִּׁמְךָ?

שְׁלֹמֹה: שְׁמִי שְׁלֹמֹה, כְּמוֹ הַמֶּלֶךְ שְׁלֹמֹה בַּתַּנַ"ךְ. הוּא הָיָה חָכָם מְאֹד.

הַמּוֹרֶה: גַּם אַתָּה חָכָם.

שְׁלֹמֹה: תּוֹדָה, אֲדוֹנִי. תּוֹדָה.

דִּקְדּוּק

Verb Root — שֹׁרֶשׁ

David wrote poems.	דָּוִד **כָּתַב** שִׁירִים.
Write on the blackboard!	**כְּתֹב** עַל הַלּוּחַ.
Solomon writes in the notebook.	שְׁלֹמֹה **כּוֹתֵב** בַּמַּחְבֶּרֶת.
The pupils are writing Hebrew.	הַתַּלְמִידִים **כּוֹתְבִים** עִבְרִית.

Note that there are three root letters that recur in each form of the verb. Nearly all Hebrew verb roots consist of three letters. These three letters also constitute the past tense, 3rd person (*m. s.*) of the verb.

עברית חיה

VERB ROOT (and 3rd person past, *m. s.*)		PRESENT TENSE	
(he loved)	אָהַב	(love)	אוֹהֵב
(he ate)	אָכַל	(eat)	אוֹכֵל
(he said)	אָמַר	(say)	אוֹמֵר
(he finished)	גָּמַר	(finish)	גּוֹמֵר
(he went, walked)	הָלַךְ	(go, walk)	הוֹלֵךְ
(he sat, lived)	יָשַׁב	(sit, live)	יוֹשֵׁב
(he wrote)	כָּתַב	(write)	כּוֹתֵב
(he studied, learned)	לָמַד	(study, learn)	לוֹמֵד
(he worked)	עָבַד	(work)	עוֹבֵד
(he laughed)	צָחַק	(laugh)	צוֹחֵק
(he asked)	שָׁאַל	(ask)	שׁוֹאֵל
(he knew)	יָדַע	(know)	יוֹדֵעַ
(he took)	לָקַח	(take)	לוֹקֵחַ
(he opened)	פָּתַח	(open)	פּוֹתֵחַ
(he created)	בָּרָא	(create)	בּוֹרֵא
(he read, called)	קָרָא	(read, call)	קוֹרֵא
(he answered)	עָנָה	(answer)	עוֹנֶה
(he did, made)	עָשָׂה	(do, make)	עוֹשֶׂה
(he saw)	רָאָה	(see)	רוֹאֶה
(he wanted)	רָצָה	(want)	רוֹצֶה

70

תַּרְגִּילִים

I עֲנֵה בְּעִבְרִית:

1. מַה שׁוֹאֵל הַמּוֹרֶה?
2. מַדּוּעַ אֵין הַמּוֹרֶה יוֹדֵעַ אֶת הַשֵּׁם שֶׁל כָּל תַּלְמִיד?
3. מִי הָיָה אַבְרָהָם?
4. מִי הָיְתָה שָׂרָה?
5. מַה כָּתַב דָּוִד הַמֶּלֶךְ?
6. מָה אוֹמֶרֶת נָעֳמִי?
7. מָה אוֹמֵר הַמּוֹרֶה אֶל שְׁלֹמֹה?

II. כְּתֹב אֶת הַשֵּׁם הַנָּכוֹן:

1. ——— הָיָה הָעִבְרִי הָרִאשׁוֹן. (אַבְרָהָם, אַבְנֵר)
2. ——— הָיְתָה הָאֵם שֶׁל הָעָם הָעִבְרִי. (רוּת, שָׂרָה)
3. ——— הָיָה מֶלֶךְ בְּיִשְׂרָאֵל. (דָּוִד, דָּן)
4. ——— הָיָה מֶלֶךְ חָכָם. (שְׁלֹמֹה, יְהוּדָה)

III. כְּתֹב אֶת הַשֹּׁרֶשׁ (Write the three root letters):

1. דָּוִד כּוֹתֵב שִׁירִים יָפִים.
2. רוּת אוֹהֶבֶת אֶת נָעֳמִי.
3. אֲנַחְנוּ אוֹכְלִים בַּצָּהֳרַיִם.
4. הַתַּלְמִידוֹת הוֹלְכוֹת אֶל בֵּית הַסֵּפֶר.
5. הַפַּרְסִי רוֹצֶה לִלְמֹד עִבְרִית.

IV. כְּתֹב בַּהֹוֶה (present tense):

1. (כתב) יְהוּדָה ——— אֶל חָלוּץ בְּאֶרֶץ יִשְׂרָאֵל.
2. (קרא) אַבְנֵר ——— בַּסֵּפֶר.
3. (עשׂה) מָה אַתָּה ——— בָּעֶרֶב?
4. (ידע) מִי ——— אֶת הַשֵּׁם שֶׁל הָעִבְרִי הָרִאשׁוֹן?
5. (אמר) רוּת ——— שָׁלוֹם אֶל הַמּוֹרָה.
6. (הלך) הַתַּלְמִידִים ——— אֶל בֵּית הַסֵּפֶר.
7. (למד) הֵם ——— עִבְרִית וְאַנְגְּלִית.
8. (רצה) אֲנַחְנוּ ——— לִלְמֹד עִבְרִית.
9. (ישׁב) הָאֵם ——— בַּבַּיִת.
10. (אהב) נָעֳמִי ——— אֶת רוּת.

V. Change the underlined words from present to past. (Consult page 70.)

1. אַבְנֵר <u>לוֹמֵד</u> עִבְרִית.
2. אַבְרָהָם <u>אוֹמֵר</u> שָׁלוֹם.
3. דָּן <u>פּוֹתֵחַ</u> אֶת הַסֵּפֶר.
4. הַמּוֹרֶה <u>שׁוֹאֵל</u>, „מַה שִּׁמְךָ?"
5. אַבְרָהָם <u>אוֹהֵב</u> אֶת שָׂרָה.
6. דָּן <u>לוֹקֵחַ</u> אֶת הָעֵט.
7. הָאָב <u>יוֹשֵׁב</u> בַּבַּיִת.
8. יְהוּדָה <u>הוֹלֵךְ</u> אֶל בֵּית הַסֵּפֶר.
9. הֶחָלוּץ <u>עוֹבֵד</u> בַּבֹּקֶר.
10. אַבְנֵר <u>צוֹחֵק</u> בְּקוֹל.

VI. תַּרְגֵּם:

1. "What is your name, please?" "My name is David."
2 "How are you?" "Everything is all right."
3. David works in the morning and rests in the evening.
4. Sarah was the wife of Abraham; she was a good woman.
5. "What are you doing, Judah?" "I am reading in the Bible about Ruth and Naomi."

Conversational Guide שִׂיחוֹן

Good morning, Sir.	בֹּקֶר טוֹב, אֲדוֹנִי.
Good evening, Madam.	עֶרֶב טוֹב, גְּבֶרֶת.
Sabbath peace (greeting used on the Sabbath).	שַׁבַּת שָׁלוֹם.
Pleasant holiday.	חַג שָׂמֵחַ.
A happy New Year!	לְשָׁנָה טוֹבָה תִּכָּתֵבוּ!
The same to you.	גַּם אַתֶּם.
I'll see you soon.	לְהִתְרָאוֹת בְּקָרוֹב.
Excuse me.	סְלִיחָה.
Regards to...	דְּרִישַׁת שָׁלוֹם לְ..
Good luck.	מַזָּל טוֹב.
I'm very sorry.	צַר לִי מְאֹד.
What's new?	מֶה חָדָשׁ.
Nothing new.	אֵין חָדָשׁ.
Beautiful, wonderful!	יֹפִי!

שִׁעוּר אַרְבָּעָה עָשָׂר

LESSON 14

מִלּוֹן

mathematics	מַתֵּמָטִיקָה	day	יוֹם
history	הִיסְטוֹרְיָה	pencil	עִפָּרוֹן
return	שָׁב	(and) paper	(וּ)נְיָר
from	מִן, מִ	get up, arise	קָם
play (*v.*)	מְשַׂחֵק בְּ...	wash (oneself)	מִתְרַחֵץ
ball	כַּדּוּר	dress (oneself)	מִתְלַבֵּשׁ
supper	אֲרוּחַת הָעֶרֶב	breakfast	אֲרוּחַת הַבֹּקֶר
		finish! (*imp.*)	גְּמֹר

יוֹם אֶחָד

David describes the typical activities of one day in his life.

דָּוִד לוֹקֵחַ עִפָּרוֹן וּנְיָר. הוּא כּוֹתֵב:

אֲנִי קָם בַּבֹּקֶר. אֲנִי מִתְרַחֵץ, וַאֲנִי מִתְלַבֵּשׁ.

אֲנִי יוֹשֵׁב עַל יַד הַשֻּׁלְחָן וְאוֹכֵל אֶת אֲרוּחַת הַבֹּקֶר.

אֲנִי הוֹלֵךְ אֶל בֵּית הַסֵּפֶר. בְּבֵית הַסֵּפֶר אֲנִי לוֹמֵד
אַנְגְּלִית, עִבְרִית, מַתֵּמָטִיקָה וְהִיסְטוֹרְיָה.

אַחֲרֵי כֵן, אֲנִי שָׁב מִבֵּית הַסֵּפֶר אֶל הַבַּיִת.

אֲנִי מְשַׂחֵק בְּכַדּוּר, וַאֲנִי כּוֹתֵב אֶת שִׁעוּרֵי הַבַּיִת.

בָּעֶרֶב אֲנִי אוֹכֵל אֶת אֲרוּחַת הָעֶרֶב.

„הָאֲרוּחָה טוֹבָה מְאֹד, אִמָּא," אֲנִי אוֹמֵר.

„תּוֹדָה," אוֹמֶרֶת הָאֵם. „הַאִם אַתָּה רוֹצֶה עוֹד?"

"בְּבַקָּשָׁה."
אַחֲרֵי כֵן, אֲנִי מַבִּיט בַּטֶּלֶוִיזְיָה.
"מַדּוּעַ אַתָּה מַבִּיט בַּטֶּלֶוִיזְיָה?" שׁוֹאֵל אַבָּא. "גְּמֹר
אֶת שִׁעוּרֵי הַבַּיִת."
אֲנִי גּוֹמֵר אֶת שִׁעוּרֵי הַבַּיִת.
בַּלַּיְלָה אֲנִי יָשֵׁן.

דִּקְדּוּק

A. Imperative (צִוּוּי)

David, finish the lesson.	1. דָּוִד, גְּמֹר אֶת הַשִּׁעוּר.
Sarah, write on the blackboard.	2. שָׂרָה, כִּתְבִי עַל הַלּוּחַ.
Pupils, close your books.	3. תַּלְמִידִים, סִגְרוּ אֶת הַסְּפָרִים.

The imperative can be formed by adding the correct vowels to the three root letters of the verb, as in sentence 1 (גְּמֹר). In the feminine singular add ־ִי. There is also a change in vowels, as in sentence 2 (כִּתְבִי). In the plural add וּ, as in sentence 3 (סִגְרוּ).

(M. PL.) רִבּוּי	(F. S.) נְקֵבָה	(M. S.) זָכָר	Root שֹׁרֶשׁ
כִּתְבוּ	כִּתְבִי	כְּתֹב	כתב
גִּמְרוּ	גִּמְרִי	גְּמֹר	גמר
סִגְרוּ	סִגְרִי	סְגֹר	סגר

Other verbs following the same pattern:

זְכֹר (remember!), זְרֹק (throw!), מְכֹר (sell!), רְקֹד (dance!),

שְׁבֹר (break!), שְׁמֹר (guard, keep!).

B. PREDICATE ADJECTIVE

הַתַּלְמִיד טוֹב   הַתַּלְמִיד הַטּוֹב

The pupil is good.   the good pupil

הָאֲרוּחָה טוֹבָה   הָאֲרוּחָה הַטּוֹבָה

The meal is good.   the good meal

הַשִּׁירִים יָפִים   הַשִּׁירִים הַיָּפִים

The songs are pretty.   the pretty songs

Note that the predicate adjective agrees with the subject in gender and in number. Unlike the adjective modifying a noun, the predicate adjective does not require the definite article even though the subject is definite.

תַּרְגִּילִים

I. עֲנֵה בְעִבְרִית:

1. מָה עוֹשֶׂה דָוִד בַּבֹּקֶר?

2. מַה לּוֹמֵד דָּוִד בְּבֵית הַסֵּפֶר?

3. מָה עוֹשֶׂה דָּוִד בָּעֶרֶב?

4. מָה אוֹמֵר דָּוִד אֶל הָאֵם?

5. מַדּוּעַ אוֹמֵר הָאָב: ״גְּמֹר אֶת שִׁעוּרֵי הַבַּיִת״?

II. מָתַי אַתָּה:

1. מִתְרַחֵץ? 2. לוֹמֵד? 3. אוֹכֵל אֲרוּחַת הַצָּהֳרַיִם? 4. נָח?

5. מִתְלַבֵּשׁ? 6. יָשֵׁן? 7. מַבִּיט בַּטֶּלֶוִיזְיָה? 8. כּוֹתֵב?

III. כְּתֹב בְּצִוּוּי (imperative):

1. דָּוִד, (סגר) אֶת הַסֵּפֶר.
2. דָּן, (כתב) עַל הַלּוּחַ.
3. אַבְנֵר, (זרק) אֶת הַכַּדּוּר.
4. שָׂרָה, (גמר) אֶת הַשִּׂיחָה.
5. רָחֵל, (קרא) בְּקוֹל.
6. חַנָּה, (זכר) אֶת הַשִּׁעוּר.
7. רוּת, (פתח) אֶת הַדֶּלֶת (door).
8. דָּן וְאַבְנֵר, (אמר) שָׁלוֹם אֶל הַדּוֹד.
9. יְלָדִים, (אכל) אֶת אֲרוּחַת הָעֶרֶב.

IV. Give the various forms in the imperative for each of the following verbs:

1. כתב 2. גמר 3. סגר 4. זכר 5. שמר

V. Translate. (Consult the rule for the predicate adjective, page 76.)

1. The pretty garden
2. The garden is pretty.
3. The good teacher
4. The teacher is good.
5. The small girl
6. The girl is small.
7. The big book
8. The book is big.
9. The small son
10. The son is small.

VI. עִבְרִית מְדֻבֶּרֶת:

Pretend you are the teacher. Ask pupils to answer the following questions in Hebrew.

1. מָה אַתָּה עוֹשֶׂה בַּבֹּקֶר?
2. מָה אַתָּה עוֹשֶׂה בַּצָּהֳרַיִם?
3. מָה אַתָּה עוֹשֶׂה אַחַר הַצָּהֳרַיִם (in the afternoon)?
4. מָה אַתָּה עוֹשֶׂה בָּעֶרֶב?
5. מָה אַתָּה עוֹשֶׂה בַּלַּיְלָה?

עברית חיה

Hebrew Puzzles חִידוֹת

I. Fill in the Hebrew equivalents. They should read the same across and down.

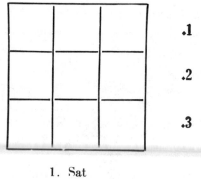

1.

2.

3.

1. Sat
2. My
3. House

II. Fill in the Hebrew equivalents of the following words. The initial letters should then spell out the name of a well-known Israeli city.

1. Pupil _____
2. No _____
3. You _____
4. Son _____
5. Pretty _____
6. Daughter _____

78

שִׁעוּר חֲמִשָּׁה עָשָׂר

LESSON 15

מִלּוֹן

door	דֶּלֶת נ׳	speak! (*imp.*)	דַּבֵּר (ר׳ דַּבְּרוּ)
open! (*imp.*)	פְּתַח (נ׳ פִּתְחִי)	class	כִּתָּה
close! (*imp.*)	סְגֹר (נ׳ סִגְרִי)	get up! (*imp.*)	קוּם (נ׳ קוּמִי)
window	חַלּוֹן	go! (*imp.*)	לֵךְ (נ׳ לְכִי)
read! (*imp.*)	קְרָא	take! (*imp.*)	קַח
story	סִפּוּר	chalk	גִּיר
give to! (*imp.*)	תֵּן לְ...	sit down! (*imp.*)	שֵׁב (נ׳ שְׁבִי)
		gives	נוֹתֵן

דַּבְּרוּ עִבְרִית

The students get practice in carrying out commands and instructions in the Hebrew language.

כִּתָּה עִבְרִית. הַתַּלְמִידִים מְדַבְּרִים אַנְגְּלִית.

„רַק עִבְרִית,‟ אוֹמֵר הַמּוֹרֶה. „דַּבְּרוּ עִבְרִית.‟

„יְהוּדָה,‟ אוֹמֵר הַמּוֹרֶה, „קוּם.‟

יְהוּדָה קָם.

79

‏„לֵךְ אֶל הַלּוּחַ."

יְהוּדָה הוֹלֵךְ אֶל הַלּוּחַ.

‏„קַח גִּיר."

יְהוּדָה לוֹקֵחַ אֶת הַגִּיר.

‏„כְּתֹב שִׁיר עִבְרִי עַל הַלּוּחַ."

יְהוּדָה כּוֹתֵב: „בֹּקֶר בָּא לַעֲבוֹדָה."

‏„טוֹב מְאֹד. שֵׁב."

יְהוּדָה יוֹשֵׁב.

‏„אַבְנֵר, קוּם."

אַבְנֵר קָם.

‏„לֵךְ אֶל הַדֶּלֶת."

אַבְנֵר הוֹלֵךְ אֶל הַדֶּלֶת.

‏„פְּתַח אֶת הַדֶּלֶת."

אַבְנֵר פּוֹתֵחַ אֶת הַדֶּלֶת.

‏„סְגֹר אֶת הַדֶּלֶת."

אַבְנֵר סוֹגֵר אֶת הַדֶּלֶת.

‏„שֵׁב."

אַבְנֵר יוֹשֵׁב.

‏„נָעֳמִי," אוֹמֵר הַמּוֹרֶה, „קוּמִי, בְּבַקָּשָׁה."

נָעֳמִי קָמָה.

„לְכִי אֶל הַחַלּוֹן."

נָעֳמִי הוֹלֶכֶת אֶל הַחַלּוֹן.

„פִּתְחִי אֶת הַחַלּוֹן."

נָעֳמִי פּוֹתַחַת אֶת הַחַלּוֹן.

„סִגְרִי אֶת הַחַלּוֹן."

נָעֳמִי סוֹגֶרֶת אֶת הַחַלּוֹן.

„שְׁבִי."

נָעֳמִי יוֹשֶׁבֶת.

„שְׁלֹמֹה, קוּם."

שְׁלֹמֹה קָם.

„קַח סֵפֶר עִבְרִי."

שְׁלֹמֹה לוֹקֵחַ סֵפֶר.

„קְרָא בְּקוֹל."

שְׁלֹמֹה קוֹרֵא בְּקוֹל אֶת הַסִּפּוּר „רַק עִבְרִית."

„תֵּן אֶת הַסֵּפֶר לְחַנָּה."

שְׁלֹמֹה נוֹתֵן אֶת הַסֵּפֶר לְחַנָּה.

„תּוֹדָה," אוֹמֶרֶת חַנָּה.

„עַל לֹא דָבָר," עוֹנֶה שְׁלֹמֹה.

„שֵׁב," אוֹמֵר הַמּוֹרֶה.

שְׁלֹמֹה יוֹשֵׁב.

„טוֹב מְאֹד, תַּלְמִידִים," אוֹמֵר הַמּוֹרֶה, וְהוּא כּוֹתֵב עַל הַלּוּחַ: „רַק עִבְרִית בַּכִּתָּה הָעִבְרִית."

דִּקְדּוּק

A. Imperative of פְּתַח (ל״ח) and שְׁמַע (ל״ע)

רִבּוּי (M. PL.)	נְקֵבָה (F. S.)	זָכָר (M. S.)	Root
פִּתְחוּ	פִּתְחִי	פְּתַח	(open) פתח
סִלְחוּ	סִלְחִי	סְלַח	(pardon) סלח
שִׁלְחוּ	שִׁלְחִי	שְׁלַח	(send) שלח
שִׂמְחוּ	שִׂמְחִי	שְׂמַח	(rejoice) שמח
שִׁמְעוּ	שִׁמְעִי	שְׁמַע	(hear) שמע
קִרְעוּ	קִרְעִי	קְרַע	(tear) קרע

Note the change of vowel under the second root letter in verbs ending in חַ or עַ. (Compare פְּתַח and כְּתֹב.)

These verbs follow the same pattern even though they do not end in ח or ע:

לְמַד (learn!), לְבַשׁ (wear!), שְׁכַב (lie down!)

B. Imperative of יוֹשֵׁב (פ״י)

(m. pl.) רִבּוּי	(f. s.) נְקֵבָה	(m. s.) זָכָר	Root
שְׁבוּ	שְׁבִי	שֵׁב	(sit) ישב
צְאוּ	צְאִי	צֵא	(go out) יצא
רְדוּ	רְדִי	רֵד	(go down) ירד
לְכוּ	לְכִי	לֵךְ	(go) הלך
תְּנוּ	תְּנִי	תֵּן	(give) נתן
קְחוּ	קְחִי	קַח	(take) לקח
דְּעוּ	דְּעִי	דַּע	(know) ידע

Note that in each case the first root letter of the verb drops out in the imperative. This type of verb is called פ״י.[1]

Other irregular imperatives listed in the vocabulary on page 79 should be studied individually.

תַּרְגִּילִים

I. עֲנֵה בְּעִבְרִית:

1. מָה הַשֵּׁם שֶׁל הַסִּפּוּר?
2. אֵיפֹה הַתַּלְמִידִים?
3. מָה אוֹמֵר הַמּוֹרֶה אֶל הַתַּלְמִידִים?
4. מָה עוֹשֶׂה יְהוּדָה?
5. מִי פּוֹתֵחַ וְסוֹגֵר אֶת הַדֶּלֶת?

[1] For full conjugation of פ״י verbs see p. 370.

6. מָה עוֹשָׂה נָעֳמִי?

7. מַה קּוֹרֵא שְׁלֹמֹה?

8. מַה כּוֹתֵב הַמּוֹרֶה עַל הַלּוּחַ?

II. כְּתֹב מִשְׁפָּטִים בַּמִּלִּים הָאֵלֶּה:

1. כִּתָּה 2. גִּיר 3. קָם 4. דֶּלֶת 5. עִפָּרוֹן

6. נוֹתֵן 7. סִפּוּר 8. כַּדּוּר 9. נְיָר 10. חַלּוֹן

III. Choose the correct form of the imperative:

1. דָּן, —— אֶת הַסֵּפֶר. (פְּתַח, פִּתְחִי, פִּתְחוּ)
2. יְהוּדָה, —— אֶת הַשִּׁעוּר. (לְמַד, לִמְדִי, לִמְדוּ)
3. חַנָּה, —— עַל הַכִּסֵּא. (שֵׁב, שְׁבִי, שְׁבוּ)
4. יְלָדִים, —— אֶל הַגַּן. (לֵךְ, לְכִי, לְכוּ)
5. נָעֳמִי, —— אֶת הָעִפָּרוֹן לְשָׂרָה. (תֵּן, תְּנִי, תְּנוּ)
6. שְׁלֹמֹה, —— אֶת הָעֵט. (קַח, קְחִי, קְחוּ)
7. דָּוִד, ——. (קוּם, קוּמִי, קוּמוּ)
8. אַבְרָהָם, —— בְּקוֹל. (קְרָא, קִרְאִי, קִרְאוּ)
9. תַּלְמִידִים, —— עִבְרִית. (דַּבֵּר, דַּבְּרִי, דַּבְּרוּ)
10. רוּת, —— אֶת שְׁמֵךְ עַל הַלּוּחַ. (כְּתֹב, כִּתְבִי, כִּתְבוּ)

IV. Substitute שָׂרָה for דָּן, and change each imperative from masculine to feminine.

1. דָּן, סְגֹר אֶת הַחַלּוֹן.
2. דָּן, גְּמֹר אֶת הַשִּׁעוּר.
3. דָּן, לְמַד אֶת הַמִּלִּים.
4. דָּן, פְּתַח אֶת הַדֶּלֶת.
5. דָּן, קְרָא אֶת הַסִּפּוּר בְּקוֹל.

V. כְּתֹב בְּצִוּוּי (imperative):

1. (סגר) תַּלְמִידִים, ——— אֶת הַסְּפָרִים.
2. (פתח) נָעֳמִי, בְּבַקָּשָׁה, ——— אֶת הַדֶּלֶת.
3. (גמר) אַבְרָהָם וְדָן, ——— אֶת הַתַּרְגִּילִים.
4. (קום) חַנָּה, ——— בְּבַקָּשָׁה.
5. (קרא) דָּוִד, ——— בְּקוֹל.
6. (דבר) יְלָדִים, ——— עִבְרִית.
7. (לקח) אַבְנֵר, ——— אֶת הַגִּיר.
8. (הלך) יְהוּדָה וְשָׂרָה, ——— אֶל בֵּית הַסֵּפֶר.
9. (למד) שְׁלֹמֹה, ——— עִבְרִית.
10. (אכל) שָׂרָה, ——— אֶת אֲרוּחַת הָעֶרֶב.

VI. עִבְרִית מְדֻבֶּרֶת:

Give commands in Hebrew to other students using the following imperatives:

1. קוּם 2. לֵךְ 3. פְּתַח 4. סְגֹר 5. קַח

6. תֵּן 7. קְרָא 8. כְּתֹב 9. דַּבֵּר 10. שֵׁב

חֲזָרָה

I. Do you know the Hebrew equivalent for each of the following words?

1. family	20. correct. right	39. breakfast
2. large, big	21. when?	40. return
3. how many?	22. what is your name?	41. from
4. people, men	23. my name is	42. supper
5. your, yours	24. new	43. finish!
6. brother	25. was	44. speak!
7. sister	26. nation, people	45. get up!
8. dog	27. first	46. go!
9. cat	28. woman, wife	47. take!
10. bird	29. king	48. chalk
11. fish	30. love (*v.*)	49. sit down!
12. to, for	31. because	50. door
13. noon	32. wrote	51. open!
14. meal	33. like, as	52. close!
15. night	34. Bible	53. window
16. sleep (*n.*)	35. day	54. read!
17. sleep (*v.*)	36. pencil	55. story
18. work (*v.*)	37. paper	56. give!
19. eat	38. get up, arise	57. gives

II. Can you translate the following words?

1. חֲבָל	6. מִתְרַחֵץ	11. נָח
2. מְנוּחָה	7. מִתְלַבֵּשׁ	12. כַּדּוּר
3. שֹׁרֶשׁ	8. מַתֵּמָטִיקָה	13. כִּתָּה
4. תְּאוֹמוֹת	9. הִיסְטוֹרְיָה	14. מִשְׁפָּט
5. אֲרוּחָה	10. מְשַׂחֵק	15. צִוּוּי

III. Do you know the following grammatical forms?

A. Numbers 1-10, page 59.

B. Verb: present of רוֹאֶה, page 63; present of verbs ending in עַ or חַ, page 64; verb root and past, page 69; imperative, page 82 and page 83.

C. Predicate Adjective, page 76.

IV. Oral Hebrew:

A. Can you summarize in Hebrew each of the stories in Lessons 11-15?

B. Can you converse in Hebrew on each one of these topics?

1. הַמִּשְׁפָּחָה שֶׁלִּי. 2. חָלוּץ בְּאֶרֶץ יִשְׂרָאֵל.

3. מַה שִּׁמְךָ? 4. בֹּקֶר טוֹב.

C. Can you give ten commands in Hebrew?

V. Culture: How many Hebrew songs and proverbs do you know?

מִבְחָן

I. עֲנֵה בְּעִבְרִית: (20)

1. כַּמָּה אֲנָשִׁים בַּמִּשְׁפָּחָה שֶׁלְּךָ?
2. מָתַי אַתָּה עוֹבֵד?
3. מַה שִּׁמְךָ הָעִבְרִי?
4. מָה אַתָּה עוֹשֶׂה בָּעֶרֶב?
5. מִי הָיָה אַבְרָהָם?

II. כְּתֹב אֶת הַמִּלָּה הַנְּכוֹנָה: (20)

(אוֹהֵב, אָחוֹת, אֲרוּחָה, חָדָשׁ, יָשֵׁן, כָּתַב, מֶלֶךְ, סָגַר, קַח, קָם)

1. ——— אֶת הַגִּיר.
2. אֲנִי ——— בַּבֹּקֶר.
3. דָּן ——— חִבּוּר.
4. מוֹרֶה ——— בָּא אֶל הַחֶדֶר.
5. אַבְרָהָם ——— אֶת שָׂרָה.
6. יֵשׁ לִי אָח גָּדוֹל וְ——— קְטַנָּה.
7. אֲנִי ——— בַּלַּיְלָה.
8. דָּוִד הָיָה ——— טוֹב.
9. בַּבֹּקֶר אֲנִי אוֹכֵל ——— טוֹבָה.
10. ——— אֶת הַדֶּלֶת.

III. כְּתֹב אֶת הַמִּסְפָּר הַנָּכוֹן: **(12)**

1. (3) סִפּוּרִים 2. (2) דּוֹדִים 3. (8) חֲלוּצִים

4. (7) אֲנָשִׁים 5. כֶּלֶב (1) 6. (9) יְלָדִים

IV. כְּתֹב אֶת הַשֹּׁרֶשׁ (root): **(10)**

1. שָׂרָה יוֹדַעַת שִׁיר יָפֶה.
2. אַבָּא עוֹבֵד בַּיּוֹם.
3. הַיְלָדִים אוֹכְלִים אֶת אֲרוּחַת הָעֶרֶב.
4. הַתַּלְמִידוֹת גּוֹמְרוֹת אֶת הַשִּׁעוּר.
5. יְהוּדָה אוֹהֵב אֶת חַנָּה.

V. כְּתֹב בַּהֹוֶה (present): **(10)**

1. (ראה) שָׂרָה ——— צִפּוֹר.
2. (רצה) אֲנַחְנוּ ——— לִלְמֹד שִׁיר עִבְרִי.
3. (עשׂה) מָה ——— שָׂרָה וְרוּת?
4. (שׁאל) „מַה שְּׁלוֹמֵךְ?" ——— הַמּוֹרָה.
5. (ענה) „הַכֹּל בְּסֵדֶר!" ——— רוּת.

VI. כְּתֹב אֶת הַצִּוּוּי (imperative): **(10)**

1. תַּלְמִידִים, ——— אֶת הַסְּפָרִים. (סְגֹר, סִגְרִי, סִגְרוּ)
2. דָּוִד, ——— אֶת הַשִּׁעוּר. (גְּמֹר, גִּמְרִי, גִּמְרוּ)
3. נָעֳמִי, ——— עִבְרִית. (לְמַד, לִמְדִי, לִמְדוּ)
4. אַבָּא, בְּבַקָּשָׁה, ——— אֶת הַדֶּלֶת. (פְּתַח, פִּתְחִי, פִּתְחוּ)
5. שָׂרָה, ——— אֶל הַלּוּחַ. (לֵךְ, לְכִי, לְכוּ)

VII. Summarize in Hebrew the story „יוֹם אֶחָד" either orally or in writing. **(18)**

שִׁעוּר שִׁשָּׁה עָשָׂר

LESSON 16

מִלּוֹן

לָשׁוֹן נ.	language, tongue	מַחְבֶּרֶת נ. (ר. מַחְבָּרוֹת)	notebook
חַיָּה נ.	living	חָבֵר (ר. חֲבֵרִים)	friend
בֵּית סֵפֶר תִּיכוֹן	secondary school	מֵתָה נ.	dead
דֶּרֶךְ ז׳ונ	way, road	רַדְיוֹ	radio
פּוֹגֵשׁ	meet	עִתּוֹן (ר. עִתּוֹנִים)	newspaper
שָׁ שׁ נ.	three	יוֹצֵא (ר. יוֹצְאִים)	go out, appear
שָׂמֵחַ (ר. שְׂמֵחִים)	(am) happy		

לָשׁוֹן חַיָּה

Abraham and some of his classmates prove to a doubting friend that Hebrew is very much alive.

אַבְרָהָם הוּא תַּלְמִיד.

אַבְרָהָם לוֹמֵד בְּבֵית הַסֵּפֶר הַתִּיכוֹן. הוּא לוֹמֵד אַנְגְּלִית, עִבְרִית, מַתֵּמָטִיקָה וְהִסְטוֹרִיָּה.

בַּדֶּרֶךְ לְבֵית הַסֵּפֶר הוּא פּוֹגֵשׁ שְׁנֵי חֲבֵרִים, שְׁלֹמֹה וְדָן, וְשָׁלֹשׁ חֲבֵרוֹת, שָׂרָה, רָחֵל וְחַנָּה.

„שָׁלוֹם," אוֹמֵר אַבְרָהָם.

„שָׁלוֹם," הֵם עוֹנִים.

שְׁלֹמֹה רוֹאֶה סֵפֶר וּמַחְבֶּרֶת בַּיָּד שֶׁל אַבְרָהָם.

„מָה הוּא הַסֵּפֶר הַזֶּה?" שׁוֹאֵל שְׁלֹמֹה.

„זֶה סֵפֶר עִבְרִי," עוֹנֶה אַבְרָהָם.

„אַתָּה לוֹמֵד עִבְרִית?" שׁוֹאֵל דָּן.

„כֵּן," עוֹנֶה אַבְרָהָם.

„גַּם אֲנִי לוֹמֶדֶת עִבְרִית," אוֹמֶרֶת שָׂרָה.

„גַּם אֲנַחְנוּ," אוֹמְרוֹת רָחֵל וְחַנָּה.

„מַדּוּעַ עִבְרִית?" שׁוֹאֵל שְׁלֹמֹה.

„כִּי עִבְרִית לָשׁוֹן יָפָה מְאֹד," עוֹנֶה אַבְרָהָם.

„אֲנִי אוֹהֶבֶת לִלְמֹד עִבְרִית כִּי יֵשׁ לִי מוֹרֶה טוֹב
לְעִבְרִית," אוֹמֶרֶת שָׂרָה.

„עִבְרִית הִיא הַלָּשׁוֹן שֶׁל הַתַּנַ"ךְ וְשֶׁל עַם יִשְׂרָאֵל,"
אוֹמֶרֶת רָחֵל.

„אֲבָל עִבְרִית הִיא לָשׁוֹן מֵתָה," אוֹמֵר שְׁלֹמֹה.

„לֹא נָכוֹן," עוֹנֶה אַבְרָהָם, „הַאִם אַתָּה יוֹדֵעַ כִּי בְּאֶרֶץ
יִשְׂרָאֵל כָּל הָאֲנָשִׁים מְדַבְּרִים עִבְרִית?"

„כֵּן," אוֹמֶרֶת חַנָּה, „מְדַבְּרִים עִבְרִית בַּבַּיִת, בָּרְחוֹב,
בְּבֵית הַסֵּפֶר וְגַם בָּרַדְיוֹ."

„וְקוֹרְאִים עִתּוֹנִים עִבְרִים," אוֹמֵר אַבְרָהָם. „הַאִם אַתָּה
יוֹדֵעַ כִּי בְּתֵל אָבִיב יוֹצְאִים חֲמִשָּׁה אוֹ שִׁשָּׁה עִתּוֹנִים
בְּכָל בֹּקֶר? וְגַם סְפָרִים רַבִּים יוֹצְאִים בְּעִבְרִית."

„לֹא, שְׁלֹמֹה," אוֹמֶרֶת שָׂרָה, „עִבְרִית לֹא לָשׁוֹן מֵתָה.
עִבְרִית הִיא לָשׁוֹן חַיָּה. וַאֲנַחְנוּ שְׂמֵחִים מְאֹד כִּי אֲנַחְנוּ
לוֹמְדִים עִבְרִית."

דִּקְדּוּק

One student is sitting in the room.	1. תַּלְמִידָה אַחַת יוֹשֶׁבֶת בַּחֶדֶר.
Three students are writing on the blackboard.	2. שָׁלֹשׁ תַּלְמִידוֹת כּוֹתְבוֹת עַל הַלּוּחַ.
There are ten pictures on the wall.	3. עֶשֶׂר תְּמוּנוֹת עַל הַקִּיר.
I have two aunts.	4. יֵשׁ לִי שְׁתֵּי דוֹדוֹת.
How many aunts? Two.	5. כַּמָּה דוֹדוֹת? שְׁתַּיִם.

A. Feminine Numbers 1-10

one	אַחַת
two	שְׁתַּיִם (שְׁתֵּי)
three	שָׁלֹשׁ
four	אַרְבַּע
five	חָמֵשׁ
six	שֵׁשׁ
seven	שֶׁבַע
eight	שְׁמֹנֶה
nine	תֵּשַׁע
ten	עֶשֶׂר

B. The number אַחַת (one) follows the noun it modifies, as in sentence 1, above. Other numbers generally precede the noun (as in sentences 2, 3 and 4, above).

C. In case of the number two, use שְׁתֵּי when it is followed by a feminine noun and שְׁתַּיִם when it occurs alone (as in sentence 5, above).

תַּרְגִּילִים

I. עֲנֵה בְּעִבְרִית:

1. אֵיפֹה לוֹמֵד אַבְרָהָם?
2. מַה לוֹמֵד אַבְרָהָם?
3. אֶת מִי פּוֹגֵשׁ אַבְרָהָם בַּדֶּרֶךְ?
4. מָה רוֹאֶה שְׁלֹמֹה בַּיָּד שֶׁל אַבְרָהָם?
5. מַדּוּעַ אוֹהֶבֶת שָׂרָה לִלְמֹד עִבְרִית?
6. מַדּוּעַ אוֹמֵר שְׁלֹמֹה: „עִבְרִית לָשׁוֹן מֵתָה"?
7. כַּמָּה עִתּוֹנִים עִבְרִים יוֹצְאִים בְּכָל בֹּקֶר בְּתֵל אָבִיב?
8. מַדּוּעַ שְׂמֵחִים אַבְרָהָם וְהַחֲבֵרוֹת?

II. חַבֵּר מִשְׁפָּטִים בַּמִּלִּים הָאֵלֶּה: Compose sentences with the following words:

1. חָבֵר 2. עִתּוֹן 3. פּוֹגֵשׁ 4. שָׁלֹשׁ
5. דֶּרֶךְ 6. מַחְבֶּרֶת 7. לָשׁוֹן 8. רַדְיוֹ
9. בֵּית סֵפֶר תִּיכוֹן 10. שָׂמֵחַ

III. הַשְׁלֵם בְּאַחַת מִן הַמִּלִּים הָאֵלֶּה:

(חַיָּה, עִתּוֹנִים, רַדְיוֹ, מַחְבֶּרֶת, מֵתָה, תַּנַ"ךְ, שָׁלֹשׁ, בֵּית סֵפֶר תִּיכוֹן)

1. אַבְרָהָם וְהַחֲבֵרִים הוֹלְכִים אֶל ______.
2. אַבְרָהָם פּוֹגֵשׁ ______ חֲבֵרוֹת.
3. יֵשׁ בְּיַד אַבְרָהָם ______ אַחַת.

4. שְׁלֹמֹה אוֹמֵר: „עִבְרִית הִיא לָשׁוֹן ———."
5. שָׂרָה אוֹמֶרֶת: „עִבְרִית הִיא לָשׁוֹן ———."
6. בְּאֶרֶץ יִשְׂרָאֵל יוֹצְאִים ——— בְּכָל בֹּקֶר.
7. בְּאֶרֶץ יִשְׂרָאֵל מְדַבְּרִים הָאֲנָשִׁים עִבְרִית בָּ———.
8. עִבְרִית הִיא הַלָּשׁוֹן שֶׁל הַ———.

IV. הַשְׁלֵם בַּמִּסְפָּרִים הַנְּכוֹנִים (Fill in the correct numbers):

1. (5) ——— תְּמוּנוֹת
2. (2) ——— תַּלְמִידוֹת
3. תּוֹרָה (1) ———
4. (10) ——— מַחְבָּרוֹת
5. (4) ——— מוֹרוֹת
6. (3) ——— דּוֹדוֹת
7. (6) ——— מִשְׁפָּחוֹת
8. (9) ——— תַּלְמִידוֹת
9. (8) ——— תְּמוּנוֹת
10. (7) ——— מַחְבָּרוֹת

V. הַשְׁלֵם בִּזְמַן הֹוֶה (Fill in the present tense):

1. (שאל) הַתַּלְמִיד ——— שְׁאֵלָה יָפָה.
2. (קרא) אֲנִי ——— סֵפֶר עִבְרִי.
3. (אמר) הָאֲנָשִׁים ——— שָׁלוֹם.
4. (פתח) הָאֵם ——— אֶת הַחַלּוֹן.
5. (ראה) שָׂרָה ——— אֶת דָּוִד.
6. (עבד) הִיא ——— כָּל הַיּוֹם.
7. (כתב) אֲנַחְנוּ ——— חִבּוּרִים יָפִים.
8. (למד) הֵם ——— תּוֹרָה.
9. (פגש) בַּדֶּרֶךְ אַתֶּם ——— חֲבֵרִים.
10. (הלך) הֵן ——— אֶל בֵּית הַסֵּפֶר הַתִּיכוֹן.

VI. תַּרְגֵּם לְעִבְרִית:

1. You have (*m. s.*) five notebooks.
2. David walks to high school every day.
3. On (in) the way he meets a friend.
4. Hebrew is not a dead language; it is a living language.

VII. עִבְרִית מְדֻבֶּרֶת:

Dramatize in Hebrew the conversation between Abraham and his friends about the Hebrew language.

פִּתְגָּם עִבְרִי

Love your neighbor as yourself. וְאָהַבְתָּ לְרֵעֲךָ כָּמוֹךָ.

(Leviticus XIX, 18) (וַיִּקְרָא יט, יח)

שִׁעוּר שִׁבְעָה עָשָׂר

LESSON 17

מִלּוֹן

the other side	הַצַּד הַשֵּׁנִי	the land; the ground	הָאָרֶץ נ׳
to him	לוֹ	named	בְּשֵׁם
passes, crosses	עוֹבֵר	automobile	מְכוֹנִית נ׳ (ר׳ מְכוֹנִיּוֹת)
suddenly	פִּתְאֹם	travel	נוֹסֵעַ (ר׳ נוֹסְעִים)
hears	שׁוֹמֵעַ	quickly	מַהֵר
sound	קוֹל	bus	אוֹטוֹבּוּס
honk! honk!	תְּרוּ... תְּרוּ...	motorcycle	אוֹפַנּוֹעַ
jumps	קוֹפֵץ	Mr. Levy	אָדוֹן לֵוִי, מַר לֵוִי
falls	נוֹפֵל	side	צַד

„הָאָרֶץ"

A man tries to cross a busy street in Tel Aviv while absorbed in a
Hebrew newspaper, and then something happens.

יֵשׁ רְחוֹב גָּדוֹל בְּתֵל אָבִיב בְּשֵׁם רְחוֹב אַלֶּנְבִּי.

אֲנָשִׁים רַבִּים הוֹלְכִים בָּרְחוֹב אַלֶּנְבִּי. הָאֲנָשִׁים

מְדַבְּרִים וְצוֹחֲקִים.

גַּם מְכוֹנִיּוֹת נוֹסְעוֹת בָּרְחוֹב. הַמְּכוֹנִיּוֹת נוֹסְעוֹת מַהֵר. גַּם

אוֹטוֹבּוּסִים נוֹסְעִים בָּרְחוֹב, וְגַם אוֹפַנּוֹעַ נוֹסֵעַ בָּרְחוֹב.

הָאָדוֹן לֵוִי הוֹלֵךְ בַּצַּד שֶׁל הָרְחוֹב. בַּיָּד שֶׁל מַר לֵוִי עִתּוֹן עִבְרִי.
הַשֵּׁם שֶׁל הָעִתּוֹן הוּא „הָאָרֶץ.‟ הוּא קוֹרֵא אֶת „הָאָרֶץ.‟
מַר לֵוִי פּוֹגֵשׁ חָבֵר בָּרְחוֹב.

„שָׁלוֹם,‟ אוֹמֵר הֶחָבֵר.

„שָׁלוֹם,‟ אוֹמֵר לוֹ מַר לֵוִי.

מַר לֵוִי הוֹלֵךְ וְקוֹרֵא אֶת הָעִתּוֹן. הוּא עוֹבֵר אֶת הָרְחוֹב וְאֵין
הוּא רוֹאֶה אֶת הַמְּכוֹנִית. פִּתְאֹם הוּא שׁוֹמֵעַ אֶת הַקּוֹל שֶׁל
הַמְּכוֹנִית: תְּרוּ... תְּרוּ... תְּרוּ...

מְכוֹנִית גְּדוֹלָה בָּאָה מַהֵר. מַר לֵוִי רוֹאֶה אֶת הַמְּכוֹנִית.
הָאִישׁ קוֹפֵץ מַהֵר אֶל הַצַּד הַשֵּׁנִי שֶׁל הָרְחוֹב. הָעִתּוֹן נוֹפֵל מִן
הַיָּד שֶׁל הָאִישׁ. הָעִתּוֹן נוֹפֵל עַל הָאָרֶץ (the ground). הַמְּכוֹנִית
עוֹבֶרֶת עַל הָעִתּוֹן.

אַחֲרֵי כֵן בָּא אוֹטוֹבּוּס. גַּם הָאוֹטוֹבּוּס עוֹבֵר עַל הָעִתּוֹן.
אַחֲרֵי כֵן בָּא אוֹפְנוֹעַ, גַּם הָאוֹפְנוֹעַ עוֹבֵר עַל הָעִתּוֹן.
הָאָדוֹן לֵוִי צוֹחֵק וְאוֹמֵר: „אֵין לִי עִתּוֹן עוֹד. „הָאָרֶץ‟ עַל הָאָרֶץ.‟

דִּקְדּוּק

The friend says "Hello" to him.	1. הֶחָבֵר אוֹמֵר לוֹ שָׁלוֹם.
I write (to) him a letter.	2. אֲנִי כּוֹתֵב לוֹ מִכְתָּב.
David gives (to) her a pencil.	3. דָּוִד נוֹתֵן לָהּ עִפָּרוֹן.

עברית חיה

Indirect Object Pronoun לִי

to us	לָנוּ	to me	לִי
to you (m.)	לָכֶם	to you (m.)	לְךָ
to you (f.)	לָכֶן	to you (f.)	לָךְ
to them (m.)	לָהֶם	to him	לוֹ
to them (f.)	לָהֶן	to her	לָהּ

Note that in English the word "to," the equivalent of לְ, is sometimes omitted as in sentences 2 and 3, above, but it is never omitted in Hebrew

תַּרְגִּילִים

I. הַשְׁלֵם בַּמִּלָּה הַנְּכוֹנָה (Fill in the correct word):

1. הַשֵּׁם שֶׁל רְחוֹב גָּדוֹל בְּתֵל אָבִיב הוּא ——.

2. בָּרְחוֹב נוֹסְעוֹת ——.

3. גַּם אֲנָשִׁים הוֹלְכִים —— וְצוֹחֲקִים.

4. הָאָדוֹן —— הוֹלֵךְ בִּרְחוֹב אַלֶּנְבִּי.

5. הוּא קוֹרֵא —— עִבְרִי.

6. הַשֵּׁם שֶׁל הָעִתּוֹן הוּא ——.

7. אֵין הָאִישׁ רוֹאֶה אֶת ——.

8. מַר לֵוִי —— מַהֵר אֶל הַצַּד הַשֵּׁנִי שֶׁל הָרְחוֹב.

9. הַמְּכוֹנִית —— עַל הָעִתּוֹן.

10. מַר לֵוִי צוֹחֵק וְאוֹמֵר: ,,הָאָרֶץ' עַל ——''.

98

II. אֵיפֹה?

1. רְחוֹב אַלֶנְבִּי?
2. נוֹסְעוֹת הַמְּכוֹנִיּוֹת?
3. מְדַבְּרִים וְצוֹחֲקִים הָאֲנָשִׁים?
4. נוֹסְעִים הָאוֹטוֹבּוּסִים?
5. הָעִתּוֹן „הָאָרֶץ"?
6. עוֹבֵר אָדוֹן לֵוִי?
7. נוֹפֵל הָעִתּוֹן?
8. קוֹפֵץ אָדוֹן לֵוִי?

III. כְּתֹב אֶת הַמִּלָּה הַנְּכוֹנָה: Write the Hebrew equivalents of the English words:

1. הוּא אוֹמֵר ——— שָׁלוֹם. to them
2. דָּוִד כּוֹתֵב ——— בְּעִבְרִית. to me
3. הַתַּלְמִיד עוֹנֶה ——— בְּאַנְגְּלִית. (to) her
4. דָּן נוֹתֵן ——— עִפָּרוֹן יָפֶה. (to) you (*m. s.*)
5. הַמּוֹרֶה אוֹמֵר ———: „יָפֶה, תַּלְמִידִים!" to us
6. שָׂרָה כּוֹתֶבֶת ——— בְּכָל יוֹם. (to) him
7. הַמּוֹרֶה קוֹרֵא ———. (to) you (*m. pl.*)
8. מִי נָתַן ——— אֶת הַסֵּפֶר? (to) you (*f. s.*)
9. הוּא עוֹנֶה ——— בְּאַנְגְּלִית. (to) him
10. הַאִם דָּוִד כּוֹתֵב ———? (to) you (*f. pl.*)

IV. כְּתֹב אֶת הַמִּסְפָּר (number) הַנָּכוֹן:

1. (3) ——— חֲבֵרִים
2. (2) ——— עִתּוֹנִים
3. (5) ——— אוֹטוֹבּוּסִים
4. (4) ——— חִבּוּרִים
5. שִׁיר (1) ———
6. (10) ——— תַּלְמִידוֹת
7. (7) ——— תְּמוּנוֹת
8. (9) ——— מַחְבָּרוֹת
9. בַּת (1) ———
10. (8) ——— מִשְׁפָּחוֹת

V. Substitute הַתַּלְמִידָה for הַתַּלְמִיד and change each verb from masculine to feminine:

1. הַתַּלְמִיד אוֹכֵל אֶת אֲרוּחַת הַבֹּקֶר.

2. הַתַּלְמִיד עוֹשֶׂה אֶת הָעֲבוֹדָה.

3. הַתַּלְמִיד כּוֹתֵב עַל הַלּוּחַ.

4. הַתַּלְמִיד אוֹמֵר שָׁלוֹם.

5. הַתַּלְמִיד יוֹדֵעַ אֶת הַשִּׁעוּר.

6. הַתַּלְמִיד רוֹאֶה אֶת הַמּוֹרֶה.

7. הַאִם הַתַּלְמִיד רוֹצֶה לִלְמֹד?

8. הַתַּלְמִיד מְדַבֵּר עִבְרִית.

9. הַתַּלְמִיד עוֹנֶה: „הַכֹּל בְּסֵדֶר.״

10. הַתַּלְמִיד יוֹשֵׁב בְּשֶׁקֶט (quietly).

VI. כַּמָּה:

1. שְׁתַּיִם וְשָׁלֹשׁ?

2. אַרְבַּע וְחָמֵשׁ?

3. אַחַת וְאַחַת?

4. שֵׁשׁ וּשְׁתַּיִם?

5. שָׁלֹשׁ וְשָׁלֹשׁ?

6. שֶׁבַע וּשְׁתַּיִם?

VII. עִבְרִית מְדַבֶּרֶת:

One student carries out the following series of activities and another describes each activity in the third person, using הוּא in place of אֲנִי.

1. אֲנִי קָם.
2. אֲנִי הוֹלֵךְ אֶל הַדֶּלֶת.
3. אֲנִי פּוֹתֵחַ אֶת הַדֶּלֶת.
4. אֲנִי יוֹצֵא מִן הַחֶדֶר.
5. אֲנִי שָׁב אֶל הַחֶדֶר.
6. אֲנִי סוֹגֵר אֶת הַדֶּלֶת.
7. אֲנִי שָׁב אֶל הַכִּסֵּא.
8. אֲנִי יוֹשֵׁב.

VIII. הַכְתָּבָה (Dictation):

אַבְרָהָם הוּא תַּלְמִיד.
אַבְרָהָם הוֹלֵךְ אֶל בֵּית הַסֵּפֶר הַתִּיכוֹן בְּתֵל אָבִיב.
הוּא מְדַבֵּר עִבְרִית וְקוֹרֵא עִתּוֹן עִבְרִי.
לְאַבְרָהָם יֵשׁ חָבֵר בְּשֵׁם יְהוּדָה.
גַּם יְהוּדָה הוֹלֵךְ אֶל בֵּית הַסֵּפֶר הַתִּיכוֹן.
וְגַם הוּא מְדַבֵּר עִבְרִית וְקוֹרֵא עִתּוֹן עִבְרִי.

שִׁעוּר שְׁמֹנָה עָשָׂר

LESSON 18

מִלוֹן

draws	מְצַיֵּר	grandfather	סָב
head	רֹאשׁ	old	זָקֵן
eyes	עֵינַיִם נ.	he has	יֵשׁ לוֹ
nose	אַף	beard	זָקָן
mouth	פֶּה	Bezalel (proper name)	בְּצַלְאֵל
hands	יָדַיִם נ.	to draw	לְצַיֵּר
feet	רַגְלַיִם נ.	looks	מַבִּיט

הַסָּב

A young artist finds a good portrait subject.

אַבְרָהָם יוֹשֵׁב בַּבַּיִת. גַּם הַסָּב שֶׁל אַבְרָהָם בַּבַּיִת.

הַסָּב הוּא אִישׁ זָקֵן וְיָפֶה. יֵשׁ לוֹ זָקָן יָפֶה.

בְּצַלְאֵל, הֶחָבֵר שֶׁל אַבְרָהָם, בָּא אֶל הַבַּיִת. הוּא רוֹאֶה

אֶת הַסָּב. בְּצַלְאֵל לוֹקֵחַ עִפָּרוֹן וּנְיָר. הוּא אוֹהֵב לְצַיֵּר.

„מָה אַתָּה עוֹשֶׂה?" שׁוֹאֵל אַבְרָהָם.

„אֲנִי רוֹצֶה לְצַיֵּר תְּמוּנָה שֶׁל הַסָּב," עוֹנֶה בְּצַלְאֵל.

בְּצַלְאֵל מְצַיֵּר אֶת הָרֹאשׁ וְאֶת הָעֵינַיִם שֶׁל הַסָּב.

הוּא מְצַיֵּר אֶת הָאַף, אֶת הַפֶּה וְאֶת הַזָּקָן שֶׁל הַסָּב.

אַחֲרֵי כֵן הוּא מְצַיֵּר אֶת הַיָּדַיִם וְאֶת הָרַגְלַיִם,

וְגוֹמֵר אֶת הַתְּמוּנָה.

אַבְרָהָם מַבִּיט עַל הַתְּמוּנָה. הוּא מַבִּיט עַל הָעֵינַיִם
הַיָּפוֹת וְעַל הַזָּקָן שֶׁל הַסָּב.

‏„הַתְּמוּנָה שֶׁל הַסָּב יָפָה מְאֹד,‟ אוֹמֵר אַבְרָהָם.

‏„תּוֹדָה,‟ עוֹנֶה בְּצַלְאֵל, „אֲנִי אוֹהֵב לְצַיֵּר אֶת הַתְּמוּנָה
שֶׁל הַסָּב, כִּי הוּא אִישׁ טוֹב וְיָפֶה וְחָכָם.‟

דִּקְדּוּק

A. Possession

I. Affirmative

1. I have a book (literally, "There is to me a book").	יֵשׁ לִי סֵפֶר.
2. He has a beautiful beard.	יֵשׁ לוֹ זָקָן יָפֶה.
3. They have a good teacher.	יֵשׁ לָהֶם מוֹרֶה טוֹב.
4. You have a pretty sister.	לְךָ אָחוֹת יָפָה.
5. We have a small brother.	לָנוּ אָח קָטָן.

The indirect object pronouns such as לִי‎, לְךָ‎, לוֹ etc., may also be used to indicate possession.

Note that the word יֵשׁ‎, which means "there is," may be omitted as in sentences 4 and 5, above, without changing the meaning of the sentence.

II. Negative

1. I do not have a notebook.	אֵין לִי מַחְבֶּרֶת.
2. She does not have a brother.	אֵין לָהּ אָח.
3. They have no books.	אֵין לָהֶם סְפָרִים.

Negative possession may be indicated by the indirect object pronouns with the word אֵין (is not, are not) placed before them as in sentences 1, 2, 3, above.

III. Use of שֶׁל

1. David's father	הָאָב שֶׁל דָּוִד
2. Sarah's teacher	הַמּוֹרֶה שֶׁל שָׂרָה
3. The man's house	הַבַּיִת שֶׁל הָאִישׁ

Expressions employing 's in English are usually translated in modern Hebrew by the use of the preposition שֶׁל (of) as in the three sentences above.

B. Paired Members of the Body

	רִבּוּי		יְחִידָה
small ears	אָזְנַיִם קְטַנּוֹת	a small ear	אֹזֶן קְטַנָּה
pretty eyes	עֵינַיִם יָפוֹת	a pretty eye	עַיִן יָפָה
white teeth	שִׁנַּיִם לְבָנוֹת	a white tooth	שֵׁן לְבָנָה
strong hands	יָדַיִם חֲזָקוֹת	a strong hand	יָד חֲזָקָה
big feet	רַגְלַיִם גְּדוֹלוֹת	a big foot	רֶגֶל גְּדוֹלָה

Paired members of the body are usually regarded as of the feminine gender and require a feminine adjective.

פֶּה and רֹאשׁ are masculine (see vocabulary of lesson 18) since they are not paired organs. Note that the dual number in Hebrew is indicated by ־ַיִם (compare the word שְׁנַיִם).

תַּרְגִּילִים

I. עֲנֵה בְּעִבְרִית:

1. בַּמָּה (with what) אַתָּה אוֹכֵל?
2. בַּמָּה אַתָּה רוֹאֶה?
3. בַּמָּה אַתָּה הוֹלֵךְ?
4. בַּמָּה אַתָּה שׁוֹמֵעַ?
5. בַּמָּה אַתָּה כּוֹתֵב?

II. כְּתֹב בְּרִבּוּי (Write in the plural):

1. עִתּוֹן 2. דּוֹד 3. אֹזֶן 4. עַיִן 5. תַּלְמִיד
6. תְּמוּנָה 7. רֶגֶל 8. סִפּוּר 9. יָד 10. דּוֹדָה

III. תַּרְגֵּם:

1. He has a newspaper. 2. She has a small brother. 3. David's grandfather is old. 4. I am writing to him. 5. Sarah's room is nice. 6. They have a big house. 7. You (*m. s.*) don't have a book. 8. Students, you have a good teacher. 9. David has a pretty sister. 10. They have three sons (בָּנִים).

IV. כְּתֹב אֶת הַמִּלָּה הַנְּכוֹנָה:

1. לְשָׂרָה יֵשׁ עֵינַיִם ———. (יָפִים, יָפוֹת)
2. יֵשׁ לוֹ אָזְנַיִם ———. (קְטַנִּים, קְטַנּוֹת)
3. לְדָן יָדַיִם ———. (גְּדוֹלִים, גְּדוֹלוֹת)
4. הַפֶּה שֶׁלִּי ———. (קָטָן, קְטַנָּה)
5. הָרֹאשׁ שֶׁל דָּוִד ———. (יָפֶה, יָפָה)
6. אֵין לִי רַגְלַיִם ———. (גְּדוֹלִים, גְּדוֹלוֹת)

‏V.‏ עִבְרִית מְדֻבֶּרֶת:

Using the following titles as an outline, give a Hebrew summary of
the story:

‏1.‏ אַבְרָהָם וְהַסָּב.   ‏2.‏ בְּצַלְאֵל.   ‏3.‏ הַתְּמוּנָה.

‏4.‏ אַבְרָהָם מַבִּיט עַל הַתְּמוּנָה.   ‏5.‏ בְּצַלְאֵל עוֹנֶה.

וּשְׁאַבְתֶּם

Rejoice as you draw water from the wells.

וּשְׁאַבְתֶּם מַיִם בְּשָׂשׂוֹן מִמַּעַיְנֵי הַיְשׁוּעָה.

שִׁעוּר תִּשְׁעָה עָשָׂר

LESSON 19

מִלּוֹן

הִלֵּל	Hillel (name of a great Talmudic scholar)	אוֹתוֹ	him
נָכְרִי [1]	stranger	אֲבָל	but
שַׁמַּאי	Shammai (colleague of Hillel)	מַה שֶּׁשָּׂנוּא עָלֶיךָ	what is hateful to you
כַּאֲשֶׁר	while, when	אַל תַּעֲשֶׂה לַחֲבֵרְךָ	do not do unto your neighbor
עוֹמֵד	stand (*v.*)	יְסוֹד	foundation
כּוֹעֵס	gets angry	שְׁאָר	rest, remainder
מְגָרֵשׁ	chases away	פֵּרוּשׁ	commentary, explanation
אִם	if		

הִלֵּל וְהַנָּכְרִי

Hillel teaches a stranger the Golden Rule.

נָכְרִי בָּא אֶל הַבַּיִת שֶׁל שַׁמַּאי.

שׁוֹאֵל שַׁמַּאי: „מָה אַתָּה רוֹצֶה?"

אוֹמֵר הַנָּכְרִי: „אֲנִי רוֹצֶה לִלְמֹד אֶת כָּל הַתּוֹרָה

כַּאֲשֶׁר אֲנִי עוֹמֵד עַל רֶגֶל אַחַת."

שַׁמַּאי רוֹאֶה כִּי הָאִישׁ רוֹצֶה לְצַחֵק בּוֹ.

כּוֹעֵס שַׁמַּאי וּמְגָרֵשׁ אוֹתוֹ.

הוֹלֵךְ הַנָּכְרִי אֶל הַבַּיִת שֶׁל הִלֵּל.

„שָׁלוֹם," אוֹמֵר הִלֵּל.

„שָׁלוֹם," עוֹנֶה הַנָּכְרִי.

[1] The first vowel is pronounced like the "o" in "more" in both Sefardic and Ashkenazic.

שׁוֹאֵל הִלֵּל: „מָה אַתָּה רוֹצֶה, אֲדוֹנִי?"
עוֹנֶה הַנָּכְרִי: „אֲנִי רוֹצֶה לִלְמֹד אֶת כָּל הַתּוֹרָה
כַּאֲשֶׁר אֲנִי עוֹמֵד עַל רֶגֶל אַחַת."
הִלֵּל רוֹאֶה כִּי הָאִישׁ רוֹצֶה לְצַחֵק בּוֹ, אֲבָל אֵין הִלֵּל כּוֹעֵס.
אוֹמֵר הִלֵּל לַנָּכְרִי: „מַה שֶּׁשָּׂנוּא עָלֶיךָ אַל תַּעֲשֶׂה לַחֲבֵרְךָ."
„וְזֹאת כָּל הַתּוֹרָה?" שׁוֹאֵל הַנָּכְרִי.
„כֵּן," עוֹנֶה הִלֵּל. „זֶה הַיְסוֹד, וְכָל הַשְּׁאָר הוּא פֵּרוּשׁ."
אוֹמֵר הַנָּכְרִי: „תּוֹדָה, הִלֵּל. אִם זֶה הַיְסוֹד,
רוֹצֶה אֲנִי לִלְמֹד אֶת כָּל הַתּוֹרָה."

דִּקְדּוּק

The Infinitive (הַמָּקוֹר)

.1 אֲנִי רוֹצֶה לִלְמֹד אֶת הַתּוֹרָה.	I wish to study the Torah.
.2 שָׂרָה רוֹצָה לִשְׁמֹעַ סִפּוּר.	Sarah wishes to hear a story.
.3 אֲנִי יוֹדֵעַ לְדַבֵּר עִבְרִית.	I know (how) to speak Hebrew.
.4 הִיא יוֹדַעַת לְסַפֵּר סִפּוּרִים.	She knows (how) to tell stories.

A. To form the infinitive of regular verbs in the קַל, place לִ before the three root-letters; thus, לִסְגֹּר (to close); לִגְמֹר (to finish); לִכְתֹּב (to write); לִלְמֹד (to study).

Note that verbs ending in ע or ח take a פַּתָּח (ַ): לִשְׁמֹעַ, לִפְתֹּחַ.

B. Some verbs in the פִּעֵל take the vowels פַּתָּח (ַ) and צֵירֶה (..) and are preceded by לְ thus: לְסַפֵּר (to tell); לְדַבֵּר (to speak); לְקַבֵּל (to receive).

תַּרְגִּילִים

I. עֲנֵה בְעִבְרִית:

1. מִי בָּא אֶל הַבַּיִת שֶׁל שַׁמַּאי?
2. אֵיךְ (how) רוֹצֶה הַנָּכְרִי לִלְמֹד אֶת הַתּוֹרָה?
3. מָה עוֹשֶׂה שַׁמַּאי?
4. אֵיךְ קִבֵּל (received) אוֹתוֹ הִלֵּל?
5. מָה אוֹמֵר לוֹ הִלֵּל?
6. אֵיךְ עוֹנֶה הַנָּכְרִי אֶת הִלֵּל?

II. סַדֵּר אֶת הַמִּלִּים: Rearrange the words in each sentence:

1. מְאֹד יָפֶה קוֹרֵא דָּן סֵפֶר.
2. וְהוּא כּוֹעֵס מְגָרֵשׁ שַׁמַּאי הַנָּכְרִי אֶת.
3. לְצַיֵּר אוֹהֵב תְּמוּנוֹת בְּצַלְאֵל.
4. שָׁב אֲנִי כַּאֲשֶׁר בֵּית הַסֵּפֶר מִן אֶת שִׁעוּרֵי הַבַּיִת כּוֹתֵב אֲנִי.
5. נוֹתֵן אֵין מַדּוּעַ לְךָ הָעִתּוֹן הוּא אֶת?

III. כְּתֹב אֶת הַמָּקוֹר (infinitive):

1. אֲנִי רוֹצֶה (סגר) אֶת הַחַלּוֹן.
2. תָּמָר אוֹהֶבֶת (למד) עִבְרִית.
3. בְּבַקָּשָׁה, (גמר) אֶת הַסִּפּוּר!
4. אֲנַחְנוּ רוֹצִים (שמע) אֶת הַשִּׁיר.
5. אֵין הוּא רוֹצֶה (פתח) אֶת הַחַלּוֹן.
6. אֲנִי יוֹדֵעַ (דַבֵּר) עִבְרִית.
7. אֵין אֲנִי אוֹהֵב (כתב) חִבּוּרִים.
8. בְּבַקָּשָׁה, (קרא) בְּקוֹל!

עברית חיה

IV. תַּרְגֵּם לְאַנְגְּלִית (Consult page 103 for rule):

1. יֵשׁ לְדָוִד סָב זָקֵן.
2. הַסָּב שֶׁל דָּוִד זָקֵן.
3. יֵשׁ לְשָׂרָה אֵם יָפָה.
4. הָאֵם שֶׁל שָׂרָה יָפָה.
5. לְרוּת בַּת גְּדוֹלָה.

6. הַבַּת שֶׁל רוּת גְּדוֹלָה.
7. לוֹ עִתּוֹן.
8. אֲנִי נוֹתֵן לוֹ עִתּוֹן.
9. לִי דּוֹד.
10. "שָׁלוֹם," אוֹמֵר לִי הַדּוֹד.

V. Subject for discussion:

What is the difference between the Biblical Golden Rule וְאָהַבְתָּ לְרֵעֲךָ כָּמוֹךָ and Hillel's Golden Rule?

ISRAELI PLACE-NAMES

Meaning פֵּרוּשׁ	אַנְגְּלִית	עִבְרִית
Dwelling of Peace	Jerusalem	יְרוּשָׁלַיִם
Hill of Spring	Tel Aviv	תֵּל אָבִיב
Beautiful	Jaffa	יָפוֹ
The Descending (River)	The Jordan River	הַיַּרְדֵּן
Valley	Emek	עֵמֶק
Parched Land	Negev	נֶגֶב
First of Zion	Rishon Le-Zion	רִאשׁוֹן לְצִיּוֹן
Door of Hope	Petach Tikva	פֶּתַח תִּקְוָה
Vineyard of God	Carmel	כַּרְמֶל

Bulletin Board, Haifa

Grain Elevator, Haifa Harbor

שִׁעוּר עֶשְׂרִים

LESSON 20

מִלּוֹן

train	רַכֶּבֶת נ׳	Carmelit (Haifa's subway)	כַּרְמְלִית
goes up	עוֹלֶה (נ׳ עוֹלָה)	they finished	גָּמְרוּ
a station	תַּחֲנָה	they travelled	נָסְעוּ
Paris Square	כִּכַּר פָּרִיז	to travel	לִנְסֹעַ
here is, behold!	הִנֵּה	to see	לִרְאוֹת
many	רַבִּים	Haifa	חֵיפָה
above	לְמַעְלָה	to hike	לְטַיֵּל
below	לְמַטָּה	city	עִיר נ׳
end	סוֹף	mountain	הַר
houses	בָּתִּים (י׳ בַּיִת)	Mt. Carmel	הַר הַכַּרְמֶל
		sea	יָם

הַכַּרְמְלִית

Two American students, hiking to Haifa, discover an easy and speedy way of reaching the top of Mt. Carmel; and what a view from the top!

אַבְרָהָם וְדָוִד הֵם חֲבֵרִים טוֹבִים.

שְׁנֵי הַחֲבֵרִים הֵם אֲמֶרִיקָאִים.

הֵם גָּמְרוּ אֶת הַשִּׁעוּרִים בְּבֵית הַסֵּפֶר הַתִּיכוֹן,

וְנָסְעוּ לְאֶרֶץ יִשְׂרָאֵל לִרְאוֹת אֶת הָאָרֶץ.

111

לְדָוִד יֵשׁ דּוֹד בְּשֵׁם שְׁמוּאֵל.

לִשְׁמוּאֵל יֵשׁ בַּיִת גָּדוֹל עַל יַד חֵיפָה.

דָּוִד וְאַבְרָהָם יוֹשְׁבִים בַּבַּיִת שֶׁל הַדּוֹד שְׁמוּאֵל.

בֹּקֶר אֶחָד קָם דָּוִד וְאוֹמֵר לְאַבְרָהָם:

„אֲנִי רוֹצֶה לְטַיֵּל הַיּוֹם לְחֵיפָה. חֵיפָה עִיר יָפָה. אֲנִי רוֹצֶה לִרְאוֹת אֶת הָעִיר."

„טוֹב," אוֹמֵר אַבְרָהָם, „אֲנִי הוֹלֵךְ."

שְׁנֵי הַחֲבֵרִים הוֹלְכִים בַּדֶּרֶךְ לְחֵיפָה. הֵם בָּאִים לְחֵיפָה בַּבֹּקֶר.

אַבְרָהָם רוֹאֶה הַר גָּדוֹל וְהוּא שׁוֹאֵל:

„מָה הָהָר הַזֶּה?"

„זֶה הַר הַכַּרְמֶל," עוֹנֶה דָּוִד.

אַחֲרֵי כֵן אוֹמֵר אַבְרָהָם: „אֲנִי רוֹצֶה לִנְסֹעַ לְרֹאשׁ (to the top of) הָהָר."

„גַּם אֲנִי רוֹצֶה," עוֹנֶה דָּוִד. „הַדּוֹד שְׁמוּאֵל אוֹמֵר כִּי יֵשׁ רַכֶּבֶת בְּשֵׁם כַּרְמְלִית. הָרַכֶּבֶת עוֹלָה מַהֵר לְרֹאשׁ הַכַּרְמֶל."

„אֵיפֹה הַתַּחֲנָה שֶׁל הַכַּרְמְלִית?" שׁוֹאֵל אַבְרָהָם.

„אֲנִי לֹא יוֹדֵעַ," עוֹנֶה דָּוִד.

הֵם רוֹאִים אִישׁ עוֹבֵר וְשׁוֹאֲלִים אֶת הָאִישׁ: „אֵיפֹה הַתַּחֲנָה שֶׁל הַכַּרְמְלִית?"

הָאִישׁ עוֹנֶה: „עוֹד שְׁלשָׁה רְחוֹבוֹת, בְּכִכַּר פָּרִיז.

הַחֲבֵרִים בָּאִים אֶל כִּכַּר פָּרִיז.

„הִנֵּה הָרַכֶּבֶת עוֹמֶדֶת בַּתַּחֲנָה," אוֹמֵר דָּוִד.

אַבְרָהָם וְדָוִד בָּאִים אֶל הָרַכֶּבֶת. אֲנָשִׁים רַבִּים יוֹשְׁבִים וַאֲנָשִׁים רַבִּים עוֹמְדִים. אֲנָשִׁים עוֹמְדִים לְמַעְלָה בָּרַכֶּבֶת, וַאֲנָשִׁים עוֹמְדִים לְמַטָּה.

אוֹמֵר אַבְרָהָם: „מַה זֶּה? רֹאשׁ הָרַכֶּבֶת לְמַעְלָה וְסוֹף הָרַכֶּבֶת לְמַטָּה!"

„כֵּן," עוֹנֶה דָּוִד, „כִּי הָרַכֶּבֶת נוֹסַעַת עַל הָר."

הַפַּעֲמוֹן מְצַלְצֵל. הָרַכֶּבֶת נוֹסַעַת לְמַעְלָה וּלְמַעְלָה.

הָרַכֶּבֶת בָּאָה אֶל הַתַּחֲנָה „גַּן הָאֵם" (Mother's Park).

שְׁנֵי הַחֲבֵרִים עוֹלִים אֶל הָרְחוֹב. הֵם הוֹלְכִים בָּרְחוֹבוֹת בְּרֹאשׁ הַכַּרְמֶל.

אוֹמֵר אַבְרָהָם: „הָרְחוֹבוֹת יָפִים עַל הַר הַכַּרְמֶל וְגַם הַבָּתִּים יָפִים."

הַחֲבֵרִים הוֹלְכִים וְהוֹלְכִים וּפִתְאֹם הֵם בָּאִים אֶל רְחוֹב פָּנוֹרָמָה (Panorama Street).

הֵם מַבִּיטִים לְמַטָּה וְהִנֵּה הַיָּם הַגָּדוֹל.

„חֵיפָה עִיר יָפָה מְאֹד," אוֹמֵר אַבְרָהָם. „הָרְחוֹבוֹת יָפִים וְהַבָּתִּים יָפִים."

אַחֲרֵי כֵן נוֹסְעִים שְׁנֵי הַחֲבֵרִים עוֹד פַּעַם בַּכַּרְמְלִית אֶל כִּכַּר פָּרִיז. וְהֵם שָׁבִים מַהֵר בְּאוֹטוֹבּוּס אֶל הַבַּיִת שֶׁל הַדּוֹד שְׁמוּאֵל.

דִּקְדּוּק

Past Tense of גָּמַר

רִבּוּי		יָחִיד	
we finished	**גָּמַרְנוּ**	I finished	**גָּמַרְתִּי**
you (*m. pl.*) finished	**גְּמַרְתֶּם**	you (*m. s.*) finished	**גָּמַרְתָּ**
you (*f. pl.*) finished	**גְּמַרְתֶּן**	you (*f. s.*) finished	**גָּמַרְתְּ**
they (*m.*) finished	**גָּמְרוּ**	he finished	**גָּמַר**
they (*f.*) finished	**גָּמְרוּ**	she finished	**גָּמְרָה**

The past tense of regular verbs in the קַל is formed by adding the proper suffixes to the three root-letters of the verb, as indicated above by the letters in bold type.

Like גָּמַר, conjugate כָּתַב (write), לָמַד (study), קָפַץ (jump), פָּגַשׁ (meet), סָגַר (close).

תַּרְגִּילִים

I. עֲנֵה בְּעִבְרִית:

1. מָתַי נָסְעוּ שְׁנֵי הַחֲבֵרִים לְאֶרֶץ יִשְׂרָאֵל?
2. מַדּוּעַ נָסְעוּ לְאֶרֶץ יִשְׂרָאֵל?
3. אֵיפֹה יוֹשֵׁב הַדּוֹד שֶׁל דָּוִד?
4. מָה עוֹשִׂים שְׁנֵי הַחֲבֵרִים בֹּקֶר אֶחָד?
5. אֵיפֹה הַתַּחֲנָה הָרִאשׁוֹנָה שֶׁל הַכַּרְמְלִית?
6. מַדּוּעַ הָרַכֶּבֶת לְמַעְלָה וּלְמַטָּה?
7. מָה רוֹאִים הַחֲבֵרִים מִן רְחוֹב פָּנוֹרָמָה?

II. הַשְׁלֵם בַּמִּלָּה הַנְּכוֹנָה (Fill in the correct word in parenthesis):

(הַיָּם, רַכֶּבֶת, אוֹטוֹבּוּס, הַר הַכַּרְמֶל, הַשְּׁעוּרִים,
לְמַטָּה, הַתַּחֲנָה, חֵיפָה)

1. הַחֲבֵרִים גָּמְרוּ אֶת ——— בְּבֵית הַסֵּפֶר הַתִּיכוֹן.
2. דָּוִד רוֹצֶה לִרְאוֹת אֶת הָעִיר ———.
3. עַל ——— בָּתִּים יָפִים.
4. מִן רְחוֹב פָּנוֹרָמָה הֵם רוֹאִים אֶת ———.
5. הֵם נוֹסְעִים בָּ——— אֶל רֹאשׁ הָהָר.
6. שׁוֹאֲלִים אִישׁ עוֹבֵר: „אֵיפֹה ——— שֶׁל הָרַכֶּבֶת?"
7. אֲנָשִׁים עוֹמְדִים לְמַעְלָה וַאֲנָשִׁים עוֹמְדִים ———.
8. הֵם נוֹסְעִים אֶל הַדּוֹד בְּ———.

III. כְּתֹב אֶת הַהֵפֶךְ (the opposite):

1. בֵּן 2. בֹּקֶר 3. אֵם 4. לְמַעְלָה 5. גָּדוֹל
6. עוֹנֶה 7. לוֹקֵחַ 8. חַיָּה 9. תַּלְמִיד 10. סוֹגֵר

IV. כְּתֹב אֶת הַמָּקוֹר (Write the infinitive form):

1. (גמר) הוּא רוֹצֶה ——— אֶת הַשִּׁעוּר.
2. (למד) הֵם הוֹלְכִים לְבֵית הַסֵּפֶר ———.
3. (דַּבֵּר) הָאִישׁ יוֹדֵעַ ——— אֶת הַלָּשׁוֹן.
4. (טַיֵּל) הֵם רוֹצִים ——— לְחֵיפָה.
5. (סגר) הוּא בָּא ——— אֶת הַחַלּוֹן.
6. (נסע) הַחֲבֵרִים רוֹצִים ——— בָּרַכֶּבֶת.

V. שַׁנֵּה לִזְמַן עָבָר (Change underlined words to past tense):

1. אֲנִי לוֹמֵד עִבְרִית.
2. מָתַי אַתָּה פּוֹגֵשׁ אֶת דָּוִד?
3. דָּן אוֹכֵל אֶת אֲרוּחַת הַבֹּקֶר.
4. שָׂרָה גּוֹמֶרֶת אֶת הַשִּׁעוּר.
5. אַתְּ סוֹגֶרֶת אֶת הַחַלּוֹן.
6. אֲנַחְנוּ נוֹסְעִים לְאֶרֶץ יִשְׂרָאֵל.
7. אַתֶּם לוֹמְדִים מִלִּים רַבּוֹת.
8. הַתַּלְמִידִים כּוֹתְבִים בַּמַּחְבָּרוֹת.
9. הַתַּלְמִידוֹת אוֹמְרוֹת שָׁלוֹם לַמּוֹרָה.
10. אַתֶּן לוֹקְחוֹת אֶת הַסְּפָרִים.

VI. הַטֵּה בְּעָבָר (Conjugate in the past):

1. סָגַר 2. יָשַׁב 3. כָּתַב 4. לָמַד

VII. זַוֵּג:

ב	א
הָרַכֶּבֶת	אֶרֶץ
הַתִּיכוֹן	הַר
הַכַּרְמֶל	כִּכַּר
יִשְׂרָאֵל	בֵּית הַסֵּפֶר
פָּרִיז	תַּחֲנַת

VIII. עִבְרִית מְדֻבֶּרֶת:

Consult the Conversation Guide below on "Traveling;" pretend that you are in Haifa or Tel Aviv and wish to travel by train or bus and form suitable questions and answers.

Traveling – נְסִיעָה

Where is the station?	אֵיפֹה הַתַּחֲנָה?
Where is the central station?	אֵיפֹה הַתַּחֲנָה הַמֶּרְכָּזִית?
Give me a ticket for Haifa.	תֵּן לִי כַּרְטִיס לְחֵיפָה.
I should like to travel by train to Tel Aviv.	אֲנִי רוֹצֶה לִנְסֹעַ בָּרַכֶּבֶת לְתֵל אָבִיב.
I am travelling by bus.	אֲנִי נוֹסֵעַ בְּאוֹטוֹבּוּס.
Here is my trunk.	הִנֵּה הַמִּזְוָדָה שֶׁלִּי.
Is the seat taken?	הַאִם הַמָּקוֹם תָּפוּשׂ?
How long does the bus stop here?	כַּמָּה זְמַן עוֹמֵד פֹּה הָאוֹטוֹבּוּס?
It's too warm here.	יוֹתֵר מִדַּי חַם פֹּה.

חֲזָרָה

I. Do you know how to say those words in Hebrew?

1. tongue	19. crosses (*v.*)	37. foundation
2. living	20. suddenly	38. remainder
3. way, road	21. jump	39. if
4. meet	22. fall	40. they finished
5. three (*f.*)	23. named	41. they travelled
6. notebook	24. grandfather	42. to see
7. friend	25. old	43. to hike
8. dead	26. he has	44. city
9. newspaper	27. head	45. mountain
10. happy	28. eyes	46. train
11. land, ground	29. nose	47. goes up
12. automobile	30. mouth	48. station
13. travel	31. hands	49. here is, behold
14. quickly	32. feet	50. above
15. bus	33. when	51. below
16. motorcycle	34. stands	52. end
17. Mr.	35. him	53. houses
18. side	36. but	54. sea

II. Can you translate the following words?

1. בֵּית סֵפֶר תִּיכוֹן
2. רַדְיוֹ
3. הַצַּד הַשֵּׁנִי
4. תְּרוּ... תְּרוּ...
5. זָקָן
6. לְצַיֵּר
7. בְּצַלְאֵל
8. נָכְרִי
9. כּוֹעֵס
10. מְגָרֵשׁ
11. מַה שֶּׁשָּׂנוּא עָלֶיךָ
12. אַל תַּעֲשֶׂה לַחֲבֵרְךָ
13. פֵּרוּשׁ
14. חֵיפָה
15. הַר הַכַּרְמֶל
16. כִּכַּר פָּרִיז
17. יוֹצֵא
18. רַבִּים
19. מַבִּיט

III. Do you know the following grammatical forms?

A. Numbers 1-10, feminine, page 92.

B. Indirect object pronouns, page 98.

C. Possession, affirmative and negative, page 103; use of שֶׁל, page 104.

D. Nouns: paired members of body, page 104.

E. Verb: infinitive form, page 108; past tense, page 114.

IV. Oral Hebrew:

A. Can you compose a few connected sentences on each of the following topics?

1. הַלָּשׁוֹן הָעִבְרִית   2. אֲנִי קוֹרֵא עִתּוֹן עִבְרִי

3. הַסָּב שֶׁלִּי   4. אֲנִי רוֹאֶה אֶת חֵיפָה

B. Can you compose a few questions in Hebrew which would be useful in travelling in Israel?

V. Culture:

Write at least one Hebrew song and one Hebrew proverb you have learned in Lessons 16-20.

מִבְחָן

I. מִי אוֹמֵר אֶל מִי? (10)

1. „עִבְרִית הִיא הַלָּשׁוֹן שֶׁל הַתַּנַ"ךְ וְשֶׁל עַם יִשְׂרָאֵל."
2. „,הָאָרֶץ' עַל הָאָרֶץ."
3. „אֲנִי אוֹהֵב לְצַיֵּר אֶת הַתְּמוּנָה שֶׁל הַסָּב."
4. „מַה שֶּׁשָּׂנוּא עָלֶיךָ אַל תַּעֲשֶׂה לַחֲבֵרְךָ."
5. „רֹאשׁ הָרַכֶּבֶת לְמַעְלָה וְסוֹף הָרַכֶּבֶת לְמַטָּה."

II. עֲנֵה בְּעִבְרִית: (20)

1. אֵיךְ (how) יוֹדְעִים כִּי הַלָּשׁוֹן הָעִבְרִית הִיא לָשׁוֹן חַיָּה?
2. מַה שֵּׁם עִתּוֹן עִבְרִי בְּאֶרֶץ יִשְׂרָאֵל?
3. מַה מְצַיֵּר בְּצַלְאֵל בַּתְּמוּנָה שֶׁל הַסָּב?
4. מַדּוּעַ כּוֹעֵס שַׁמַּאי עַל הַנָּכְרִי וּמְגָרֵשׁ אוֹתוֹ?
5. מָה רוֹאִים מִן רֹאשׁ הַכַּרְמֶל כַּאֲשֶׁר מַבִּיטִים לְמַטָּה?

III. כְּתֹב אֶת הַמִּסְפָּרִים (numbers) הַנְּכוֹנִים: (10)

1. (3) ______ תַּלְמִידוֹת
2. (2) ______ תְּמוּנוֹת
3. (10) ______ מִשְׁפָּחוֹת
4. (1) שִׂיחָה ______
5. (4) ______ אֲרוּחוֹת
6. (8) ______ כִּתּוֹת
7. (6) ______ חֲבֵרוֹת
8. (5) ______ תַּחֲנוֹת
9. (9) ______ חֲבֵרוֹת
10. (7) ______ מְכוֹנִיּוֹת

IV. תַּרְגֵּם לְעִבְרִית: **(20)**

1. Every morning the teacher says to us, "Good morning."
2. David gave me a Hebrew book to read.
3. The pupil (*m.*) answers (to) him in English.
4. She has beautiful eyes.
5. They (*f.*) do not have notebooks.

V. כְּתֹב בִּזְמַן עָבָר (past): **(20)**

1. אֲנִי (גמר) ——— אֶת הַשִּׁעוּר.
2. דָּוִד (נסע) ——— לְחֵיפָה בְּאוֹטוֹבּוּס.
3. שָׂרָה (סגר) ——— אֶת הַחַלּוֹן.
4. אַתָּה (אכל) ——— אֶת הָאֲרוּחָה.
5. אַתֶּם (לקח) ——— אֶת הַסְּפָרִים.
6. אֲנַחְנוּ (פגש) ——— אֶת הַחֲבֵרִים.
7. אַתְּ (אמר) ——— שָׁלוֹם לַמּוֹרֶה.
8. הַתַּלְמִידִים (כתב) ——— תַּרְגִּילִים עַל הַלּוּחַ.
9. אַתֶּן (קפץ) ——— אֶל הַצַּד הַשֵּׁנִי שֶׁל הָרְחוֹב.
10. הֵן (ישב) ——— בִּמְנוּחָה.

VI. כְּתֹב בַּמָּקוֹר (in the infinitive): **(5)**

1. בְּבַקָּשָׁה (גמר) ——— אֶת הַשִּׁעוּר.
2. אֲנִי רוֹצֶה (קרא) ——— אֶת הַסִּפּוּר.
3. הַתַּלְמִידָה אוֹהֶבֶת (דַּבֵּר) ——— עִבְרִית.
4. מִי רוֹצֶה (פתח) ——— אֶת הַדֶּלֶת?
5. אֲנַחְנוּ רוֹצִים (שמע) ——— אֶת הַמּוֹרֶה.

VII. Write in at least 10 sentences an account of a visit either to Tel Aviv or to Haifa. **(15)**

שִׁעוּר עֶשְׂרִים וְאֶחָד

LESSON 21

מִלּוֹן

to eat	לֶאֱכֹל	restaurant	מִסְעָדָה
your uncle	הַדּוֹד שֶׁלְּךָ	Jerusalem	יְרוּשָׁלַיִם
(on) Jaffa Road	(בִּ)רְחוֹב יָפוֹ	(they) saw	רָאוּ
young man	בָּחוּר (ר׳ בַּחוּרִים)	Mt. Zion	הַר צִיּוֹן
waiter	מֶלְצַר	Knesset (Parliament)	כְּנֶסֶת
menu	תַּפְרִיט	the Hebrew University	הָאוּנִיבֶרְסִיטָה הָעִבְרִית
dictionary	מִלּוֹן		
today	הַיּוֹם	hungry	רָעֵב

בַּמִּסְעָדָה

Two American boys in Jerusalem discover a popular American dish on a Hebrew menu.

אַבְרָהָם וְדָוִד נָסְעוּ לִירוּשָׁלַיִם לִרְאוֹת אֶת הָעִיר. הֵם רָאוּ אֶת הַר צִיּוֹן, אֶת הַכְּנֶסֶת וְאֶת הָאוּנִיבֶרְסִיטָה הָעִבְרִית.

פִּתְאֹם אוֹמֵר דָּוִד לְאַבְרָהָם:

„אַתָּה יוֹדֵעַ, אַבְרָהָם, אֲנִי רָעֵב! אֲנִי רוֹצֶה לֶאֱכֹל! אֵיפֹה מִסְעָדָה?"

„הַדּוֹד שֶׁלְּךָ אוֹמֵר כִּי יֵשׁ מִסְעָדוֹת יָפוֹת בִּרְחוֹב יָפוֹ," עוֹנֶה אַבְרָהָם.

שְׁנֵי הַבַּחוּרִים הוֹלְכִים לִרְחוֹב יָפוֹ.

„הִנֵּה מִסְעָדָה!" קוֹרֵא דָּוִד.

אַבְרָהָם מַבִּיט וְרוֹאֶה מִסְעָדָה בְּשֵׁם „צִיּוֹן" בַּצַּד הַשֵּׁנִי שֶׁל הָרְחוֹב.

הַבַּחוּרִים בָּאִים אֶל הַמִּסְעָדָה וְיוֹשְׁבִים עַל יַד הַשֻּׁלְחָן.

הַמֶּלְצַר בָּא וְנוֹתֵן לָהֶם תַּפְרִיט. דָּוִד קוֹרֵא בַּתַּפְרִיט.

פִּתְאֹם רוֹאֶה דָּוִד אֶת הַמִּלָּה „נַקְנִיקִיָּה" בַּתַּפְרִיט.

„מַה זֹּאת נַקְנִיקִיָּה?" שׁוֹאֵל דָּוִד.

„אֲנִי לֹא יוֹדֵעַ," עוֹנֶה אַבְרָהָם. „אֲבָל מַהֵר! אֲנִי רָעֵב מְאֹד."

דָּוִד לוֹקֵחַ אֶת הַמִּלּוֹן, וְהוּא מַבִּיט בַּמִּלּוֹן.

„הִנֵּה הַמִּלָּה נַקְנִיקִיָּה," הוּא קוֹרֵא בְּקוֹל. „נַקְנִיקִיָּה

הִיא frankfurter. אֲנַחְנוּ אוֹכְלִים נַקְנִיקִיּוֹת הַיּוֹם!"

הַמֶּלְצַר שׁוֹמֵעַ וְצוֹחֵק.

„טוֹב," הוּא אוֹמֵר. „נַקְנִיקִיּוֹת לִשְׁנֵי הַבַּחוּרִים."

דִּקְדּוּק

Inflection of שֶׁל

Your uncle says that Jerusalem is a pretty city.	הַדּוֹד שֶׁלְּךָ אוֹמֵר כִּי יְרוּשָׁלַיִם עִיר יָפָה.
Our teacher is a wise person.	הַמּוֹרֶה שֶׁלָּנוּ הוּא אִישׁ חָכָם.
Where is your (*f. pl.*) house?	אֵיפֹה הַבַּיִת שֶׁלָּכֶן?

רִבּוּי		יָחִיד	
our house	הַבַּיִת שֶׁלָּנוּ	my house	הַבַּיִת שֶׁלִּי
your (*m. pl.*) house	הַבַּיִת שֶׁלָּכֶם	your (*m. s.*) house	הַבַּיִת שֶׁלְּךָ
your (*f. pl.*) house	הַבַּיִת שֶׁלָּכֶן	your (*f. s.*) house	הַבַּיִת שֶׁלָּךְ
their (*m.*) house	הַבַּיִת שֶׁלָּהֶם	his house	הַבַּיִת שֶׁלּוֹ
their (*f.*) house	הַבַּיִת שֶׁלָּהֶן	her house	הַבַּיִת שֶׁלָּהּ

שֶׁל takes the same endings as לְ. Note that שֶׁלִּי, שֶׁלְּךָ etc. always follow the noun.

תַּרְגִּילִים

I. עֲנֵה בְּעִבְרִית:

1. מִי נָסַע לִירוּשָׁלַיִם?
2. מַדּוּעַ?
3. מָה רָאוּ הַבַּחוּרִים בִּירוּשָׁלַיִם?
4. מַדּוּעַ הוֹלְכִים דָּוִד וְאַבְרָהָם לִרְחוֹב יָפוֹ?
5. מִי נוֹתֵן לָהֶם תַּפְרִיט?
6. מַדּוּעַ מַבִּיט דָּוִד בַּמָּלוֹן?
7. מָה אוֹכְלִים הַבַּחוּרִים?

II. חַבֵּר מִשְׁפָּטִים בַּמִּלִּים הָאֵלֶּה:

1. מִסְעָדָה 2. יְרוּשָׁלַיִם 3. כְּנֶסֶת 4. רָעֵב 5. רְחוֹב

6. תַּפְרִיט 7. מֶלְצַר 8. בָּחוּר 9. מִלּוֹן 10. הַיּוֹם

III. הַשְׁלֵם בַּמִּלָּה הַנְּכוֹנָה:

(בַּחוּרִים, יְרוּשָׁלַיִם, הַכְּנֶסֶת, מִלּוֹן, מִסְעָדָה, תַּפְרִיט)

1. דָּוִד וְאַבְרָהָם נָסְעוּ אֶל הָעִיר ———.
2. דָּוִד וְאַבְרָהָם רָאוּ אֶת הָאוּנִיבֶרְסִיטָה וְאֶת ———.
3. דָּוִד אוֹמֵר, „אֲנִי רָעֵב. אֵיפֹה ———?"
4. הַמֶּלְצַר נוֹתֵן לָהֶם ———.
5. דָּוִד אוֹמֵר, „הִנֵּה הַמִּלָּה נַקְנִיקִיָּה בַּ———."
6. הַמֶּלְצַר אוֹמֵר, „נַקְנִיקִיּוֹת לִשְׁנֵי הַ———."

IV. כְּתֹב בְּרִבּוּי (Write the underlined word in the plural):

1. הָעִיר שֶׁלִּי יָפָה.
2. הַבַּיִת שֶׁלְּךָ גָּדוֹל.
3. אֵיפֹה הָרְחוֹב שֶׁלָּךְ?
4. הַסָּב שֶׁלּוֹ זָקֵן מְאֹד.
5. הֶחָבֵר שֶׁלָּהּ חָכָם.

V. תַּרְגֵּם לְעִבְרִית:

1. מִי רָאָה אֶת הָעִפָּרוֹן ———? (my)
2. שָׂרָה, הִנֵּה הָעִתּוֹן ———. (your, *f. s.*)
3. הַאִם זֹאת הַמַּחְבֶּרֶת ———? (his)
4. חֲבֵרִים, אֵיפֹה הָרַדְיוֹ ———? (your, *m. pl.*)
5. אֲנַחְנוּ רוֹצִים לִרְאוֹת אֶת הַגַּן ———. (their, *m.*)

VI. הַטֵּה בְּעָבָר (Conjugate in the past):

1. גָּמַר 2. פָּגַשׁ 3. סָגַר 4. קָפַץ

VII. עִבְרִית מְדֻבֶּרֶת:

Consult the menu below; then pretend you are in a restaurant in Jerusalem and order a full dinner in Hebrew.

תַּפְרִיט

SALADS	סַלָּטִים	MEATS	בָּשָׂר
Vegetable Salad	סַלָּט יְרָקוֹת	Boiled Meat	בָּשָׂר מְבֻשָּׁל
Tomato Salad	סַלָּט עַגְבָנִיּוֹת	Chopped Meat	קְצִיצוֹת
Fruit Salad	סַלָּט פֵּרוֹת	Chicken	תַּרְנְגֹלֶת

SOUPS	מְרָקִים	DESSERT	מָנָה אַחֲרוֹנָה
Vegetable Soup	מְרַק יְרָקוֹת	Pudding	פּוּדִינְג
Pea Soup	מְרַק אֲפוּנִים	Cake	עוּגָה
Fruit Soup	מְרַק פֵּרוֹת	Ice Cream	גְּלִידָה
Borsht	חֲמִיצָה	Watermelon	אֲבַטִּיחַ

Entree	מָנָה רִאשׁוֹנָה	DAIRY DISHES	מַאַכְלֵי חָלָב
Fish	דָּגִים	Eggs	בֵּיצִים
Liver	כָּבֵד	Cream	שַׁמֶּנֶת
Herring	דָּג מָלוּחַ	Milk	חָלָב
Orange Juice	מִיץ תַּפּוּז	Cheese	גְּבִינָה
Eggplant	חֲצִילִים	Leben (yogurt)	לֶבֶּן
Meat Balls	כַּפְתָּאוֹת	Coffee	קָפֶה
Pancakes	לְבִיבוֹת	Bread and Butter	לֶחֶם וְחֶמְאָה

126

שִׁעוּר עֶשְׂרִים וּשְׁנַיִם

LESSON 22

מִלּוֹן

הַשָּׂמֵחַ בְּחֶלְקוֹ	the contented one (he who is happy with his portion in life)
פַּעַם	once
כַּסְפִּי	Caspi (proper name)
לִפְנֵי	before, in front of
שַׁעַר	gate
יִתֵּן (ע. נָתַן)	will give
עָבַר	passed
אָמַר בְּלִבּוֹ	said to himself (said in his heart)
מְבַקֵּשׁ	seek, looking for
תָּמִיד	always
אִם כֵּן	if so
לֹא עָנָה	did not answer
מַה שֶּׁאֵינוֹ שֶׁלְּךָ	what isn't yours
הֵבִין	understood
הָלַךְ לְדַרְכּוֹ	went on his way

הַשָּׂמֵחַ בְּחֶלְקוֹ

Are we satisfied with our lot in life?

פַּעַם הָיָה בִּירוּשָׁלַיִם אִישׁ חָכָם בְּשֵׁם כַּסְפִּי.
לְכַסְפִּי הָיָה בַּיִת גָּדוֹל, וְעַל יַד הַבַּיִת
גַּן יָפֶה. לִפְנֵי הַגַּן עָמַד שַׁעַר גָּדוֹל.
יוֹם אֶחָד הָלַךְ כַּסְפִּי אֶל הַשַּׁעַר וְכָתַב:
„מַר כַּסְפִּי יִתֵּן אֶת הַגַּן הַזֶּה לָאִישׁ הַשָּׂמֵחַ בְּחֶלְקוֹ."
אִישׁ זָקֵן עָבַר לִפְנֵי הַשַּׁעַר, וְרָאָה אֶת הַמִּלִּים עַל הַשַּׁעַר.
אָמַר הַזָּקֵן בְּלִבּוֹ: „אוּלַי יִתֵּן לִי מַר כַּסְפִּי אֶת הַגַּן."
רָאָה מַר כַּסְפִּי אֶת הַזָּקֵן, וְאָמַר: „שָׁלוֹם, אֲדוֹנִי."

"הַאִם אַתָּה מַר כַּסְפִּי?" שָׁאַל הַזָּקֵן.

"כֵּן, אֲנִי מַר כַּסְפִּי. מָה אַתָּה מְבַקֵּשׁ?"

"תֵּן לִי אֶת הַגַּן," אָמַר הַזָּקֵן. "אֲנִי הָאִישׁ הַשָּׂמֵחַ בְּחֶלְקוֹ."

"אַתָּה שָׂמֵחַ תָּמִיד?" שָׁאַל מַר כַּסְפִּי.

"כֵּן, תָּמִיד."

"אִם כֵּן, מַדּוּעַ אַתָּה רוֹצֶה אֶת הַגַּן שֶׁלִּי?"

הַזָּקֵן לֹא עָנָה.

"לֹא, אֲדוֹנִי," אָמַר מַר כַּסְפִּי. "אֵין אַתָּה הָאִישׁ הַשָּׂמֵחַ בְּחֶלְקוֹ, כִּי אַתָּה רוֹצֶה מַה שֶּׁאֵינוֹ שֶׁלְּךָ."

הֵבִין הַזָּקֵן וְהָלַךְ לְדַרְכּוֹ.

פִּתְגָּם עִבְרִי

אֵיזֶהוּ עָשִׁיר? הַשָּׂמֵחַ בְּחֶלְקוֹ.
(פִּרְקֵי אָבוֹת, ד)

Who is truly rich? He who is content with his portion in life.
(Ethics of the Fathers, IV)

דִּקְדּוּק

The Negative

אֵין הַזָּקֵן עוֹנֶה. The old man doesn't answer.	הַזָּקֵן לֹא עָנָה. The old man did not answer.
אֵין דָּן אוֹכֵל. Dan isn't eating.	דָּן לֹא אָכַל. Dan did not eat.
אֵין הֵם לוֹמְדִים. They are not studying.	הֵם לֹא לָמְדוּ. They did not study.

In the present tense the negative is expressed by **אֵין**; in the past tense by **לֹא**.

Note: **אֵין** precedes the subject; **לֹא** precedes the verb.

In Israel, **לֹא** is often used in the present tense in daily speech. („אֲנִי לֹא יוֹדֵעַ" is usually used when a person wants to say, "I do not know.")

תַּרְגִּילִים

I. עֲנֵה בְּעִבְרִית:

1. אֵיפֹה יָשַׁב מַר כַּסְפִּי?
2. מַה כָּתַב עַל הַשַּׁעַר?
3. מִי עָבַר לִפְנֵי הַשַּׁעַר?
4. מָה אָמַר הַזָּקֵן?
5. מֶה עָנָה מַר כַּסְפִּי?

II. תַּקֵּן אֶת הַשְּׁגִיאָה בְּכָל מִשְׁפָּט (Rewrite each sentence correctly):

1. כַּסְפִּי יָשַׁב בְּחֵיפָה.
2. לְכַסְפִּי הָיָה בַּיִת קָטָן.
3. בָּחוּר עָבַר לִפְנֵי הַשַּׁעַר.
4. הַזָּקֵן אָמַר: „אֲנִי רוֹצֶה אֶת הַגַּן כִּי אֲנִי זָקֵן."
5. מַר כַּסְפִּי נָתַן אֶת הַגַּן לַזָּקֵן.

III. חַבֵּר מִשְׁפָּטִים בַּמִּלִּים הָאֵלֶּה:

1. פַּעַם 2. אִם כֵּן 3. לִפְנֵי 4. יִתֵּן 5. עָבַר
6. הָיָה 7. מְבַקֵּשׁ 8. תָּמִיד 9. הֵבִין 10. שַׁעַר

IV. כְּתֹב „אֵין" אוֹ „לֹא":

1. ———— אֲנִי רוֹאֶה אֶת הַלּוּחַ.

2. הַזָּקֵן ———— עָנָה.

3. ———— אָכַלְתִּי אֶת אֲרוּחַת הַבֹּקֶר.

4. ———— הַתַּלְמִידִים הוֹלְכִים לְבֵית הַסֵּפֶר בַּשַּׁבָּת.

5. הַזָּקֵן שָׂמֵחַ ———— בְּחֶלְקוֹ.

6. מַדּוּעַ ———— אָמַרְתָּ שָׁלוֹם?

V. Make each sentence negative.

1. אַבְנֵר הָיָה יֶלֶד חָכָם.

2. דָּוִד כָּתַב אֶת הַתַּרְגִּיל עַל הַלּוּחַ.

3. מַדּוּעַ אַתָּה קוֹרֵא?

4. רָחֵל הָלְכָה לְבֵית הַסֵּפֶר.

5. דָּן מְשַׂחֵק בְּכַדּוּר.

VI. עִבְרִית מְדֻבֶּרֶת:

Carry out the following series of activities describing what you do
in Hebrew.

1. אֲנִי קָם.

2. אֲנִי הוֹלֵךְ אֶל הַלּוּחַ.

3. אֲנִי לוֹקֵחַ גִּיר.

4. אֲנִי כּוֹתֵב עַל הַלּוּחַ.

5. אֲנִי קוֹרֵא אֶת הַמִּלִּים עַל הַלּוּחַ בְּקוֹל.

6. אֲנִי לוֹקֵחַ סֵפֶר.

7. אֲנִי קוֹרֵא בַּסֵּפֶר.

8. אֲנִי נוֹתֵן אֶת הַסֵּפֶר לַמּוֹרֶה.

9. אֲנִי אוֹמֵר שָׁלוֹם.

130

שִׁעוּר עֶשְׂרִים וּשְׁלשָׁה

LESSON 23

מִלּוֹן

אָבוֹת (י׳ אָב)	fathers, ancestors	נַעֲרָה	girl
רוֹעֶה (נ׳ רוֹעָה)	shepherd	תִּהְיֶה	she will be, will become
אֶרֶץ כְּנַעַן	the land of Canaan (the ancient name of Israel)	בְּאֵר	a well
הֶאֱמִין (ר׳ הֶאֱמִינוּ)	believed	מַיִם ר׳	water
עֶבֶד	servant, slave	גָּמָל (ר׳ גְּמַלִּים)	camel
חָרָן	Haran (a city in Syria in which Abraham's family lived)	לֵב	heart
לִמְצֹא	to find	וְכֵן הָיָה	and so it was
יִשְׁלַח (ע׳ שָׁלַח)	will send	יַעֲקֹב	Jacob

הָאָבוֹת

Abraham, Isaac and Jacob, who lived in Canaan about 4000 years ago, were the ancestors of the Hebrew people.

אַבְרָהָם הָיָה הָעִבְרִי הָרִאשׁוֹן. הוּא
הָיָה רוֹעֶה, וְהוּא יָשַׁב בְּאֶרֶץ כְּנַעַן.

שָׂרָה הָיְתָה הָאִשָּׁה שֶׁל אַבְרָהָם. אַבְרָהָם
וְשָׂרָה הֶאֱמִינוּ בֵּאלֹהִים.

לְאַבְרָהָם הָיָה בֵּן בְּשֵׁם יִצְחָק.

אָמַר אַבְרָהָם לָעֶבֶד שֶׁלּוֹ: „לֵךְ לְחָרָן לִמְצֹא אִשָּׁה לְיִצְחָק.״

אָמַר הָעֶבֶד בְּלִבּוֹ: „אוּלַי יִשְׁלַח אֱלֹהִים נַעֲרָה יָפָה, טוֹבָה
וַחֲכָמָה. הִיא תִּהְיֶה אִשָּׁה לְיִצְחָק.״

נָסַע הָעֶבֶד בַּדֶּרֶךְ. בָּא לְחָרָן, וְעָמַד עַל יַד הַבְּאֵר.
וְהִנֵּה יָצְאָה לַבְּאֵר רוֹעָה יָפָה בְּשֵׁם רִבְקָה.
אָמַר הָעֶבֶד לְרִבְקָה: „בְּבַקָּשָׁה, תְּנִי לִי מַיִם."
אָמְרָה רִבְקָה: „הִנֵּה מַיִם לְךָ וְגַם לַגְּמַלִּים."
אָמַר הָעֶבֶד בְּלִבּוֹ: „אוּלַי תִּהְיֶה הַנַּעֲרָה הַזֹּאת אִשָּׁה
טוֹבָה לְיִצְחָק. הִיא יָפָה וְיֵשׁ לָהּ לֵב טוֹב.
אוּלַי שָׁלַח אֱלֹהִים אֶת הַנַּעֲרָה הַזֹּאת לְאִשָּׁה לְיִצְחָק."
וְכֵן הָיָה. רִבְקָה שָׁבָה לְאֶרֶץ כְּנַעַן,
וְיִצְחָק לָקַח אֶת רִבְקָה לְאִשָּׁה.
לְיִצְחָק וּלְרִבְקָה הָיָה בֵּן בְּשֵׁם יַעֲקֹב.
אַבְרָהָם, יִצְחָק וְיַעֲקֹב הֵם שְׁלֹשָׁה אָבוֹת.
הֵם הָאָבוֹת שֶׁל הָעָם הָעִבְרִי.

דִּקְדּוּק

Irregular Plurals of Nouns

Abraham, Isaac and Jacob were wise ancestors.	אַבְרָהָם, יִצְחָק וְיַעֲקֹב הָיוּ <u>אָבוֹת חֲכָמִים</u>.
There are two small tables in the room.	בַּחֶדֶר שְׁנֵי <u>שֻׁלְחָנוֹת קְטַנִּים</u>.
They have nice names.	יֵשׁ לָהֶם <u>שֵׁמוֹת יָפִים</u>.

Some masculine nouns take an irregular ending in the plural. Since these nouns are masculine the modifying adjectives retain the ־ִים ending (שֵׁמוֹת יָפִים).

Other masculine nouns with irregular plural endings are listed below:

	יָחִיד	רִבּוּי		יָחִיד	רִבּוּי
(window)	חַלּוֹן	חַלּוֹנוֹת	(paper)	נְיָר	נְיָרוֹת
(foundation)	יְסוֹד	יְסוֹדוֹת	(voice)	קוֹל	קוֹלוֹת
(chair)	כִּסֵּא	כִּסְאוֹת	(wall)	קִיר	קִירוֹת
(blackboard)	לוּחַ	לוּחוֹת	(street)	רְחוֹב	רְחוֹבוֹת

תַּרְגִּילִים

I. עֲנֵה בְּעִבְרִית:

1. מִי הָיָה הָעִבְרִי הָרִאשׁוֹן?
2. אֵיפֹה יָשַׁב אַבְרָהָם?
3. מִי הָיְתָה שָׂרָה?
4. מַדּוּעַ נָסַע הָעֶבֶד לְחָרָן?
5. מָה אָמַר הָעֶבֶד בְּלִבּוֹ?
6. מַה נָּתְנָה רִבְקָה לָעֶבֶד?
7. מִי הָיָה יַעֲקֹב?

II. כֵּן אוֹ לֹא?

1. אַבְרָהָם הָיָה הָעִבְרִי הָרִאשׁוֹן.
2. שָׂרָה הָיְתָה הָאֵם שֶׁל יַעֲקֹב.
3. יִצְחָק הָיָה הַבֵּן שֶׁל אַבְרָהָם.
4. הָעֶבֶד נָסַע לְחָרָן לִמְצֹא אִשָּׁה לְיִצְחָק.
5. רִבְקָה הָיְתָה רוֹעָה.
6. רִבְקָה הָיְתָה הָאִשָּׁה שֶׁל יִצְחָק.
7. אַבְרָהָם, יִצְחָק וְדָוִד הֵם הָאָבוֹת שֶׁל הָעָם הָעִבְרִי.

III. כְּתֹב בְּרִבּוּי:

1. תַּלְמִיד 2. שֵׁם 3. שִׁיר 4. רְחוֹב 5. קִיר

6. שֻׁלְחָן 7. אָב 8. כִּסֵּא 9. מָלוֹן 10. לוּחַ

IV. הַשְׁלֵם:

1. הַשֻּׁלְחָן —— מְאֹד. (קָטָן, קְטַנָּה)
2. הַשֻּׁלְחָנוֹת —— מְאֹד. (קְטַנִּים, קְטַנּוֹת)
3. הַכִּסֵּא ——. (גָּדוֹל, גְּדוֹלָה)
4. הַכִּסְאוֹת ——. (גְּדוֹלִים, גְּדוֹלוֹת)
5. אֲנַחְנוּ יוֹשְׁבִים בִּרְחוֹב ——. (יָפֶה, יָפָה)
6. אֲנַחְנוּ יוֹשְׁבִים בִּרְחוֹבוֹת ——. (יָפִים, יָפוֹת)
7. לְדָוִד קוֹל ——. (טוֹב, טוֹבָה)
8. לָהֶם קוֹלוֹת ——. (טוֹבִים, טוֹבוֹת)
9. רִבְקָה הָיְתָה רוֹעָה ——. (חָכָם, חֲכָמָה)
10. אַבְרָהָם, יִצְחָק וְיַעֲקֹב הָיוּ אָבוֹת ——. (חֲכָמִים, חֲכָמוֹת)

V. כְּתֹב בְּעָבָר (past):

1. אַבְרָהָם יוֹשֵׁב בְּאֶרֶץ כְּנַעַן.
2. רִבְקָה אוֹמֶרֶת: „הִנֵּה מַיִם לְךָ וְלַגְּמַלִּים."
3. הַבַּחוּרִים נוֹסְעִים לִירוּשָׁלַיִם.
4. בַּבֹּקֶר אֲנִי אוֹכֵל אֶת אֲרוּחַת הַבֹּקֶר.
5. הַמֶּלְצַר נוֹתֵן תַּפְרִיט לַבַּחוּרִים.
6. מָתַי אַתָּה כּוֹתֵב אֶת הַחִבּוּר?

7. הַתַּלְמִידִים קוֹרְאִים סֵפֶר מֵאֵת שָׁלוֹם עֲלֵיכֶם.

8. אֲנַחְנוּ גּוֹמְרִים אֶת הַשִּׁעוּר.

9. חַנָּה סוֹגֶרֶת אֶת הַדֶּלֶת.

10. מַדּוּעַ אַתְּ קוֹפֶצֶת?

VI. עִבְרִית מְדֻבֶּרֶת:

סַפֵּר אֶת הַסִּפּוּר „הָאָבוֹת" בְּעִבְרִית.

VII. Supplementary Reading: Read the beautiful story of the court-ship of Rebecca in Genesis, Chapter 24.

ENGLISH WORDS DERIVED FROM HEBREW

HEBREW	ENGLISH	EXPLANATION
1. הַלְלוּיָהּ	Hallelujah	Many of the psalms sung in the Temple began with the word "hallelujah," meaning "Praise the Lord."
2. גָּמָל	Camel	
3. סַפִּיר	Sapphire	
4. יוֹבֵל	Jubilee	The יוֹבֵל was the trumpet which was blown to usher in a festive occasion. In English it has come to mean "rejoicing" or "celebration." The word "jubilant" is derived from the same source.
5. קִנָּמוֹן	Cinnamon	

שִׁעוּר עֶשְׂרִים וְאַרְבָּעָה

LESSON 24

מִלּוֹן

with	עִם	peasant, farmer	אִכָּר
counted	סָפַר	foolish	טִפֵּשׁ
alas, woe is me	אוֹי לִי	(he) bought	קָנָה
stole	גָּנַב	I bought	קָנִיתִי
on which he was riding	אֲשֶׁר עָלָיו רָכַב	garments, clothing	בְּגָדִים (י׳ בֶּגֶד)
just the opposite, on the contrary	לְהֶפֶךְ	donkey	חֲמוֹר
eighth	שְׁמִינִי	rode	רָכַב

הָאִכָּר הַטִּפֵּשׁ

A peasant loses one of his donkeys, but his wife finds two.

פַּעַם הָיָה אִכָּר בְּשֵׁם אַבְנֵר. הָאִכָּר
נָסַע מִן הַבַּיִת שֶׁלּוֹ אֶל הָעִיר.
בָּעִיר קָנָה אַבְנֵר בְּגָדִים לַיְלָדִים שֶׁלּוֹ,
וְגַם קָנָה שִׁבְעָה חֲמוֹרִים.
אַבְנֵר רָכַב עַל חֲמוֹר אֶחָד וְשָׁב לְדַרְכּוֹ עִם הַחֲמוֹרִים.
בַּדֶּרֶךְ סָפַר אַבְנֵר אֶת הַחֲמוֹרִים. הוּא סָפַר
וְסָפַר, וְתָמִיד סָפַר רַק שִׁשָּׁה חֲמוֹרִים.
„אוֹי לִי,” אָמַר אַבְנֵר בְּלִבּוֹ, „יֵשׁ לִי רַק שִׁשָּׁה
חֲמוֹרִים. גָּנְבוּ חֲמוֹר אֶחָד!”

הוּא סָפַר רַק שִׁשָּׁה חֲמוֹרִים כִּי לֹא סָפַר אֶת הַחֲמוֹר
אֲשֶׁר עָלָיו רָכַב.
אַבְנֵר בָּא אֶל הַבַּיִת, וְהָאִשָּׁה שֶׁלּוֹ יָצְאָה.
„שָׁלוֹם," אָמְרָה הָאִשָּׁה.
„אֵין שָׁלוֹם," אָמַר אַבְנֵר. „גָּנְבוּ חֲמוֹר
אֶחָד. קָנִיתִי שִׁבְעָה חֲמוֹרִים,
אֲבָל עַכְשָׁו יֵשׁ לִי רַק שִׁשָּׁה. אוֹי לִי!"
סָפְרָה הָאִשָּׁה שִׁבְעָה חֲמוֹרִים.
צָחֲקָה וְאָמְרָה: „לְהֶפֶךְ, אֲנִי רוֹאָה
שְׁמֹנָה חֲמוֹרִים—וְאַתָּה הַשְּׁמִינִי!"

דִּקְדּוּק

A. Plural of Nouns Like בֶּגֶד

	יָחִיד	רִבּוּי
(garment)	בֶּגֶד	בְּגָדִים
(road, way)	דֶּרֶךְ	דְּרָכִים
(dog)	כֶּלֶב	כְּלָבִים
(king)	מֶלֶךְ	מְלָכִים
(book)	סֵפֶר	סְפָרִים
(arrangement, order)	סֵדֶר	סְדָרִים
(stone)	אֶבֶן	אֲבָנִים
(opposite)	הֶפֶךְ	הֲפָכִים
(room)	חֶדֶר	חֲדָרִים
(portion)	חֵלֶק	חֲלָקִים
(servant)	עֶבֶד	עֲבָדִים
(evening)	עֶרֶב	עֲרָבִים
(gate)	שַׁעַר	שְׁעָרִים
(time)	פַּעַם	פְּעָמִים

In forming the plurals of nouns like בֶּגֶד or סֵפֶר or שַׁעַר, change the first vowel to a שְׁוָא (ְ) and the second vowel to a קָמַץ (ָ).

Note that ֲ is used in place of a שְׁוָא under א, ה, ח, ע.

B. Irregular Plurals

נְקֵבָה			זָכָר		
בָּנוֹת	בַּת	(daughter)	בָּנִים	בֵּן	(son)
נָשִׁים	אִשָּׁה	(wife, woman)	אֲנָשִׁים	אִישׁ	(man)
אֲחָיוֹת	אָחוֹת	(sister)	אַחִים	אָח	(brother)
יְלָדוֹת	יַלְדָּה	(girl, child)	יְלָדִים	יֶלֶד	(boy, child)
נְעָרוֹת	נַעֲרָה	(girl)	נְעָרִים	נַעַר	(boy)
חֲבֵרוֹת	חֲבֵרָה	(friend)	חֲבֵרִים	חָבֵר	(friend)
חֲלוּצוֹת	חֲלוּצָה	(pioneer)	חֲלוּצִים	חָלוּץ	(pioneer)
בַּחוּרוֹת	בַּחוּרָה	(youth)	בַּחוּרִים	בָּחוּר	(youth)

תַּרְגִּילִים

I. עֲנֵה בְּעִבְרִית:

1. מַה קָּנָה הָאִכָּר בָּעִיר?
2. כַּמָּה חֲמוֹרִים קָנָה אַבְנֵר?
3. מֶה עָשָׂה הָאִכָּר בַּדֶּרֶךְ?
4. מַדּוּעַ סָפַר רַק שִׁשָּׁה חֲמוֹרִים?
5. מָה אָמַר הָאִכָּר בְּלִבּוֹ?
6. מִי הָיָה הַחֲמוֹר הַשְּׁמִינִי?

II. כְּתֹב אֶת הַמִּלָּה הַנְּכוֹנָה:

(אָמַר, נָסַע, סָפַר, צָחֲקָה, קָנָה, רָכַב, שָׁב)

1. הָאִכָּר ——— אֶל הָעִיר.
2. אַבְנֵר ——— שִׁבְעָה חֲמוֹרִים.
3. הָאִכָּר ——— לְדַרְכּוֹ.
4. אַבְנֵר ——— רַק שִׁשָּׁה חֲמוֹרִים.
5. הָאִכָּר ——— בְּלִבּוֹ: „גָּנְבוּ חֲמוֹר אֶחָד."
6. הוּא לֹא סָפַר אֶת הַחֲמוֹר אֲשֶׁר ——— עָלָיו.
7. הָאִשָּׁה ———: „לְהֶפֶךְ, אֲנִי רוֹאָה שְׁמֹנָה חֲמוֹרִים."

III. הַשְׁלֵם:

1. הָאִכָּר נָסַע ——— הָעִיר. (אֶל, עַל)
2. אַבְנֵר שָׁב ——— שִׁבְעָה חֲמוֹרִים. (מִן, עִם)
3. הוּא רָכַב ——— חֲמוֹר. (אֶל, עַל)
4. הָאִשָּׁה יָצְאָה ——— בַּיִת. (בַּ, מִן הַ)
5. אִישׁ טִפֵּשׁ הוּא ——— חֲמוֹר. (כְּמוֹ, לַ)

IV. כְּתֹב אֶת הָרִבּוּי:

1. בֶּגֶד 2. דֶּרֶךְ 3. כֶּלֶב 4. מֶלֶךְ 5. סֵפֶר
6. שַׁעַר 7. פַּעַם 8. חֶדֶר 9. עֶבֶד 10. אֶבֶן

V. כְּתֹב אֶת הַיָּחִיד:

1. בָּנִים 2. אֲנָשִׁים 3. אַחִים 4. יְלָדִים 5. חֲבֵרִים
6. בָּנוֹת 7. נָשִׁים 8. יְלָדוֹת 9. נְעָרוֹת 10. חֲלוּצוֹת

VI. עִבְרִית מְדֻבֶּרֶת:

Carry on a brief conversation concerning the weather, using the expressions listed below.

מֶזֶג הָאֲוִיר

How's the weather?	מַהוּ מֶזֶג הָאֲוִיר?
It's a fine day.	הַיּוֹם הוּא נָעִים.
It's snowing.	שֶׁלֶג יוֹרֵד.
It will rain.	גֶּשֶׁם יֵרֵד.
There's no sun.	אֵין שֶׁמֶשׁ.
I am warm.	חַם לִי.
I am cold.	קַר לִי.
I have an umbrella.	יֵשׁ לִי מִטְרִיָּה.
The rain stopped.	הַגֶּשֶׁם חָדַל.

Cave of the Dead Sea Scrolls, near Qumran

Bedouin in the Negev

שִׁעוּר עֶשְׂרִים וַחֲמִשָּׁה

LESSON 25

מִלּוֹן

sand	חוֹל	excursion, trip, hike	טִיּוּל
bathing suit	בֶּגֶד יָם (ר׳ בִּגְדֵי יָם)	the Dead Sea (literally, "the Salt Sea")	יָם הַמֶּלַח
swim	שׂוֹחֶה (ר׳ שׂוֹחִים)	summer	קַיִץ
salty	מָלוּחַ (ר׳ מְלוּחִים)	to arrange a hike	לַעֲרֹךְ טִיּוּל
(it is) impossible	אִי אֶפְשָׁר	where to?	לְאָן
to drown	לִטְבֹּעַ	Beersheba	בְּאֵר שֶׁבַע
shower	מִקְלַחַת	tomorrow	מָחָר
they returned	שָׁבוּ	descend, go down	יוֹרֵד (ר׳ יוֹרְדִים)

טִיּוּל לְיָם הַמֶּלַח

Two students at the Hebrew University go on an excursion to the Dead Sea.

דָּוִד הוּא בָּחוּר אֲמֶרִיקָאִי. הוּא לוֹמֵד

בָּאוּנִיבֶרְסִיטָה הָעִבְרִית בִּירוּשָׁלַיִם.

לְדָוִד יֵשׁ חָבֵר טוֹב מִתֵּל אָבִיב בְּשֵׁם יְהוֹנָתָן. גַּם הוּא

תַּלְמִיד בָּאוּנִיבֶרְסִיטָה הָעִבְרִית.

יוֹם קַיִץ. אֵין שִׁעוּרִים בָּאוּנִיבֶרְסִיטָה. בַּבֹּקֶר

מְצַלְצֵל יְהוֹנָתָן לְדָוִד בַּטֶּלֶפוֹן.

„שָׁלוֹם, דָּוִד. אוּלַי אַתָּה רוֹצֶה לַעֲרֹךְ טִיּוּל?"

„טוֹב מְאֹד. לְאָן?"

141

„לְבְאֵר שֶׁבַע וּלְיָם הַמֶּלַח!"

„מָתַי?"

„מָחָר."

„בְּסֵדֶר. לְהִתְרָאוֹת מָחָר."

בַּבֹּקֶר יוֹצְאִים שְׁנֵי הַבַּחוּרִים מִן יְרוּשָׁלַיִם

בִּמְכוֹנִית. הַמְּכוֹנִית נוֹסַעַת אֶל בְּאֵר שֶׁבַע.

„הִנֵּה בְּאֵר שֶׁבַע," אוֹמֵר יְהוֹנָתָן,

„הָעִיר שֶׁל אַבְרָהָם, הָאָב שֶׁל הָעָם הָעִבְרִי."

שְׁנֵי הַבַּחוּרִים יוֹרְדִים מִן הַמְּכוֹנִית.

בַּבֹּקֶר הֵם יוֹצְאִים מִן בְּאֵר שֶׁבַע.

הַמְּכוֹנִית יוֹרֶדֶת וְיוֹרֶדֶת. בַּדֶּרֶךְ רוֹאִים

הַבַּחוּרִים רַק חוֹל. אֵין בָּתִּים וְאֵין אֲנָשִׁים.

„הִנֵּה יָם הַמֶּלַח!" קוֹרֵא יְהוֹנָתָן.

דָּוִד וִיהוֹנָתָן מִתְלַבְּשִׁים מַהֵר בְּבִגְדֵי יָם.

הֵם קוֹפְצִים אֶל הַיָּם, וְהֵם שׂוֹחִים בַּיָּם.

„אוּ!" קוֹרֵא דָּוִד. „הַמַּיִם מְלוּחִים, מְלוּחִים מְאֹד."

„כֵּן," עוֹנֶה יְהוֹנָתָן. „הַמַּיִם מְלוּחִים. אֲבָל אִי

אֶפְשָׁר לִטְבֹּעַ בְּיָם הַמֶּלַח."

שְׁנֵי הַבַּחוּרִים שׂוֹחִים בַּיָּם. אַחֲרֵי כֵן הֵם

מִתְרַחֲצִים בַּמִּקְלַחַת, וְהֵם מִתְלַבְּשִׁים.

בַּלַּיְלָה שָׁבוּ מִן יָם הַמֶּלַח אֶל בְּאֵר שֶׁבַע.

„טִיּוּל יָפֶה," אוֹמֵר דָּוִד. „זֶה הָיָה טִיּוּל יָפֶה מְאֹד."

דִּקְדּוּק

A. Present Tense of שׁוּב (ע״ו)[1]

יָחִיד

נְקֵבָה		זָכָר	
שָׁבָה	אֲנִי אַתְּ הִיא	שָׁב	אֲנִי אַתָּה הוּא

רִבּוּי

נְקֵבָה		זָכָר	
שָׁבוֹת	אֲנַחְנוּ אַתֶּן הֵן	שָׁבִים	אֲנַחְנוּ אַתֶּם הֵם

B. Past Tense of שׁוּב

רִבּוּי		יָחִיד	
we returned	שַׁבְנוּ	I returned	שַׁבְתִּי
you (*m.*) returned	שַׁבְתֶּם	you (*m.*) returned	שַׁבְתָּ
you (*f.*) returned	שַׁבְתֶּן	you (*f.*) returned	שַׁבְתְּ
they returned	שָׁבוּ	he returned	שָׁב
they returned	שָׁבוּ	she returned	שָׁבָה

In the present and past tenses of שׁוּב only two root letters remain. The middle letter of the verb root (vav) has fallen out. This type of verb is called ע״ו.

Note that in the third person past, the stress is on the first syllable: שָׁ́בָה and שָׁ́בוּ. (In the present tense the stress is on the second syllable: שָׁבָ́ה and שָׁבִ́ים).

[1] For full conjugation of ע״ו verbs see p. 364

Other verbs conjugated like שׁוּב:

גּוּר (live, reside), נוּחַ (rest), קוּם (arise), רוּץ (run), שִׂים (put),
שִׁיר (sing).

תַּרְגִּילִים

I. עֲנֵה בְּעִבְרִית:

1. אֵיפֹה לוֹמֵד דָּוִד?

2. מִי הֶחָבֵר שֶׁל דָּוִד?

3. לְאָן הֵם נוֹסְעִים?

4. מָה רוֹאִים הַבַּחוּרִים בַּדֶּרֶךְ לְיָם הַמֶּלַח?

5. מַדּוּעַ אִי אֶפְשָׁר לִטְבֹּעַ בְּיָם הַמֶּלַח?

II. הַשְׁלֵם:

1. דָּוִד לוֹמֵד בָּאוּנִיבֶרְסִיטָה הָעִבְרִית בָּעִיר ———.

2. יְהוֹנָתָן בָּא מִן ——— ———.

3. אֵין שִׁעוּרִים בָּאוּנִיבֶרְסִיטָה בַּ———.

4. הֵם יוֹצְאִים מִירוּשָׁלַיִם בְּ———.

5. הֵם נוֹסְעִים אֶל בְּאֵר ———.

6. בַּדֶּרֶךְ הֵם רוֹאִים רַק ———.

7. הֵם מִתְלַבְּשִׁים בְּ——— יָם.

8. הֵם ——— בַּיָּם.

9. הַמַּיִם בְּיָם הַמֶּלַח ——— מְאֹד.

10. אִי אֶפְשָׁר לְ——— בְּיָם הַמֶּלַח.

144

III. חַבֵּר מִשְׁפָּטִים בַּמִּלִּים הָאֵלֶּה:

1. טִיּוּל 2. קַיִץ 3. שׂוֹחֶה 4. מָחָר 5. אִי אֶפְשָׁר
6. חוֹל 7. בֶּגֶד יָם 8. מָלוּחַ 9. יוֹרֵד 10. מִקְלַחַת

IV. כְּתֹב בִּזְמַן הֹוֶה (present):

1. אַתָּה (קוּם) ——— בַּבֹּקֶר.
2. שָׂרָה (שׁוּב) ——— מִן הָעֲבוֹדָה בָּעֶרֶב.
3. הַתַּלְמִידִים (שִׁיר) ——— שִׁיר עִבְרִי.
4. הַחֲלוּצוֹת (נוּחַ) ——— אַחַר הָעֲבוֹדָה.
5. מָתַי אַתֶּם (בּוֹא) ———?

V. כְּתֹב בִּזְמַן עָבָר (past):

1. הַתַּלְמִידוֹת (שׁוּב) ——— בָּעֶרֶב.
2. אֲנִי (נוּחַ) ——— כָּל הַיּוֹם.
3. רָחֵל (שִׁיר) ——— שִׁיר יָפֶה.
4. דָּוִד (קוּם) ——— בַּבֹּקֶר.
5. אֲנַחְנוּ (בּוֹא) ——— בַּבֹּקֶר.

VI. עִבְרִית מְדֻבֶּרֶת:

Summarize the story "טִיּוּל לְיָם הַמֶּלַח". Use the following outline as a guide:

1. דָּוִד וִיהוֹנָתָן 2. בַּדֶּרֶךְ 3. בְּיָם הַמֶּלַח

חִידוֹת

I. Which Hebrew number can be doubled by simply eliminating one of its letters?

II. Fill in the Hebrew equivalents of the following words. The initial letters should then spell out the name of a Hebrew patriarch.

1. one —————
2. house —————
3. head —————
4. he —————
5. water —————

III. Fill in the Hebrew equivalents of the English words. They should read the same across and down.

1. laughed

2. friend

3. read

חֲזָרָה

I. Do you know the Hebrew equivalents of each of the following words?

1.	Jerusalem	14.	always	27.	Jacob
2.	they saw	15.	if so	28.	farmer, peasant
3.	to eat	16.	did not answer	29.	bought
4.	your uncle	17.	understood	30.	clothing
5.	young man	18.	fathers, ancestor	31.	donkey
6.	dictionary	19.	shepherd	32.	rode
7.	today	20.	servant	33.	with
8.	once	21.	to find	34.	hike, excursion
9.	before	22.	heart	35.	summer
10.	gate	23.	send	36.	where to?
11.	passed	24.	girl	37.	tomorrow
12.	said to himself	25.	a well	38.	descend, go down
13.	seek, looking for	26.	water	39.	impossible

II. Can you translate the following words?

25. שְׁמִינִי	13. הָלַךְ לְדַרְכּוֹ	1. מִסְעָדָה
26. יָם הַמֶּלַח	14. אֶרֶץ כְּנַעַן	2. הַר צִיּוֹן
27. לַעֲרֹךְ טִיּוּל	15. הֶאֱמִין	3. כְּנֶסֶת
28. בְּאֵר שֶׁבַע	16. חָרָן	4. אוּנִיבֶרְסִיטָה
29. חוֹל	17. תִּהְיֶה	5. רָעֵב
30. בֶּגֶד יָם	18. גָּמָל	6. רְחוֹב יָפוֹ
31. שׂוֹחֶה	19. וְכֵן הָיָה	7. מֶלְצַר
32. מָלוּחַ	20. טִפֵּשׁ	8. תַּפְרִיט
33. לִטְבֹּעַ	21. סָפַר	9. שָׂמֵחַ בְּחֶלְקוֹ
34. מִקְלַחַת	22. אוֹי לִי	10. כַּסְפִּי
35. גוּר	23. גָּנַב	11. יִתֵּן
36. שִׂים	24. לְהֶפֶךְ	12. מַה שֶּׁאֵינוֹ שֶׁלְּךָ

147

III. Do you know the following grammatical forms?

A. Verb: Conjugation of **שׁוּב**, page 143.

B. Pronoun: Inflection of **שֶׁל**, page 124.

C. Noun: Irregular plurals, page 133, page 137.

D. Negative: **אֵין** and **לֹא**, page 128.

IV. Oral Hebrew:

A. Can you summarize each of the following stories in Hebrew?

1. „בַּמִּסְעָדָה" 2. „הַשָּׂמֵחַ בְּחֶלְקוֹ" 3. „הָאָבוֹת"

4. „הָאִכָּר הַטִּפֵּשׁ" 5. „טִיּוּל לְיָם הַמֶּלַח"

B. Can you order a meal in Hebrew? Can you describe 10 classroom activities in Hebrew? Can you converse about the weather?

מִבְחָן

I. עֲנֵה בְּעִבְרִית: (20)

1. מָה אָכְלוּ הַבַּחוּרִים בַּמִּסְעָדָה?
2. מַה כָּתַב כַּסְפִּי עַל הַשַּׁעַר?
3. מִי הֵם הָאָבוֹת שֶׁל הָעָם הָעִבְרִי?
4. כַּמָּה חֲמוֹרִים קָנָה הָאִכָּר?
5. מַדּוּעַ אִי אֶפְשָׁר לִטְבֹּעַ בְּיָם הַמֶּלַח?

II. כְּתֹב אֶת הַמִּלָּה הַנְּכוֹנָה: (20)

(אָמַר, בְּאֵר, חֲמוֹר, יְרוּשָׁלַיִם, לְאָן, מָחָר, מָחָר, מִלּוֹן, קַיִץ, רוֹעֶה, תָּמִיד)

1. הַכְּנֶסֶת הִיא בָּעִיר ———.
2. יֵשׁ מִלִּים רַבּוֹת בַּ———.
3. ——— הַזָּקֵן בְּלִבּוֹ: „אוּלַי יִתֵּן לִי מַר כַּסְפִּי אֶת הַגַּן."
4. הוּא שָׂמֵחַ ——— בְּחֶלְקוֹ.
5. אַבְרָהָם הָיָה ———.
6. רִבְקָה יָצְאָה לַ———.
7. הָאִכָּר רָכַב עַל ———.
8. אֵין שִׁעוּרִים בָּאוּנִיבֶרְסִיטָה בַּ———.
9. ——— אַתָּה רוֹצֶה לִנְסֹעַ?
10. אֲנִי רוֹצֶה לַעֲרֹךְ טִיּוּל ———.

III. כְּתֹב בְּעָבָר (past): (10)

1. אֲנִי (קוּם) ——— בַּבֹּקֶר.
2. הֵם (בּוֹא) ———.
3. הִיא (נוּחַ) ——— בָּעֶרֶב.
4. אֲנַחְנוּ (שׁוּב) ——— מִן בֵּית הַסֵּפֶר.
5. אַתָּה (שִׁיר) ——— יָפֶה.

IV. כְּתֹב בְּרִבּוּי: (10)

1. הִנֵּה הַבַּיִת שֶׁלִּי.
2. הָאָב שֶׁלְּךָ חָכָם.
3. אֵיפֹה הֶחָבֵר שֶׁלָּךְ?
4. הַמּוֹרֶה שֶׁלּוֹ טוֹב.
5. הָאֵם שֶׁלָּהּ יָפָה.

V. כְּתֹב בְּרִבּוּי: (10)

1. שֵׁם 2. שֻׁלְחָן 3. בֶּגֶד 4. סֵפֶר 5. אִישׁ

VI. כְּתֹב „אֵין" אוֹ „לֹא": (10)

1. אֲנַחְנוּ אוֹכְלִים נַקְנִיקִיּוֹת הַיּוֹם.
2. הַזָּקֵן הָיָה שָׂמֵחַ בְּחֶלְקוֹ.
3. הָעֶבֶד נָסַע לִירוּשָׁלַיִם.
4. הָאִכָּר חָכָם.
5. הַבַּחוּרִים רָאוּ בָּתִּים בַּדֶּרֶךְ לְיָם הַמֶּלַח.

VII. Answer a or b. (20)

a) Summarize "הָאִכָּר הַטִּפֵּשׁ" in Hebrew.

b) Order a meal in Hebrew.

שִׁעוּר עֶשְׂרִים וְשִׁשָּׁה

LESSON 26

מִלּוֹן

hard	קָשֶׁה	Moses	מֹשֶׁה
let us kill	נַהֲרֹג (ע· הָרַג)	famine	רָעָב
to do	לַעֲשׂוֹת	sons of, children of	בְּנֵי (ר· בָּנִים)
let us go forth	נֵצֵא	land of Egypt	אֶרֶץ מִצְרַיִם
the holiday of Passover	חַג הַפֶּסַח	there	שָׁם
week	שָׁבוּעַ (ר· שָׁבוּעוֹת)	bread	לֶחֶם
Feast of Weeks	שָׁבוּעוֹת	year	שָׁנָה (ר· שָׁנִים)
Mt. Sinai	הַר סִינַי	bad, evil	רַע
righteous	צַדִּיק	they built	בָּנוּ (ע· בָּנָה)

מֹשֶׁה

This is a brief account of Moses, the great lawgiver, who molded the Hebrew tribes into a nation.

הָיָה רָעָב בְּאֶרֶץ כְּנַעַן.

בְּנֵי יַעֲקֹב יָרְדוּ לְאֶרֶץ מִצְרַיִם, כִּי שָׁם הָיָה לֶחֶם לֶאֱכֹל.

בְּנֵי יִשְׂרָאֵל יָשְׁבוּ בְּאֶרֶץ מִצְרַיִם שָׁנִים רַבּוֹת.

וְהִנֵּה קָם מֶלֶךְ רַע עַל אֶרֶץ מִצְרַיִם,

וְהוּא לָקַח אֶת בְּנֵי יִשְׂרָאֵל לַעֲבָדִים.

בְּנֵי יִשְׂרָאֵל עָבְדוּ קָשֶׁה, בָּנוּ בָּתִּים לַמֶּלֶךְ וְעָבְדוּ קָשֶׁה מְאֹד.

יוֹם אֶחָד קָם הַמֶּלֶךְ הָרַע וְאָמַר:

„נַהֲרֹג אֶת כָּל הַבָּנִים הָעִבְרִים.”

בְּנֵי יִשְׂרָאֵל לֹא יָדְעוּ מַה לַּעֲשׂוֹת.

וְהִנֵּה קָם אִישׁ עִבְרִי גָּדוֹל בְּאֶרֶץ מִצְרַיִם בְּשֵׁם מֹשֶׁה.

הוּא אָהַב אֶת הָעָם שֶׁלּוֹ, הָעָם הָעִבְרִי.

וְהוּא אָמַר אֶל בְּנֵי יִשְׂרָאֵל:

„נֵצֵא מֵאֶרֶץ מִצְרַיִם, אֲנָשִׁים, זְקֵנִים וִילָדִים."

וְכֵן הָיָה. מֹשֶׁה וּבְנֵי יִשְׂרָאֵל יָצְאוּ מֵאֶרֶץ מִצְרַיִם.

כַּאֲשֶׁר יָצְאוּ הָיָה לָהֶם חַג גָּדוֹל, חַג הַפֶּסַח.

עָבְרוּ שִׁבְעָה שָׁבוּעוֹת. בָּאוּ בְּנֵי יִשְׂרָאֵל לְהַר סִינַי. שָׁם נָתַן לָהֶם מֹשֶׁה אֶת הַתּוֹרָה. גַּם זֶה הָיָה לָהֶם חַג גָּדוֹל, חַג הַשָּׁבוּעוֹת.

מֹשֶׁה הָיָה אִישׁ צַדִּיק וָטוֹב. מֹשֶׁה וּבְנֵי יִשְׂרָאֵל
יָצְאוּ מֵאֶרֶץ מִצְרַיִם. מֹשֶׁה נָתַן לָהֶם
תּוֹרָה. מֹשֶׁה כָּתַב בַּתּוֹרָה:
„וְאָהַבְתָּ לְרֵעֲךָ כָּמוֹךָ."

דִּקְדּוּק

Construct State (Masculine) סְמִיכוּת

יָחִיד

Short Form		Long Form
דּוֹד הַיֶּלֶד	the uncle of the boy	הַדּוֹד שֶׁל הַיֶּלֶד
סִפּוּר הָאָב	the story of the father	הַסִּפּוּר שֶׁל הָאָב
תַּלְמִיד הַמּוֹרֶה	the pupil of the teacher	הַתַּלְמִיד שֶׁל הַמּוֹרֶה
חַג הָעִבְרִים	the holiday of the Hebrews	הֶחָג שֶׁל הָעִבְרִים

The long form of the possessive may be shortened in Hebrew by dropping the first definite article and the word שֶׁל (of). The shortened form is called סְמִיכוּת or construct state, which is the form widely used in the classical Hebrew of the Bible.

רִבּוּי

Short Form		Long Form
דּוֹדֵי הַיֶּלֶד	the uncles of the boy	הַדּוֹדִים שֶׁל הַיֶּלֶד
סִפּוּרֵי הָאָב	the stories of the father	הַסִּפּוּרִים שֶׁל הָאָב
תַּלְמִידֵי הַמּוֹרֶה	the pupils of the teacher	הַתַּלְמִידִים שֶׁל הַמּוֹרֶה
חַגֵּי הָעִבְרִים	the holidays of the Hebrews	הַחַגִּים שֶׁל הָעִבְרִים

Plural masculine nouns may be changed to the construct state by making the changes noted above for the noun in the singular, and by changing the plural ending ־ִים to ־ֵי.

תַּרְגִּילִים

I. שְׁאֵלוֹת:

1. מִי יָרַד לְאֶרֶץ מִצְרַיִם?
2. מַדּוּעַ?
3. מַדּוּעַ עָבְדוּ בְּנֵי יִשְׂרָאֵל קָשֶׁה בְּאֶרֶץ מִצְרַיִם?
4. מָה אָמַר מֶלֶךְ מִצְרַיִם לַעֲשׂוֹת לַבָּנִים הָעִבְרִים?
5. מַדּוּעַ הָיָה לִבְנֵי יִשְׂרָאֵל חַג הַפֶּסַח?
6. מִי יָצָא עִם משֶׁה מֵאֶרֶץ מִצְרַיִם?
7. מַדּוּעַ הָיָה לִבְנֵי יִשְׂרָאֵל חַג הַשָּׁבוּעוֹת?
8. מָה נָתַן משֶׁה לִבְנֵי יִשְׂרָאֵל?
9. אֵיפֹה נָתַן זֹאת משֶׁה?

II. זַוֵּג (match):

ב	א
רַע	יָצְאוּ מִן מִצְרַיִם
הַר סִינַי	לֶחֶם
בָּתִּים	מֶלֶךְ
בַּפֶּסַח	בְּנֵי
קָשֶׁה	מֹשֶׁה
לֶאֱכֹל	שָׁבוּעוֹת
יִשְׂרָאֵל	בָּנוּ
אִישׁ צַדִּיק	עָבְדוּ

III. Write a Hebrew summary of the story (about 75 words) using the titles below as a guide:

1. רָעָב בְּאֶרֶץ כְּנַעַן
2. בְּנֵי יִשְׂרָאֵל עֲבָדִים בְּמִצְרָיִם
3. הַבָּנִים הָעִבְרִים
4. מֹשֶׁה
5. חַג הַפֶּסַח וְחַג הַשָּׁבוּעוֹת

IV. חַבֵּר מִשְׁפָּטִים בַּמִּלִּים הָאֵלֶּה:

1. לֶחֶם 2. שָׁם 3. לַעֲשׂוֹת 4. רַע 5. צַדִּיק
6. שָׁבוּעַ 7. קָשֶׁה 8. רָעָב 9. חַג 10. שָׁנָה

V. כְּתֹב בִּסְמִיכוּת: Write the underlined phrase in the construct state:

1. הַסִּפּוּר שֶׁל הַמּוֹרֶה יָפֶה מְאֹד.
2. הַסִּפּוּרִים שֶׁל הַמּוֹרֶה יָפִים מְאֹד.

3. הַשִּׁיר שֶׁל הַתַּלְמִיד טוֹב.

4. הַשִּׁירִים שֶׁל הַתַּלְמִיד טוֹבִים.

5. הַדּוֹד שֶׁל הַבָּחוּר יוֹשֵׁב בִּירוּשָׁלַיִם.

6. הַדּוֹדִים שֶׁל הַבָּחוּר יוֹשְׁבִים בִּירוּשָׁלַיִם.

7. הַגַּן שֶׁל תֵּל אָבִיב גָּדוֹל.

8. הַגַּנִּים שֶׁל תֵּל אָבִיב גְּדוֹלִים.

9. הָעִתּוֹן שֶׁל הַבֹּקֶר עַל הַשֻּׁלְחָן.

10. הָעִתּוֹנִים שֶׁל הַבֹּקֶר עַל הַשֻּׁלְחָן.

INSCRIPTION ON THE LIBERTY BELL

Proclaim liberty throughout all the
land unto all the inhabitants
thereof.   (Leviticus XXV, 10)

וּקְרָאתֶם דְּרוֹר בָּאָרֶץ לְכָל
יוֹשְׁבֶיהָ.   (וַיִּקְרָא כה, י)

155

שִׁעוּר עֶשְׂרִים וְשִׁבְעָה

LESSON 27

מִלּוֹן

Goliath	גָּלְיָת	flock, sheep	צֹאן
Philistine	פְּלִשְׁתִּי (ר׳ פְּלִשְׁתִּים)	able, can	יָכוֹל לְ
to fight against	לְהִלָּחֵם עִם	the answer of	תְּשׁוּבַת
was afraid	פָּחַד (ר׳ פָּחֲדוּ)	with a stick	בְּמַקֵּל
giant	עֲנָק	ran	רָץ
send! (*imp. pl.*)	שִׁלְחוּ	stone	אֶבֶן נ׳
with me, against me	עִמִּי	put	שָׂם
youth	נַעַר	in his sling	בְּקַלְעוֹ
lion	אֲרִי	fled	בָּרַח (ר׳ בָּרְחוּ)

דָּוִד וְגָלְיָת

A shepherd wages battle against Goliath, the giant.

שָׁאוּל הָיָה הַמֶּלֶךְ הָרִאשׁוֹן עַל עַם יִשְׂרָאֵל.
וְהִנֵּה הַפְּלִשְׁתִּים בָּאוּ לְהִלָּחֵם עִם יִשְׂרָאֵל.
בְּנֵי יִשְׂרָאֵל עָמְדוּ עַל הַר אֶחָד וְהַפְּלִשְׁתִּים עָמְדוּ עַל הָהָר הַשֵּׁנִי.
יָצָא גָּלְיָת הַפְּלִשְׁתִּי לְהִלָּחֵם עִם יִשְׂרָאֵל, וְכָל בְּנֵי יִשְׂרָאֵל פָּחֲדוּ, כִּי גָּלְיָת הָיָה עֲנָק.

בָּא גָּלְיָת וְקָרָא בְּקוֹל:

„אֲנִי גָּלְיָת הַפְּלִשְׁתִּי: שִׁלְחוּ אִישׁ לְהִלָּחֵם עִמִּי."

שָׁאוּל לֹא יָדַע אֶת מִי לִשְׁלֹחַ.

וְהִנֵּה נַעַר עִבְרִי בָּא אֶל שָׁאוּל.

„מִי אַתָּה?" שָׁאַל הַמֶּלֶךְ.

„אֲנִי דָּוִד הָרוֹעֶה," עָנָה הַנַּעַר, „וַאֲנִי רוֹצֶה לְהִלָּחֵם עִם גָּלְיָת."

„הִנֵּה רַק נַעַר אַתָּה, וְהוּא עֲנָק," אָמַר שָׁאוּל.

עָנָה דָּוִד: „פַּעַם בָּא אֲרִי עַל הַצֹּאן שֶׁלִּי וְהָרַגְתִּי אֶת הָאֲרִי.

וַאֲנִי יָכוֹל לַהֲרֹג גַּם אֶת הַפְּלִשְׁתִּי הַזֶּה."

שָׁמַע הַמֶּלֶךְ אֶת תְּשׁוּבַת הַנַּעַר וְאָמַר:

„טוֹב, לֵךְ לְהִלָּחֵם."

יָצָא דָּוִד לְהִלָּחֵם עִם גָּלְיָת.

כַּאֲשֶׁר רָאָה גָּלְיָת אֶת הַנַּעַר, הוּא קָרָא:

„מִי אַתָּה? הַאִם אֲנִי כֶּלֶב כִּי הֵם שׁוֹלְחִים נַעַר לְהִלָּחֵם עִמִּי בְּמַקֵּל?"

אַחֲרֵי כֵן רָץ גָּלְיָת לַהֲרֹג אֶת דָּוִד.

לָקַח דָּוִד אֶבֶן קְטַנָּה וְשָׂם אֶת הָאֶבֶן בְּקַלְעוֹ, וְהָרַג אֶת הַפְּלִשְׁתִּי בָּאֶבֶן.

כָּל הַפְּלִשְׁתִּים פָּחֲדוּ וּבָרְחוּ.

דִּקְדּוּק

A. Construct State (Feminine) סְמִיכוּת

Short Form		Long Form
	יְחִידָה	
מוֹרַת הַתַּלְמִיד	the teacher (*f.*) of the pupil	הַמּוֹרָה שֶׁל הַתַּלְמִיד
שְׁאֵלַת הַבֵּן	the question of the son	הַשְּׁאֵלָה שֶׁל הַבֵּן
תְּשׁוּבַת הָאָב	the answer of the father	הַתְּשׁוּבָה שֶׁל הָאָב
	רִבּוּי	
מוֹרוֹת הַתַּלְמִיד	the teachers (*f.*) of the pupil	הַמּוֹרוֹת שֶׁל הַתַּלְמִיד
שְׁאֵלוֹת הַבֵּן	the questions of the son	הַשְּׁאֵלוֹת שֶׁל הַבֵּן
תְּשׁוּבוֹת הָאָב	the answers of the father	הַתְּשׁוּבוֹת שֶׁל הָאָב

In the feminine singular, the ־ָה is replaced by ־ַת in the construct state.

In the feminine plural, the סְמִיכוּת may be formed by merely dropping the definite article of the first word and the word שֶׁל.

B. Other Feminine Nouns

Short Form		Long Form
אֵם הַנַּעַר	the mother of the boy	הָאֵם שֶׁל הַנַּעַר
בַּת שָׂרָה	the daughter of Sarah	הַבַּת שֶׁל שָׂרָה

Feminine nouns not ending in ־ָה do not change in the סְמִיכוּת, for example אֵם and בַּת above.

תַּרְגִּילִים

I. שְׁאֵלוֹת:

1. מִי בָּא לְהִלָּחֵם עִם בְּנֵי יִשְׂרָאֵל?
2. מַדּוּעַ פָּחֲדוּ בְּנֵי יִשְׂרָאֵל?
3. מַדּוּעַ לֹא רָצָה שָׁאוּל לִשְׁלֹחַ אֶת דָּוִד?
4. מָה אָמַר גָּלְיָת אֶל דָּוִד?
5. אֵיךְ הָרַג דָּוִד אֶת גָּלְיָת?

II. כְּתֹב אֶת הַמִּלָּה הַנְּכוֹנָה:

(פָּחַד, שָׁלְחָה, הָרַג, יָכוֹל, שָׂם, עִם, אֲרִי, אֶבֶן, רָץ, נָתַן)

1. דָּן ——— אֶת הַסֵּפֶר אֶל אַבְנֵר.
2. אַבְרָהָם ——— אֶת הָעֵט עַל הַשֻּׁלְחָן.
3. הַמֶּלֶךְ הָרַע ——— אֶת הָעֶבֶד.
4. הַנַּעַר שָׂם ——— בְּקַלְעוֹ.
5. דָּוִד לֹא ——— כַּאֲשֶׁר רָאָה אֶת גָּלְיָת.
6. הַפְּלִשְׁתִּים בָּאוּ לְהִלָּחֵם ——— בְּנֵי יִשְׂרָאֵל.
7. דָּוִד הָרַג ———.
8. הַכֶּלֶב ——— אֶל הַבַּיִת.
9. הָאֵם ——— אֶת חַנָּה אֶל בֵּית הַסֵּפֶר.
10. אֲנִי ——— לְטַיֵּל כָּל הַיּוֹם.

III. כְּתֹב בִּסְמִיכוּת (in construct state):

1. אֵיפֹה הַמּוֹרָה שֶׁל הַתַּלְמִידִים?
2. הַדּוֹדָה שֶׁל הַנַּעַר יוֹשֶׁבֶת בְּתֵל אָבִיב.

3. הַדּוֹדוֹת שֶׁל שָׂרָה מְדַבְּרוֹת עִבְרִית.

4. הַאִם שָׁמַעְתָּ אֶת הַשְּׁאֵלָה שֶׁל הַתַּלְמִיד?

5. דָּוִד אָכַל אֶת הָאֲרוּחָה שֶׁל הַבֹּקֶר.

6. מָה הִיא הָעֲבוֹדָה שֶׁל הָאָב?

7. הַתַּלְמִידוֹת שֶׁל בֵּית הַסֵּפֶר לוֹמְדוֹת עִבְרִית וְגַם אַנְגְּלִית.

8. מָה הִיא הַתְּשׁוּבָה שֶׁל הַמּוֹרֶה?

9. מִי רָאָה אֶת הָאֵם שֶׁל דָּוִד?

10. הַמּוֹרוֹת שֶׁל שָׂרָה יָפוֹת.

IV. Change from the סְמִיכוּת to the long form:

1. אֲרוּחַת הָעֶרֶב
2. תַּלְמִידַת הַמּוֹרֶה
3. אֵם הַנַּעַר
4. שִׁיר הֶחָלוּץ
5. גַּן הָעִיר
6. תַּלְמִידֵי הַמּוֹרֶה
7. דּוֹדוֹת הַנַּעַר
8. שֵׁם הַסִּפּוּר
9. מוֹרַת הַתַּלְמִידִים
10. כֶּלֶב הָאִישׁ

V. כְּתֹב בְּעָבָר (in past tense):

1. (סגר) שָׂרָה ——— אֶת הַדֶּלֶת.
2. (אכל) אֲנִי ——— אֶת אֲרוּחַת הַצָּהֳרַיִם.
3. (ירד) בְּנֵי יִשְׂרָאֵל ——— לְמִצְרַיִם.
4. (למד) מָה (אַתֶּם) ——— הַיּוֹם בְּבֵית הַסֵּפֶר?
5. (רכב) אֲנַחְנוּ ——— עַל חֲמוֹרִים בַּמִּדְבָּר.
6. (שמע) הַאִם (אַתָּה) ——— אֶת הַסִּפּוּר הַזֶּה?
7. (פתח) חַנָּה ——— אֶת הַחַלּוֹן.
8. (צחק) אֲנַחְנוּ ——— בְּקוֹל.
9. (קום) אֲנִי ——— מַהֵר.
10. (אמר) מַדּוּעַ לֹא ——— (אַתְּ) שָׁלוֹם?

VI. עִבְרִית מְדַבֶּרֶת:

הָבֵא תְּמוּנָה לַכִּתָּה וְסַפֵּר בְּעִבְרִית מַה שֶּׁאַתָּה רוֹאֶה בַּתְּמוּנָה.

(Bring a picture to class and be ready to tell in Hebrew what you see in the picture.)

Supplementary Reading קְרִיאָה נוֹסֶפֶת

בְּנֵי חֶלֶם (Chelm)

This is an anecdote about the town of Chelm, whose inhabitants were notorious for their lack of wisdom.

הָאֲנָשִׁים בְּחֶלֶם לֹא הָיוּ חֲכָמִים.

פַּעַם אָמְרוּ הָאֲנָשִׁים בְּעִיר חֶלֶם:

„אֲנַחְנוּ רוֹצִים בֵּית כְּנֶסֶת (synagogue) חָדָשׁ.

נִבְנֶה (let us build) בֵּית כְּנֶסֶת חָדָשׁ."

יָצְאוּ כָּל הָאֲנָשִׁים אֶל הָהָר לִמְצֹא (to find) אֲבָנִים.

כַּאֲשֶׁר בָּאוּ אֶל רֹאשׁ הָהָר, לָקַח כָּל אֶחָד אֶבֶן גְּדוֹלָה

וְנָשָׂא (carried) אֶת הָאֶבֶן הַגְּדוֹלָה מִן רֹאשׁ הָהָר

לְרַגְלֵי (to the foot of) הָהָר.

עָבַר אִישׁ אֶחָד וְרָאָה כִּי הָאֲנָשִׁים נוֹשְׂאִים אֲבָנִים גְּדוֹלוֹת.

צָחַק הָאִישׁ וְאָמַר:

„טִפְּשִׁים, מַדּוּעַ אַתֶּם נוֹשְׂאִים אֶת הָאֲבָנִים? מַדּוּעַ

אֵין אַתֶּם גּוֹלְלִים (roll) אֶת הָאֲבָנִים מִן רֹאשׁ הָהָר

לְמַטָּה (down below)?"

„עֵצָה (advice) טוֹבָה, עֵצָה טוֹבָה מְאֹד," קָרָא כָּל אֶחָד.

מֶה עָשׂוּ (did) בְּנֵי חֶלֶם? לָקְחוּ אֶת הָאֲבָנִים מֵרַגְלֵי הָהָר,

וְנָשְׂאוּ אוֹתָן (them) לְרֹאשׁ הָהָר, וְאַחֲרֵי כֵן גָּלְלוּ אֶת

הָאֲבָנִים לְמַטָּה.

Yemenite Dancers

Yemenite Bride, Israel Museum

שִׁעוּר עֶשְׂרִים וּשְׁמֹנָה

LESSON 28

מִלּוֹן

How much does it cost?	בְּכַמָּה זֶה עוֹלֶה?	Yemenite (a Jew from Yemen, Arabia)	תֵּימָנִי
Yechya (proper name)	יַחְיָא	Ramla (city on road from Tel Aviv to Jerusalem)	רַמְלָה
"native Israeli"	צַבְּרָא	a minute	דַּקָּה
twelve	שְׁנֵים עָשָׂר	Arctic (frozen icestick)	אַרְטִיק
tribes	שְׁבָטִים (י· שֵׁבֶט)	Tempo (a brand of bottled soda)	טֶמְפּוֹ
how?	אֵיךְ	ice cream	גְּלִידָה
necktie	עֲנִיבָה	soda	סוֹדָה
		selling	מוֹכֵר
		lira (Israeli coin)	לִירָה

הַתֵּימָנִי

Two American students, setting out by bus from Tel Aviv to Jerusalem, meet an interesting Yemenite in Ramlah.

בֹּקֶר אֶחָד אָמַר דָּוִד לְאַבְרָהָם:

„אֲנִי רוֹצֶה לִנְסֹעַ לִירוּשָׁלַיִם. יְרוּשָׁלַיִם הִיא עִיר יָפָה."

„טוֹב," אוֹמֵר אַבְרָהָם, „גַּם אֲנִי רוֹצֶה לִרְאוֹת אֶת יְרוּשָׁלַיִם."

שְׁנֵי הַבַּחוּרִים הָלְכוּ אֶל תַּחֲנַת הָאוֹטוֹבּוּסִים בְּתֵל אָבִיב.

הֵם יָשְׁבוּ בָּאוֹטוֹבּוּס. הָאוֹטוֹבּוּס יָצָא מִתֵּל אָבִיב וְנָסַע בַּדֶּרֶךְ

לִירוּשָׁלַיִם. פִּתְאֹם בָּאוּ אֶל עִיר וְהָאוֹטוֹבּוּס עָמַד בַּתַּחֲנָה.

שָׁאַל אַבְרָהָם: „מַדּוּעַ אֲנַחְנוּ עוֹמְדִים פֹּה?"

אָמַר דָּוִד: „זֹאת רַמְלָה. הָאוֹטוֹבּוּס עוֹמֵד פֹּה עֶשֶׂר דַּקּוֹת."

163

פִּתְאֹם שׁוֹמְעִים קוֹל קוֹרֵא: „אַרְטִיק, טֶמְפּוֹ, אַרְטִיק, גְּלִידָה."
אַבְרָהָם רָאָה יֶלֶד עִבְרִי מוֹכֵר גְּלִידָה וְסוֹדָה.
„תֵּן לִי אַרְטִיק," אָמַר אַבְרָהָם. „בְּכַמָּה זֶה עוֹלֶה?"
„שָׁלֹשׁ לִירוֹת," אָמַר הַיֶּלֶד.
„תֵּן לִי טֶמְפּוֹ," אָמַר דָּוִד. „בְּכַמָּה זֶה עוֹלֶה?"
„אַרְבַּע לִירוֹת," עָנָה הַיֶּלֶד.
„מַה שִּׁמְךָ?" שָׁאַל דָּוִד אֶת הַיֶּלֶד.
„יִחְיָא," עָנָה הַיֶּלֶד. „אֲנִי תֵּימָנִי אֲבָל אֲנִי צַבְּרָא."[1]
„הַאִם יֵשׁ לְךָ אַחִים אוֹ אֲחָיוֹת?" שָׁאַל אַבְרָהָם אֶת הַיֶּלֶד.
„כֵּן," עָנָה הַתֵּימָנִי, „יֵשׁ בְּמִשְׁפַּחְתֵּנוּ שֶׁלָּנוּ שְׁנֵים עָשָׂר אִישׁ—
תִּשְׁעָה בָּנִים וּבָנוֹת,
אַבָּא, אִמָּא וְדוֹד,
כְּמוֹ שְׁנֵים עָשָׂר הַשְּׁבָטִים."
אַחֲרֵי כֵן שָׁאַל יִחְיָא אֶת הַבַּחוּרִים:
„הַאִם אַתֶּם אֲמֵרִיקָאִים?"
„כֵּן, אֲנַחְנוּ אֲמֵרִיקָאִים," עָנָה אַבְרָהָם. „אֵיךְ יָדַעְתָּ?"
„יָדַעְתִּי זֹאת כִּי יֵשׁ לָכֶם עֲנִיבוֹת."
שְׁנֵי הַבַּחוּרִים צָחֲקוּ. פִּתְאֹם שָׁמְעוּ קוֹל תְּרוּ... תְּרוּ...
שְׁנֵי הַבַּחוּרִים אוֹמְרִים שָׁלוֹם אֶל הַיֶּלֶד וְעוֹלִים מַהֵר עַל
הָאוֹטוֹבּוּס. הָאוֹטוֹבּוּס נוֹסֵעַ לִירוּשָׁלַיִם.

[1] Slang for "native Israeli." The צַבְּרָא is the cactus plant which has thorns but also bears sweet fruit.

דִּקְדּוּק

A. Review of Possessive

Short Form	Long Form
סֵפֶר הַיֶּלֶד	1. הַסֵּפֶר שֶׁל הַיֶּלֶד

the boy's book (literally, "the book of the boy")

עֲנִיבַת אַבְרָהָם	2. הָעֲנִיבָה שֶׁל אַבְרָהָם

Abraham's necktie (literally, "the necktie of Abraham")

שִׁירֵי הַצִּפּוֹר	3. הַשִּׁירִים שֶׁל הַצִּפּוֹר

the bird's songs (literally, "the songs of the bird")

Where possession is indicated in English by 's, it may be expressed in Hebrew by שֶׁל or by the construct state (סְמִיכוּת).

B. Review of סְמִיכוּת

Short Form (סְמִיכוּת)		Long Form		
דּוֹד הַיֶּלֶד	the boy's uncle	הַדּוֹד שֶׁל הַיֶּלֶד	*m. s.*	זָכָר
דּוֹדַת הַיֶּלֶד	the boy's aunt	הַדּוֹדָה שֶׁל הַיֶּלֶד	*f. s.*	נְקֵבָה
דּוֹדֵי הַיֶּלֶד	the boy's uncles	הַדּוֹדִים שֶׁל הַיֶּלֶד	*m. pl.*	רִבּוּי ז.
דּוֹדוֹת הַיֶּלֶד	the boy's aunts	הַדּוֹדוֹת שֶׁל הַיֶּלֶד	*f. pl.*	רִבּוּי נ.

תַּרְגִּילִים

I. שְׁאֵלוֹת:

1. מַדּוּעַ רוֹצֶה דָּוִד לִנְסֹעַ לִירוּשָׁלַיִם?
2. אֵיךְ נָסְעוּ לִירוּשָׁלַיִם?

3. כַּמָּה דַּקּוֹת עָמַד הָאוֹטוֹבּוּס בְּרַמְלָה?
4. מִי קוֹרֵא: „אַרְטִיק, טֶמְפּוֹ"?
5. מַה קָּנָה אַבְרָהָם וּמַה קָּנָה דָּוִד?
6. כַּמָּה יְלָדִים בַּמִּשְׁפָּחָה שֶׁל יִחְיָא?
7. אֵיךְ יָדַע יִחְיָא כִּי הַבַּחוּרִים אֲמֵרִיקָאִים?
8. מַדּוּעַ עוֹלִים הַבַּחוּרִים מַהֵר עַל הָאוֹטוֹבּוּס?

II. תַּקֵּן כָּל מִשְׁפָּט (Correct the error in each sentence):

1. דָּוִד וְאַבְרָהָם יוֹצְאִים מִן חֵיפָה.
2. הֵם עוֹלִים עַל רַכֶּבֶת לִנְסֹעַ לִירוּשָׁלַיִם.
3. הָאוֹטוֹבּוּס עָמַד חָמֵשׁ דַּקּוֹת בְּרַמְלָה.
4. הַיֶּלֶד הַתֵּימָנִי מוֹכֵר עִתּוֹנִים.
5. הָאַרְטִיק עוֹלֶה בְּחָמֵשׁ אֲגוֹרוֹת.
6. שֵׁם הַיֶּלֶד הַתֵּימָנִי הוּא שְׁמוּאֵל.
7. הַמִּשְׁפָּחָה שֶׁל הַתֵּימָנִי קְטַנָּה.
8. אַבְרָהָם הוּא צַבְּרָא.
9. לְיִחְיָא יֵשׁ דָּג מָלוּחַ.
10. שׁוֹמְעִים קוֹל תְּרוּ... תְּרוּ... מִן הָרַכֶּבֶת.

III. כְּתֹב בִּסְמִיכוּת (Write in the construct state):

1. הָאֵם שֶׁל הַיֶּלֶד
2. הַמֶּלֶךְ שֶׁל יִשְׂרָאֵל
3. הַסֵּפֶר שֶׁל הַתַּלְמִיד
4. הָעֲנִיבָה שֶׁל דָּוִד
5. הַשִּׁירִים שֶׁל הַחֲלוּצִים
6. הַדּוֹדִים שֶׁל רוּת
7. הַתּוֹרָה שֶׁל הָעִבְרִים
8. הָאֲרוּחוֹת שֶׁל הַיּוֹם
9. הַתְּמוּנוֹת שֶׁל הַבַּיִת
10. הַבָּתִּים שֶׁל הָעִיר

IV. Review the rule for possessives on page 104; then translate the following phrases into Hebrew, using the *long* form:

1. The boy's necktie
2. The girl's notebook
3. Dan's mother
4. Samuel's chair
5. David's uncle
6. Ruth's teachers (*f.*)
7. The student's book
8. The man's newspaper
9. Sarah's aunt
10. The pioneer's work

V. Rewrite exercise IV, using the סְמִיכוּת.

VI. עִבְרִית מְדֻבֶּרֶת:

Pretend you are shopping in a department store in Tel Aviv and carry on a conversation in Hebrew, making use of the following phrases:

In a Department Store – בַּחֲנוּת כָּל בּוֹ

I want to buy...	אֲנִי רוֹצָה לִקְנוֹת...
Please show me...	בְּבַקָּשָׁה לְהַרְאוֹת לִי...
I want something better.	אֲנִי רוֹצֶה דָּבָר טוֹב יוֹתֵר.
I want something cheaper.	אֲנִי רוֹצֶה דָּבָר יוֹתֵר בְּזוֹל.
This is very expensive.	זֶה יָקָר מְאֹד.
I like this (literally, "this finds favor in my eyes").	זֶה מוֹצֵא חֵן בְּעֵינַי.
Please wrap it well.	בְּבַקָּשָׁה לֶאֱרֹז אוֹתוֹ יָפֶה.
How much does it cost?	בְּכַמָּה זֶה עוֹלֶה?
Please change this lira for me.	בְּבַקָּשָׁה לִפְרֹט לִי אֶת הַלִּירָה.
Here is the change.	הִנֵּה הָעֹדֶף.

אַרְצָה עָלִינוּ

"We have ploughed and sown in our new land," sings the **new** settler, "and now we await the harvest."

אַרְצָה עָלִינוּ,

כְּבָר חָרַשְׁנוּ וְגַם זָרַעְנוּ,

אֲבָל עוֹד לֹא קָצַרְנוּ.

168

שִׁעוּר עֶשְׂרִים וְתִשְׁעָה

LESSON 29

מִלּוֹן

יוֹאֵל	Joel	בֵּינֵיהֶם	between them
הַר הַמּוֹרִיָּה	Mt. Moriah	אֶתֵּן	I shall give
אֲשֶׁר	that, which	אֶהְיֶה לְ (ע׳ הָיָה)	I shall become
הָיוּ	they were	עָזַר	helped
בַּעַל אִשָּׁה	married	יַעֲזֹר (ר׳ יַעַזְרוּ)	will help
שָׂדֶה	field	זֶה אֶת זֶה	each other
חִלֵּק (ר׳ חִלְּקוּ)	divided	אָהֲבוּ	they loved
חִטָּה	wheat	מָקוֹם	place
בֵּין	between	בֵּית מִקְדָּשׁ	Temple

שְׁנֵי אַחִים

This legend tells why Mt. Moriah was selected as the site for the Temple.

שְׁנֵי אַחִים, יְהוּדָה וְיוֹאֵל, יָשְׁבוּ בְּהַר הַמּוֹרִיָּה, אֲשֶׁר עַל יַד יְרוּשָׁלַיִם.

לִיהוּדָה הָיוּ אִשָּׁה וּשְׁלֹשָׁה בָּנִים, וְיוֹאֵל לֹא הָיָה בַּעַל אִשָּׁה.

שְׁנֵי הָאַחִים עָבְדוּ בַּשָּׂדֶה, וְחִלְּקוּ אֶת הַחִטָּה בֵּינֵיהֶם.

בַּלַּיְלָה אָמַר יוֹאֵל בְּלִבּוֹ: „לִיהוּדָה יֵשׁ אִשָּׁה וּשְׁלֹשָׁה בָּנִים, וְלִי אֵין מִשְׁפָּחָה. אֶתֵּן לִיהוּדָה מִן הַחִטָּה שֶׁלִּי.״

יוֹאֵל לָקַח מִן הַחִטָּה וְהָלַךְ אֶל הַבַּיִת שֶׁל יְהוּדָה.

גַּם יְהוּדָה אָמַר בְּלִבּוֹ: „אֲנִי בַּעַל אִשָּׁה וְאָב לִשְׁלֹשָׁה בָנִים.

כַּאֲשֶׁר אֶהְיֶה לְזָקֵן, הַבָּנִים יַעַזְרוּ לִי. אֲבָל מִי יַעֲזֹר לְיוֹאֵל?"

יְהוּדָה לָקַח מִן הַחִטָּה שֶׁלּוֹ וְהָלַךְ אֶל הַבַּיִת שֶׁל יוֹאֵל.

בַּדֶּרֶךְ פָּגְשׁוּ זֶה אֶת זֶה.

אֱלֹהִים רָאָה מִן הַשָּׁמַיִם כַּמָּה אָהֲבוּ הָאַחִים זֶה אֶת זֶה,

וְאָמַר: „הַמָּקוֹם הַזֶּה הוּא מָקוֹם יָפֶה לְבֵית מִקְדָּשׁ."

וּבָהָר הַזֶּה, בְּהַר הַמּוֹרִיָּה, בָּנָה שְׁלֹמֹה הַמֶּלֶךְ אֶת בֵּית

הַמִּקְדָּשׁ.

דִּקְדּוּק

A. Conjugation of צָחַק (laugh)

1. כַּאֲשֶׁר אוֹמֵר אַבְנֵר „לֹא אֲנִי," כָּל הַיְלָדִים צוֹחֲקִים.

When Abner says "Not I," all the boys laugh.

2. שְׁנֵי הַבַּחוּרִים צָחֲקוּ.

The young men laughed.

3. הָאַחִים אָהֲבוּ זֶה אֶת זֶה.

The brothers loved each other.

Present of צָחַק

זָכָר		נְקֵבָה	
אֲנִי אַתָּה הוּא	צוֹחֵק	אֲנִי אַתְּ הִיא	צוֹחֶקֶת
אֲנַחְנוּ אַתֶּם הֵם	צוֹחֲקִים	אֲנַחְנוּ אַתֶּן הֵן	צוֹחֲקוֹת

Past עָבָר

יָחִיד	רִבּוּי
אֲנִי צָחַקְתִּי	אֲנַחְנוּ צָחַקְנוּ
אַתָּה צָחַקְתָּ	אַתֶּם צְחַקְתֶּם
אַתְּ צָחַקְתְּ	אַתֶּן צְחַקְתֶּן
הוּא צָחַק	הֵם צָחֲקוּ
הִיא צָחֲקָה	הֵן צָחֲקוּ

Note that verbs which have the gutturals א, ה, ח, ע as their second root-letter do not take a שְׁוָא under these letters but instead take a חֲטַף פַּתָּח (ֲ) as in sentences 1, 2 and 3, above.

Other verbs conjugated like צָחַק are: כָּעַס (get angry); אָהַב (love); שָׁאַל (ask); בָּחַר (choose); צָעַק (cry out).

B. CONJUGATION OF עָמַד IN THE PAST (First Letter Guttural)

נְקֵבָה		זָכָר
עֲמַדְתֶּן	you stood	עֲמַדְתֶּם
עֲבַדְתֶּן	you worked	עֲבַדְתֶּם
אֲמַרְתֶּן	you said	אֲמַרְתֶּם
הֲלַכְתֶּן	you went	הֲלַכְתֶּם
חֲשַׁבְתֶּן	you thought	חֲשַׁבְתֶּם
אֲהַבְתֶּן	you loved	אֲהַבְתֶּם

Verbs beginning with guttural letters א, ה, ח, ע will take a חֲטַף פַּתָּח in the past tense, second person plural, masculine and feminine.

In all other persons, the conjugation is similar to that of גָּמַר. See page 114.

תַּרְגִּילִים

I. שְׁאֵלוֹת:

1. אֵיפֹה יָשְׁבוּ הָאַחִים?

2. לְמִי הָיוּ אִשָּׁה וּבָנִים?

3. מֶה הָיְתָה הָעֲבוֹדָה שֶׁל הָאַחִים?

4. מַדּוּעַ הֵבִיא (brought) יוֹאֵל מִן הַחִטָּה שֶׁלּוֹ לִיהוּדָה?

5. מָה אָמַר יְהוּדָה בְּלִבּוֹ?

6. אֵיפֹה פָּגְשׁוּ זֶה אֶת זֶה?

7. מָה אָמַר אֱלֹהִים?

8. מַה בָּנָה שְׁלֹמֹה הַמֶּלֶךְ בַּמָּקוֹם הַזֶּה?

II. חַבֵּר מִשְׁפָּטִים בַּמִּלִּים הָאֵלֶּה:

1. מָקוֹם   2. בֵּין   3. עָזַר   4. בָּנָה

5. אָמַר בְּלִבּוֹ   6. מוֹכֵר   7. גְּלִידָה   8. דַּקָּה

9. זֶה אֶת זֶה   10. בְּכַמָּה זֶה עוֹלֶה?

III. הַטֵּה בַּהֹוֶה וּבֶעָבָר:

1. אָהַב   2. שָׁאַל   3. עָמַד   4. צָעַק

IV. כְּתֹב בֶּעָבָר (Change into the past tense):

1. הַתַּלְמִידִים צוֹחֲקִים בְּקוֹל.

2. אֲנַחְנוּ שָׁבִים מִן בֵּית הַסֵּפֶר.

3. הַתֵּימָנִי מוֹכֵר סוֹדָה.

4. הָאַחִים אוֹהֲבִים זֶה אֶת זֶה.

5. אַתֶּם עוֹמְדִים עַל יַד הַלּוּחַ.

6. הַאִם אַתָּה פּוֹגֵשׁ אֶת דָּוִד?

7. דָּוִד הוֹרֵג אֶת גָּלְיָת.

8. מָתַי אַתֶּן אוֹכְלוֹת?

9. הַתַּלְמִידָה שׁוֹאֶלֶת שְׁאֵלוֹת רַבּוֹת.

10. אַתֶּן סוֹגְרוֹת אֶת הַדֶּלֶת.

V. עִבְרִית מְדֻבֶּרֶת:

The story on page 169 can be told collectively in Hebrew, by having the students tell one sentence each.

קְרִיאָה נוֹסֶפֶת

שֶׁלֶג (snow) בְּחֶלֶם

The men of Chelm decide not to mar the beauty of the snow.

יוֹם אֶחָד יָרַד שֶׁלֶג בְּעִיר חֶלֶם. הַשֶּׁלֶג הָיָה יָפֶה מְאֹד,

אֲבָל מַהֵר נִתְלַכְלֵךְ (became soiled) כִּי כָּל אִישׁ הָלַךְ

בְּרֶגֶל עַל הַשֶּׁלֶג.

אָמְרוּ כָּל הָאֲנָשִׁים בְּחֶלֶם:

„נִתְלַכְלֵךְ הַשֶּׁלֶג כִּי אֲנַחְנוּ הוֹלְכִים בְּרֶגֶל עַל הַשֶּׁלֶג.

כַּאֲשֶׁר יִהְיֶה עוֹד שֶׁלֶג, נֵשֵׁב (we shall stay) בַּבַּיִת,

וְהַשֶּׁלֶג יִהְיֶה יָפֶה."

אָמַר הַשַּׁמָּשׁ (sexton):

„אֲבָל אֲנִי צָרִיךְ לָלֶכֶת (must go) לְכָל בַּיִת לִקְרֹא אֶת

הָאֲנָשִׁים לְבֵית הַכְּנֶסֶת!"

מַה לַּעֲשׂוֹת (what was to be done)? כָּל אִישׁ קָם וְנָתַן עֵצָה.

בַּסּוֹף (finally) קָם רֹאשׁ הָעִיר וְאָמַר:

„יֵשׁ לִי עֵצָה טוֹבָה. מִי אוֹמֵר כִּי הַשַּׁמָּשׁ צָרִיךְ לָלֶכֶת עַל הַשֶּׁלֶג?

אַרְבָּעָה אֲנָשִׁים יִשְׂאוּ (will carry) אֶת הַשַּׁמָּשׁ, וְאָז (and then)

לֹא יְלַכְלֵךְ (will not soil) הַשַּׁמָּשׁ אֶת הַשֶּׁלֶג."

„עֵצָה טוֹבָה!" קָרְאוּ כָּל בְּנֵי חֶלֶם.

כַּאֲשֶׁר יָרַד שֶׁלֶג בָּעִיר בָּאוּ אַרְבָּעָה אֲנָשִׁים לָשֵׂאת (to carry) אֶת

הַשַּׁמָּשׁ מִבַּיִת אֶל בַּיִת.

174

שעור עשרים ותשעה

הִנֵּה מַה טּוֹב

How good and how pleasant it is for brothers to dwell together in unity!

הִנֵּה מַה טּוֹב
וּמַה נָּעִים
שֶׁבֶת אַחִים גַּם יָחַד.

Montefiore Windmill in the Artists Section of Jerusalem

Hebrew University

שִׁעוּר שְׁלֹשִׁים

LESSON 30

מִלּוֹן

צָרִיךְ לְ (ר׳ צְרִיכִים)	must, need to
גִּבְעַת רָם	Givat Ram (suburb of Jerusalem)
שֶׁזֶּה	that this is
מִסְפָּר	number
קִרְיַת הָאוּנִיבֶרְסִיטָה	University City
מַכִּיר	recognizes, knows
פֹּה	here
לְהַרְאוֹת	to show
רָחוֹק	far away, distant
כְּבִישׁ	highway (paved)
מִדְבָּר	desert, wilderness
מִלְחָמָה	war
תַּרְבּוּת נ.	culture
סֵמֶל	symbol
קֶבֶר	grave
הֶרְצֵל	Herzl (founder of modern Zionism)
חָלַם	dreamed
מְדִינָה	state
שָׁעוֹן	a watch, clock

הָאוּנִיבֶרְסִיטָה הָעִבְרִית

Our two American students, visiting in Jerusalem, take a bus to the Hebrew University, where they unexpectedly meet an Israeli friend who volunteers to serve as their guide.

אַבְרָהָם וְדָוִד יָשְׁבוּ בִּירוּשָׁלַיִם שְׁנֵי יָמִים.

בַּבֹּקֶר אוֹמֵר דָּוִד לְאַבְרָהָם:

„הַיּוֹם אֲנַחְנוּ צְרִיכִים לִרְאוֹת אֶת הָאוּנִיבֶרְסִיטָה. אַתָּה יוֹדֵעַ,
הָאוּנִיבֶרְסִיטָה בְּמָקוֹם חָדָשׁ בִּירוּשָׁלַיִם, עַל גִּבְעַת רָם.״

„כֵּן,״ עוֹנֶה אַבְרָהָם. „אוֹמְרִים שֶׁזֶּה מָקוֹם יָפֶה מְאֹד.״

הַבַּחוּרִים לוֹקְחִים אוֹטוֹבּוּס. וּבְמִסְפַּר דַּקּוֹת הֵם בָּאִים אֶל קִרְיַת הָאוּנִיבֶרְסִיטָה. דָּוִד רוֹאֶה בָּחוּר אֶחָד הוֹלֵךְ בָּרְחוֹב.

דָּוִד מַכִּיר אֶת הַבָּחוּר מֵחֵיפָה, וְהוּא אוֹמֵר:

„שָׁלוֹם דָּן, מָה אַתָּה עוֹשֶׂה פֹּה בָּאוּנִיבֶרְסִיטָה?"

„אֲנִי לוֹמֵד פֹּה," עוֹנֶה דָּן. „וּמָה אַתֶּם עוֹשִׂים פֹּה?" שׁוֹאֵל דָּן אֶת הַבַּחוּרִים.

„אֲנַחְנוּ רוֹצִים לִרְאוֹת אֶת הָאוּנִיבֶרְסִיטָה הָעִבְרִית," עוֹנִים הַבַּחוּרִים, „אוֹמְרִים שֶׁזֶּה מָקוֹם יָפֶה."

„אֲנִי יָכוֹל לְהַרְאוֹת לָכֶם אֶת הַמָּקוֹם."

„תּוֹדָה," עוֹנִים הַבַּחוּרִים. „אֲנַחְנוּ רוֹצִים מְאֹד."

דָּן אוֹמֵר: „אַתֶּם רוֹאִים, הָאוּנִיבֶרְסִיטָה עוֹמֶדֶת עַל הַר גָּדוֹל לֹא רָחוֹק מֵהַכְּבִישׁ לְתֵל אָבִיב. מִצַּד אֶחָד רוֹאִים אֶת הָעִיר יְרוּשָׁלַיִם וּמִן הַצַּד הַשֵּׁנִי רוֹאִים אֶת הַמִּדְבָּר.

הָאוּנִיבֶרְסִיטָה עוֹמֶדֶת בֵּין הָעִיר וּבֵין הַמִּדְבָּר. בָּאָרֶץ הַזֹּאת הָיְתָה תָּמִיד מִלְחָמָה בֵּין הַתַּרְבּוּת וּבֵין הַמִּדְבָּר.

הָאוּנִיבֶרְסִיטָה הִיא סֵמֶל הַתַּרְבּוּת."

„מַה הִיא הָאֶבֶן הַגְּדוֹלָה שָׁם מִן הַצַּד הַשֵּׁנִי שֶׁל הַכְּבִישׁ?" שׁוֹאֵל דָּוִד.

„זֶהוּ קֶבֶר הֶרְצֵל וְהַמִּשְׁפָּחָה שֶׁלּוֹ. הֶרְצֵל הָיָה אִישׁ גָּדוֹל. הֶרְצֵל כָּתַב וְחָלַם עַל מְדִינָה עִבְרִית, וְהַיּוֹם יֵשׁ לָנוּ מְדִינָה עִבְרִית."

„וּמָה אַתָּה לוֹמֵד בָּאוּנִיבֶרְסִיטָה?" שׁוֹאֵל אַבְרָהָם אֶת דָּן.

„אֲנִי לוֹמֵד מַתֵּמָטִיקָה, בִּיּוֹלוֹגְיָה, הִיסְטוֹרְיָה וְעִבְרִית," עוֹנֶה דָּן.

„וְאַתָּה לוֹמֵד מַתֵּמָטִיקָה וּבִיּוֹלוֹגְיָה בְּעִבְרִית?"

„כֵּן," עוֹנֶה דָּן, „בָּאוּנִיבֶרְסִיטָה מְדַבְּרִים עִבְרִית וְלוֹמְדִים אֶת הַכֹּל בְּעִבְרִית."

„הַאִם הַמּוֹרִים טוֹבִים בָּאוּנִיבֶרְסִיטָה?" שׁוֹאֵל אַבְרָהָם.

„כֵּן," עוֹנֶה דָּן. „יֵשׁ לָנוּ מוֹרִים טוֹבִים מְאֹד."

„יָפֶה מְאֹד," אוֹמְרִים שְׁנֵי הַבַּחוּרִים.

פִּתְאֹם מַבִּיט דָּן עַל הַשָּׁעוֹן שֶׁלּוֹ, וְאוֹמֵר:

„יֵשׁ לִי שִׁעוּר עַכְשָׁו. שָׁלוֹם וּלְהִתְרָאוֹת."

„תּוֹדָה," אוֹמְרִים הַבַּחוּרִים. „שָׁלוֹם וּלְהִתְרָאוֹת."

דִּקְדּוּק

A. Contractions

1. אוֹמְרִים שֶׁזֶּה מָקוֹם יָפֶה מְאֹד.

They say that it is a very nice place.

2. דָּוִד מַכִּיר אֶת הַבָּחוּר מֵחֵיפָה.

David recognizes the young man from Haifa.

3. אֲנִי נוֹסֵעַ בְּאוֹטוֹבּוּס לְתֵל אָבִיב.

I am travelling on a bus to Tel Aviv.

4. כָּתַבְתִּי מִכְתָּב לַיֶּלֶד.

I wrote a letter to the boy.

Some prepositions and pronouns can be contracted in Hebrew:

CONTRACTION	MEANING	WHOLE WORD
שֶׁ	that, which, who	1. אֲשֶׁר
מִ, מֵ [1]	from	2. מִן
לְ	to	3. אֶל
לַ	to the; for the	4. אֶל הַ

B. PAST OF VERBS LIKE פָּתַח (ל״ח)[2]

you (*f. s.*) opened אַתְּ פָּתַחַתְּ

you (*f. s.*) heard אַתְּ שָׁמַעַתְּ

We have already seen how verbs ending in ח (ל״ח) or ע (ל״ע) are conjugated in the present (page 64). In the past tense, these verbs are regular except for the second person, singular feminine, which takes a פַּתָּח (-) under the ח or ע.

Conjugate similarly in the past: יָדַע (know), נָסַע (travel) לָקַח (take), שָׂמַח (rejoice), בָּרַח (run away).

תַּרְגִּילִים

1. אֵיפֹה?

1. הַמָּקוֹם הֶחָדָשׁ שֶׁל הָאוּנִיבֶרְסִיטָה הָעִבְרִית?
2. רוֹאֶה דָּוִד בָּחוּר מֵחֵיפָה?
3. הָיְתָה תָּמִיד מִלְחָמָה בֵּין הַמִּדְבָּר וְהַתַּרְבּוּת?
4. הַקֶּבֶר שֶׁל הֶרְצֵל?
5. הַמּוֹרִים טוֹבִים?

[1] Note that מִן is contracted to מֵ before a word beginning with א, ה, ח, ע, ר.

[2] For full conjugation of ל״ח verbs see p. 368.

II. שְׁאֵלוֹת:

1. בַּמֶּה נוֹסְעִים הַבַּחוּרִים אֶל הָאוּנִיבֶרְסִיטָה הָעִבְרִית?
2. אֶת מִי פּוֹגְשִׁים הַבַּחוּרִים עַל יַד הָאוּנִיבֶרְסִיטָה?
3. מָה עוֹשֶׂה הַבָּחוּר מֵחֵיפָה בָּאוּנִיבֶרְסִיטָה?
4. מָה עוֹשִׂים אַבְרָהָם וְדָוִד בָּאוּנִיבֶרְסִיטָה?
5. מַה יְכוֹלִים לִרְאוֹת מִקִּרְיַת הָאוּנִיבֶרְסִיטָה?
6. עַל מֶה חָלַם הֶרְצֵל?
7. מַדּוּעַ אוֹמֵר דָּן פִּתְאֹם שָׁלוֹם לַבַּחוּרִים?

III. מִי אֲנִי? (Identify each of the following:)

1. אֲנִי הָעִבְרִי הָרִאשׁוֹן.
2. אֲנִי הָאִשָּׁה שֶׁל הָעִבְרִי הָרִאשׁוֹן.
3. אֲנִי הַבֵּן שֶׁל הָעִבְרִי הָרִאשׁוֹן.
4. אֲנִי כָּתַבְתִּי: „וְאָהַבְתָּ לְרֵעֲךָ כָּמוֹךָ."
5. אֲנִי הַמֶּלֶךְ הָרִאשׁוֹן שֶׁל עַם יִשְׂרָאֵל.
6. אֲנִי הָרַגְתִּי אֶת גָּלְיָת.
7. אֲנִי מֶלֶךְ חָכָם.
8. אֲנִי אָמַרְתִּי: „מַה שֶּׁשָּׂנוּא עָלֶיךָ אַל תַּעֲשֶׂה לַחֲבֵרְךָ."
9. אֲנִי יָשַׁבְתִּי בְּתֵל אָבִיב וְכָתַבְתִּי שִׁירִים בְּעִבְרִית.
10. אֲנִי חָלַמְתִּי עַל מְדִינָה עִבְרִית.

IV. Contract the underlined words:

1. שַׁבְתִּי מִן בֵּית הַסֵּפֶר.
2. הָלַכְתִּי אֶל תֵּל אָבִיב.
3. הַסֵּפֶר אֲשֶׁר אַתָּה קוֹרֵא יָפֶה הוּא.
4. אָמַרְתִּי „שָׁלוֹם" אֶל דָּן.
5. הַבָּחוּר בָּא מִן אֶרֶץ יִשְׂרָאֵל.
6. שָׁאוּל הוּא הָאִישׁ אֲשֶׁר הָיָה הַמֶּלֶךְ הָרִאשׁוֹן עַל עַם יִשְׂרָאֵל.
7. אֲנִי מְדַבֵּר עִבְרִית אֶל הַמּוֹרֶה שֶׁלִּי.
8. מִי הוּא הַתַּלְמִיד אֲשֶׁר גָּמַר אֶת הַמִּבְחָן?
9. שַׁבְתִּי מִן הָעֲבוֹדָה בָּעֶרֶב.
10. נָסַעְנוּ אֶל הַדּוֹד יִצְחָק.

V. כְּתֹב אֶת הַפֹּעַל (the verb) בְּעָבָר:

1. אַתְּ (פתח) ——— אֶת הַחַלּוֹן.
2. אַתְּ (שמע) ——— אֶת קוֹל הַמּוֹרֶה.
3. אַתֶּם (עמד) ——— לִפְנֵי הַבַּיִת.
4. הַבַּחוּרִים (אהב) ——— אֶת אֶרֶץ יִשְׂרָאֵל.
5. אַתְּ (לקח) ——— אֶת הַסֵּפֶר שֶׁלִּי.

VI. עִבְרִית מְדֻבֶּרֶת:

Give an oral summary of the story „הָאוּנִיבֶרְסִיטָה הָעִבְרִית".

חֲזָרָה

I. תַּרְגֵּם לְעִבְרִית:

1. famine
2. there
3. bread
4. year
5. bad
6. they built
7. holiday of Passover
8. hard
9. week
10. youth
11. flock
12. killed
13. able, can
14. heard
15. ran
16. stone
17. put
18. minute
19. selling
20. how much does it cost?
21. how?
22. that, which
23. field
24. between
25. helped
26. each other
27. they loved
28. a place
29. must, need to
30. a number
31. here
32. to show
33. far
34. highway
35. wilderness
36. war
37. a state
38. a watch
39. dreamed

II. תַּרְגֵּם לְאַנְגְּלִית:

1. אֶרֶץ מִצְרַיִם
2. נַהֲרֹג
3. לַעֲשׂוֹת
4. נֵצֵא
5. שָׁבוּעוֹת
6. הַר סִינַי
7. צַדִּיק
8. גָּלְיָת
9. פְּלִשְׁתִּי
10. לְהִלָּחֵם עִם
11. פָּחַד
12. עֲנָק
13. מַקֵּל
14. עִמִּי
15. בְּקַלְעוֹ
16. בָּרַח
17. תֵּימָנִי
18. גְּלִידָה
19. צַבְּרָא
20. שְׁנֵים עָשָׂר
21. שְׁבָטִים
22. לִירָה
23. עֲנִיבָה
24. הָיוּ
25. חֵלֶק
26. חִטָּה
27. בֵּינֵיהֶם
28. אֶתֵּן
29. אֶהְיֶה לְ...
30. עָזַר
31. בֵּית מִקְדָּשׁ
32. שֶׁזֶּה
33. מַכִּיר
34. תַּרְבּוּת
35. סֵמֶל
36. קֶבֶר

III. Do you know the following grammatical forms?

A. Verb: Present and past of צָחַק, page 171; past of עָמַד, page 172; past of פָּתַח, page 179.

B. Noun: Construct state (סְמִיכוּת) masculine singular and plural, page 152; feminine singular and plural, page 158; review of possessive and סְמִיכוּת, page 165.

C. Contractions of אֶל הַ, אֶל, מִן, אֲשֶׁר, page 179.

IV. Oral Hebrew:

A. Can you summarize each of the following stories?

1. מֹשֶׁה 2. דָּוִד וְגָלְיָת 3. הַתֵּימָנִי 4. שְׁנֵי אַחִים
5. הָאוּנִיבֶרְסִיטָה הָעִבְרִית

B. Can you converse on the following topics?

1. מָה אַתָּה רוֹאֶה בַּתְּמוּנָה? 2. בַּחֲנוּת כָּל בּוֹ

V. Culture:

A. Give the Hebrew original of the inscription on the Liberty Bell.

B. Recite the words of the song "אַרְצָה עָלִינוּ".

מִבְחָן

I. מִי עָשָׂה (did) זֹאת? **(20)**

1. בָּנוּ בָּתִּים לְמֶלֶךְ מִצְרַיִם.
2. נָתַן תּוֹרָה לְעַם יִשְׂרָאֵל.
3. הָרַג אֶת הָעֲנָק גָּלְיָת.
4. מָכַר אַרְטִיק וְטֶמְפּוֹ בְּרַמְלָה.
5. בָּנָה בֵּית הַמִּקְדָּשׁ עַל הַר הַמּוֹרִיָּה.
6. חִלְּקוּ אֶת הַחִטָּה בֵּינֵיהֶם.
7. הָרַג אֲרִי שֶׁבָּא עַל הַצֹּאן שֶׁלּוֹ.
8. חָלַם עַל מְדִינָה עִבְרִית.
9. יָרְדוּ לְמִצְרַיִם כִּי הָיָה רָעָב בְּאֶרֶץ כְּנַעַן.
10. כָּתַב בַּתּוֹרָה: „וְאָהַבְתָּ לְרֵעֲךָ כָּמוֹךָ."

II. מַדּוּעַ? **(10)**

1. הָיָה לִבְנֵי יִשְׂרָאֵל חַג הַפֶּסַח?
2. שָׁלַח שָׁאוּל אֶת דָּוִד לְהִלָּחֵם עִם גָּלְיָת?
3. אָמַר הַתֵּימָנִי כִּי הַמִּשְׁפָּחָה שֶׁלּוֹ כְּמוֹ שְׁנֵים עָשָׂר הַשְּׁבָטִים?
4. נָתַן יוֹאֵל לִיהוּדָה מִן הַחִטָּה שֶׁלּוֹ?
5. הָאוּנִיבֶרְסִיטָה הִיא סֵמֶל הַתַּרְבּוּת?

III. **כְּתֹב בִּסְמִיכוּת:** Write the underlined phrase in the construct state: **(20)**

1. הַכֶּלֶב שֶׁל הָאִישׁ גָּדוֹל.
2. הָאֵם שֶׁל הַנַּעַר יָפָה.
3. הָאֲרוּחָה שֶׁל הַבֹּקֶר טוֹבָה.
4. הַמּוֹרָה שֶׁל הַתַּלְמִידִים חֲכָמָה.
5. אֲנַחְנוּ שָׁרִים אֶת הַשִּׁירִים שֶׁל הַחֲלוּצִים.
6. הַגַּנִּים שֶׁל הָעִיר יָפִים.
7. הַמּוֹרֶה שָׁמַע אֶת הַתְּשׁוּבוֹת שֶׁל הַתַּלְמִידִים.
8. אֲנִי כּוֹתֵב אֶת הַשִּׁעוּר שֶׁל הַבַּיִת.
9. הִיא הוֹלֶכֶת אֶל הַתַּחֲנָה שֶׁל הָאוֹטוֹבּוּסִים.
10. הַשֵּׁם שֶׁל הַסִּפּוּר הוּא „שְׁנֵי הָאַחִים.”

IV. **כְּתֹב בִּזְמַן עָבָר:** **(20)**

1. אַתְּ (פתח) ——— אֶת הַדֶּלֶת.
2. אַתֶּם (עמד) ——— עַל יַד הָאוּנִיבֶרְסִיטָה.
3. מַדּוּעַ (כעס) ——— שָׂרָה?
4. אֲנַחְנוּ לֹא (אכל) ———.
5. הָאַחִים (אהב) ——— זֶה אֶת זֶה.
6. לְאָן אַתֶּם (הלך) ———?
7. עַל מָה אַתְּ (עבד) ——— קָשֶׁה?
8. מָה (שאל) ——— הַתַּלְמִידִים אֶת הַמּוֹרֶה?
9. מָתַי אַתֶּן (אמר) ——— „בֹּקֶר טוֹב”?
10. מַדּוּעַ אַתֶּן (עבר) ——— אֶת הָרְחוֹב מַהֵר?

V. כְּתֹב בְּצוּרָה קְצָרָה: Write in the short form (contraction): **(10)**

1. הַסֵּפֶר אֲשֶׁר קָרָאתִי הָיָה יָפֶה.
2. הָאִישׁ בָּא מִן אֶרֶץ יִשְׂרָאֵל.
3. נָסַעְנוּ אֶל הַתַּחֲנָה.
4. מָתַי אַתָּה שָׁב מִן הָעֲבוֹדָה?
5. אָמַרְתִּי "לַיְלָה טוֹב" אֶל שָׂרָה.

VI. עֲנֵה בְּעִבְרִית: **(20)**

1. Name five objects you can see in a painting or picture, and use an adjective to describe each object.
2. Compose five conversational phrases for use in making purchases in a department store.

שִׁעוּר שְׁלֹשִׁים וְאֶחָד

LESSON 31

מִלּוֹן

חוּשָׁם	Ḥusham (proper name)	עֵצָה	plan; advice
עָצֵל	lazy	שֶׁקֶט	quiet
יוֹם יוֹם	every day	(הָ)עַצְלוּת	laziness
דָּבָר	a thing; a word	פְּרָס	prize
לֹא עָשָׂה דָבָר	he didn't do anything	שֶׁיִּכְתֹּב	who will write
אַף פַּעַם לֹא	never	רַעְיוֹן	idea
אֵין לִי פְּנַאי	I have no time	חִבּוּרְךָ	your composition
חָשַׁב	thought	חָלָק	blank; smooth

חוּשָׁם הֶעָצֵל

Lazy Ḥusham has a clever idea for a Hebrew composition.

חוּשָׁם הָלַךְ יוֹם יוֹם אֶל בֵּית הַסֵּפֶר. חוּשָׁם הָיָה תַּלְמִיד עָצֵל מְאֹד. הוּא יָשַׁב בַּכִּתָּה הָעִבְרִית, שָׁמַע לַמּוֹרֶה וְלֹא עָשָׂה דָבָר.

אַף פַּעַם לֹא כָתַב אֶת שִׁעוּרֵי הַבַּיִת.

„אֵין לִי פְּנַאי לִכְתֹּב שִׁעוּרֵי הַבַּיִת," אָמַר בְּלִבּוֹ.

„אֲנִי יָכֹל לִלְמֹד אֶת הַכֹּל בְּבֵית הַסֵּפֶר."

יוֹם יוֹם שָׁאַל הַמּוֹרֶה אֶת חוּשָׁם: „הַאִם כָּתַבְתָּ אֶת שִׁעוּרֵי הַבַּיִת?"

„לֹא," עָנָה חוּשָׁם תָּמִיד.

„מַדּוּעַ לֹא?"

„אֵין לִי פְּנַאי."

חָשַׁב הַמּוֹרֶה וְחָשַׁב: „חוּשָׁם עָצֵל מְאֹד. מַה לַּעֲשׂוֹת?"
חָשַׁב הַמּוֹרֶה וְחָשַׁב, וּמָצָא עֵצָה.
יוֹם אֶחָד בָּא הַמּוֹרֶה אֶל הַחֶדֶר.
„שֶׁקֶט, תַּלְמִידִים," אָמַר הַמּוֹרֶה.
הַתַּלְמִידִים יָשְׁבוּ בְּשֶׁקֶט.
„לְמָחָר," אָמַר הַמּוֹרֶה, „כִּתְבוּ חִבּוּר עַל הָעַצְלוּת.
אֶתֵּן פְּרָס לַתַּלְמִיד שֶׁיִּכְתֹּב חִבּוּר יָפֶה מְאֹד."
„חִבּוּר?" אָמַר חוּשָׁם. „אוֹי לִי!"
הָלַךְ חוּשָׁם אֶל הַבַּיִת וְאָמַר בְּלִבּוֹ:
„יֵשׁ לִי רַעְיוֹן טוֹב עַל הָעַצְלוּת."
לְמָחָר בָּא חוּשָׁם לְבֵית הַסֵּפֶר.
כָּל הַתַּלְמִידִים נָתְנוּ לַמּוֹרֶה חִבּוּרִים.
„אֵיפֹה חִבּוּרְךָ?" שָׁאַל הַמּוֹרֶה אֶת חוּשָׁם.
„הִנֵּה," עָנָה חוּשָׁם, וְנָתַן לַמּוֹרֶה נְיָר חָלָק.

דִּקְדּוּק

Possessive Pronouns — כִּנּוּיִים

Where is your composition?	אֵיפֹה חִבּוּרְךָ?	.1
Here is my composition.	הִנֵּה חִבּוּרִי.	.2
His pupil is lazy.	תַּלְמִידוֹ עָצֵל.	.3

We have learned in Lesson 21, page 124 that the possessive may be formed in Hebrew by placing the pronouns שֶׁלִּי and שֶׁלְּךָ, etc. after the noun.

The noun and the possessive may also be written in short form as a single word, as in the preceding sentences.

	Short Form	Long Form
	יָחִיד	
my pupil	תַּלְמִידִי	הַתַּלְמִיד שֶׁלִּי
your (*m.*) pupil	תַּלְמִידְךָ	" שֶׁלְּךָ
your (*f.*) pupil	תַּלְמִידֵךְ	" שֶׁלָּךְ
his pupil	תַּלְמִידוֹ	" שֶׁלּוֹ
her pupil	תַּלְמִידָהּ	" שֶׁלָּהּ
	רִבּוּי	
our pupil	תַּלְמִידֵנוּ	הַתַּלְמִיד שֶׁלָּנוּ
your (*m.*) pupil	תַּלְמִידְכֶם	" שֶׁלָּכֶם
your (*f.*) pupil	תַּלְמִידְכֶן	" שֶׁלָּכֶן
their (*m.*) pupil	תַּלְמִידָם	" שֶׁלָּהֶם
their (*f.*) pupil	תַּלְמִידָן	" שֶׁלָּהֶן

Like תַּלְמִיד, decline שִׁיר (song); סִפּוּר (story); עִיר (city); רְחוֹב (street); גַּן (garden); קוֹל (voice); יוֹם (day); סוּס (horse); תַּפְרִיט (menu); צֹאן (sheep); חֲמוֹר (donkey); חַג (holiday); גִּבּוֹר (hero); שִׁעוּר (lesson); עִתּוֹן (newspaper); דּוֹד (uncle); קִיר (wall).

תַּרְגִּילִים

I. עֲנֵה בְּעִבְרִית:

1. מִי הָיָה עָצֵל?
2. מַה שָּׁאַל הַמּוֹרֶה אֶת חוּשָׁם?
3. מֶה עָנָה חוּשָׁם?
4. מָה אָמַר הַמּוֹרֶה לַתַּלְמִידִים?
5. מֶה עָשָׂה חוּשָׁם?

II. כְּתֹב „כֵּן" אוֹ „לֹא" וְתַקֵּן כָּל מִשְׁפָּט בִּלְתִּי נָכוֹן.

Write "yes" or "no" after each statement, and correct each incorrect sentence.

1. חוּשָׁם הָיָה תַּלְמִיד טוֹב וְחָכָם.
2. חוּשָׁם כָּתַב אֶת שִׁעוּרֵי הַבַּיִת בְּכָל יוֹם.
3. הַמּוֹרֶה שָׁאַל: „הַאִם כָּתַבְתָּ אֶת שִׁעוּרֵי הַבַּיִת?"
4. חוּשָׁם אָמַר: „אֵין לִי פְּנַאי."
5. הַמּוֹרֶה אָמַר: „כִּתְבוּ חִבּוּר עַל הָעַצְלוּת."
6. הַתַּלְמִידִים לֹא כָּתְבוּ חִבּוּרִים.
7. לְחוּשָׁם הָיָה רַעְיוֹן טוֹב.
8. חוּשָׁם כָּתַב חִבּוּר יָפֶה.

III. חַבֵּר מִשְׁפָּטִים בַּמִּלִּים הָאֵלֶּה:

1. עָצֵל 2. יוֹם יוֹם 3. חִבּוּר 4. פְּנַאי 5. חָשַׁב
6. עֵצָה 7. שֶׁקֶט 8. פְּרָס 9. רַעְיוֹן 10. חָלָק

IV. כְּתֹב בְּמִלָּה אַחַת (Change to the short form):

1. הַמּוֹרֶה אוֹמֵר שָׁלוֹם אֶל הַתַּלְמִיד שֶׁלּוֹ.
2. שָׂרָה, הַחִבּוּר שֶׁלָּךְ יָפֶה.
3. אֵיפֹה הָעִתּוֹן שֶׁלְּךָ?
4. מָה הַשֵּׁם שֶׁל הַדּוֹד שֶׁלָּהֶם?
5. רָכַבְתִּי עַל הַסּוּס שֶׁלִּי.
6. הַגַּן שֶׁלָּכֶם גָּדוֹל.
7. הָרַעְיוֹן שֶׁלָּהּ יָפֶה.
8. יְהוּדָה, לֹא שָׁמַעְתִּי אֶת הַקּוֹל שֶׁלְּךָ.
9. הַשִּׁעוּר שֶׁלָּנוּ קָשֶׁה.
10. הָעִיר שֶׁלָּהֶן יָפָה.

V. כְּתֹב בַּכִּנּוּיִים: Inflect in all persons with the possessive pronouns:

1. שִׁעוּר 2. דּוֹד 3. חִבּוּר 4. עִתּוֹן

VI. הַכְתָּבָה (Dictation):

דָּוִד הוּא תַּלְמִיד חָכָם וָטוֹב.
הוּא יוֹשֵׁב בַּכִּתָּה וְשׁוֹמֵעַ לַמּוֹרֶה.
הוּא שׁוֹמֵעַ לְכָל מִלָּה וּמִלָּה.
אֵין דָּוִד עָצֵל.
הוּא כּוֹתֵב חִבּוּר יָפֶה בְּעִבְרִית.
הַמּוֹרֶה נָתַן לְדָוִד פְּרָס.

VII. Dramatize the following dialogue:

חוּשָׁם וְהַמּוֹרֶה

הַמּוֹרֶה: חוּשָׁם, הַאִם כָּתַבְתָּ אֶת שִׁעוּרֵי הַבַּיִת?

חוּשָׁם: לֹא.

הַמּוֹרֶה: מַדּוּעַ לֹא?

חוּשָׁם: לֹא הָיָה לִי פְּנַאי.

הַמּוֹרֶה: כְּתֹב אֶת הַשִּׁעוּר עַכְשָׁו.

חוּשָׁם: טוֹב.

(חוּשָׁם יוֹשֵׁב אֲבָל אֵין הוּא עוֹבֵד.)

הַמּוֹרֶה: חוּשָׁם, אֵיפֹה הַסֵּפֶר שֶׁלְּךָ?

חוּשָׁם: בַּבַּיִת.

הַמּוֹרֶה: הִנֵּה הַסֵּפֶר שֶׁלִּי.

(חוּשָׁם לוֹקֵחַ אֶת הַסֵּפֶר, אֲבָל אֵין הוּא עוֹשֶׂה דָּבָר.)

הַמּוֹרֶה: חוּשָׁם, אַתָּה עָצֵל.

חוּשָׁם: אֵין לִי עֵט.

הַמּוֹרֶה: הִנֵּה עֵט.

(חוּשָׁם לוֹקֵחַ אֶת הָעֵט וְיוֹשֵׁב.)

הַמּוֹרֶה: מַדּוּעַ אֵין אַתָּה עוֹבֵד?

חוּשָׁם: אֵין לִי מַחְבֶּרֶת.

הַמּוֹרֶה: הִנֵּה נְיָר.

(חוּשָׁם לוֹקֵחַ אֶת הַנְּיָר.)

הַמּוֹרֶה: מַה יֵּשׁ (what's the matter) עַכְשָׁו?

חוּשָׁם: אֵין אֲנִי מֵבִין (understand) אֶת הַשִּׁעוּר.

192

שִׁעוּר שְׁלֹשִׁים וּשְׁנַיִם

LESSON 32

מִלּוֹן

פִּילוֹסוֹף	philosopher	בְּקוֹלֵי קוֹלוֹת	in a loud voice
אִשְׁתּוֹ (אִשָּׁה)	his wife	יָצָא	he went out
סוֹקְרַט	Socrates	כַּד	pitcher
שֶׁכָּעֲסָה	who got angry	שָׁפַךְ (נ. שָׁפְכָה)	poured, spilled
רָבָה נ. (ש. רִיב)[1]	quarrelled	בְּרֶגַע הַהוּא	at that moment
עַד	until	כָּךְ הֵם הַחַיִּים	such is life
צָעַק (נ. צָעֲקָה)	shouted, cried out	רַעַם	thunder
		יָבוֹא הַגֶּשֶׁם	comes the rain

פִּילוֹסוֹף וְאִשְׁתּוֹ

Philosophers have the reputation of taking a philosophical attitude toward life. Here is a shining example.

סוֹקְרַט הָיָה פִּילוֹסוֹף גָּדוֹל.

לְסוֹקְרַט הָיְתָה אִשָּׁה שֶׁכָּעֲסָה תָּמִיד. הִיא רָבָה
עִם סוֹקְרַט יוֹם יוֹם מִן הַבֹּקֶר עַד הָעֶרֶב.

לֹא הָיָה שָׁלוֹם בַּבַּיִת.

פַּעַם אַחַת כָּעֲסָה הָאִשָּׁה וְצָעֲקָה בְּקוֹלֵי קוֹלוֹת.

[1] The .ש stands for שֹׁרֶשׁ or root.

לֹא רָצָה סוֹקְרַט לִשְׁמֹעַ אֶת הַקּוֹלוֹת. קָם וְיָצָא
מִן הַבַּיִת, וְיָשַׁב לִפְנֵי דֶּלֶת הַבַּיִת.
כָּעֲסָה אִשְׁתּוֹ מְאֹד מְאֹד. לָקְחָה כַּד מַיִם וְיָצְאָה מִן
הַבַּיִת וְשָׁפְכָה אֶת הַמַּיִם עַל רֹאשׁ סוֹקְרַט.
סוֹקְרַט לֹא כָּעַס. לְהֶפֶךְ, הוּא צָחַק.
בָּרֶגַע הַהוּא עָבַר חָבֵר שֶׁל סוֹקְרַט.
„חֲבָל, חֲבָל," אָמַר הֶחָבֵר. „אֵין שָׁלוֹם בַּבַּיִת."
„מָה אַתָּה רוֹצֶה, חֲבֵרִי?" אָמַר סוֹקְרַט. „כָּךְ הֵם הַחַיִּים.
אַחַר הָרַעַם יָבוֹא הַגֶּשֶׁם."

פִּתְגָם עִבְרִי

קָשֶׁה לִכְעֹס וְנוֹחַ לִרְצוֹת,
חָסִיד. (פִּרְקֵי אָבוֹת, ה)

He whom it is hard to anger and easy to pacify is a saintly man. (Ethics of the Fathers, V)

דִּקְדּוּק

Past Tense of יָצָא (went out)

1. סוֹקְרַט יָצָא מִן הַבַּיִת. — Socrates went out of the house.
2. קָרָאתִי בַּסֵּפֶר. — I read the book.
3. מָצָאנוּ מַיִם. — We found water.

In the past tense of יָצָא the vowel pattern is ָ ָ under the first two root-letters. (See page 41 for present tense.)

רִבּוּי		יָחִיד	
we went out	יָצָאנוּ	I went out	יָצָאתִי
you (*m.*) went out	יְצָאתֶם	you (*m.*) went out	יָצָאתָ
you (*f.*) went out	יְצָאתֶן	you (*f.*) went out	יָצָאת
they (*m.*) went out	יָצְאוּ	he went out	יָצָא
they (*f.*) went out	יָצְאוּ	she went out	יָצְאָה

Note that there is no דָּגֵשׁ (dot) in the suffix following the א (יָצָאתִי, etc.).

Other verbs ending in א that are conjugated in the past like יָצָא are: בָּרָא (created); מָצָא (found); נָשָׂא (carried); קָרָא (read).

תַּרְגִּילִים

I. עֲנֵה בְּעִבְרִית:

1. מִי הָיָה סוֹקְרַט?
2. מַדּוּעַ יָצָא מִן הַבַּיִת?
3. מַדּוּעַ לָקְחָה אִשְׁתּוֹ כַּד מַיִם?
4. מִי עָבַר בָּרֶגַע הַהוּא?
5. מָה אָמַר סוֹקְרַט אֶל הֶחָבֵר?

II. בְּחַר בַּמִּלָּה הַנְּכוֹנָה:

1. סוֹקְרַט הָיָה ———. (חָכָם, טִפֵּשׁ)
2. הָאִשָּׁה ——— עִם סוֹקְרַט. (צָחֲקָה, רָבָה)
3. סוֹקְרַט יָצָא מִן ———. (הַבַּיִת, הַגַּן)
4. עָבַר ——— בָּרֶגַע הַהוּא. (חָבֵר, עֶבֶד)
5. אַחַר הָרַעַם יָבוֹא ———. (הַגֶּשֶׁם, הַשָּׁלוֹם)

III. זַוֵּג (Match):

ב	א
מַיִם	סוֹקְרַט
יָבוֹא הַגֶּשֶׁם	כַּד
קוֹלוֹת	מִן הַבֹּקֶר
אֵין שָׁלוֹם	בְּקוֹלִי
בְּכָל יוֹם	אַחַר הָרַעַם
פִילוֹסוֹף	יוֹם יוֹם
עַד הָעֶרֶב	יָצָא
מִן הַבַּיִת	מִלְחָמָה

IV. הַטֵּה בְּעָבָר (Conjugate in the past tense):

1. קָרָא 2. מָצָא 3. בָּרָא 4. נָשָׂא

V. שַׁנֵּה לְעָבָר (Change from present to past):

1. הַיֶּלֶד יוֹצֵא אֶל הַגַּן.
2. אַתָּה קוֹרֵא יָפֶה.
3. אֲנִי יוֹצֵא מִן הַבַּיִת בַּבֹּקֶר.
4. אֲנַחְנוּ בּוֹרְאִים מְדִינָה חֲדָשָׁה.
5. הֵם מוֹצְאִים מַיִם בַּמִּדְבָּר.
6. אֱלֹהִים בּוֹרֵא אֶת הַשָּׁמַיִם וְאֶת הָאָרֶץ.
7. הַבַּחוּרָה קוֹרֵאת בַּסֵּפֶר.
8. אַתֶּם יוֹצְאִים מִבֵּית הַסֵּפֶר אַחֲרֵי הַצָּהֳרַיִם.
9. הַתַּלְמִידוֹת נוֹשְׂאוֹת סְפָרִים רַבִּים.

VI. כְּתֹב בְּכִנּוּיִים (Inflect with possessive pronouns):

1. קוֹל 2. תַּלְמִיד 3. שִׁיר

VII. סַפֵּר אֶת הַסִּפּוּר „פִילוֹסוֹף וְאִשְׁתּוֹ" Tell the story using these titles as guides:
לְפִי רָאשֵׁי הַפְּרָקִים הָאֵלֶּה:

1. סוֹקְרָט וְאִשְׁתּוֹ 2. כַּד מַיִם 3. סוֹקְרָט וַחֲבֵרוֹ

קְרִיאָה נוֹסֶפֶת

הַגָּמָל וְהַמּוֹרֶה

Can a camel be taught human speech?

בִּמְדִינָה אַחַת יָשַׁב מוֹרֶה חָכָם בְּשֵׁם שְׁלֹמֹה.
לַמֶּלֶךְ שֶׁל הַמְּדִינָה הָיָה גָּמָל. וְהַמֶּלֶךְ אָהַב
אֶת הַגָּמָל שֶׁלּוֹ, וְרָצָה לְלַמֵּד (to teach) אֶת
הַגָּמָל לְדַבֵּר כְּמוֹ אִישׁ.
קָרָא הַמֶּלֶךְ לַעֲבָדָיו (his servants), וְאָמַר:
„מִי יָכוֹל לְלַמֵּד אֶת גְּמַלִּי לְדַבֵּר כְּמוֹ אִישׁ?"
פָּחֲדוּ הָעֲבָדִים וְלֹא עָנוּ.
„לָאִישׁ אֲשֶׁר יָכוֹל לְלַמֵּד אֶת הַגָּמָל לְדַבֵּר,
אֶתֵּן כֶּסֶף וְזָהָב (silver and gold)," אָמַר הַמֶּלֶךְ.
שָׁמַע הַמּוֹרֶה אֶת דִּבְרֵי (the words of) הַמֶּלֶךְ.
הָלַךְ שְׁלֹמֹה אֶל הַמֶּלֶךְ וְאָמַר:
„אֲדוֹנִי הַמֶּלֶךְ, אֲנִי יָכוֹל לְלַמֵּד אֶת הַגָּמָל לְדַבֵּר כְּמוֹ אִישׁ.

„טוב מְאֹד," אָמַר הַמֶּלֶךְ. „אֶתֵּן לְךָ כֶּסֶף וְזָהָב."

„אֲבָל הַגָּמָל צָרִיךְ לִלְמֹד עֶשֶׂר שָׁנִים," אָמַר הַמּוֹרֶה.

„הַגָּמָל יִהְיֶה (will be) תַּלְמִידְךָ עֶשֶׂר שָׁנִים," עָנָה הַמֶּלֶךְ.

„אֲבָל אִם אֵין הַגָּמָל מְדַבֵּר אַחֲרֵי עֶשֶׂר שָׁנִים

אֶהֱרֹג אוֹתְךָ (I will kill you)."

הַמֶּלֶךְ נָתַן כֶּסֶף וְזָהָב לַמּוֹרֶה, וּשְׁלֹמֹה שָׁב לְבֵיתוֹ עִם הַגָּמָל.

כָּעֲסָה אִשְׁתּוֹ שֶׁל הַמּוֹרֶה.

„שְׁלֹמֹה," אָמְרָה הָאִשָּׁה, „מָה אַתָּה עוֹשֶׂה? אַתָּה יוֹדֵעַ שֶׁאִי

אֶפְשָׁר לְגָמָל לְדַבֵּר כְּמוֹ אִישׁ!"

„אֵין דָּבָר (it doesn't matter)," צָחַק שְׁלֹמֹה.

„בְּעוֹד (in another) עֶשֶׂר שָׁנִים, אוֹ (either) שֶׁהַמֶּלֶךְ

יָמוּת (will die) אוֹ שֶׁהַגָּמָל יָמוּת!"

שִׁעוּר שְׁלֹשִׁים וּשְׁלֹשָׁה

LESSON 33

מִלּוֹן

goat	עֵז	poor	עָנִי
crazy	מְשֻׁגָּע	Rabbi	רַב
according to the command of	כְּמִצְוַת	rooster	תַּרְנְגֹל
terrible	נוֹרָא	bring! (*imp.*)	הָבֵא
a third time	פַּעַם שְׁלִישִׁית	he brought	הֵבִיא
take out! (*imp.*)	הוֹצֵא	then	אָז
he took out	הוֹצִיא	to seek	לְבַקֵּשׁ
wonderful	נִפְלָא		

בַּיִת קָטָן

This is the story of a man who discovered that things could always be worse.

יַעֲקֹב הָיָה אִישׁ עָנִי. לְיַעֲקֹב הָיוּ אִשָּׁה וְשִׁבְעָה בָּנִים. הֵם יָשְׁבוּ בְּחֶדֶר אֶחָד בְּבַיִת קָטָן.

הָלַךְ יַעֲקֹב אֶל הָרַב, וְאָמַר: „רַבִּי, בְּבַקָּשָׁה, תֵּן לִי עֵצָה. אֲנִי יוֹשֵׁב בְּחֶדֶר אֶחָד עִם הָאִשָּׁה שֶׁלִּי, וְעִם שִׁבְעָה בָּנִים. אֵין מָקוֹם. מַה לַּעֲשׂוֹת?"

שָׁאַל הָרַב: „יַעֲקֹב, הַאִם יֵשׁ לְךָ תַּרְנְגֹל?"

„כֵּן," עָנָה יַעֲקֹב.

אָמַר הָרַב: „הָבֵא אֶת הַתַּרְנְגֹל אֶל הַבַּיִת."

יַעֲקֹב הֵבִיא אֶת הַתַּרְנְגֹל לַבַּיִת. אָז הָיָה רַע מְאֹד.

אָמְרָה הָאִשָּׁה: „יַעֲקֹב, רַע מְאֹד בַּבַּיִת. לֵךְ אֶל הָרַב לְבַקֵּשׁ עֵצָה."

הָלַךְ יַעֲקֹב אֶל הָרַב עוֹד פַּעַם, וְאָמַר: „רַבִּי, בְּבַקָּשָׁה, תֵּן לִי עֵצָה. רַע מְאֹד בַּבַּיִת עַכְשָׁו."

שָׁאַל הָרַב: „יֵשׁ לְךָ עֵז?"

„כֵּן," עָנָה יַעֲקֹב.

„הָבֵא אֶת הָעֵז לַבַּיִת."

כַּאֲשֶׁר שָׁב יַעֲקֹב אֶל הַבַּיִת שֶׁלּוֹ, שָׁאֲלָה הָאִשָּׁה:

„מָה הִיא הָעֵצָה שֶׁל הָרַב?"

עָנָה יַעֲקֹב: „הָרַב אָמַר–הָבֵא עֵז לַבַּיִת."

„מַה? הַאִם אַתָּה מְשֻׁגָּע?" כָּעֲסָה הָאִשָּׁה.

אֲבָל יַעֲקֹב עָשָׂה כְּמִצְוַת הָרַב.

אָז הָיָה נוֹרָא בַּבַּיִת. יַעֲקֹב, וְאִשְׁתּוֹ, וְשִׁבְעָה בָּנִים, וְתַרְנְגֹל וְעֵז–הַכֹּל בְּחֶדֶר אֶחָד.

רָץ יַעֲקֹב פַּעַם שְׁלִישִׁית לָרַב.

אָמַר הָרַב: „יַעֲקֹב, הוֹצֵא אֶת הַתַּרְנְגֹל וְאֶת הָעֵז."

יַעֲקֹב הוֹצִיא אֶת הַתַּרְנְגֹל וְאֶת הָעֵז מִן הַבַּיִת.

הוּא שָׁב לְמָחָר אֶל הָרַב וְאָמַר:

„תּוֹדָה, רַבִּי. עַכְשָׁו טוֹב מְאֹד. עַכְשָׁו נִפְלָא. עַכְשָׁו יֵשׁ מָקוֹם לָנוּ, כִּי רַק אֲנִי וְאִשְׁתִּי וְשִׁבְעָה בָּנִים יוֹשְׁבִים בַּבַּיִת. תּוֹדָה, רַבִּי, תּוֹדָה."

דִּקְדּוּק

A. The Dictionary and the Alphabet

Can you find these words in the story "בַּיִת קָטָן", in the dictionary?

עֵצָה, מָקוֹם, רַע, פַּעַם, עַכְשָׁו, תּוֹדָה

Words appear in Hebrew dictionaries in alphabetical order. The Hebrew alphabet has 22 letters. Study the names and the order of the letters of the alphabet on page 373.

You will have no difficulty in locating nouns and most other parts of speech.

B. Finding Verbs in the Dictionary

Suppose you want to find the meaning of the verb כָּעֲסָה. Discard the suffix ה and you have left the three root-letters, כעס. Look up the word under כ and you find it means "got angry." If you wanted to look up יָבוֹא, in the previous lesson, you would discard the prefix י and look up the three root-letters, בוא.

Verbs are arranged in the dictionary according to their three root-letters without prefixes and suffixes.

תַּרְגִּילִים

I. עֲנֵה בְּעִבְרִית:

1. כַּמָּה בָּנִים הָיוּ לְיַעֲקֹב?
2. מַדּוּעַ הָלַךְ יַעֲקֹב אֶל הָרַב?
3. מֶה הָיְתָה הָעֵצָה הָרִאשׁוֹנָה שֶׁל הָרַב?
4. מַדּוּעַ כָּעֲסָה הָאִשָּׁה?
5. מֶה הָיְתָה הָעֵצָה שֶׁל הָרַב בַּסּוֹף?

II. חַבֵּר מִשְׁפָּטִים בַּמִּלִּים הָאֵלֶּה:

1. הוֹצִיא 2. נוֹרָא 3. תַּרְנְגֹל 4. הֵבִיא 5. עָנִי

6. לְבַקֵּשׁ 7. רַב 8. מְשֻׁגָּע 9. נִפְלָא 10. אָז

III. הַשְׁלֵם כָּל מִשְׁפָּט:

(בָּנִים, הַבַּיִת, הוֹצֵא, כְּמִצְוַת, מְשֻׁגָּע, עֵצָה, קָטָן, תַּרְנְגֹל)

1. לְיַעֲקֹב הָיוּ אִשָּׁה וְשִׁבְעָה ———.
2. הֵם יָשְׁבוּ בְּחֶדֶר אֶחָד בְּבַיִת ———.
3. יַעֲקֹב אָמַר אֶל הָרַב: „תֵּן לִי ———."
4. שָׁאַל הָרַב: „הַאִם יֵשׁ לְךָ ———?"
5. יַעֲקֹב הֵבִיא אֶת הַתַּרְנְגֹל אֶל ———.
6. „הַאִם אַתָּה ———?" כָּעֲסָה הָאִשָּׁה.
7. יַעֲקֹב עָשָׂה ——— הָרַב.
8. אָמַר הָרַב: „——— אֶת הַתַּרְנְגֹל וְאֶת הָעֵז."

IV. סַדֵּר לְפִי סֵדֶר הָאָלֶף־בֵּית (Arrange in alphabetical order):

עַל, שֶׁל, יוֹם, כִּי, אֵין, אִישׁ, נוֹרָא, פַּעַם, לוֹ, גַּם, רָאָה,
שָׁם, יָדַע, תְּשׁוּבָה, מַה

V. בַּקֵּשׁ בַּמִּלּוֹן:

Look up these words in the dictionary at the end of the volume. (Remember to look up verbs under the three root-letters.)

1. אַרְמוֹן 2. קֵיסָר 3. מְכַסֶּה 4. בִּקַּשְׁתֶּם 5. רַךְ

6. דְּרָשָׁה 7. יְכַבֵּד 8. שׁוֹפֵט 9. פִּשְׁתָּן 10. יַיִן

VI. כְּתֹב בְּעָבָר:

1. אֲנִי מוֹצֵא אֶת חֲבֵרִי בַּגַּן.
2. מִי קוֹרֵא בְּקוֹל?
3. מָתַי אַתֶּם יוֹצְאִים?
4. שָׂרָה קוֹרֵאת בָּעִתּוֹן.
5. אֲנַחְנוּ נוֹשְׂאִים אֶת הַסְּפָרִים.

VII. עִבְרִית מְדֻבֶּרֶת:

Carry on a brief conversation pretending you are in a restaurant. Use the expressions listed below.

Please give me the menu.	בְּבַקָּשָׁה לָתֵת לִי אֶת הַתַּפְרִיט.
Hearty appetite!	לְתֵאָבוֹן.
I want a spoon, knife and fork.	אֲנִי רוֹצֶה כַּפִּית, סַכִּין וּמַזְלֵג.
Please give me salt and pepper.	תֵּן לִי, בְּבַקָּשָׁה, מֶלַח וּפִלְפֵּל.
I have no napkin.	אֵין לִי מַפִּית.
Do you want a glass of wine?	אַתָּה רוֹצֶה כּוֹס יַיִן?
No, I'd like some beer.	לֹא, תֵּן לִי בִּירָה.
Is the fish fresh?	הַאִם הַדָּגִים טְרִיִּים?
Please bring me filter cigarettes.	בְּבַקָּשָׁה לְהָבִיא לִי סִיגָרִיּוֹת פִילְטֶר.
Give me the bill.	תֵּן לִי אֶת הַחֶשְׁבּוֹן.
Service charge.	שֵׁרוּת.

שִׁעוּר שְׁלֹשִׁים וְאַרְבָּעָה

LESSON 34

מִלּוֹן

let us buy	נִקְנֶה	Simeon ben Shataḥ	שִׁמְעוֹן בֶּן שָׁטַח
they bought	קָנוּ	he did not receive	לֹא קִבֵּל
Arab	עַרְבִי	payment; wages	שָׂכָר
precious stone, jewel	אֶבֶן יְקָרָה	he carried	נָשָׂא
hanging, suspended	תָּלוּי (נ' תְּלוּיָה)	flax	פִּשְׁתָּן
rich	עָשִׁיר	market	שׁוּק
restore! (imp. pl.)	הָשִׁיבוּ	tired	עָיֵף
you (m. pl.) bought	קְנִיתֶם		

שִׁמְעוֹן בֶּן שָׁטַח

This story about Simeon ben Shataḥ illustrates the high ethical stand-
ards of the ancient scholars.

אִישׁ חָכָם הָיָה בִּירוּשָׁלַיִם בְּשֵׁם שִׁמְעוֹן בֶּן שָׁטַח.

אֲנָשִׁים רַבִּים בָּאוּ לְשִׁמְעוֹן לִלְמֹד תּוֹרָה.

שִׁמְעוֹן הָיָה עָנִי מְאֹד כִּי לֹא קִבֵּל שָׂכָר מִן הַתַּלְמִידִים.

בְּכָל יוֹם נָשָׂא שִׁמְעוֹן פִּשְׁתָּן אֶל הָעִיר. מָכַר אֶת הַפִּשְׁתָּן

בַּשּׁוּק, וְשָׁב עָיֵף לְבֵיתוֹ.

אָמְרוּ הַתַּלְמִידִים: „שִׁמְעוֹן בֶּן שָׁטַח עוֹבֵד קָשֶׁה. נִקְנֶה

חֲמוֹר לַעֲזֹר לוֹ."

204

הָלְכוּ הַתַּלְמִידִים וְקָנוּ חֲמוֹר מֵעַרְבִי אֶחָד. בַּדֶּרֶךְ מָצְאוּ
אֶבֶן יְקָרָה תְּלוּיָה בַּחֲמוֹר.

„עַכְשָׁו אַתָּה אִישׁ עָשִׁיר,‟ אָמְרוּ לְשִׁמְעוֹן בֶּן שָׁטַח.
„מַדּוּעַ?‟ שָׁאַל.

„מָצָאנוּ אֶבֶן יְקָרָה תְּלוּיָה בַּחֲמוֹר.‟

„הַאִם יָדַע הָעַרְבִי כִּי אֶבֶן יְקָרָה תְּלוּיָה בַּחֲמוֹר?‟

„לֹא,‟ עָנוּ הַתַּלְמִידִים.

„אִם כֵּן, לְכוּ וְהָשִׁיבוּ אֶת הָאֶבֶן,‟ אָמַר שִׁמְעוֹן. „חֲמוֹר
קְנִיתֶם, אֶבֶן לֹא קְנִיתֶם.‟

פִּתְגָם עִבְרִי

Thou shalt surely restore the lost article to its owner.

(Exodus XXIII, 4)

הָשֵׁב תְּשִׁיבֶנּוּ לוֹ.

(שְׁמוֹת כג, ד)

דִּקְדּוּק

PAST TENSE OF קָנָה (ל״ה)[1]

I bought a book.

קָנִיתִי סֵפֶר.

You (m. pl.) bought a donkey.

קְנִיתֶם חֲמוֹר.

They did not buy a jewel.

לֹא קָנוּ אֶבֶן יְקָרָה.

Verbs ending in ה (ל״ה) drop or change the third root-letter in most persons of the past tense. (See page 63 for present tense.)

[1] For full conjugation of ל״א verbs see p. 365.

רִבּוּי		יָחִיד	
we bought	קָנִינוּ	I bought	קָנִיתִי
you (*m.*) bought	קְנִיתֶם	you (*m.*) bought	קָנִיתָ
you (*f.*) bought	קְנִיתֶן	you (*f.*) bought	קָנִית
they (*m.*) bought	קָנוּ	he bought	קָנָה
they (*f.*) bought	קָנוּ	she bought	קָנְתָה

1. Note that in the first and second persons singular and plural the letter ה of the root קָנָה becomes a י (yod). This is explained by the fact that most of the verbs with ה as the third root-letter originally had a yod as the third root-letter.

2. In the third person singular feminine the ה changes to a ת (קָנְתָה).

3. In the third person plural, the ה falls out: קָנוּ.

Like קָנָה conjugate: בָּכָה (wept), בָּנָה (built), פָּנָה (turned), קָרָה (happened), רָצָה (wanted), שָׂחָה (swam), שָׁתָה (drank), תָּלָה (hung).

The verb רָאָה is conjugated similarly except for the third person, feminine singular (רָאֲתָה).

The verb עָשָׂה is conjugated similarly except for the second person plural (עֲשִׂיתֶם, עֲשִׂיתֶן). The verbs עָנָה and עָלָה are conjugated like עָשָׂה.

תַּרְגִּילִים

I. עֲנֵה בְּעִבְרִית:

1. מַדּוּעַ בָּאוּ אֲנָשִׁים רַבִּים לְשִׁמְעוֹן בֶּן שָׁטַח?
2. מֶה עָשָׂה שִׁמְעוֹן בְּכָל יוֹם?
3. מַה קָּנוּ הַתַּלְמִידִים?
4. מַה מָּצְאוּ הַתַּלְמִידִים?
5. מַדּוּעַ אָמַר שִׁמְעוֹן: "הָשִׁיבוּ אֶת הָאֶבֶן"?

II. תַּקֵּן אֶת הַשְּׁגִיאָה בְּכָל מִשְׁפָּט (Correct each sentence):

1. לְשִׁמְעוֹן בֶּן שָׁטַח לֹא הָיוּ תַּלְמִידִים רַבִּים.
2. שִׁמְעוֹן קִבֵּל שָׂכָר מִן הַתַּלְמִידִים שֶׁלּוֹ.
3. שִׁמְעוֹן הָיָה עָשִׁיר.
4. הַסּוּס נָשָׂא אֶת הַפִּשְׁתָּן שֶׁל שִׁמְעוֹן.
5. הַתַּלְמִידִים קָנוּ אֶבֶן יְקָרָה.
6. שִׁמְעוֹן לָקַח אֶת הָאֶבֶן הַיְקָרָה.

III. הַטֵּה בְּעָבָר:

1. רָצָה 2. שָׂחָה 3. בָּנָה 4. פָּנָה (turned)

IV. כְּתֹב בְּעָבָר:

1. מָתַי אַתָּה <u>עוֹשֶׂה</u> אֶת הָעֲבוֹדָה?
2. אֲנַחְנוּ <u>רוֹאִים</u> תְּמוּנָה יָפָה.

3. הַתַּלְמִידָה רוֹצָה לִלְמֹד עִבְרִית.

4. דָּוִד קוֹנֶה עִתּוֹן בַּבֹּקֶר.

5. אֲנִי שׁוֹחָה בַּיָּם.

V. שַׁנֵּה מִיָּחִיד לְרִבּוּי (Change from singular to plural):

1. קָנִיתִי סוּס.
2. מָתַי שָׂחִיתָ בְּיָם הַמֶּלַח?
3. לְאָן רָצִית לְטַיֵּל?
4. רָאָה תְּמוּנָה יָפָה.
5. בָּנְתָה בַּיִת גָּדוֹל.

VI. סַדֵּר לְפִי הָאָלֶף־בֵּית:

שִׁמְעוֹן, קִבֵּל, שָׂכָר, נָשָׂא, פִּשְׁתָּן, שׁוּק, עָיֵף, קָנָה, עַרְבִי,
אֶבֶן, תָּלָה, עָשִׁיר, בָּכָה, קָרָה, שָׁתָה

VII. עִבְרִית מְדַבֶּרֶת:

Pretend you are the teacher. Ask each pupil: "מַה קָּנִיתָ בַּחֲנוּת?"

קְרִיאָה נוֹסֶפֶת

זוּג נַעֲלַיִם (a pair of shoes)

אִישׁ אֶחָד בְּתֵל אָבִיב הָלַךְ אֶל הַחֲנוּת לִקְנוֹת (to buy) זוּג נַעֲלַיִם.

„אֲנִי רוֹצֶה זוּג נַעֲלַיִם," אָמַר הָאִישׁ אֶל הַחֶנְוָנִי (the merchant).

„הִנֵּה זוּג יָפֶה," אָמַר הַחֶנְוָנִי.

„בְּכַמָּה זֶה עוֹלֶה?" שָׁאַל הָאִישׁ.

800 לִירוֹת".

„אֲבָל יֵשׁ לִי רַק 400 לִירוֹת," אָמַר הָאִישׁ.

„אֵין דָּבָר" (it doesn't matter), עָנָה הַחֶנְוָנִי. „מָחָר תֵּן לִי אֶת הַשְּׁאָר."

„בְּסֵדֶר," אָמַר הָאִישׁ. „הִנֵּה 400 לִירוֹת. מָחָר אֶתֵּן לְךָ עוֹד 400 לִירוֹת."

לָקַח הָאִישׁ אֶת הַנַּעֲלַיִם, וְהָלַךְ.

„מֶה עָשִׂיתָ?" שָׁאֲלָה אֵשֶׁת הַחֶנְוָנִי. „אוּלַי לֹא יָשׁוּב" (he will not return).

„בְּוַדַּאי יָשׁוּב" (he will surely return), עָנָה הַחֶנְוָנִי.

„מָכַרְתִּי לוֹ שְׁתֵּי נַעֲלַיִם שְׂמָאלִיּוֹת"[1] (left).

[1] The ָ in שְׂמָאלִיּוֹת is pronounced like the "o" in "more" in both Sefardic and Ashkenazic.

שִׁעוּר שְׁלֹשִׁים וַחֲמִשָּׁה

LESSON 35

מִלּוֹן

club	חוּג	letter (correspondence)	מִכְתָּב
dance (v.)	רוֹקֵד (ר· רוֹקְדִים)	my dear	יַקִּירִי
Hora (Israeli dance)	הוֹרָה	address	כְּתֹבֶת
celebrate	חוֹגֵג (ר· חוֹגְגִים)	live, reside	גָּר (ש· גּוּר)
Purim	פּוּרִים	hope	מְקַוֶּה
Independence Day	יוֹם הָעַצְמָאוּת	to visit	לְבַקֵּר
photograph	צִלּוּם	member of	חָבֵר בְּ
good-bye and good luck! (literally, "peace and blessing")	שָׁלוֹם וּבְרָכָה		

מִכְתָּב לְאֶרֶץ יִשְׂרָאֵל

Dan writes a letter to his pen-pal Jonathan in Tel Aviv.

יְהוֹנָתָן יַקִּירִי,

שָׁלוֹם. אֲנִי כּוֹתֵב לְךָ אֶת הַמִּכְתָּב הַזֶּה מִנְּיוּ יוֹרְק. הַמּוֹרֶה

הָעִבְרִי שֶׁלִּי נָתַן לִי אֶת שִׁמְךָ וְאֶת הַכְּתֹבֶת שֶׁלְּךָ. אֲנִי שָׂמֵחַ

מְאֹד לִכְתֹּב לְחָבֵר בְּתֵל אָבִיב.

שְׁמִי דָן. יֵשׁ לִי מִשְׁפָּחָה קְטַנָּה–אָב, אֵם, וְאָחוֹת. גַּם כֶּלֶב יֵשׁ

לִי. אֲנִי גָּר בְּבַיִת יָפֶה.

אֲנִי לוֹמֵד עִבְרִית בְּבֵית סֵפֶר תִּיכוֹן. אֲנִי אוֹהֵב אֶת הַלָּשׁוֹן

הָעִבְרִית. אֲנִי מְקַוֶּה לְבַקֵּר אֶת יִשְׂרָאֵל בַּקַּיִץ.

אֲנִי חָבֵר בַּחוּג הָעִבְרִי. בַּחוּג אֲנַחְנוּ שָׁרִים שִׁירִים

עִבְרִיִּים וְרוֹקְדִים אֶת הַהוֹרָה. אֲנִי אוֹהֵב טִיּוּלִים.
כְּתֹב לִי עַל הַחַיִּים בְּאֶרֶץ יִשְׂרָאֵל. אֵיךְ חוֹגְגִים אֶת הַחַגִּים–
פּוּרִים, פֶּסַח וְיוֹם הָעַצְמָאוּת? כְּתֹב לִי אֶת הַכֹּל, וְגַם שְׁלַח
לִי אֶת צִלּוּמְךָ.
שָׁלוֹם וּבְרָכָה!

חֲבֵרְךָ,
דָּן

דִּקְדּוּק

Review of Verbs in Present and Past

Other Examples	Present הֹוֶה	Past עָבָר	Root שֹׁרֶשׁ
סָגַר, שָׁמַר	כּוֹתֵב–כּוֹתֶבֶת	כָּתַבְתִּי	1. כָּתַב
אָהַב, הָלַךְ	עוֹמֵד–עוֹמֶדֶת	עָמַדְתִּי (אַתֶּם עֲמַדְתֶּם)	2. עָמַד
כָּעַס, שָׁאַל	צוֹחֵק–צוֹחֶקֶת (הֵם צוֹחֲקִים)	צָחַקְתִּי (הִיא צָחֲקָה)	3. צָחַק
קוּם, שִׂים	שָׁב–שָׁבָה	שַׁבְתִּי	4. שׁוּב
שָׁמַע, לָקַח	פּוֹתֵחַ–פּוֹתַחַת	פָּתַחְתִּי (אַתְּ פָּתַחַתְּ)	5. פָּתַח
קָרָא, מָצָא	יוֹצֵא–יוֹצֵאת	יָצָאתִי	6. יָצָא
רָצָה, שָׂחָה	קוֹנֶה–קוֹנָה	קָנִיתִי	7. קָנָה

תַּרְגִּילִים

I. עֲנֵה בְּעִבְרִית:

1. אֵיפֹה יוֹשֵׁב יְהוֹנָתָן?
2. כַּמָּה אֲנָשִׁים בַּמִּשְׁפָּחָה שֶׁל דָּן?
3. אֵיפֹה לוֹמֵד דָּן עִבְרִית?
4. מָה עוֹשֶׂה דָּן בַּחוּג הָעִבְרִי?
5. מַה שׁוֹאֵל דָּן אֶת יְהוֹנָתָן?

II. זַוֵּג:

א	ב
אֶרֶץ	וּבְרָכָה
לָשׁוֹן	חַג
חָבֵר	הוֹרָה
רוֹקְדִים	עִבְרִית
פּוּרִים	יִשְׂרָאֵל
צִלּוּם	הָעַצְמָאוּת
יוֹם	תְּמוּנָה
שָׁלוֹם	בַּחוּג

III. בְּחַר בַּמִּלָּה הַנְּכוֹנָה:

1. דָּן גָּר בָּעִיר ——. (נְיוּ יוֹרְק, תֵּל אָבִיב)
2. דָּן קִבֵּל אֶת הַכְּתֹבֶת שֶׁל יְהוֹנָתָן מִן ——. (הָאָב, הַמּוֹרֶה)
3. לְדָן יֵשׁ מִשְׁפָּחָה ——. (גְּדוֹלָה, קְטַנָּה)
4. דָּן —— לְבַקֵּר אֶת אֶרֶץ יִשְׂרָאֵל. (רָצָה, לֹא רָצָה)
5. —— שָׁאַל: „אֵיךְ חוֹגְגִים אֶת יוֹם הָעַצְמָאוּת?" (דָּן, יְהוֹנָתָן)

IV. כְּתֹב בַּהֹוֶה (present):

1. (שוב) אֲנִי ——— מִן הָעֲבוֹדָה בָּעֶרֶב.
2. (צחק) הַחֲבֵרִים שֶׁלִּי ——— תָּמִיד.
3. (יצא) הָאֵם ——— מִן הַבַּיִת אֶל הַגַּן.
4. (ראה) „שָׂרָה, הַאִם אַתְּ ——— אֶת הַלּוּחַ?"
5. (שלח) חַנָּה ——— מִכְתָּב לְרוּת.

V. שַׁנֵּה לְעָבָר (Change from present to past):

1. הַחֲלוּצִים רוֹקְדִים אֶת הַהוֹרָה.
2. חַנָּה, הַאִם אַתְּ קוֹנָה בֶּגֶד חָדָשׁ?
3. אֲנַחְנוּ קָמִים בַּבֹּקֶר.
4. נָעֳמִי, מַדּוּעַ אַתְּ פּוֹתַחַת אֶת הַמִּכְתָּבִים שֶׁלִּי?
5. יְלָדִים, מַדּוּעַ אַתֶּם עוֹמְדִים בַּגֶּשֶׁם?

VI. In each case list 3 other verbs conjugated in similar manner.

1. כָּתַב 2. עָמַד 3. שׁוּב 4. צָחַק 5. קָנָה
6. קָרָא 7. פָּתַח

VII. עִבְרִית מְדֻבֶּרֶת:

One student asks: „אֵיפֹה אַתָּה גָּר?"

Each pupil indicates the street he lives on by saying:

„אֲנִי גָּר (נ׳ גָּרָה) בִּרְחוֹב ———."

HEBREW FESTIVALS חַגִּים עִבְרִיִּים

1. רֹאשׁ הַשָּׁנָה—Beginning of the New Year.

2. יוֹם כִּפּוּר—Day of Atonement.

3. סֻכּוֹת—Feast of Tabernacles. Commemorates the wandering of the Israelites in the desert; also, a period of thanksgiving for the grape and fruit harvests. The last day when the reading of the Torah is completed is celebrated as שִׂמְחַת תּוֹרָה.

4. חֲנֻכָּה—Ḥanukah commemorates the freeing of Judea from the Syrian Greeks by the Maccabees and the rededication of the Temple.

5. חֲמִשָּׁה עָשָׂר בִּשְׁבָט—The 15th day in the month of Shevat is the Hebrew Arbor Day.

6. פּוּרִים—Purim commemorates the victory over the wicked Haman of Persia.

7. פֶּסַח—Passover is the Hebrew Independence festival, commemorating the emancipation of the Hebrew slaves from bondage in Egypt; also, the barley harvest.

8. שָׁבוּעוֹת—Pentecost or the Feast of Weeks commemorates the granting of the ten commandments; also, the wheat harvest and the holiday of בִּכּוּרִים (first fruits).

9. תִּשְׁעָה בְּאָב—The Ninth of Av, a day of mourning, commemorates the destruction of the two Temples in 586 B.C.E. and 70 C.E.

214

חֲזָרָה

ג. תַּרְגֵּם לְעִבְרִית:

1. lazy
2. thought (*v.*)
3. plan, advice
4. quiet
5. his wife
6. until
7. cried out
8. went out
9. pitcher
10. at that moment
11. life
12. rain
13. poor
14. Rabbi
15. brought
16. then
17. to seek
18. terrible
19. third time
20. took out
21. wonderful
22. received
23. payment; wages
24. carried
25. tired
26. rich
27. letter
28. my dear
29. address
30. reside, live
31. hope
32. to visit
33. club
34. dance
35. Hora
36. Purim

ח. תַּרְגֵּם לְאַנְגְּלִית:

1. יוֹם יוֹם
2. לֹא עָשָׂה דָּבָר
3. אַף פַּעַם לֹא
4. אֵין לִי פְּנַאי
5. עַצְלוּת
6. פְּרָס
7. רַעְיוֹן
8. חָלָק
9. פִּילוֹסוֹף
10. סוֹקְרַט
11. רָבָה
12. בְּקוֹלֵי קוֹלוֹת
13. שָׁפַךְ
14. רַעַם
15. תַּרְנְגֹל
16. הָבֵא
17. עֵז
18. מְשֻׁגָּע
19. כְּמִצְוַת
20. הוֹצֵא
21. פִּשְׁתָּן
22. שׁוּק
23. עַרְבִי
24. יְקֻנֶּה
25. אֶבֶן יְקָרָה
26. תָּלוּי
27. הָשִׁיבוּ
28. חָבֵר בְּ...
29. חוֹגֵג
30. יוֹם הָעַצְמָאוּת
31. צִלּוּם
32. שָׁלוֹם וּבְרָכָה
33. שָׁבוּעוֹת

III. Do you know the following grammatical forms?

    A. Verb: Past of יָצָא, page 195; קָנָה, page 206; review of **verbs**, page 211.

    B. Noun: Inflection of תַּלְמִיד, page 189.

    C. Miscellaneous: Use of dictionary; alphabet, page 201.

IV. Oral Hebrew:

    A. Can you summarize in Hebrew each of the following stories?

        „חוּשָׁם הֶעָצֵל"; „פִּילוֹסוֹף וְאִשְׁתּוֹ"; „בַּיִת קָטָן";

        „שִׁמְעוֹן בֶּן שָׁטַח"; „מִכְתָּב לְאֶרֶץ יִשְׂרָאֵל".

    B. Can you converse on each of the following topics?

        1. בַּמִּסְעָדָה

        2. „מַה קָּנִיתָ בַּחֲנוּת?"

        3. „אֵיפֹה אַתָּה גָר?"

V. Culture:

    A. Recite two Hebrew proverbs or quotations.

    B. Name and explain the significance of each of the Hebrew holidays.

מִבְחָן

I. עֲנֵה בְּעִבְרִית: **(20)**

1. מֶה עָשָׂה חוּשָׁם כַּאֲשֶׁר אָמַר הַמּוֹרֶה: „כִּתְבוּ חִבּוּר עַל הָעַצְלוּת"?
2. מָתַי אָמַר סוֹקְרַט: „אַחַר הָרַעַם יָבוֹא הַגֶּשֶׁם"?
3. אֵיזוֹ (which) עֵצָה נָתַן הָרַב אֶל יַעֲקֹב בַּסּוֹף?
4. מַדּוּעַ אָמַר שִׁמְעוֹן בֶּן שָׁטַח: „הָשִׁיבוּ אֶת הָאֶבֶן הַיְקָרָה"?
5. אֶל מִי כָּתַב דָּן מִכְתָּב עִבְרִי?

II. בְּחַר בַּמִּלָּה הַנְּכוֹנָה: **(20)**

(גָּר, הוֹרָה, הַחַיִּים, חוּג, כַּד, עָנִי, עֵצָה, עָצֵל, קִבֵּל, שֶׁקֶט)

1. „———, תַּלְמִידִים," אָמַר הַמּוֹרֶה.
2. חוּשָׁם הָיָה תַּלְמִיד ———.
3. אִשְׁתּוֹ שֶׁל סוֹקְרַט שָׁפְכָה ——— מַיִם עַל רֹאשׁוֹ.
4. „כָּךְ הֵם ———," אָמַר הַפִּילוֹסוֹף.
5. יַעֲקֹב, אִשְׁתּוֹ וְשִׁבְעָה בָּנִים יָשְׁבוּ בְּחֶדֶר קָטָן. יַעֲקֹב הָיָה ———.
6. יַעֲקֹב הָלַךְ אֶל הָרַב לְבַקֵּשׁ ———.
7. שִׁמְעוֹן בֶּן שָׁטַח לֹא ——— שָׂכָר מִן הַתַּלְמִידִים שֶׁלּוֹ.
8. דָּן כָּתַב: „אֲנִי חָבֵר בְּ——— עִבְרִי."
9. דָּן ——— בְּנְיוּ יוֹרְק.
10. הַחֲלוּצִים רָקְדוּ אֶת הַ———.

III. כְּתֹב בֶּעָבָר: **(10)**

1. אֲנַחְנוּ <u>רוֹאִים</u> אֶת יְרוּשָׁלַיִם וְאֶת תֵּל אָבִיב.
2. אֲנִי <u>קוֹנֶה</u> בֶּגֶד יָם.
3. הַאִם אַתֶּם <u>קוֹרְאִים</u> אֶת שִׁירֵי בְּיַאלִיק?
4. מָתַי אַתָּה <u>קָם</u>?
5. אֲנִי <u>יוֹצֵא</u> לָעֲבוֹדָה בַּבֹּקֶר.

IV. כְּתֹב בְּמִלָּה אַחַת: **(10)**

1. הָאִכָּר רָכַב עַל <u>הַחֲמוֹר שֶׁלּוֹ</u>.
2. אֲנַחְנוּ חוֹגְגִים אֶת <u>הֶחָג שֶׁלָּנוּ</u>.
3. <u>הַקּוֹל שֶׁלָּהּ</u> יָפֶה מְאֹד.
4. רָצִיתִי לִרְאוֹת אֶת <u>הַגַּן שֶׁלָּהֶם</u>.
5. אֵיפֹה <u>הָעִתּוֹן שֶׁלְּךָ</u>?

V. סַדֵּר לְפִי הָאָלֶף־בֵּית: **(10)**

פְּנַאי, חָלָק, רַעְיוֹן, תַּרְנְגֹל, עֵז, עֶבֶד, שׁוּק, דְּרָשָׁה, כֶּסֶף, אֶבֶן.

VI. Explain the significance of each of the following holidays: **(10)**

1. פֶּסַח 2. שָׁבוּעוֹת 3. סֻכּוֹת 4. חֲנֻכָּה 5. פּוּרִים

VII. Summarize in Hebrew either the story „בַּיִת קָטָן" or „שִׁמְעוֹן בֶּן שָׁטַח". **(20)**

Israeli Holiday Celebration

Children of Ein Gev, Galilee

שִׁעוּר שְׁלֹשִׁים וְשִׁשָּׁה

LESSON 36

מִלּוֹן

מַכַּבִּי	Maccabee (name of a sport club)
סְפּוֹרְט	sport, athletics
חָבִיב עַל	popular with
כַּדּוּר־בָּסִיס	baseball
כַּדּוּרֶגֶל	football, soccer
כַּדּוּר־סַל	basketball
אֲגֻדָּה	organization, club
הָאֵלֶּה	these
מִשְׂחָק (ר׳ מִשְׂחָקִים)	game
הַהִיא נ׳	that (demonstrative pronoun)
יָם־הַתִּיכוֹן	Mediterranean Sea
זָכָה בְּ... (ר׳ זָכוּ)	won
תַּחֲרוּת	competition; athletic event
מַכַּבִּיָּה	Maccabiad (Israeli Olympics)
מַאֲמִין (ר׳ מַאֲמִינִים)	believe
פִּתְגָּם	proverb, maxim
נֶפֶשׁ נ׳	soul, mind
בָּרִיא (נ׳ בְּרִיאָה)	healthy
גּוּף	body

הַמַּכַּבִּי

Israelis, like Americans, have a variety of sports and athletic activities.

כָּל אֶחָד יוֹדֵעַ כִּי אֲמֶרִיקָה הִיא אֶרֶץ הַסְּפּוֹרְט. בָּאָרֶץ הַזֹּאת חָבִיב הַסְּפּוֹרְט עַל אֲנָשִׁים רַבִּים. פֹּה מְשַׂחֲקִים אֲנָשִׁים בְּכַדּוּר־בָּסִיס, בְּכַדּוּרֶגֶל, בְּכַדּוּר־סַל וּבְטֶנִּיס.

בָּאָרֶץ הַזֹּאת יֵשׁ אֲגֻדּוֹת־סְפּוֹרְט גְּדוֹלוֹת. כַּאֲשֶׁר הָאֲגֻדּוֹת הָאֵלֶּה מְשַׂחֲקוֹת, בָּאִים אֲנָשִׁים רַבִּים לִרְאוֹת אֶת הַמִּשְׂחָקִים שֶׁלָּהֶם.

אֲנָשִׁים רַבִּים מְאֹד בָּאִים לִרְאוֹת אֶת הַמִּשְׂחָקִים שֶׁל כַּדּוּר־בָּסִיס וְכַדּוּרֶגֶל.

גַּם בִּמְדִינַת יִשְׂרָאֵל חָבִיב הַסְּפּוֹרְט עַל הָאֲנָשִׁים. גַּם בָּאָרֶץ הַהִיא מְשַׂחֲקִים מִשְׂחָקִים רַבִּים כְּמוֹ:

כַּדּוּרֶגֶל, כַּדּוּר־סַל וְטֶנִיס.

שָׁם אוֹהֲבִים הָאֲנָשִׁים לִשְׂחוֹת בְּיָם הַתִּיכוֹן וּבְיָם הַמֶּלַח, וְעוֹרְכִים טִיּוּלִים לְכָל חֶלְקֵי הָאָרֶץ.

בִּמְדִינַת יִשְׂרָאֵל יֵשׁ אֲגֻדַּת־סְפּוֹרְט לְכַדּוּרֶגֶל בְּשֵׁם הַמַּכַּבִּי. חַבְרֵי הַמַּכַּבִּי בָּאוּ לַאֲמֶרִיקָה וְזָכוּ בִּפְרָסִים.

אֲנָשִׁים רַבִּים בָּאוּ לִרְאוֹת אֶת הַמִּשְׂחָקִים שֶׁל הַמַּכַּבִּי בַּאֲמֶרִיקָה.

פַּעַם בְּאַרְבַּע שָׁנִים יֵשׁ תַּחֲרוּת־סְפּוֹרְט גְּדוֹלָה בְּתֵל אָבִיב בְּשֵׁם מַכַּבִּיָּה. לַתַּחֲרוּת הַזֹּאת בָּאִים יְהוּדִים מִכָּל הָאֲרָצוֹת.

בְּאֶרֶץ יִשְׂרָאֵל מַאֲמִינִים בַּפִּתְגָּם:

„נֶפֶשׁ בְּרִיאָה בְּגוּף בָּרִיא."

דִּקְדּוּק

A. Demonstratives

This young man is clever.	הַנַּעַר הַזֶּה חָכָם.	1.
That pupil is good.	הַתַּלְמִידָה הַהִיא טוֹבָה.	2.
These are nice games.	אֵלֶּה מִשְׂחָקִים יָפִים.	3.

The words underlined above are demonstratives and may be used either as adjectives, modifying nouns, as in sentences 1 and 2, or as pronouns, as in sentence 3.

	נְקֵבָה		זָכָר
	יָחִיד		
this	הַזֹּאת	this	הַזֶּה
that	הַהִיא	that	הַהוּא
	רִבּוּי		
these	הָאֵלֶּה	these	הָאֵלֶּה
those	הָהֵן	those	הָהֵם

Note that several demonstratives are merely a combination of the personal pronoun and the definite article. For example: הַהוּא is composed of הוּא (he) plus the definite article הַ (the).

B. Agreement of Demonstratives

Demonstratives, whether they are used as pronouns or as adjectives, must agree with the nouns they modify in number and gender.

this student	הַתַּלְמִיד הַזֶּה
these students	הַתַּלְמִידִים הָאֵלֶּה
that teacher (*f.*)	הַמּוֹרָה הַהִיא
those teachers (*f.*)	הַמּוֹרוֹת הָהֵן
This is the work.	זֹאת הָעֲבוֹדָה.

תַּרְגִּילִים

I. עֲנֵה בְּעִבְרִית:

1. מַה הֵם מִשְׂחֲקֵי כַּדּוּר שֶׁמְּשַׂחֲקִים בַּאֲמֵרִיקָה?
2. לְאֵלּוּ (to which) מִשְׂחָקִים בָּאִים אֲנָשִׁים רַבִּים מְאֹד?
3. אֵיפֹה שׂוֹחִים בְּאֶרֶץ יִשְׂרָאֵל?
4. אֵיפֹה עוֹרְכִים טִיּוּלִים בְּאֶרֶץ יִשְׂרָאֵל?
5. מָה עוֹשִׂים בַּמַּכַּבִּיָּה?
6. מָתַי עוֹרְכִים אֶת תַּחֲרוּת הַסְּפּוֹרְט שֶׁל הַמַּכַּבִּיָּה?
7. בְּאֵיזֶה פִּתְגָּם מַאֲמִינִים בְּאֶרֶץ יִשְׂרָאֵל?

II. כְּתֹב מִשְׁפָּט בְּעִבְרִית בְּכָל מִלָּה:

1. מִשְׂחָקִים 2. חָבִיב עַל 3. זָכָה 4. תַּחֲרוּת

5. הַהִיא 6. יָם־הַתִּיכוֹן 7. פִּתְגָּם 8. מַאֲמִין

III. הַשְׁלֵם בַּמִּלָּה הַנְּכוֹנָה:

1. הַשְּׁאֵלָה —— this	6. הַמִּשְׂחָקִים —— those
2. הַמּוֹרֶה —— that	7. הַסִּפּוּרִים —— these
3. הַתַּלְמִיד —— this	8. הָעִפָּרוֹן —— this
4. הַפִּתְגָּם —— that	9. הָאֲרוּחוֹת —— these
5. הַיַּלְדָּה —— that	10. הַתְּשׁוּבוֹת —— those

IV. כְּתֹב בְּמִלָּה אַחַת (Use the inflected form):

1. הַגַּן שֶׁלִּי ______
2. הַשֻּׁלְחָן שֶׁלּוֹ ______
3. הַכַּדּוּר שֶׁלָּהּ ______
4. הַקּוֹל שֶׁלָּךְ ______
5. הַסִּפּוּר שֶׁלָּנוּ ______
6. הַחֲמוֹר שֶׁלָּהֶם ______
7. הַצֹּאן שֶׁלְּךָ ______
8. הַחַג שֶׁלָּכֶם ______
9. הַמִּכְתָּב שֶׁלָּהֶן ______
10. הָעִתּוֹן שֶׁלָּכֶן ______

V. כְּתֹב בִּזְמַן עָבָר:

1. (שׁוּב) הַנַּעֲרָה ______ מִן הָעֲבוֹדָה בָּעֶרֶב.
2. (קנה) הַתַּלְמִידִים ______ מַחְבָּרוֹת יָפוֹת.
3. (יצא) דָּוִד ______ מִן הַבַּיִת בַּבֹּקֶר.
4. (שׁמע) אַתְּ ______ אֶת הַשִּׁיר הַזֶּה.
5. (צחק) שָׂרָה ______ בְּקוֹל.

מִי יְמַלֵּל

This song celebrates the heroism of the Maccabees of old.

מִי יְמַלֵּל גְּבוּרוֹת יִשְׂרָאֵל,

אוֹתָן מִי יִמְנֶה?

הֵן בְּכָל דּוֹר יָקוּם הַגִּבּוֹר,

גּוֹאֵל הָעָם,

שְׁמַע! בַּיָּמִים הָהֵם בַּזְּמַן הַזֶּה

מַכַּבִּי מוֹשִׁיעַ וּפוֹדֶה,

וּבְיָמֵינוּ כָּל עַם יִשְׂרָאֵל

יִתְאַחֵד, יָקוּם וְיִגָּאֵל.

שִׁעוּר שְׁלֹשִׁים וְשִׁבְעָה

LESSON 37

מִלּוֹן

ten	עֶשֶׂר נ׳	hour, time	שָׁעָה (ר׳ שָׁעוֹת)
minute	דַּקָּה (ר׳ דַּקּוֹת)	what time is it?	מָה הַשָּׁעָה
which?	אֵיזֶה (נ׳ אֵיזוֹ)	eight	שְׁמֹנֶה נ׳
soap	סַבּוֹן	quarter after eight	שְׁמֹנֶה וָרֶבַע
begin	מַתְחִיל	half past seven	שֶׁבַע וָחֵצִי
lunch	אֲרוּחַת הַצָּהֳרַיִם	quarter to eight	רֶבַע לִשְׁמֹנֶה
to sleep	לִישׁוֹן	twelve	שְׁתֵּים עֶשְׂרֵה נ׳

מָה הַשָּׁעָה

הַשָּׁעָה שְׁמֹנֶה

הַשָּׁעָה שְׁמֹנֶה וָרֶבַע

הַשָּׁעָה שֶׁבַע וָחֵצִי

הַשָּׁעָה רֶבַע לִשְׁמֹנֶה

הַשָּׁעָה שְׁתֵּים עֶשְׂרֵה

הַשָּׁעָה אַחַת וְעֶשֶׂר דַּקּוֹת

שְׁאֵלוֹת וּתְשׁוּבוֹת

ש.[1] בְּאֵיזוֹ שָׁעָה אַתָּה קָם בַּבֹּקֶר?

ת.[2] אֲנִי קָם בְּשֶׁבַע.

ש. בַּמָּה אַתָּה מִתְרַחֵץ?

ת. אֲנִי מִתְרַחֵץ בְּמַיִם וּבְסַבּוֹן.

ש. מָתַי אַתָּה אוֹכֵל?

ת. אֲנִי אוֹכֵל בְּרֶבַע לִשְׁמֹנֶה.

ש. מָתַי אַתָּה הוֹלֵךְ לְבֵית הַסֵּפֶר?

ת. אֲנִי הוֹלֵךְ לְבֵית הַסֵּפֶר בִּשְׁמֹנֶה וָרֶבַע.

[1] שְׁאֵלָה [2] תְּשׁוּבָה

ש. בְּאֵיזוֹ שָׁעָה מַתְחִיל הַשִּׁעוּר?

ת. הַשִּׁעוּר מַתְחִיל בִּשְׁמוֹנֶה וָחֵצִי.

ש. כַּמָּה שָׁעוֹת אַתָּה לוֹמֵד בַּבֹּקֶר?

ת. אֲנִי לוֹמֵד שָׁלֹשׁ שָׁעוֹת בַּבֹּקֶר.

ש. כַּמָּה שָׁעוֹת אַתָּה לוֹמֵד אַחַר הַצָּהֳרַיִם?

ת. אֲנִי לוֹמֵד שְׁתֵּי שָׁעוֹת.

ש. מָה אַתָּה עוֹשֶׂה מִן הַשָּׁעָה שְׁתֵּים עֶשְׂרֵה עַד אַחַת?

ת. אֲנִי אוֹכֵל אֶת אֲרוּחַת הַצָּהֳרַיִם.

ש. מָה אַתָּה עוֹשֶׂה אַחַר שָׁלֹשׁ?

ת. אֲנִי שָׁב לַבַּיִת וַאֲנִי מְשַׂחֵק.

ש. מָה אַתָּה עוֹשֶׂה בָּעֶרֶב?

ת. אֲנִי אוֹכֵל וַאֲנִי כּוֹתֵב אֶת שִׁעוּרֵי הַבַּיִת.

ש. בְּאֵיזוֹ שָׁעָה אַתָּה הוֹלֵךְ לִישׁוֹן?

ת. אֲנִי הוֹלֵךְ לִישׁוֹן בְּשָׁעָה עֶשֶׂר.

דִּקְדּוּק

A. Feminine Numbers One to Twelve

1. יֵשׁ שְׁתֵּים עֶשְׂרֵה בַּחוּרוֹת בַּכִּתָּה.	There are twelve girls in the class.
2. שֵׁשׁ תַּלְמִידוֹת כּוֹתְבוֹת עַל הַלּוּחַ.	Six pupils (*f.*) are writing on the board.

I have been studying for one hour.	אֲנִי לוֹמֵד שָׁעָה אַחַת.	3.
I lived in Israel for two years.	יָשַׁבְתִּי בְּאֶרֶץ יִשְׂרָאֵל שְׁתֵּי שָׁנִים.	4.
How many notebooks have you?	כַּמָּה מַחְבָּרוֹת יֵשׁ לְךָ?	5.
Two.	שְׁתַּיִם.	

seven	שֶׁבַע	one	אַחַת
eight	שְׁמוֹנֶה	two	שְׁתַּיִם (שְׁתֵּי)
nine	תֵּשַׁע	three	שָׁלֹשׁ
ten	עֶשֶׂר	four	אַרְבַּע
eleven	אַחַת עֶשְׂרֵה	five	חָמֵשׁ
twelve	שְׁתֵּים עֶשְׂרֵה	six	שֵׁשׁ

1. The numbers usually precede the noun, except for אַחַת (one) which follows the noun. See sentence 3, above.

2. Two is written שְׁתֵּי when it precedes a noun, but שְׁתַּיִם when it occurs alone. See sentences 4 and 5, above.

B. Telling Time

The feminine numbers are used to indicate the hour of the day.

What time is it?	מָה הַשָּׁעָה?
It is eight o'clock.	הַשָּׁעָה שְׁמוֹנֶה.
It is half past seven.	הַשָּׁעָה שֶׁבַע וָחֵצִי.
It is ten after one.	הַשָּׁעָה אַחַת וָעֶשֶׂר.

תַּרְגִּילִים

I. מָתַי?

1. אַתָּה קָם בַּבֹּקֶר?
2. אַתָּה אוֹכֵל אֲרוּחַת הַבֹּקֶר?
3. אַתָּה אוֹכֵל אֲרוּחַת הַצָּהֳרַיִם?
4. אַתָּה שָׁב מִבֵּית הַסֵּפֶר?
5. אַתָּה מְשַׂחֵק?
6. אַתָּה אוֹכֵל אֲרוּחַת הָעֶרֶב?
7. אַתָּה כּוֹתֵב שִׁעוּרֵי הַבַּיִת?
8. אַתָּה הוֹלֵךְ לִישׁוֹן?

II. כְּתֹב בְּעִבְרִית:

1. One o'clock
2. A quarter to eight
3. Five past two
4. Half past seven
5. Five to ten
6. Six o'clock
7. A quarter past three
8. Ten past twelve
9. Three minutes after eleven
10. Eight minutes to three

III. הַשְׁלֵם בַּמִּסְפָּר הַנָּכוֹן (Fill in the correct number):

1. ____ תַּלְמִידוֹת ten
2. ____ שְׁאֵלוֹת three
3. ____ שָׁעוֹת five
4. יַלְדָּה ____ one
5. ____ מוֹרִים two
6. ____ מִשְׁפָּחוֹת nine
7. ____ מַחְבָּרוֹת six
8. ____ עִתּוֹנִים four
9. שִׁיר ____ one
10. ____ שָׁעוֹת eight
11. ____ אֲנָשִׁים seven
12. ____ דַּקּוֹת eleven

IV. כְּתֹב בִּזְמַן עָבָר:

1. (שׁוּב) אֲנִי ——— אֶל הַבַּיִת בְּשָׁעָה שֵׁשׁ.
2. (קוּם) רוּת ——— מִן הַמָּקוֹם וְהָלְכָה אֶל הַלּוּחַ.
3. (שִׂים) דָּוִד ——— אֶת הָעִפָּרוֹן עַל הַשֻּׁלְחָן.
4. (קרא) אֲנַחְנוּ ——— שְׁנֵי סְפָרִים בְּעִבְרִית.
5. (מצא) הִיא ——— אֶת עֵטָהּ.
6. (ראה) הֵם ——— תְּמוּנָה יָפָה.
7. (עשׂה) שָׂרָה ——— אֶת הָעֲבוֹדָה.
8. (עמד) אַתֶּם ——— עַל יַד הַגַּן.
9. (פתח) אַתְּ ——— אֶת הַחַלּוֹן.
10. (גמר) אַתָּה ——— אֶת הַשִּׁעוּר.

V. עִבְרִית מְדֻבֶּרֶת:

One student moves the hands on a cardboard dial and asks other students to tell the time in Hebrew.

קְרִיאָה נוֹסֶפֶת

טוֹב וָרַע בְּיַד (in the power of) הַלָּשׁוֹן

A servant is sent to the market to buy two kinds of meat. He returns with some clever observations.

רַבָּן גַּמְלִיאֵל הָיָה רֹאשׁ הַסַּנְהֶדְרִין (the Sanhedrin).

לְרַבָּן גַּמְלִיאֵל הָיָה עֶבֶד חָכָם בְּשֵׁם טָבִי (Tavi).

פַּעַם אַחַת אָמַר גַּמְלִיאֵל לְעַבְדוֹ:

„בְּבַקָּשָׁה, צֵא אֶל הַשּׁוּק וּקְנֵה (and buy!) לִי בָּשָׂר (meat)."

„אֵיזֶה מִין (which kind) בָּשָׂר?" שָׁאַל הָעֶבֶד.

„הָבֵא לִי אֶת הַחֵלֶק הַיּוֹתֵר טוֹב (the best) אֲשֶׁר בַּבָּשָׂר,"

אָמַר גַּמְלִיאֵל.

יָצָא טָבִי אֶל הַשּׁוּק וְקָנָה לָשׁוֹן (tongue).

לְמָחָר, אָמַר גַּמְלִיאֵל אֶל הָעֶבֶד:

„הַיּוֹם צֵא וּקְנֵה אֶת הַחֵלֶק הַיּוֹתֵר רַע (the worst) אֲשֶׁר בַּבָּשָׂר."

יָצָא הָעֶבֶד אֶל הַשּׁוּק וְקָנָה עוֹד פַּעַם לָשׁוֹן.

הִתְפַּלֵּא (was surprised) רַבָּן גַּמְלִיאֵל.

„שְׁמַע נָא, טָבִי, מֶה עָשִׂיתָ?" שָׁאַל גַּמְלִיאֵל. „אֶתְמוֹל אָמַרְתִּי לְךָ לִקְנוֹת אֶת הַחֵלֶק הַטּוֹב אֲשֶׁר בַּבָּשָׂר וְקָנִיתָ לָשׁוֹן. הַיּוֹם אָמַרְתִּי לְךָ לִקְנוֹת אֶת הַחֵלֶק הָרַע אֲשֶׁר בַּבָּשָׂר וְקָנִיתָ עוֹד פַּעַם לָשׁוֹן?"

עָנָה טָבִי: „הַטּוֹב וְהָרַע — שְׁנֵיהֶם (both of them) מִן הַלָּשׁוֹן. אֵין דָּבָר טוֹב יוֹתֵר (better) מִלָּשׁוֹן טוֹבָה, וְאֵין דָּבָר רַע יוֹתֵר (worse) מִלָּשׁוֹן רָעָה."

שָׁעוּר שְׁלֹשִׁים וּשְׁמֹנָה

LESSON 38

מִלּוֹן

was sur-prised	הִתְפַּלֵּא (ר· הִתְפַּלְּאוּ)	Alexander of Macedonia	אֲלֶכְּסַנְדֶּר מוֹקְדוֹן
a dream	חֲלוֹם	Babylonia	בָּבֶל
I shall succeed	אַצְלִיחַ	second	שֵׁנִי
should erect	יָקִימוּ	conquered	כָּבַשׁ
to erect	לְהָקִים	priest	כֹּהֵן (ר· כֹּהֲנִים)
statue	פֶּסֶל	to welcome	לְקַבֵּל פְּנֵי
forbidden	אָסוּר	chariot	מֶרְכָּבָה
we shall call	נִקְרָא	bowed down	הִשְׁתַּחֲוָה
will be born	יִוָּלֵד		

אֲלֶכְּסַנְדֶּר מוֹקְדוֹן

This is a story about Alexander the Great and his coming to Jerusalem.

כַּאֲשֶׁר שָׁבוּ בְּנֵי יִשְׂרָאֵל מֵאֶרֶץ בָּבֶל בָּנוּ אֶת בֵּית הַמִּקְדָּשׁ הַשֵּׁנִי.

שָׁנִים רַבּוֹת יָשְׁבוּ הָעִבְרִים בְּשָׁלוֹם בְּאֶרֶץ יִשְׂרָאֵל.

עָבְרוּ שָׁנִים וְהִנֵּה קָם מֶלֶךְ גָּדוֹל וּשְׁמוֹ אֲלֶכְּסַנְדֶּר מוֹקְדוֹן.

הוּא כָּבַשׁ אֲרָצוֹת רַבּוֹת וְגַם אֶת בָּבֶל וְאֶת אֶרֶץ יִשְׂרָאֵל.

כַּאֲשֶׁר בָּא אֲלֶכְּסַנְדֶּר לִירוּשָׁלַיִם, יָצְאוּ הַכֹּהֲנִים וְהָעָם לְקַבֵּל

אֶת פְּנֵי הַמֶּלֶךְ. רִאשׁוֹן הָלַךְ הַכֹּהֵן הַגָּדוֹל.

232

כַּאֲשֶׁר רָאָה הַמֶּלֶךְ אֶת הַכֹּהֵן הַגָּדוֹל, יָרַד מֵעַל הַמֶּרְכָּבָה
וְהִשְׁתַּחֲוָה לַכֹּהֵן הַגָּדוֹל.

הִתְפַּלְאוּ אַנְשֵׁי הַמֶּלֶךְ וְשָׁאֲלוּ זֶה אֶת זֶה:

„מַדּוּעַ הִשְׁתַּחֲוָה הַמֶּלֶךְ לְאִישׁ עִבְרִי?"

שָׁמַע זֹאת הַמֶּלֶךְ וְעָנָה:

„חָלַמְתִּי חֲלוֹם וְרָאִיתִי בַּחֲלוֹמִי אֶת הָאִישׁ הַזֶּה,
וְהוּא אָמַר לִי כִּי אַצְלִיחַ בְּכָל הַמִּלְחָמוֹת שֶׁלִּי."

בָּא אֲלֶכְּסַנְדֶּר אֶל בֵּית הַמִּקְדָּשׁ, וְרָצָה שֶׁבְּנֵי יִשְׂרָאֵל
יָקִימוּ פֶּסֶל לִשְׁמוֹ.

אָמְרוּ לוֹ הַכֹּהֲנִים: „אָסוּר לָנוּ לְהָקִים פֶּסֶל; אֲבָל נִקְרָא לְכָל
יֶלֶד עִבְרִי אֲשֶׁר יִוָּלֵד בַּשָּׁנָה הַזֹּאת בְּשֵׁם אֲלֶכְּסַנְדֶּר."

כַּאֲשֶׁר שָׁמַע זֹאת הַמֶּלֶךְ, שָׂמַח מְאֹד וְנָתַן לִבְנֵי יִשְׂרָאֵל
לָשֶׁבֶת (to dwell) בְּשָׁלוֹם בְּאֶרֶץ יִשְׂרָאֵל.

דִּקְדּוּק

A. Ordinal Numbers מִסְפָּרִים סִדּוּרִיִּים

1. בְּנֵי יִשְׂרָאֵל בָּנוּ אֶת בֵּית הַמִּקְדָּשׁ הַשֵּׁנִי. — The children of Israel built the Second Temple.

2. הָרִאשׁוֹן הָיָה הַכֹּהֵן הַגָּדוֹל. — The first was the high priest.

3. זֹאת הַשָּׁנָה הָרְבִיעִית שֶׁאֲנִי בְּבֵית הַסֵּפֶר. — This is the fourth year that I am at school.

	נְקֵבָה	זָכָר
first	רִאשׁוֹנָה	רִאשׁוֹן
second	שֵׁנִית (שְׁנִיָּה)	שֵׁנִי
third	שְׁלִישִׁית	שְׁלִישִׁי
fourth	רְבִיעִית	רְבִיעִי
fifth	חֲמִישִׁית	חֲמִישִׁי
sixth	שִׁשִּׁית	שִׁשִּׁי
seventh	שְׁבִיעִית	שְׁבִיעִי
eighth	שְׁמִינִית	שְׁמִינִי
ninth	תְּשִׁיעִית	תְּשִׁיעִי
tenth	עֲשִׂירִית	עֲשִׂירִי

B. Derivation and Agreement of Ordinal Numbers

a. The ordinal numbers, except for רִאשׁוֹן, are derived from the cardinal numbers. Thus שֵׁנִי (second) is derived from שְׁנֵי (two) etc. The number רִאשׁוֹן (first) is derived from רֹאשׁ (head).

b. The feminine ordinal numbers are formed by adding ת to the masculine. In the case of רִאשׁוֹן a ה is added to make the number feminine.

c. The ordinal numbers one to ten must agree with the noun they modify in number and gender. See sentences 1, 2, 3, above.

d. If the noun is definite, the ordinal number must be definite. See sentences 1, 2, 3, above

234

C. The Days of the Week יְמֵי הַשָּׁבוּעַ

The ordinal numbers are used to name the days of the week.

Wednesday	יוֹם רְבִיעִי	Sunday	יוֹם רִאשׁוֹן
Thursday	יוֹם חֲמִישִׁי	Monday	יוֹם שֵׁנִי
Friday	יוֹם שִׁשִּׁי	Tuesday	יוֹם שְׁלִישִׁי

Saturday (Sabbath) שַׁבָּת

תַּרְגִּילִים

I. שְׁאֵלוֹת:

1. מָתַי בָּנוּ אֶת בֵּית הַמִּקְדָּשׁ הַשֵּׁנִי?
2. מֵאֵיזוֹ אֶרֶץ בָּא אֲלֶכְּסַנְדֵּר?
3. מַדּוּעַ הִשְׁתַּחֲוָה אֲלֶכְּסַנְדֵּר לַכֹּהֵן הַגָּדוֹל?
4. מָה רָצָה אֲלֶכְּסַנְדֵּר שֶׁיָּקִימוּ הָעִבְרִים?
5. מֶה עָנוּ לוֹ הָעִבְרִים?
6. מַדּוּעַ שָׂמַח הַמֶּלֶךְ בַּסּוֹף?

II. זַוֵּג:

ב	א
פְּנֵי	בֵּית מִקְדָּשׁ
מוֹקְדוֹן	כָּבַשׁ
שֵׁנִי	חָלַם
פֶּסֶל	אֲלֶכְּסַנְדֵּר
מֵעַל הַמֶּרְכָּבָה	לְקַבֵּל
אֲרָצוֹת	יָרַד
חֲלוֹם	לְהָקִים

III. כְּתֹב הֲפָכִים (opposites):

1. אִישׁ 2. קָם 3. גָּדוֹל 4. בָּא 5. אַחֲרוֹן
6. נָתַן 7. שָׁאַל 8. מֶלֶךְ 9. חָכָם 10. לִפְנֵי

IV. כְּתֹב אֶת הַמִּסְפָּר הַסִּדּוּרִי (Write the ordinal number):

1.	הַתַּלְמִיד	first ________	6.	פְּרָס	seventh ________
2.	הַשִּׁעוּר	third ________	7.	יוֹם	second ________
3.	הַנַּעַר	fifth ________	8.	שֵׁבֶט	tenth ________
4.	הַשְּׁאֵלָה	sixth ________	9.	הַשָּׁנָה	eighth ________
5.	הַתְּמוּנָה	fourth ________	10.	הַיּוֹם	ninth ________

V. עִבְרִית מְדֻבֶּרֶת:

Pretend that you are in Israel looking for accommodations at a good hotel. Form suitable questions taken from the conversational guide below.

At the Hotel בַּמָּלוֹן

Have you a room to rent?	הַאִם יֵשׁ לָכֶם חֶדֶר לְהַשְׂכִּיר?
We have a room with all conveniences.	יֵשׁ לָנוּ חֶדֶר בְּכָל הַנּוֹחִיּוֹת.
The room is on the second floor.	הַחֶדֶר בַּקּוֹמָה הַשְּׁנִיָּה.
How much does it cost by the day?	בְּכַמָּה זֶה עוֹלֶה לְיוֹם?
I should like some soap.	אֲנִי רוֹצֶה סַבּוֹן.
Where is the dining room?	אֵיפֹה חֲדַר הָאֹכֶל?
Please give me the bill.	בְּבַקָּשָׁה לָתֵת לִי אֶת הַחֶשְׁבּוֹן.
I am leaving in half an hour.	אֲנִי יוֹצֵא בְּעוֹד חֲצִי שָׁעָה.

שִׁעוּר שְׁלֹשִׁים וְתִשְׁעָה

LESSON 39

מִלּוֹן

roof	גַּג	Shemaiah (proper name)	שְׁמַעְיָה
Friday	עֶרֶב שַׁבָּת	Avtalion (proper name)	אַבְטַלְיוֹן
light	אוֹר	academy, house of study	בֵּית מִדְרָשׁ
darkness	חֹשֶׁךְ	a guard	שׁוֹמֵר
fire	אֵשׁ ‎נ.	he will watch	יִשְׁמֹר
how great!	מַה גָּדוֹל	and not permit	וְלֹא יִתֵּן
love	אַהֲבָה	without paying	בְּלִי לְשַׁלֵּם

הִלֵּל הַתַּלְמִיד

Hillel's devotion to learning wins him the admiration of his teachers.

הִלֵּל הָיָה אִישׁ טוֹב וְחָכָם, וְאָהַב לִלְמֹד תּוֹרָה. הוּא יָשַׁב אָז
בְּאֶרֶץ בָּבֶל. שָׁם שָׁמַע עַל הַמּוֹרִים הַגְּדוֹלִים שְׁמַעְיָה וְאַבְטַלְיוֹן.
לָקַח הִלֵּל אֶת הַמִּשְׁפָּחָה שֶׁלּוֹ וְהָלַךְ לִירוּשָׁלַיִם לִלְמֹד תּוֹרָה.
בְּכָל בֹּקֶר הָלַךְ הִלֵּל לַעֲבוֹדָה, וְקִבֵּל שָׂכָר. אַחֲרֵי הַצָּהֳרַיִם
הָלַךְ לְבֵית הַמִּדְרָשׁ לִלְמֹד. עַל יַד הַדֶּלֶת עָמַד שׁוֹמֵר.
‏,,יִשְׁמֹר עַל הַתַּלְמִידִים הַבָּאִים לְבֵית הַמִּדְרָשׁ,״ אָמְרוּ הַמּוֹרִים,
‏,,וְלֹא יִתֵּן לַתַּלְמִידִים לָבוֹא לְבֵית הַמִּדְרָשׁ בְּלִי לְשַׁלֵּם.״
פַּעַם אַחַת לֹא מָצָא הִלֵּל עֲבוֹדָה. לֹא הָיָה לוֹ כֶּסֶף לְשַׁלֵּם.

מֶה עָשָׂה? הָלַךְ לְבֵית הַמִּדְרָשׁ,

עָלָה עַל הַגַּג וְשָׁמַע עַל יַד הַחַלּוֹן.

בַּיּוֹם הַהוּא הָיָה קַר מְאֹד וְשֶׁלֶג יָרַד עַל הַגַּג.

אֲבָל הִלֵּל יָשַׁב וְשָׁמַע לַשִּׁעוּר. וְהַיּוֹם הָיָה עֶרֶב שַׁבָּת.

לְמָחָר, בְּיוֹם הַשַּׁבָּת, בָּאוּ הַמּוֹרִים שְׁמַעְיָה וְאַבְטַלְיוֹן
לְבֵית הַמִּדְרָשׁ.

אָמַר אַבְטַלְיוֹן: „שְׁמַעְיָה, בְּכָל יוֹם אוֹר בַּבַּיִת, וְהַיּוֹם חֹשֶׁךְ.‟

עָנָה שְׁמַעְיָה: „הִנֵּה אֲנִי רוֹאֶה גּוּף אִישׁ עַל יַד הַחַלּוֹן.‟

עָלוּ עַל הַגַּג וּמָצְאוּ אֶת הִלֵּל תַּחַת הַשֶּׁלֶג. הֵבִיאוּ אֶת הִלֵּל אֶל
הַבַּיִת וְשָׂמוּ אוֹתוֹ לִפְנֵי הָאֵשׁ.

אָמְרוּ הַמּוֹרִים: „מַה גְּדוֹלָה אַהֲבָתוֹ לַתּוֹרָה!‟

מֵאָז בָּא הִלֵּל לְבֵית הַמִּדְרָשׁ בְּלִי לְשַׁלֵּם.

פִּתְגָּם עִבְרִי

Hillel used to say: "If not now, when then?"	הִלֵּל הָיָה אוֹמֵר: אִם לֹא עַכְשָׁו,
(Ethics of the Fathers, I)	אֵימָתַי? (פִּרְקֵי אָבוֹת, א)

דִּקְדּוּק

זְמַן עָתִיד – Future Tense

I shall meet my friend in school.	אֲנִי אֶפְגֹּשׁ אֶת חֲבֵרִי בְּבֵית הַסֵּפֶר.	.1
He will watch the pupils who enter.	הוּא יִשְׁמֹר עַל הַתַּלְמִידִים הַבָּאִים.	.2
The Yemenite will sell newspapers.	הַתֵּימָנִי יִמְכֹּר עִתּוֹנִים.	.3
We shall write compositions today.	נִכְתֹּב חִבּוּרִים הַיּוֹם.	.4

שעור שלשים ותשעה

יָחִיד		רִבּוּי	
אֶגְמֹר	I shall finish	נִגְמֹר	we shall finish
תִּגְמֹר	you (*m.*) will finish	תִּגְמְרוּ	you (*m.*) will finish
תִּגְמְרִי	you (*f.*) will finish	תִּגְמֹרְנָה	you (*f.*) will finish
יִגְמֹר	he will finish	יִגְמְרוּ	they (*m.*) will finish
תִּגְמֹר	she will finish	תִּגְמֹרְנָה	they (*f.*) will finish

1. The future tense in the קַל of regular verbs is formed by adding a prefix to the three letters of the root. In some cases a suffix is also added.

2. Note that with verbs having as their second root-letter בּ, גּ, דּ, כּ, פּ, תּ in the future there is a dagesh (dot) in the second root-letter (נִכְתֹּב). See the verbs in sentences 1, 3 and 4, above.

3. Other verbs conjugated like גָּמַר are שָׁמַר (watch, guard), סָגַר (close), מָשַׁל (rule), שָׂרַף (burn), רָקַד (dance), גָּנַב (steal).

4. Other verbs whose second root-letter takes a דָּגֵשׁ (dot) in the future are שָׁפַךְ (pour), סָבַל (suffer), כָּבַשׁ (conquer), סָפַר (count), קָפַץ (jump), שָׁפַט (judge).

תַּרְגִּילִים

I. מַדּוּעַ?

1. הָלַךְ הִלֵּל לִירוּשָׁלַיִם?
2. נָתְנוּ הַתַּלְמִידִים כֶּסֶף לָאִישׁ שֶׁעַל יַד הַדֶּלֶת?
3. לֹא הָיָה כֶּסֶף לְהִלֵּל?
4. עָלָה הִלֵּל עַל הַגַּג?

5. הָיָה חשֶׁךְ בְּבֵית הַמִּדְרָשׁ בַּשַּׁבָּת?
6. עָלוּ שְׁמַעְיָה וְאַבְטַלְיוֹן עַל הַגַּג?
7. לֹא הָיָה צָרִיךְ הִלֵּל לְשַׁלֵּם מֵהַיּוֹם הַהוּא?

II. חַבֵּר מִשְׁפָּט בְּכָל מִלָּה:

1. חשֶׁךְ 2. מַתְחִיל 3. בֵּית מִדְרָשׁ 4. אַהֲבָה 5. אֵשׁ
6. אוֹר 7. לְשַׁלֵּם 8. עֶרֶב שַׁבָּת 9. לִישׁוֹן 10. גַּג

III. כִּתְבוּ בִּזְמַן עָתִיד:

1. (שמר) דָּוִד ——— עַל הַבַּיִת שֶׁלּוֹ.
2. (סגר) רָחֵל ——— אֶת הַחַלּוֹן.
3. (שפך) אֲנִי ——— אֶת הַמַּיִם.
4. (פגשׁ) אַתָּה ——— אֶת הַחֲבֵרִים שֶׁלְּךָ.
5. (כתב) אֲנַחְנוּ ——— לְךָ מִכְתָּבִים.
6. (גמר) אַתֶּן ——— אֶת הָעֲבוֹדָה מָחָר.
7. (למד) אַתְּ ——— אֶת הַשִּׁעוּר.
8. (לבשׁ) הַתַּלְמִידִים ——— בְּגָדִים יָפִים בֶּחָג.
9. (פתח) אַתֶּם ——— אֶת הַסְּפָרִים.
10. (רקד) אַתֶּן ——— אֶת הַהוֹרָה.

IV. שַׁנֵּה לְעָתִיד:

1. הַבַּחוּרִים רָקְדוּ יָפֶה.
2. אַבְרָהָם סָגַר אֶת הַדֶּלֶת.
3. קָפַצְתִּי אֶל הַצַּד הַשֵּׁנִי שֶׁל הָרְחוֹב.

4. גְּמַרְתֶּם לִקְרֹא אֶת הַסֵּפֶר.

5. פָּגַשְׁתְּ אוֹתוֹ בְּבֵית הַסֵּפֶר.

6. הָאִשָּׁה שָׁפְכָה מַיִם עַל הָרִצְפָּה.

7. הוּא כָּבַשׁ אֶת הָאָרֶץ.

8. כָּתַבְנוּ אֶת שִׁעוּרֵי הַבַּיִת.

9. הַתַּלְמִידִים פָּתְחוּ אֶת הַמַּחְבָּרוֹת.

10. אַתֶּן סְפַרְתֶּן אֶת הָעֵטִים.

V. הַשְׁלֵם בַּמִּלָּה הַנְּכוֹנָה (Fill in the Hebrew equivalent):

1. הַנַּעֲרָה ——— בַּבֹּקֶר וְהָלְכָה לְבֵית הַסֵּפֶר. arose
2. אֲנִי ——— אֶת הַסֵּפֶר עַל הַשֻּׁלְחָן. put
3. ——— הוּא יֶלֶד חָכָם. his pupil
4. אֲנַחְנוּ ——— בְּגָדִים יָפִים. bought
5. אַתֶּם ——— אֶת הַתְּמוּנָה. saw
6. הַיָּמִים ——— הָיוּ טוֹבִים. those
7. הַתַּלְמִידוֹת ——— מְדַבְּרוֹת עִבְרִית. these
8. הַחֲלוּצִים ——— שִׁירֵי אֶרֶץ יִשְׂרָאֵל. sang
9. שָׂרָה ——— חִבּוּר עִבְרִי. will write
10. הַנַּעֲרָה ——— הִיא חֲכָמָה. third
11. הַיּוֹם ——— הוּא יוֹם חַג. Sunday
12. דָּוִד ——— אֶת בִּנְיָמִין בַּתַּחֲנָה. will meet

VI. עִבְרִית מְדֻבֶּרֶת:

סַפֵּר עַל מַה שֶּׁאַתָּה עוֹשֶׂה בְּכָל יְמֵי הַשָּׁבוּעַ.

קְרִיאָה נוֹסֶפֶת

הֶרְשִׁיל רָעֵב

Many humorous anecdotes are told about Herschel of Ostropolia. In this story Herschel finds himself at an inn without a penny in his pocket.

הֶרְשִׁיל אָהַב צְחוֹק (jest).

אֲפִילוּ בִּזְמַן צָרָה (trouble) הָיָה הֶרְשִׁיל שָׂמֵחַ.

פַּעַם אַחַת הָלַךְ הֶרְשִׁיל בַּדֶּרֶךְ. בָּא אֶל מָלוֹן אֶחָד

וְרָצָה לֶאֱכֹל שָׁם. אֲבָל לֹא הָיָה לוֹ כֶּסֶף.

פָּנָה (turned) הֶרְשִׁיל אֶל בַּעֲלַת (owner of) הַבַּיִת,

וּבִקֵּשׁ אֶת אֲרוּחַת הָעֶרֶב.

בַּעֲלַת הַבַּיִת רָאֲתָה כִּי הַבְּגָדִים שֶׁלּוֹ קְרוּעִים (torn),

וְהֵבִינָה כִּי אֵין לוֹ כֶּסֶף.

„אֵין לָנוּ אֹכֶל (food) בַּבַּיִת," אָמְרָה בַּעֲלַת הַבַּיִת.

אָמַר הֶרְשִׁיל: „אוּלַי יֵשׁ לָךְ מְעַט חָלָב?"

„לֹא," עָנְתָה הָאִשָּׁה.

„אוּלַי יֵשׁ דָּגִים אוֹ בָּשָׂר?"

„לֹא, אַיִן."

„אֲפִילוּ לֶחֶם אֵין בַּבַּיִת?"

„אֲפִילוּ לֶחֶם אַיִן."

הִתְחִיל הֶרְשִׁיל רָץ הֵנָּה וָהֵנָּה (to and fro) וְקוֹרֵא בְּכַעַס גָּדוֹל:

„אִם כֵּן, אֶעֱשֶׂה מַה שֶּׁעָשָׂה אָבִי!"

עָמְדָה הָאִשָּׁה וְהִבִּיטָה (looked) עָלָיו בְּפַחַד (frightened)—
מִי יוֹדֵעַ אֵיזֶה מַעֲשֶׂה נוֹרָא (what terrible deed) יַעֲשֶׂה הָאִישׁ הַזֶּה?
הָרָשִׁיל הִכָּה בַּשֻּׁלְחָן וְעוֹד פַּעַם קָרָא בְּקוֹל:
„כֵּן, אֲנִי אֶעֱשֶׂה מַה שֶּׁעָשָׂה אָבִי!"
קָרְאָה הָאִשָּׁה: „בְּבַקָּשָׁה, שֵׁב בְּשֶׁקֶט וְאֵלֵךְ לְבַקֵּשׁ אֹכֶל,
אוּלַי אֶמְצָא (I will find) מְעַט לֶאֱכֹל."
יָצְאָה הָאִשָּׁה בְּפַחַד גָּדוֹל. שָׁבָה אַחֲרֵי רְגָעִים אֲחָדִים,
וּבְיָדָהּ לֶחֶם וּבָשָׂר.
אַחֲרֵי שֶׁגָּמַר הָרָשִׁיל לֶאֱכֹל, אָמְרָה לוֹ הָאִשָּׁה:
„בְּבַקָּשָׁה, אֱמֹר לִי מֶה עָשָׂה אָבִיךָ שֶׁגַּם אַתָּה אָמַרְתָּ לַעֲשׂוֹת?"
צָחַק הָרָשִׁיל וְעָנָה:
„אָבִי, כַּאֲשֶׁר הָיָה רָעֵב וְלֹא מָצָא אֹכֶל, הָלַךְ לִישׁוֹן בְּלִי לֶאֱכֹל."

Menorah in the Knesset Garden

Pool, Mount Gilboa in the Background

שִׁעוּר אַרְבָּעִים

LESSON 40

מִלּוֹן

חֲמִשָּׁה עָשָׂר בִּשְׁבָט	15th of Shevat (Hebrew month)
שִׁשָּׁה עָשָׂר	sixteen
אַרְבָּעָה עָשָׂר	fourteenth
תָּבוֹאוּ (ש. בּוֹא)	you will come
רַעַשׁ	noise
הָעֵמֶק	the Valley (Valley of Jezreel in Galilee)
עֵץ (ר. עֵצִים)	tree
יַעַר	forest
חֲמֵשׁ עֶשְׂרֵה	fifteen
שָׁתִיל (ר. שְׁתִילִים)	sapling
חוֹפֵר (ר. חוֹפְרִים)	dig
חוֹר (ר. חוֹרִים)	a hole
אֲדָמָה	soil, ground
מַרְאֶה	shows
לִנְטֹעַ	to plant
זָרַק	threw
לִזְרֹק	to throw

חֲמִשָּׁה עָשָׂר בִּשְׁבָט

An Israeli student writes to his friend in New York about an old yet new holiday in Israel. The students are happy. There are no classes and they enjoy an interesting experience.

חֵיפָה, שִׁשָּׁה עָשָׂר בִּשְׁבָט

שָׁלוֹם יְהוּדָה,

אֶכְתֹּב לְךָ עַל חַג יָפֶה שֶׁהָיָה לָנוּ.

בְּיוֹם אַרְבָּעָה עָשָׂר בִּשְׁבָט, אָמַר לָנוּ הַמּוֹרֶה:

„תָּבוֹאוּ מָחָר לְבֵית הַסֵּפֶר בִּשְׁמוֹנֶה וָחֵצִי בְּלִי סְפָרִים, וְכָל אֶחָד יָבִיא אֶת אֲרוּחַת הַצָּהֳרַיִם שֶׁלּוֹ כִּי אֲנַחְנוּ נוֹסְעִים מָחָר לָעֵמֶק."

בָּאתִי לְבֵית הַסֵּפֶר בִּשְׁמֹנֶה וָחֵצִי בַּבֹּקֶר.

תַּלְמִידִים רַבִּים עוֹמְדִים לִפְנֵי בֵּית הַסֵּפֶר וְגַם הַמּוֹרֶה.

הַתַּלְמִידִים שְׂמֵחִים כִּי אֵין לָהֶם שִׁעוּרִים הַיּוֹם.

פִּתְאֹם שׁוֹמְעִים רַעַשׁ מִן הַכְּבִישׁ.

„הִנֵּה הָאוֹטוֹבּוּס בָּא!" קוֹרְאִים הַבַּחוּרִים.

אֲנַחְנוּ עוֹלִים עַל הָאוֹטוֹבּוּס וְיוֹצְאִים מֵחֵיפָה בְּשָׁעָה תֵּשַׁע וְנוֹסְעִים בַּכְּבִישׁ אֶל הָעֵמֶק.

עָבְרָה חֲצִי שָׁעָה וּפִתְאֹם רוֹאִים אֲנַחְנוּ שָׂדוֹת, שָׂדוֹת רַבִּים וְגַם עֵצִים.

„זֶה הָעֵמֶק," אוֹמֵר הַמּוֹרֶה.

„הָעֵמֶק, הָעֵמֶק!" קוֹרְאִים הַתַּלְמִידִים, וְהַבַּחוּרִים מַתְחִילִים לָשִׁיר אֶת שִׁיר הָעֵמֶק.

הָאוֹטוֹבּוּס נוֹסֵעַ עוֹד שָׁעָה וָחֵצִי וּבָא אֶל יַעַר גָּדוֹל.

פֹּה יוֹרְדִים אֲנַחְנוּ וְהוֹלְכִים אֶל הַיַּעַר.

הַמּוֹרֶה לוֹקֵחַ שָׁתִיל וְחוֹפֵר חוֹר בָּאֲדָמָה.

הוּא מַרְאֶה לָנוּ אֵיךְ לִנְטֹעַ אֶת הַשָּׁתִיל.

אַחֲרֵי כֵן הוּא נוֹתֵן שָׁתִיל אֶחָד לְכָל תַּלְמִיד.

נַעַר אֶחָד בְּשֵׁם שְׁמוּאֵל לֹא יָכֹל לִנְטֹעַ אֶת הַשָּׁתִיל וְזָרַק אֹתוֹ עַל הָאֲדָמָה.

הַמּוֹרֶה רָאָה אֶת הַשָּׁתִיל עַל הָאֲדָמָה וְאָמַר:

„בַּחוּרִים, אָסוּר לִזְרֹק אֶת הַשְּׁתִילִים.

אֶרֶץ יִשְׂרָאֵל צְרִיכָה עֵצִים רַבִּים. הָעֵצִים טוֹבִים לָאָרֶץ."

אַחֲרֵי כֵן הוֹלֵךְ הַמּוֹרֶה וְעוֹזֵר לִשְׁמוּאֵל לִנְטֹעַ אֶת הַשָּׁתִיל.

בְּשָׁעָה שְׁתֵּים עֶשְׂרֵה אֲנַחְנוּ יוֹשְׁבִים וְאוֹכְלִים אֶת אֲרוּחַת הַצָּהֳרַיִם.
אַחֲרֵי הָאֲרוּחָה יֵשׁ לָנוּ שָׁעָה אַחַת שֶׁל מְנוּחָה וְאָז מְשַׂחֲקִים אֲנַחְנוּ
בְּכַדּוּר־רֶגֶל וּבְכַדּוּר־בָּסִיס וּבְעוֹד מִשְׂחֲקֵי סְפּוֹרְט.
בַּסּוֹף אָנוּ שָׁרִים וְרוֹקְדִים.
בְּשָׁעָה שָׁלֹשׁ אֲנַחְנוּ עוֹלִים עַל הָאוֹטוֹבּוּס, עֲיֵפִים וּשְׂמֵחִים.
יוֹם יָפֶה הָיָה לָנוּ וְחַג יָפֶה לָעֵצִים.
כַּאֲשֶׁר יָרַדְתִּי מֵעַל הָאוֹטוֹבּוּס אָמַרְתִּי בְּלִבִּי:
„אוּלַי בְּעוֹד עֶשֶׂר אוֹ חֲמֵשׁ עֶשְׂרֵה שָׁנִים יִהְיֶה הַשָּׁתִיל שֶׁלִּי
לְעֵץ גָּדוֹל, וְאָבוֹא לִרְאוֹת וְלִשְׂמֹחַ בְּעֵצִי."
כְּתֹב לִי יְהוּדָה אֵיךְ אַתֶּם חוֹגְגִים חֲמִשָּׁה עָשָׂר בִּשְׁבָט בִּנְיוּ יוֹרְק.

הֶחָבֵר שֶׁלְּךָ,

דָּוִד

דִּקְדּוּק

הַמִּסְפָּרִים: אַחַד עָשָׂר עַד עֶשְׂרִים NUMBERS 11-20

1. חַג הָעֵצִים בַּחֲמִשָּׁה עָשָׂר בִּשְׁבָט.

The holiday of trees is on the 15th of Shevat.

2. בְּעוֹד חֲמֵשׁ עֶשְׂרֵה שָׁנִים יִהְיֶה הַשָּׁתִיל לְעֵץ.

In another fifteen years the sapling will become a tree.

3. יֵשׁ שְׁנֵים עָשָׂר בַּחוּרִים וְאַרְבַּע עֶשְׂרֵה בַּחוּרוֹת בַּכִּתָּה.

There are twelve young men and fourteen girls in the class.

	נְקֵבָה	זָכָר
eleven	אַחַת עֶשְׂרֵה	אַחַד עָשָׂר
twelve	שְׁתֵּים עֶשְׂרֵה	שְׁנֵים עָשָׂר
thirteen	שְׁלֹשׁ עֶשְׂרֵה	שְׁלֹשָׁה עָשָׂר
fourteen	אַרְבַּע עֶשְׂרֵה	אַרְבָּעָה עָשָׂר
fifteen	חֲמֵשׁ עֶשְׂרֵה	חֲמִשָּׁה עָשָׂר
sixteen	שֵׁשׁ עֶשְׂרֵה	שִׁשָּׁה עָשָׂר
seventeen	שְׁבַע עֶשְׂרֵה	שִׁבְעָה עָשָׂר
eighteen	שְׁמֹנֶה עֶשְׂרֵה	שְׁמֹנָה עָשָׂר
nineteen	תְּשַׁע עֶשְׂרֵה	תִּשְׁעָה עָשָׂר
twenty	עֶשְׂרִים	עֶשְׂרִים

1.   To form the masculine numbers 11-19, add עָשָׂר to the numbers אֶחָד and שְׁנַיִם etc.; for the feminine, add עֶשְׂרֵה. The number עֶשְׂרִים (20) is the same for both masculine and feminine.

2.   The cardinal numbers from 11 upward may also be used as ordinal numbers. See sentence 1, above.

the fifteenth day	הַיּוֹם הַחֲמִשָּׁה עָשָׂר
the fourteenth year	הַשָּׁנָה הָאַרְבַּע עֶשְׂרֵה

תַּרְגִּילִים

I.   הַשְׁלֵם בַּמִּלָּה הַנְּכוֹנָה:

1.   דָּוִד כָּתַב אֶת מִכְתָּבוֹ בְּיוֹם —— בִּשְׁבָט.

2.   הַמּוֹרֶה אָמַר לַתַּלְמִידִים לָבוֹא מָחָר —— סְפָרִים.

3. הַתַּלְמִידִים שְׂמֵחִים כִּי אֵין לָהֶם ——— [illegible]שָׂה עָשָׂר בְּשְׁבָט.
4. הָאוֹטוֹבּוּס יוֹצֵא מֵחֵיפָה וְנוֹסֵעַ אֶל ———.
5. הַמּוֹרֶה חוֹפֵר ——— בָּאֲדָמָה.
6. הוּא נוֹתֵן לְכָל תַּלְמִיד ——— אֶחָד.
7. תַּלְמִיד אֶחָד בְּשֵׁם שְׁמוּאֵל ——— אֶת הַשָּׁתִיל עַל הָאֲדָמָה.
8. הַמּוֹרֶה אוֹמֵר: „בַּחוּרִים, ——— לָנוּ לִזְרֹק אֶת הַשְּׁתִילִים."
9. הַתַּלְמִידִים שָׁבִים לְחֵיפָה בְּשָׁעָה ———.
10. אָמַרְתִּי בְּלִבִּי: „אוּלַי יִהְיֶה הַשָּׁתִיל שֶׁלִּי לְ——— גָּדוֹל בְּעוֹד חֲמֵשׁ עֶשְׂרֵה שָׁנָה."

II. עֲנֵה עַל הַשְּׁאֵלוֹת:

1. מָתַי חַג הָעֵצִים בְּאֶרֶץ יִשְׂרָאֵל?
2. בְּאֵיזוֹ שָׁעָה יָצְאוּ הַתַּלְמִידִים מֵחֵיפָה?
3. לְאָן נָסְעוּ הַתַּלְמִידִים?
4. לְאָן הָלְכוּ לִנְטֹעַ אֶת הַשְּׁתִילִים?
5. כַּמָּה שְׁתִילִים נָתַן הַמּוֹרֶה לְכָל אֶחָד?
6. אֵיךְ נָטְעוּ אֶת הַשְּׁתִילִים?
7. מָה אָמַר הַמּוֹרֶה עַל הַשָּׁתִיל שֶׁזָּרַק שְׁמוּאֵל?
8. מֶה עָשׂוּ הַבַּחוּרִים אַחֲרֵי הָאֲרוּחָה?
9. בְּאֵיזוֹ שָׁעָה שָׁבוּ הַתַּלְמִידִים לְחֵיפָה?
10. מָה אָמַר דָּוִד בְּלִבּוֹ?

III. הַשְׁלֵם בַּמִּסְפָּרִים הַנְּכוֹנִים (Fill in the correct numbers):

1. ______ סְפָרִים twelve
2. ______ עֵצִים fifteen
3. ______ שְׁתִילִים twenty
4. ______ יָמִים fourteen
5. ______ שְׁאֵלוֹת eleven
6. ______ תַּלְמִידוֹת sixteen
7. ______ בַּחוּרִים eighteen
8. ______ מַחְבָּרוֹת thirteen
9. ______ יְלָדִים seventeen
10. ______ בַּחוּרוֹת nineteen

IV. שַׁנֵּה לִזְמַן עָתִיד:

1. הַבַּחוּרִים <u>רוֹקְדִים</u> אֶת הַהוֹרָה.
2. שָׂרָה <u>גּוֹמֶרֶת</u> אֶת הַשִּׁעוּרִים.
3. הַתַּלְמִידִים <u>לוֹמְדִים</u> תּוֹרָה.
4. אֲנַחְנוּ <u>קוֹפְצִים</u> אֶל הַמַּיִם.
5. מָתַי אַתֶּם <u>גּוֹמְרִים</u> אֶת הַתַּרְגִּילִים?
6. הַמּוֹרֶה <u>סוֹגֵר</u> אֶת הַחַלּוֹן.
7. אַתֶּן <u>כּוֹתְבוֹת</u> מִכְתָּבִים יָפִים.
8. אַתְּ <u>פּוֹתַחַת</u> אֶת הַדֶּלֶת.
9. אֲנִי <u>פּוֹגֵשׁ</u> אֶת חֲבֵרִי בַּחֲנוּת.
10. הָאֵם <u>שׁוֹמֶרֶת</u> עַל הַיֶּלֶד.

V. עִבְרִית מְדֻבֶּרֶת:

Give an oral summary in Hebrew of the contents of the letter (Lesson 40).

חֲזָרָה

I. תַּרְגֵּם לְעִבְרִית:

1. popular with
2. these
3. game
4. that (*f.*)
5. soul
6. healthy
7. body
8. hour; time
9. lunch
10. second
11. was surprised
12. a dream
13. without paying
14. roof
15. light
16. darkness
17. fire
18. love
19. Fifteenth of Shevat
20. fourteen
21. sixteen

II. תַּרְגֵּם לְאַנְגְּלִית:

1. מַכַּבִּי
2. סְפּוֹרְט
3. כַּדּוּר בָּסִיס
4. כַּדּוּר רֶגֶל
5. טֶנִּיס
6. יָם הַתִּיכוֹן
7. זָכָה
8. תַּחֲרוּת
9. מַכַּבִּיָּה
10. מַאֲמִין
11. פִּתְגָּם
12. מָה הַשָּׁעָה?
13. דַּקָּה
14. שֶׁבַע
15. סַבּוֹן
16. חֲדַר־אֹכֶל
17. רֶבַע לִשְׁמֹנֶה
18. בְּשָׁעָה שְׁמֹנֶה
19. בִּשְׁמֹנֶה וָחֵצִי
20. מַתְחִיל
21. שְׁתֵּים עֶשְׂרֵה
22. לִישׁוֹן
23. אֲלֶכְּסַנְדֵּר מוֹקְדוֹן
24. בָּבֶל
25. כָּבַשׁ
26. כֹּהֵן
27. לְקַבֵּל פְּנֵי
28. מֶרְכָּבָה
29. הִשְׁתַּחֲוָה
30. אַצְלִיחַ
31. יָקִימוּ
32. פֶּסֶל
33. אָסוּר
34. נִקְרָא
35. יוֹלֵד
36. שְׁמַעְיָה
37. אַבְטַלְיוֹן
38. בֵּית מִדְרָשׁ
39. יִשְׁמֹר
40. לֹא יִתֵּן
41. מַה גָּדוֹל
42. תָּבוֹאוּ
43. רַעַשׁ
44. הָעֵמֶק
45. עֵץ
46. יַעַר
47. שָׁתִיל
48. חוֹפֵר
49. מַרְאֶה
50. לִנְטֹעַ
51. זָרַק

III. Do you know the following grammatical forms?

A. Verbs: Future of גָּמַר, page 239.

B. Demonstrative pronouns and adjectives, page 221.

C. Numbers: Cardinal (feminine) 1-12, page 228; cardinal 11-20 masculine and feminine, page 247; ordinal 1-10, page 234.

IV. Oral Hebrew:

A. Can you compose a few sentences about each of the following stories?

1. „הַמַּכַּבִּי" 2. „אֲלֶכְּסַנְדֵּר מוֹקְדוֹן" 3. „הִלֵּל הַתַּלְמִיד"

4. „בַּחֲמִשָּׁה עָשָׂר בִּשְׁבָט."

B. Compose a few questions in Hebrew using numbers.

V. Culture:

A. Give a timetable in Hebrew of your daily activities.

B. Name the Hebrew days of the week.

C. Give a famous maxim of Hillel in Hebrew.

מִבְחָן

I. עֲנֵה בְּעִבְרִית: **(20)**

1. אֵיפֹה עוֹרְכִים אֶת תַּחֲרוּת הַסְּפּוֹרְט שֶׁל הַמַּכַּבִּיָּה?
2. מִי לוֹקֵחַ חֵלֶק בַּתַּחֲרוּת הַזֹּאת?
3. מָה אַתָּה עוֹשֶׂה בָּעֶרֶב מִן הַשָּׁעָה שֵׁשׁ עַד הַשָּׁעָה עֶשֶׂר?
4. מָתַי אַתָּה קָם בַּבֹּקֶר?
5. מַדּוּעַ הִשְׁתַּחֲוָה אֲלֶכְּסַנְדֶּר לַכֹּהֵן הַגָּדוֹל?
6. מָה רָצָה אֲלֶכְּסַנְדֶּר שֶׁיָּקִימוּ הָעִבְרִים?
7. מַדּוּעַ עָלָה הִלֵּל עַל גַּג בֵּית הַמִּדְרָשׁ?
8. מַדּוּעַ נָתְנוּ שְׁמַעְיָה וְאַבְטַלְיוֹן לְהִלֵּל לִלְמֹד בְּלִי לְשַׁלֵּם?
9. בְּאֵיזֶה חַג נוֹטְעִים עֵצִים בְּאֶרֶץ יִשְׂרָאֵל?
10. אֵיךְ נוֹטְעִים הַתַּלְמִידִים אֶת הַשְּׁתִילִים?

II. אֵיפֹה? **(10)**

1. שׂוֹחִים הָאֲנָשִׁים בִּמְדִינַת יִשְׂרָאֵל?
2. אַתָּה אוֹכֵל אֶת אֲרוּחַת הַצָּהֳרַיִם?
3. פָּגַשׁ אֲלֶכְּסַנְדֶּר הַמֶּלֶךְ אֶת הַכֹּהֵן הַגָּדוֹל?
4. יָשַׁב הִלֵּל לִשְׁמֹעַ תּוֹרָה כַּאֲשֶׁר לֹא הָיָה לוֹ כֶּסֶף לְשַׁלֵּם?
5. נוֹטְעִים הַתַּלְמִידִים שְׁתִילִים בִּמְדִינַת יִשְׂרָאֵל?

III. כְּתֹב בַּמִּלָּה הַנְּכוֹנָה: **(10)**

1. הַתְּמוּנָה ——— this
2. הַגַּן ——— this
3. הַשִּׂיחָה ——— that
4. הָאֲרוּחָה ——— this
5. הַשִּׁעוּר ——— this
6. הַסִּפּוּרִים ——— these
7. הַדּוֹדִים ——— those
8. הַדָּגִים ——— these
9. הַכֶּלֶב ——— this
10. הַחֲבֵרִים ——— these

IV. כְּתֹב בְּעִבְרִית: (20)

1. Three o'clock
2. Ten o'clock
3. A quarter to five
4. Ten after twelve
5. Half past eight
6. The first lesson
7. The fifth boy
8. The second picture
9. The seventh year
10. The tenth day

V. כְּתֹב בִּזְמַן עָתִיד (future): (20)

1. (פגשׁ) דָּוִד ——— אֶת דָּן בְּבֵית הַסֵּפֶר.
2. (גמר) שָׂרָה ——— אֶת הַשִּׁעוּר הָעֶרֶב.
3. (כתב) אֲנִי ——— אֶת הַמִּכְתָּב מָחָר.
4. (רקד) אַתֶּן ——— אֶת הַהוֹרָה.
5. (פתח) הַיְלָדִים ——— אֶת הַסְּפָרִים.
6. (סגר) אַתְּ ——— אֶת הַחַלּוֹן.
7. (ספר) אֲנִי ——— אֶת הַחֲמוֹרִים.
8. (קפץ) הַיְלָדוֹת ——— בָּרְחוֹב.
9. (שׁמר) אַתֶּם ——— אֶת הַחַגִּים .
10. (משׁל) הַמֶּלֶךְ ——— עַל כָּל הָאָרֶץ.

VI. עֲנֵה בְּעִבְרִית: (20)

Compose five questions in Hebrew using numbers.

שִׁעוּר אַרְבָּעִים וְאֶחָד

LESSON 41

מִלּוֹן

חָכְמָה[1]	wisdom	כֵּלִים	vessels, dishes
יֹפִי	beauty	כְּלֵי חֶרֶס	earthenware
יְהוֹשֻׁעַ בֶּן חֲנַנְיָה	Joshua ben Hanania	כְּלֵי כֶסֶף	silver dishes
יְפֵה תֹאַר	handsome	כְּלֵי זָהָב	gold dishes
קֵיסָר	Caesar, emperor	אוֹרֵחַ (ר׳ אוֹרְחִים)	guest
רוֹמָא נ׳	Rome	הֶחְמִיץ	soured
אַרְמוֹן	palace	נִשְׁמָר	is kept, preserved
מְכֹעָר	ugly	פָּשׁוּט (ר׳ פְּשׁוּטִים)	plain
יַיִן	wine	וְכֵן הַחָכְמָה	and it's the same thing with wisdom

חָכְמָה וְיֹפִי

Can an ugly man be wise?

יְהוֹשֻׁעַ בֶּן חֲנַנְיָה הָיָה אִישׁ חָכָם, אֲבָל לֹא הָיָה יְפֵה תֹאַר.
הַקֵּיסָר שֶׁל רוֹמָא אָהַב לְדַבֵּר אֶל יְהוֹשֻׁעַ עַל הַתּוֹרָה, כִּי הָיָה יְהוֹשֻׁעַ חָכָם מְאֹד.
פַּעַם אַחַת פָּגַשׁ יְהוֹשֻׁעַ אֶת בַּת הַמֶּלֶךְ בָּאַרְמוֹן.
אָמְרָה בַּת הַמֶּלֶךְ אֶל יְהוֹשֻׁעַ: „אָבִי אָמַר לִי כִּי אַתָּה אִישׁ חָכָם מְאֹד. מַדּוּעַ שָׂם אֱלֹהִים לֵב חָכָם בְּגוּף מְכֹעָר?"
עָנָה יְהוֹשֻׁעַ: „אִמְרִי לִי, הַאִם יֵשׁ לַמֶּלֶךְ יַיִן?"
„כֵּן."

[1] The first ָ is pronounced like the o in "more" in both Sefardic and Ashkenazic.

„בַּמָּה הוּא שָׂם אֶת הַיַּיִן?"

„בִּכְלֵי חֶרֶס," אָמְרָה בַּת הַמֶּלֶךְ.

צָחַק יְהוֹשֻׁעַ: „כְּלֵי חֶרֶס הֵם טוֹבִים לַאֲנָשִׁים עֲנִיִּים.

הַמֶּלֶךְ צָרִיךְ לָשִׂים אֶת הַיַּיִן בִּכְלֵי כֶסֶף אוֹ בִּכְלֵי זָהָב."

הָלְכָה בַּת הַמֶּלֶךְ וְשָׂמָה אֶת הַיַּיִן בִּכְלֵי כֶסֶף וּבִכְלֵי זָהָב.

פַּעַם אַחַת בָּאוּ אוֹרְחִים לְאַרְמוֹן הַמֶּלֶךְ. הַמֶּלֶךְ נָתַן לָהֶם

יַיִן, וְהַיַּיִן הֶחְמִיץ.

קָרָא הַמֶּלֶךְ: „מִי עָשָׂה זֹאת?"

אָמְרוּ: „בַּת הַמֶּלֶךְ שָׂמָה אֶת הַיַּיִן בִּכְלֵי זָהָב, וְהַיַּיִן הֶחְמִיץ."

כָּעַס הַמֶּלֶךְ מְאֹד מְאֹד.

כַּאֲשֶׁר רָאֲתָה בַּת הַמֶּלֶךְ אֶת יְהוֹשֻׁעַ, אָמְרָה לוֹ:

„מַדּוּעַ אָמַרְתָּ לִי לָשִׂים אֶת הַיַּיִן בִּכְלֵי זָהָב? הַיַּיִן הֶחְמִיץ

וְהַמֶּלֶךְ כָּעַס מְאֹד מְאֹד."

עָנָה יְהוֹשֻׁעַ: „שָׁאַלְתְּ מַדּוּעַ בָּרָא אֱלֹהִים לֵב חָכָם בְּגוּף מְכֹעָר.

אַתְּ רוֹאָה כִּי הַיַּיִן נִשְׁמָר בְּכֵלִים פְּשׁוּטִים, וְכֵן הַחָכְמָה."

דִּקְדּוּק

A. Gender מִין

1. רוֹמָא הִיא עִיר גְּדוֹלָה.	Rome is a large city.
2. אֶרֶץ יִשְׂרָאֵל הִיא אֶרֶץ יָפָה.	Eretz Yisrael is a beautiful country.
3. הַדֶּלֶת קְטַנָּה.	The door is small.

The store is far away.	4. הַחֲנוּת רְחוֹקָה.
Joshua once met the king's daughter.	5. פַּעַם אַחַת פָּגַשׁ יְהוֹשֻׁעַ אֶת בַּת הַמֶּלֶךְ.
I bought a precious stone.	6. קָנִיתִי אֶבֶן יְקָרָה.
Fire consumed the trees of the forest.	7. אֵשׁ אָכְלָה אֶת עֲצֵי הַיַּעַר.

We have already noted that nouns ending in ָה and paired organs of the body are feminine. In addition, note the following rules:

1. אֶרֶץ, עִיר and names of cities and countries are feminine. (Sentences 1, 2).
2. Words ending in ת are feminine (חֲנוּת, דֶּלֶת).
3. Some words are feminine even though they do not end in ָה or ת (אֵשׁ, אֶבֶן, פַּעַם).

B. Exceptions

1. חָלַמְתִּי חֲלוֹם בַּלַּיְלָה הַהוּא.

I dreamed a dream that night.

2. אֲנַחְנוּ גָּרִים בְּבַיִת יָפֶה.

We live in a beautiful house.

Note that לַיְלָה and בַּיִת are masculine even though they end in ָה and ת respectively.

תַּרְגִּילִים

I. עֲנֵה בְּעִבְרִית:

1. מַדּוּעַ אָהַב הַקֵּיסָר לְדַבֵּר אֶל יְהוֹשֻׁעַ?
2. עַל מַה דִּבֵּר הַקֵּיסָר אֶל יְהוֹשֻׁעַ?
3. מַה שָּׁאֲלָה בַּת הַמֶּלֶךְ אֶת יְהוֹשֻׁעַ?
4. מָה אָמַר לָהּ יְהוֹשֻׁעַ?
5. מַה נָּתַן הַמֶּלֶךְ לָאוֹרְחִים?
6. מַדּוּעַ כָּעַס הַמֶּלֶךְ?
7. מָה אָמְרָה בַּת הַמֶּלֶךְ כַּאֲשֶׁר פָּגְשָׁה אֶת יְהוֹשֻׁעַ עוֹד פַּעַם?
8. מֶה עָנָה לָהּ יְהוֹשֻׁעַ?

II. בְּחַר בַּתְּשׁוּבָה הַנְּכוֹנָה (Choose the correct answer):

1. יְהוֹשֻׁעַ בֶּן חֲנַנְיָה הָיָה (יְפֵה תֹאַר, בֶּן הַמֶּלֶךְ, אִישׁ רַע, חָכָם מְאֹד).
2. הַקֵּיסָר אָהַב לְדַבֵּר אֶל יְהוֹשֻׁעַ עַל (כֶּסֶף, תּוֹרָה, יַיִן, הַבַּת שֶׁלּוֹ).
3. הַיַּיִן טוֹב, כַּאֲשֶׁר שָׂמִים אוֹתוֹ (בִּכְלֵי זָהָב, בִּכְלֵי כֶסֶף, בִּכְלֵי חֶרֶס, בַּבַּיִת).
4. בַּת הַמֶּלֶךְ יָשְׁבָה (בִּירוּשָׁלַיִם, בְּבַיִת עָנִי, בְּאַרְמוֹן בְּרוֹמָא, בְּחֵיפָה).
5. הַיַּיִן הֶחְמִיץ (בִּכְלֵי זָהָב, בִּכְלֵי חֶרֶס, בָּרְחוֹב, עַל הַגַּג).
6. לִיהוֹשֻׁעַ הָיָה לֵב חָכָם בְּגוּף (יָפֶה, בָּרִיא, חָזָק, מְכֹעָר).

III. חַבֵּר מִשְׁפָּטִים בַּמִּלִּים הָאֵלֶּה:

1. אוֹרֵחַ 2. בַּת הַמֶּלֶךְ 3. חָכְמָה 4. אַרְמוֹן 5. יֹפִי
6. יַיִן 7. יְפֵה תֹאַר 8. מְכֹעָר 9. הֶחְמִיץ 10. עָנִי

IV. כְּתֹב „זֶה" אוֹ „זֹאת" לִפְנֵי כָּל שֵׁם עֶצֶם (noun):

1. יַיִן 2. חֲנוּת 3. אַרְמוֹן 4. דֶּלֶת 5. חָכְמָה 6. אוֹרֵחַ 7. עִיר
8. מֶלֶךְ 9. חָבֵר 10. חֲבֵרָה 11. חַלּוֹן 12. מִסְעָדָה 13. אֵשׁ
14. שָׁנָה 15. חַג 16. אֶבֶן 17. עַם 18. מִכְתָּב 19. עֵצָה 20. אֶרֶץ

V. בְּחַר בַּמִּלָּה הַנְּכוֹנָה:

1. עִתּוֹן (טוֹב, טוֹבָה) 6. עֵצָה (טוֹב, טוֹבָה)
2. דֶּלֶת (קָטָן, קְטַנָּה) 7. אִשָּׁה (זָקֵן, זְקֵנָה)
3. מִסְעָדָה (יָפֶה, יָפָה) 8. שָׁנָה (רִאשׁוֹן, רִאשׁוֹנָה)
4. פְּעָמִים (רַבִּים, רַבּוֹת) 9. יָמִים (טוֹבִים, טוֹבוֹת)
5. בַּיִת (חָדָשׁ, חֲדָשָׁה) 10. עֵינַיִם (יָפִים, יָפוֹת)

VI. עִבְרִית מְדֻבֶּרֶת:

Relate the story „חָכְמָה וָיֹפִי" in Hebrew using these headings as a guide.

1. יְהוֹשֻׁעַ וְהַקֵּיסָר 2. שְׁאֵלַת בַּת הַמֶּלֶךְ
3. הַיַּיִן בִּכְלֵי זָהָב 4. תְּשׁוּבַת יְהוֹשֻׁעַ

שעור ארבעים ואחד

קְרִיאָה נוֹסֶפֶת

הַדֶּרֶךְ הַקְּצָרָה (short)

Joshua discovers that haste often makes waste.

לִפְנֵי שָׁנִים רַבּוֹת יָשַׁב בְּאֶרֶץ יִשְׂרָאֵל אִישׁ חָכָם בְּשֵׁם יְהוֹשֻׁעַ.
פַּעַם אַחַת הָלַךְ יְהוֹשֻׁעַ בַּדֶּרֶךְ.
הוּא פָּגַשׁ יֶלֶד עִבְרִי קָטָן וְשָׁאַל אוֹתוֹ:
„אוּלַי אַתָּה יוֹדֵעַ אֵיפֹה הַדֶּרֶךְ אֶל הָעִיר?"
עָנָה הַיֶּלֶד: „יֵשׁ שְׁתֵּי דְּרָכִים. הַדֶּרֶךְ הָרִאשׁוֹנָה קְצָרָה (short),
אֲבָל אֲנִי אוֹמֵר שֶׁהִיא אֲרֻכָּה (long) מְאֹד. הַדֶּרֶךְ הַשֵּׁנִית אֲרֻכָּה,
אֲבָל אֲנִי אוֹמֵר שֶׁהִיא קְצָרָה מְאֹד."
הָלַךְ יְהוֹשֻׁעַ בַּדֶּרֶךְ הָרִאשׁוֹנָה. הוּא רָאָה אֶת הָעִיר וְאָמַר בְּלִבּוֹ:
„הַדֶּרֶךְ הַזֹּאת טוֹבָה מְאֹד."
אֲבָל פִּתְאֹם מָצָא יְהוֹשֻׁעַ עֵצִים בַּדֶּרֶךְ – עֵצִים גְּדוֹלִים מְאֹד,
וְהוּא לֹא יָכֹל לְהַמְשִׁיךְ (to continue) בַּדֶּרֶךְ הַזֹּאת.
הוּא שָׁב וּפָגַשׁ עוֹד פַּעַם אֶת הַיֶּלֶד הָעִבְרִי.
„מַדּוּעַ אָמַרְתָּ כִּי הַדֶּרֶךְ קְצָרָה?" שָׁאַל אֶת הַיֶּלֶד. „יֵשׁ עֵצִים גְּדוֹלִים בַּדֶּרֶךְ."
עָנָה הַיֶּלֶד: „לָכֵן (therefore) אָמַרְתִּי שֶׁהִיא קְצָרָה וְגַם אֲרֻכָּה.
בַּדֶּרֶךְ הַשְּׁנִיָּה אֵין מִכְשׁוֹל (obstacle), לָכֵן הִיא אֲרֻכָּה וְגַם קְצָרָה."
„יֶלֶד, יֶלֶד," קָרָא יְהוֹשֻׁעַ בִּבַת צְחוֹק (with a smile), „חָכָם אַתָּה.
הַיְלָדִים שֶׁל הָעִבְרִים חֲכָמִים הֵם."
וְהוּא הָלַךְ בַּדֶּרֶךְ הַשְּׁנִיָּה אֶל הָעִיר.

שִׁעוּר אַרְבָּעִים וּשְׁנַיִם

LESSON 42

מִלּוֹן

עֲקִיבָא	Akiva	אַהֲבָתָם	their love
חַי	lived	גָּדַל (נ׳ גָּדְלָה)	grew
כַּלְבָּא שָׂבוּעַ	Kalba Savua (proper name)	אוֹתָךְ	you (object pronoun, *f. s.*)
הַיָּפָה בַּ . . .	the most beautiful of	הֲיִי לִי לְאִשָּׁה	become my wife!
בָּנוֹת (י׳ בַּת)	daughters	עָצֵב, עָצוּב	sad
מַה יָּפֶה	how beautiful!	אוּכַל	I shall be able, can
הִתְאַהֲבָה בְּ . . .	she fell in love with	הִתְחִיל (נ׳ הִתְחִילָה)	began
אוֹתָהּ	her (object pronoun)	בָּכָה	wept, cried
		לִבְכּוֹת	to weep

עֲקִיבָא וְרָחֵל

Have you heard the romantic story of Akiva and Rachel?

Part I

עֲקִיבָא חַי בְּאֶרֶץ יִשְׂרָאֵל. הוּא הָיָה רוֹעֶה עָנִי.

בְּכָל יוֹם יָצָא עֲקִיבָא אֶל הַשָּׂדֶה עִם הַצֹּאן שֶׁל כַּלְבָּא שָׂבוּעַ.

כַּלְבָּא שָׂבוּעַ הָיָה אִישׁ עָשִׁיר מְאֹד אֲשֶׁר יָשַׁב בִּירוּשָׁלַיִם.

לְכַלְבָּא שָׂבוּעַ הָיְתָה בַּת יְפַת תֹּאַר בְּשֵׁם רָחֵל.

רָחֵל הָיְתָה הַיָּפָה בִּבְנוֹת יְרוּשָׁלַיִם.

פַּעַם אַחַת יָצְאָה רָחֵל אֶל הַשָּׂדֶה וְשָׁם רָאֲתָה אֶת עֲקִיבָא הָרוֹעֶה.

„מַה יָּפֶה הָרוֹעֶה הַזֶּה," אָמְרָה בְּלִבָּהּ.

גַּם בַּיּוֹם הַשֵּׁנִי יָצְאָה רָחֵל אֶל הַשָּׂדֶה, וְגַם בַּיּוֹם הַשְּׁלִישִׁי.
רָחֵל הִתְאַהֲבָה בַּעֲקִיבָא, וְגַם עֲקִיבָא אָהַב אוֹתָהּ.
אַהֲבָתָם גָּדְלָה מִיּוֹם לְיוֹם.
פַּעַם אַחַת אָמַר עֲקִיבָא אֶל רָחֵל:
„רָחֵל, יוֹדֵעַ אֲנִי כִּי בַּת אִישׁ עָשִׁיר אַתְּ, וַאֲנִי רוֹעֶה עָנִי.
אֲבָל אֲנִי אוֹהֵב אוֹתָךְ. הֲיִי לִי לְאִשָּׁה."
עָנְתָה רָחֵל: „עֲקִיבָא, גַּם אֲנִי אוֹהֶבֶת אוֹתְךָ.
אֲבָל אֶהְיֶה לְךָ לְאִשָּׁה רַק אִם תִּלְמַד תּוֹרָה."
עֲקִיבָא לֹא עָנָה, וְהָיָה עָצֵב מְאֹד.
„עֲקִיבָא, מַדּוּעַ אַתָּה עָצֵב?" שָׁאֲלָה רָחֵל.
„רָחֵל," עָנָה עֲקִיבָא, „אֵיךְ אוּכַל לִלְמֹד תּוֹרָה וַאֲנִי רַק רוֹעֶה,
וְאֵין אֲנִי יוֹדֵעַ לִקְרֹא וְלִכְתֹּב."
רֶגַע לֹא עָנְתָה רָחֵל; אַחֲרֵי כֵן, הִתְחִילָה לִבְכּוֹת וּבָרְחָה.

דִּקְדּוּק

INFLECTION OF דּוֹדָה

1. אַהֲבָתָם גָּדְלָה מִיּוֹם לְיוֹם. (הָאַהֲבָה שֶׁלָּהֶם)

Their love grew from day to day.

2. עוֹד לֹא אָבְדָה תִּקְוָתֵנוּ. (הַתִּקְוָה שֶׁלָּנוּ)

Our hope is not yet lost.

3. דּוֹדָתִי יָפָה. (הַדּוֹדָה שֶׁלִּי)

My aunt is pretty.

Note that the ָה changes to a ת when a possessive ending is added to a feminine noun (דּוֹדָתִי, תִּקְוָתֵנוּ, אַהֲבָתָם).

The complete inflection of דּוֹדָה follows:

	Short Form	Long Form
	יָחִיד	
my aunt	דּוֹדָתִי	הַדּוֹדָה שֶׁלִּי
your (*m.*) aunt	דּוֹדָתְךָ	הַדּוֹדָה שֶׁלְּךָ
yout (*f.*) aunt	דּוֹדָתֵךְ	הַדּוֹדָה שֶׁלָּךְ
his aunt	דּוֹדָתוֹ	הַדּוֹדָה שֶׁלּוֹ
her aunt	דּוֹדָתָהּ	הַדּוֹדָה שֶׁלָּהּ
	רִבּוּי	
our aunt	דּוֹדָתֵנוּ	הַדּוֹדָה שֶׁלָּנוּ
your (*m.*) aunt	דּוֹדַתְכֶם	הַדּוֹדָה שֶׁלָּכֶם
your (*f.*) aunt	דּוֹדַתְכֶן	הַדּוֹדָה שֶׁלָּכֶן
their (*m.*) aunt	דּוֹדָתָם	הַדּוֹדָה שֶׁלָּהֶם
their (*f.*) aunt	דּוֹדָתָן	הַדּוֹדָה שֶׁלָּהֶן

Note that in the second person plural, the ָ changes to ַ (דּוֹדַתְכֶם, דּוֹדַתְכֶן).

2. Like דּוֹדָה inflect: אֲגֻדָּה (club), אַהֲבָה (love), אֲסֵפָה (meeting), אֲרוּחָה (meal), גְּלִידָה (ice-cream), חָכְמָה (wisdom), יַלְדָּה (child), מִדָּה (measure), מוֹרָה (teacher), מִטָּה (bed), עֲבוֹדָה (work), שְׁאֵלָה (question), שִׂיחָה (conversation), שִׂמְחָה (celebration), תּוֹדָה (thanks), תּוֹרָה (law), תַּלְמִידָה (pupil), תִּקְוָה (hope), תְּשׁוּבָה (answer).

תַּרְגִּילִים

I. הַשְׁלֵם בַּמִּלָּה הַנְּכוֹנָה:

(אִשָּׁה, בְּרָחָה, הִתְאַהֲבָה, שָׂדֶה, עָנִי,
יָפֶה, יְרוּשָׁלַיִם, הַצֹּאן, תֹּאַר, תּוֹרָה)

1. עֲקִיבָה הָיָה רוֹעֶה אֶת ——— שֶׁל כַּלְבָּא שָׂבוּעַ.
2. רָחֵל הָיְתָה יְפַת ———.
3. רָחֵל וְכַלְבָּא שָׂבוּעַ יָשְׁבוּ בְּעִיר ———.
4. רָחֵל פָּגְשָׁה אֶת עֲקִיבָא בַּ———.
5. אָמְרָה רָחֵל בְּלִבָּהּ: „מַה ——— הָרוֹעֶה הַזֶּה!"
6. אַחֲרֵי יָמִים, ——— רָחֵל בַּעֲקִיבָא.
7. אָמַר עֲקִיבָא לְרָחֵל: „הֲיִי לִי לְ———."
8. עֲקִיבָא הָיָה עָצֵב, כִּי לֹא יָדַע ———.
9. כַּלְבָּא שָׂבוּעַ הָיָה עָשִׁיר וַעֲקִיבָא הָיָה רוֹעֶה ———.
10. רָחֵל בָּכְתָה וְהִיא ———.

II. כְּתֹב הֲפָכִים (opposites):

1. בָּכָה 2. מְכֹעָר 3. שָׂמֵחַ 4. אִשָּׁה 5. טוֹב

6. חֹשֶׁךְ 7. רִאשׁוֹן 8. עָנִי 9. שָׁאַל 10. יוֹם

III. זַוֵּג:

א	ב
רָחֵל	אַחַת
כַּלְבָּא	בְּלִבָּהּ
רוֹעֶה	תּוֹרָה
יְפַת	בַּת אִישׁ עָשִׁיר
אָמְרָה	אִישׁ עָנִי
לָמַד	שָׁבוּעַ
פַּעַם	תֹּאַר
עֲקִיבָא	צֹאן

IV. כְּתֹב בְּמִלָּה אַחַת:

1. הַתּוֹרָה שֶׁלִּי ——
2. הָעֲבוֹדָה שֶׁלּוֹ ——
3. הָאֲרוּחָה שֶׁלָּכֶם ——
4. הַשִּׂיחָה שֶׁלָּהּ ——
5. הַחָכְמָה שֶׁלָּנוּ ——
6. הַמִּטָּה שֶׁלְּךָ ——
7. הַדּוֹדָה שֶׁלָּהֶם ——
8. הָאַגָּדָה שֶׁלָּכֶן ——
9. הָאֲסֵפָה שֶׁלָּךְ ——
10. הַתּוֹדָה שֶׁלָּהֶן ——

V. כְּתֹב בִּזְמַן עָתִיד:

1. אֲנִי (פגשׁ) אֶת חֲבֵרִי בַּגַּן.
2. רָחֵל (גמר) אֶת מִכְתָּבָהּ.
3. הֵם (למד) לְדַבֵּר עִבְרִית.
4. הַתַּלְמִיד (סגר) אֶת הַחַלּוֹן.
5. אַתֶּם (פתח) אֶת הַסְּפָרִים.
6. הֵם (שׂמח) בְּחַגָּם.
7. הָאֵם (שפך) מַיִם מִן הַכּוֹס.
8. הַמֶּלֶךְ (כבשׁ) אֶת הָעִיר.
9. הַיְלָדוֹת (שׁמר) אֶת הַבַּיִת.
10. אַתְּ (כתב) שִׁיר יָפֶה.

ISRAELI WEIGHTS AND MEASURES מִשְׁקָלוֹת וּמִדּוֹת

2.2 lbs.	kilogram	1. קִילוֹ
a little more than a quart	liter	2. לִיטֶר
1.09 yards	meter	3. מֶטֶר
5/8 of a mile	kilometer	4. קִילוֹמֶטֶר
1/4 of an acre	dunam	5. דּוּנָם

שִׁעוּר אַרְבָּעִים וּשְׁלֹשָׁה

LESSON 43

מִלּוֹן

nevertheless	בְּכָל זֹאת	words of	דִּבְרֵי (י׳ דָּבָר)
slowly	לְאַט לְאַט	even	אֲפִילּוּ
will enter	יִכָּנְסוּ	brook	נַחַל
into, inside of	לְתוֹךְ	cut, carved	חָקַק בְּ . . .
you (*f. s.*) are right	הַצֶּדֶק לָךְ	a drop	טִפָּה
Yeshivah, academy	יְשִׁיבָה	drop by drop	טִפּוֹת טִפּוֹת
scholar	תַּלְמִיד חָכָם	soft	רַךְ (ר׳ רַכִּים)
happened	קָרָה		

עֲקִיבָא וְרָחֵל

Here is the conclusion of the story about Rachel and Akiva.

Part II

יָצָא עֲקִיבָא אֶל הַשָּׂדֶה, יָשַׁב תַּחַת עֵץ גָּדוֹל וְחָשַׁב עַל דִּבְרֵי רָחֵל.

„לֹא אוּכַל לִלְמֹד תּוֹרָה," אָמַר עֲקִיבָא, „כִּי אֵין אֲנִי יוֹדֵעַ אֲפִילּוּ אֶת הָא"ב."

עֲקִיבָא הָיָה יוֹשֵׁב אֵצֶל נַחַל מַיִם. בַּנַּחַל עָמְדָה אֶבֶן גְּדוֹלָה. הִבִּיט עֲקִיבָא וְרָאָה כִּי בָּאֶבֶן הָיָה חוֹר.

„מִי חָקַק בָּאֶבֶן וְעָשָׂה חוֹר?" שָׁאַל הָרוֹעֶה.

וְהִנֵּה רָאָה כִּי טִפּוֹת טִפּוֹת מַיִם נוֹפְלוֹת עַל הָאֶבֶן.

הַמַּיִם חָקְקוּ בָּאֶבֶן, וְעָשׂוּ חוֹר.

אָמַר עֲקִיבָא: „הַמַּיִם רַכִּים וְהָאֶבֶן קָשָׁה; וּבְכָל זֹאת נוֹפְלִים

הַמַּיִם לְאַט לְאַט וְחוֹקְקִים בָּאֶבֶן."

אָמַר עֲקִיבָא בְּלִבּוֹ:

„דִּבְרֵי הַתּוֹרָה הֵם כְּמוֹ מַיִם. אוּלַי דִּבְרֵי הַתּוֹרָה יִכָּנְסוּ לְתוֹךְ

לִבִּי (my heart) טִפּוֹת טִפּוֹת, וּלְאַט לְאַט אוּכַל לִלְמֹד תּוֹרָה."

כַּאֲשֶׁר רָאָה עֲקִיבָא אֶת רָחֵל, אָמַר לָהּ:

„רָחֵל, הַצֶּדֶק לָךְ. אֲנִי אֵלֵךְ לַיְשִׁיבָה. אוּלַי אוּכַל לִלְמֹד תּוֹרָה."

רָחֵל הָיְתָה שְׂמֵחָה מְאֹד כַּאֲשֶׁר שָׁמְעָה אֶת דִּבְרֵי עֲקִיבָא.

עֲקִיבָא הָרוֹעֶה לָקַח אֶת רָחֵל לְאִשָּׁה.

אַחֲרֵי כֵן הוּא הָלַךְ לַיְשִׁיבָה.

שָׁם לָמַד תּוֹרָה וְהָיָה לְתַלְמִיד חָכָם.

דִּקְדּוּק

הַמִּסְפָּרִים עֶשְׂרִים עַד מֵאָה (20 – 100)

We are studying Lesson 43.	אֲנַחְנוּ לוֹמְדִים שָׁעוּר אַרְבָּעִים וּשְׁלֹשָׁה.	1.
There are 24 hours in a day.	עֶשְׂרִים וְאַרְבַּע שָׁעוֹת בַּיּוֹם.	2.
There are 60 minutes in an hour.	שִׁשִּׁים דַּקּוֹת בְּשָׁעָה.	3.
There were 70 judges in the Sanhedrin.	בַּסַּנְהֶדְרִין הָיוּ שִׁבְעִים שׁוֹפְטִים.	4.

20 — 29

עֶשְׂרִים	20	עֶשְׂרִים וַחֲמִשָּׁה . . .	25
עֶשְׂרִים וְאֶחָד	21	עֶשְׂרִים וְשִׁשָּׁה	26
עֶשְׂרִים וּשְׁנַיִם	22	עֶשְׂרִים וְשִׁבְעָה . . .	27
עֶשְׂרִים וּשְׁלֹשָׁה . . .	23	עֶשְׂרִים וּשְׁמֹנָה . . .	28
עֶשְׂרִים וְאַרְבָּעָה . .	24	עֶשְׂרִים וְתִשְׁעָה . . .	29

30 — 100

שְׁלֹשִׁים	30	שִׁבְעִים	70
אַרְבָּעִים	40	שְׁמֹנִים	80
חֲמִשִּׁים	50	תִּשְׁעִים	90
שִׁשִּׁים	60	מֵאָה	100

1. Note the relationship between שְׁלֹשָׁה and שְׁלֹשִׁים, between אַרְבָּעָה and אַרְבָּעִים etc. These numbers are used with both masculine and feminine nouns (שִׁבְעִים שׁוֹפְטִים; also שִׁשִּׁים דַקּוֹת).

2. Unit members agree in gender with the noun (Note: עֶשְׂרִים וְאַרְבַּע שָׁעוֹת).

תַּרְגִּילִים

I. עֲנֵה בְּעִבְרִית:

1. עַל מָה חָשַׁב עֲקִיבָא כַּאֲשֶׁר יָשַׁב תַּחַת הָעֵץ?
2. מַדּוּעַ חָשַׁב עֲקִיבָא כִּי לֹא יוּכַל לִלְמֹד תּוֹרָה?

3. מָה רָאָה עֲקִיבָא בַּנַּחַל?
4. עַל מַה הִתְפַּלֵּא עֲקִיבָא?
5. מָה אָמַר עֲקִיבָא בְּלִבּוֹ?
6. מָה אָמַר עֲקִיבָא כַּאֲשֶׁר רָאָה אֶת רָחֵל?
7. מָתַי לָקַח עֲקִיבָא אֶת רָחֵל לְאִשָּׁה?
8. מַה קָּרָה אַחֲרֵי כֵן?

II. חַבֵּר מִשְׁפָּטִים בַּמִּלִּים הָאֵלֶּה:

1. בְּכָל זֹאת 2. חָקַק 3. חוֹר 4. נַחַל 5. טִפּוֹת
6. לְאַט לְאַט 7. אֲפִילוּ 8. עֵץ 9. רַךְ 10. אוּלַי

III. כְּתֹב אֶת תֹּכֶן הַסִּפּוּר לְפִי הַנּוֹשְׂאִים הָאֵלֶּה:

Write a summary of the story using these topics as guides:

1. רוֹעֶה עָנִי 2. רָחֵל וְהָרוֹעֶה 3. רָחֵל עֲצֵבָה
4. רָחֵל שְׂמֵחָה עוֹד פַּעַם 5. הָאֶבֶן בַּנַּחַל

IV. כְּתֹב אֶת הַמִּסְפָּר:

1. (24) ——— סְפָרִים 6. (55) ——— יְלָדִים
2. (35) ——— תַּלְמִידוֹת 7. (99) ——— כַּדּוּרִים
3. (100) ——— שְׁאֵלוֹת 8. (60) ——— תְּשׁוּבוֹת
4. (33) ——— דַּקּוֹת 9. (75) ——— עֵצִים
5. (48) ——— שָׁעוֹת 10. (82) ——— פְּרָסִים

V. כְּתֹב בְּמִלָּה אַחַת:

1. הָאֲרוּחָה שֶׁלְּךָ
2. הַמְּנוּחָה שֶׁלָּהּ
3. הַשִּׂיחָה שֶׁלָּנוּ
4. הַתְּשׁוּבָה שֶׁלּוֹ
5. הַשְּׁאֵלָה שֶׁלִּי
6. הָעֲבוֹדָה שֶׁלָּכֶם
7. הַחָכְמָה שֶׁלָּהֶם
8. הַמִּטָּה שֶׁלָּךְ
9. הַכִּתָּה שֶׁלָּכֶן
10. הָאֲגָדָה שֶׁלָּהֶן

VI. עִבְרִית מְדֻבֶּרֶת:

Describe what you see on a wall map of Israel. Begin each sentence with "בַּמַּפָּה אֲנִי רוֹאֶה" ("On the map I see..."). Use some of these Hebrew geographical terms.

Useful Geographical Terms

settlement	מוֹשָׁבָה	mountain	הַר
river	נָהָר	sea	יָם
city	עִיר	forest	יַעַר
valley	עֵמֶק	village	כְּפָר
cooperative settlement	קִבּוּץ	wilderness, desert	מִדְבָּר

קְרִיאָה נוֹסֶפֶת

הַסּוּס (The Horse)

A tale about a kind man, a thievish beggar and a clever judge.

פַּעַם אַחַת רָכַב אִישׁ בְּשֵׁם אָשֵׁר עַל סוּסוֹ.

בָּא אִישׁ עָנִי אֶל אָשֵׁר וְאָמַר:

„בְּבַקָּשָׁה, עֲזֹר לִי, אֵין לִי כֹּחַ (strength). תֵּן לִי לִרְכֹּב (to ride) עַל סוּסְךָ עַד אֲשֶׁר נָבֹא (we come) לִירוּשָׁלַיִם."

עָנָה אָשֵׁר:

„אֲנִי עוֹזֵר תָּמִיד לָעֲנִיִּים. בְּבַקָּשָׁה, עֲלֵה עַל הַסּוּס."

הֵם רָכְבוּ יַחַד עַד אֲשֶׁר בָּאוּ אֶל יְרוּשָׁלַיִם.

אָמַר אָשֵׁר:

„הִנֵּה יְרוּשָׁלַיִם. רֵד (dismount) מֵעַל הַסּוּס, וַאֲנִי אֵלֵךְ לְבֵיתִי בָּעִיר."

„אֲבָל הַסּוּס הוּא שֶׁלִּי!" קָרָא הֶעָנִי בְּכַעַס. „אַתָּה רוֹצֶה לִגְנֹב אֶת סוּסִי."

בָּאוּ לִפְנֵי הַשּׁוֹפֵט (the judge).

אָמַר הַשּׁוֹפֵט:

„שִׂימוּ אֶת הַסּוּס בָּאֻרְוָה (in the stable) בֵּין כָּל הַסּוּסִים."

אַחֲרֵי כֵן, אָמַר הַשּׁוֹפֵט אֶל אָשֵׁר:

„בֹּא אִתִּי אֶל הָאֻרְוָה וֶאֱמֹר לִי אֵיזֶה סוּס הוּא שֶׁלְּךָ."

אָשֵׁר הִכִּיר (recognized) אֶת סוּסוֹ מִיָּד (immediately).

אַחֲרֵי כֵן קָרָא הַשּׁוֹפֵט לָאִישׁ הֶעָנִי, וְגַם הוּא הִכִּיר אֶת הַסּוּס.

אָמַר הַשּׁוֹפֵט:

„הַסּוּס הוּא שֶׁל אָשֵׁר. תֵּן אוֹתוֹ אֵלָיו" (to him).

אָמְרוּ הָאֲנָשִׁים: „מַדּוּעַ אַתָּה נוֹתֵן אֶת הַסּוּס לְאָשֵׁר? גַּם הָאִישׁ

הַשֵּׁנִי הִכִּיר אֶת הַסּוּס."

עָנָה הַשּׁוֹפֵט:

„כַּאֲשֶׁר בָּא אָשֵׁר אֶל הָאֻרְוָה, צָהַל (neighed) הַסּוּס בְּשִׂמְחָה;

וְכַאֲשֶׁר בָּא הָאִישׁ הַשֵּׁנִי אֶל הָאֻרְוָה, שָׁתַק (remained silent) הַסּוּס.

לֹא רָצִיתִי לִרְאוֹת אִם הִכִּירוּ הָאֲנָשִׁים אֶת הַסּוּס; רָצִיתִי

לָדַעַת (to know) אִם הִכִּיר הַסּוּס אֶת הָאֲנָשִׁים."

שִׁעוּר אַרְבָּעִים וְאַרְבָּעָה

LESSON 44

מִלּוֹן

נָגִיד	prince	כָּרַתִּי	I cut off
מַלַּקָה	Malaga (name of a city)	עַל אֹדוֹת	concerning, about
סְפָרַד	Spain	חוֹלֶה (ר׳ חוֹלִים)	sick
מְשׁוֹרֵר	poet	מַתָּנָה	gift
וּמִנָּה אוֹתוֹ	and appointed him	אֲחָדִים	several
לִהְיוֹת	to be	יְחִי	long live!
קִלֵּל	cursed	שְׂפָתָיו (י׳ שָׂפָה)	his lips
כְּרֹת	cut off!	בִּמְקוֹם	in place of

שְׁמוּאֵל הַנָּגִיד

Samuel the Prince, poet and prime minister, discovers a remedy for slander.

בָּעִיר מַלַּקָה, אֲשֶׁר בִּסְפָרַד, חַי מְשׁוֹרֵר עִבְרִי בְּשֵׁם שְׁמוּאֵל.
הַמֶּלֶךְ אָהַב אֶת שְׁמוּאֵל כִּי שְׁמוּאֵל הָיָה אִישׁ טוֹב וְחָכָם,
וּמִנָּה אוֹתוֹ לִהְיוֹת שֵׁנִי לַמֶּלֶךְ.
פַּעַם אַחַת עָבְרוּ הַמֶּלֶךְ וּשְׁמוּאֵל הַנָּגִיד בָּעִיר.
בָּא מְשׁוֹרֵר עַרְבִי וְקִלֵּל אֶת שְׁמוּאֵל.
כָּעַס הַמֶּלֶךְ וְאָמַר:
„כְּרֹת אֶת הַלָּשׁוֹן הָרָעָה שֶׁל הָאִישׁ הַזֶּה!"

שְׁמוּאֵל הָיָה עָצֵב כַּאֲשֶׁר שָׁמַע אֶת דִּבְרֵי הַמֶּלֶךְ.

שָׁאַל שְׁמוּאֵל עַל אוֹדוֹת הַמְשׁוֹרֵר הָעַרְבִי.

אָמְרוּ לוֹ כִּי הָעַרְבִי הוּא אִישׁ עָנִי מְאֹד. בְּנֵי בֵיתוֹ הֵם חוֹלִים כִּי
לֹא הָיָה לָהֶם לֶחֶם לֶאֱכֹל.

שְׁמוּאֵל אָמַר אֶל הָעֶבֶד שֶׁלּוֹ: „שְׁלַח לַמְשׁוֹרֵר לֶחֶם וּבְגָדִים
וֶאֱמֹר לוֹ כִּי מַתָּנָה הִיא מִשְּׁמוּאֵל."

אַחֲרֵי יָמִים אֲחָדִים, עָבְרוּ הַמֶּלֶךְ וּשְׁמוּאֵל עוֹד פַּעַם בָּעִיר.
רָץ לִפְנֵיהֶם הַמְשׁוֹרֵר הָעַרְבִי וְקָרָא:
„יְחִי הַמֶּלֶךְ! יְחִי שְׁמוּאֵל הַנָּגִיד!"

כַּאֲשֶׁר רָאָה הַמֶּלֶךְ אֶת הָעַרְבִי, הוּא קָרָא:
„שְׁמוּאֵל, מַדּוּעַ לֹא עָשִׂיתָ כִּדְבָרִי (carry out my command)?
אָמַרְתִּי לְךָ לִכְרֹת אֶת הַלָּשׁוֹן הָרָעָה שֶׁל הָאִישׁ הַזֶּה!"

סִפֵּר שְׁמוּאֵל עַל אוֹדוֹת הַמַּתָּנָה, וְאָמַר:
„שְׁמַע אֶת הַבְּרָכָה אֲשֶׁר עַל שְׂפָתָיו. עָשִׂיתִי כִּדְבָרֶיךָ. כָּרַתִּי אֶת
לְשׁוֹנוֹ הָרָעָה. וְעַכְשָׁו בִּמְקוֹם לָשׁוֹן רָעָה יֵשׁ לוֹ לָשׁוֹן טוֹבָה."

פִּתְגָּם עִבְרִי

עַל שְׁלֹשָׁה דְבָרִים הָעוֹלָם קַיָּם:
עַל הָאֱמֶת וְעַל הַדִּין וְעַל
הַשָּׁלוֹם. (פִּרְקֵי אָבוֹת, א)

The world depends on three things: on truth, on justice and on peace.

(Ethics of the Fathers, I)

דִּקְדּוּק

Inflection of אֶת

The king appointed the poet.	1. הַמֶּלֶךְ מִנָּה אֶת הַמְשׁוֹרֵר.
The king appointed him.	הַמֶּלֶךְ מִנָּה אוֹתוֹ.
Isaac loved Rebecca.	2. יִצְחָק אָהַב אֶת רִבְקָה.
Isaac loved her.	יִצְחָק אָהַב אוֹתָהּ.

In Hebrew, object pronouns are formed from the word אֶת. The entire inflection follows:

רַבּוּי			יָחִיד	
us	אוֹתָנוּ	me	אוֹתִי	
you (*m.*)	אֶתְכֶם	you (*m.*)	אוֹתְךָ	
you (*f.*)	אֶתְכֶן	you (*f.*)	אוֹתָךְ	
them (*m.*)	אוֹתָם	him, it (*m.*)	אוֹתוֹ	
them (*f.*)	אוֹתָן	her, it (*f.*)	אוֹתָהּ	

תַּרְגִּילִים

1. הַשְׁלֵם בַּמִּלָּה הַנְּכוֹנָה:

(יְחִי, כָּרַת, לָשׁוֹן, מֶלֶךְ, מְשׁוֹרֵר,
מַתָּנָה, סְפָרַד, עָנִי, קִלֵּל, שְׂפָתָיו)

1. שְׁמוּאֵל הַנָּגִיד הָיָה ——— עִבְרִי.

2. שְׁמוּאֵל חַי בָּעִיר מַלַּקָה, בְּאֶרֶץ ———.

275

3. שְׁמוּאֵל הָיָה שֵׁנִי לַ______.
4. מְשׁוֹרֵר עַרְבִי ______ אֶת שְׁמוּאֵל.
5. הַמֶּלֶךְ אָמַר: „______ אֶת לְשׁוֹנוֹ הָרָעָה."
6. הַמְשׁוֹרֵר הָעַרְבִי הָיָה אִישׁ ______.
7. שְׁמוּאֵל שָׁלַח ______ אֶל הָעַרְבִי.
8. אַחֲרֵי יָמִים אֲחָדִים, פָּגַשׁ אוֹתָם הַמְשׁוֹרֵר וְקָרָא: „______ שְׁמוּאֵל הַנָּגִיד."
9. אָמַר שְׁמוּאֵל לַמֶּלֶךְ: „שְׁמַע אֶת הַבְּרָכָה אֲשֶׁר עַל ______."
10. כָּרַתִּי אֶת לְשׁוֹנוֹ הָרָעָה וְנָתַתִּי לוֹ ______ טוֹבָה.

II. זַוֵּג:

א	ב
מַלַּקָה	לְשׁוֹנוֹ
סְפָרַד	עַל שְׂפָתָיו
שְׁמוּאֵל	עִיר
כְּרֹת	בֵּיתוֹ
לֶחֶם	הַנָּגִיד
בְּרָכָה	לֶאֱכֹל
בְּנֵי	אֶרֶץ

III. בְּחַר בַּמִּלָּה הַנְּכוֹנָה:

1. הָעִיר מַלַּקָה הִיא בְּאֶרֶץ (יִשְׂרָאֵל, סְפָרַד)
2. שְׁמוּאֵל הַנָּגִיד הָיָה מְשׁוֹרֵר (עִבְרִי, עַרְבִי)
3. הַמֶּלֶךְ אָהַב אֶת שְׁמוּאֵל כִּי שְׁמוּאֵל (חָכָם, עָשִׁיר).
4. הַמְשׁוֹרֵר הָעַרְבִי קִלֵּל אֶת (הַמֶּלֶךְ, שְׁמוּאֵל).

5. הַמֶּלֶךְ (כָּעַס, צָחַק) כַּאֲשֶׁר שָׁמַע אֶת דִּבְרֵי הָעַרְבִי.
6. הַמֶּלֶךְ אָמַר: „כְּרֹת אֶת (הַיָּד, הַלָּשׁוֹן) שֶׁל הָעַרְבִי."
7. שְׁמוּאֵל כָּרַת אֶת הַלָּשׁוֹן (הַטּוֹבָה, הָרָעָה) שֶׁל הַמְשׁוֹרֵר.
8. עַל שְׂפָתָיו שֶׁל הַמְשׁוֹרֵר הָיְתָה (בְּרָכָה, שְׁאֵלָה).

IV. הַשְׁלֵם:

1. אִמָּא אוֹהֶבֶת ———. me
2. לֹא רָאִיתִי ——— בְּבֵית הַסֵּפֶר. you (*f. s.*)
3. לֹא פָּגַשְׁתִּי ——— בַּשַּׁבָּת. you (*m.*)
4. הָעַרְבִי קִלֵּל ———, אֲבָל שְׁמוּאֵל לֹא כָּעַס. him
5. הַמֶּלֶךְ מִנָּה ——— לִהְיוֹת שׁוֹפְטִים. them (*m.*)

V. שַׁנֵּה לְרִבּוּי:

1. אִמָּא שָׁלְחָה <u>אוֹתִי</u> לַחֲנוּת.
2. רָאִיתִי <u>אוֹתְךָ</u> בְּיוֹם רִאשׁוֹן.
3. אֲנִי אוֹהֵב <u>אוֹתָךְ</u>.
4. לֹא מָצָאתִי <u>אוֹתוֹ</u> בַּבַּיִת.
5. שָׂרָה פָּגְשָׁה <u>אוֹתָהּ</u> בַּגַּן.

VI. עִבְרִית מְדֻבֶּרֶת:

הַמְחֵז (dramatize) אֶת הַסִּפּוּר „שְׁמוּאֵל הַנָּגִיד." הַתַּפְקִידִים הֵם: (the parts to be assigned) שְׁמוּאֵל, הַמֶּלֶךְ, הַמְשׁוֹרֵר הָעַרְבִי, עֲבָדִים.

קוּמָה אֶחָא

The pioneers invite all to join the circle as they dance and sing of the creative tasks that await them.

קוּמָה, אֶחָא, סֹבָּה סֹב,
אַל תָּנוּחָה, שׁוּבָה שׁוֹב,
אֵין כַּאן רֹאשׁ וְאֵין כַּאן סוֹף,
יָד אֶל יָד, אַל תַּעֲזֹב.

יוֹם שָׁקַע וְיוֹם יִזְרַח,
אָנוּ נֵפֶן אָח אֶל אָח,
מִן הַכְּפָר וּמִן הַכְּרָךְ,
בְּחֶרְמֵשׁ וּבַאֲנָךְ.

שִׁעוּר אַרְבָּעִים וַחֲמִשָּׁה

LESSON 45

מִלּוֹן

put on, wore	לָבַשׁ	funeral	הַלְוָיָה
may you wear	תִּלְבַּשׁ (ר׳ תִּלְבְּשׁוּ)	white	לָבָן (ר׳ לְבָנִים)
wearing	לָבוּשׁ (ר׳ לְבוּשִׁים)	may he rest in peace	יָנוּחַ בְּשָׁלוֹם עַל מִשְׁכָּבוֹ
God willing	אִם יִרְצֶה הַשֵּׁם	thirty days old	בֶּן שְׁלֹשִׁים יוֹם
wedding	חֲתוּנָה	party, banquet	מִשְׁתֶּה
neighbor	שָׁכֵן	joy, festivity	שִׂמְחָה
chased away	גֵּרֵשׁ	good luck	מַזָּל טוֹב
wear it well!	תִּתְחַדֵּשׁ	a fire	שְׂרֵפָה
why don't you	מַדּוּעַ אֵינְךָ	smoke	עָשָׁן
		chimney	מַעֲשֵׁנָה

יֶלֶד טִפֵּשׁ

Ḥusham has the habit of saying the right thing at the wrong time.

חוּשָׁם לֹא הָיָה יֶלֶד חָכָם. פַּעַם לָבַשׁ חוּשָׁם בֶּגֶד חָדָשׁ.

אָמְרָה לוֹ הָאֵם: ,,אִם יִרְצֶה הַשֵּׁם, תִּלְבַּשׁ בֶּגֶד חָדָשׁ בְּיוֹם חֲתוּנָתְךָ.``

יָצָא חוּשָׁם וְרָאָה אֶת הַשָּׁכֵן וְאִשְׁתּוֹ עַל יַד הַבַּיִת.

רָאָה חוּשָׁם כִּי הֵם לְבוּשִׁים בְּגָדִים חֲדָשִׁים.

אָמַר לָהֶם: ,,אִם יִרְצֶה הַשֵּׁם, תִּלְבְּשׁוּ בְּגָדִים חֲדָשִׁים בְּיוֹם חֲתוּנַתְכֶם.``

279

כָּעַס הַשָּׁכֵן וְגֵרֵשׁ אֶת חוּשָׁם.

בָּא חוּשָׁם וּבָכָה לִפְנֵי הָאֵם.

אָמְרָה לוֹ: „בְּנִי, אֶל הָאִישׁ הַלּוֹבֵשׁ בֶּגֶד חָדָשׁ, אוֹמְרִים

‚תִּתְחַדֵּשׁ.' מַדּוּעַ אֵינְךָ אוֹמֵר ‚תִּתְחַדֵּשׁ'"?

יָצָא חוּשָׁם וְרָאָה הַלְוָיָה, וְרָאָה בְּגָדִים לְבָנִים עַל הַמֵּת.

בָּא חוּשָׁם וְאָמַר: „תִּתְחַדֵּשׁ! תִּתְחַדֵּשׁ!"

כָּעֲסוּ הָאֲנָשִׁים מְאֹד מְאֹד, וְגֵרְשׁוּ אֶת חוּשָׁם.

אָמַר הָאָב אֶל חוּשָׁם:

„בְּנִי, אֵינֶנּוּ אוֹמְרִים תִּתְחַדֵּשׁ עַל הַמֵּת. בְּהַלְוָיָה אוֹמְרִים ‚יָנוּחַ

בְּשָׁלוֹם עַל מִשְׁכָּבוֹ'."

יָצָא חוּשָׁם וְרָאָה אֲנָשִׁים רַבִּים הוֹלְכִים, וְנוֹשְׂאִים יֶלֶד

בֶּן שְׁלֹשִׁים יוֹם לְמִשְׁתֶּה.

חָשַׁב חוּשָׁם, „הַלְוָיָה הִיא."

רָץ וְאָמַר: „יָנוּחַ בְּשָׁלוֹם עַל מִשְׁכָּבוֹ."

כָּעֲסוּ הָאֲנָשִׁים וְגֵרְשׁוּ אֶת חוּשָׁם.

אָמְרָה הָאֵם בְּכַעַס: „חוּשָׁם, בְּיוֹם שִׂמְחָה אוֹמְרִים ‚מַזָּל טוֹב'!"

יָצָא חוּשָׁם וְרָאָה שְׂרֵפָה בָּרְחוֹב, וַאֲנָשִׁים רָצִים וְעוֹלִים עַל

הַגַּג וְצוֹעֲקִים בְּקוֹלֵי קוֹלוֹת.

אָמַר חוּשָׁם: „שִׂמְחָה גְּדוֹלָה שָׁם."

רָץ וְצָעַק: „מַזָּל טוֹב! מַזָּל טוֹב!"

שָׁפְכוּ עַל רֹאשׁוֹ כַּד מַיִם.

אָמַר לוֹ הָאָב: „חוּשָׁם, בִּשְׂרֵפָה אֵינֶנּוּ אוֹמְרִים מַזָּל טוֹב.
לוֹקְחִים כַּד מַיִם וְשׁוֹפְכִים עַל הָאֵשׁ."
יָצָא הַיֶּלֶד וְרָאָה עָשָׁן עוֹלֶה מִן הַמַּעֲשֵׁנָה.
אָמַר: „שְׂרֵפָה הִיא."
רָץ, וְלָקַח כַּד מַיִם, וְעָלָה עַל הַגַּג, וְשָׁפַךְ לְתוֹךְ הַמַּעֲשֵׁנָה.
יָצְאוּ אַנְשֵׁי הַבַּיִת, רָאוּ אֶת חוּשָׁם, וְגֵרְשׁוּ אוֹתוֹ.
וְהַיֶּלֶד בָּכָה וְרָץ אֶל בֵּיתוֹ.

דִּקְדּוּק

INFLECTION OF אֵין

Why don't you say, "Wear it well"?	מַדּוּעַ אֵינְךָ אוֹמֵר „תִּתְחַדֵּשׁ"?	.1
I don't know.	אֵינֶנִּי יוֹדֵעַ.	.2
The burning bush is not consumed.	הַסְּנֶה אֵינֶנּוּ אֻכָּל.	.3

אֵין may be inflected like a noun by adding the pronoun endings.

יָחִיד

I am not, do not	אֵינִי, אֵינֶנִּי
you (*m.*) are not, do not	אֵינְךָ
you (*f.*) are not, do not	אֵינֵךְ
he is not, does not	אֵינוֹ, אֵינֶנּוּ
she is not, does not	אֵינָהּ, אֵינֶנָּה

281

רִבּוּי

אֵינֶנּוּ	we are not, do not
אֵינְכֶם	you (*m.*) are not, do not
אֵינְכֶן	you (*f.*) are not, do not
אֵינָם	they (*m.*) are not, do not
אֵינָן	they (*f.*) are not, do not

תַּרְגִּילִים

I. עֲנֵה בְּעִבְרִית:

1. מָה אָמְרָה הָאֵם כַּאֲשֶׁר לָבַשׁ חוּשָׁם בֶּגֶד חָדָשׁ?
2. מַדּוּעַ כָּעַס הַשָּׁכֵן?
3. מָתַי אוֹמְרִים „תִּתְחַדֵּשׁ"?
4. מַדּוּעַ גֵּרְשׁוּ אֶת חוּשָׁם מִן הַהַלְוָיָה?
5. מָתַי אוֹמְרִים „יָנוּחַ בְּשָׁלוֹם עַל מִשְׁכָּבוֹ"?
6. מָתַי אוֹמְרִים „מַזָּל טוֹב"?
7. מָה צָעַק חוּשָׁם כַּאֲשֶׁר רָאָה שְׂרֵפָה?
8. מֶה עָשׂוּ הָאֲנָשִׁים?

II. כְּתֹב „כֵּן" אוֹ „לֹא" וְתַקֵּן כָּל מִשְׁפָּט בִּלְתִּי נָכוֹן:

1. בְּיוֹם שִׂמְחָה אוֹמְרִים „תִּתְחַדֵּשׁ".
2. חוּשָׁם אָמַר „יָנוּחַ בְּשָׁלוֹם עַל מִשְׁכָּבוֹ" לְיֶלֶד בֶּן שְׁלֹשִׁים יוֹם.
3. חוּשָׁם שָׁפַךְ מַיִם כַּאֲשֶׁר רָאָה שְׂרֵפָה.

4. עַל הַמֵּת אוֹמְרִים: „יָנוּחַ בְּשָׁלוֹם עַל מִשְׁכָּבוֹ."

5. כַּאֲשֶׁר שָׁפַךְ חוּשָׁם מַיִם לְתוֹךְ הַמַּעֲשָׂנָה, אָמְרוּ הָאֲנָשִׁים: „מַזָּל טוֹב".

III. חַבֵּר מִשְׁפָּטִים בַּמִּלִּים הָאֵלֶּה:

1. שָׁכֵן 2. שְׂרֵפָה 3. גֵּרֵשׁ 4. מִשְׁתֶּה 5. הַלְוָיָה

6. עֵשָׂה 7. שִׂמְחָה 8. לָבַשׁ 9. לָבָן 10. מַזָּל טוֹב

IV. הַשְׁלֵם:

Complete the following Biblical phrases using the inflected forms of אֵין.

1. (I am not) ——— עֹבֵר אֶת הַיַּרְדֵּן. (Deuteronomy 4, 22)

2. (We do not) ——— שֹׁמְעִים אֵלֶיךָ. (Jeremiah 44, 16)

3. (are not) וְאַתָּה ——— חוֹלֶה. (Nehemiah 2, 2)

4. (you do not) כִּי ——— שָׂמִים עַל לֵב. (Malachi 2, 2)

5. (He is not) ——— גָּדוֹל בַּבַּיִת הַזֶּה מִמֶּנִּי. (Genesis 39, 9)

6. (they do not) כַּאֲשֶׁר ——— יֹדְעִים. (II Kings 17, 26)

V. שַׁנֵּה לְרִבּוּי:

1. <u>אֵינֶנִּי יוֹדֵעַ</u> אֶת הַתְּשׁוּבָה.

2. <u>אֵינְךָ זוֹכֵר</u> אֶת שְׁמִי?

3. מַדּוּעַ <u>אֵינֵךְ יוֹשֶׁבֶת</u> בְּשֶׁקֶט?

4. <u>אֵינֶנּוּ רוֹאֶה</u> אֶת הַלּוּחַ.

5. <u>אֵינֶנָּה</u> בַּבַּיִת.

VI. עִבְרִית מְדַבֶּרֶת:

Pretend you have entered a clothing store in Tel Aviv and wish to make a purchase. Carry on a conversation with the merchant using some of the words in the following vocabulary list.

Clothing	בְּגָדִים
I'd like a pair of shoes.	אֲנִי רוֹצֶה זוּג נַעֲלַיִם.
Were they made in Israel?	הַאִם מְתוּצֶרֶת הָאָרֶץ הֵן?
She's wearing a nice hat.	הִיא חוֹבֶשֶׁת מִגְבַּעַת יָפָה.
blouse	חוּלְצָה
socks	גַּרְבַּיִם
gloves	כְּפָפוֹת
Is this a new suit?	הַאִם זֶה בֶּגֶד חָדָשׁ?
Wear it well!	תִּתְחַדֵּשׁ!
It's the latest style.	זֶה לְפִי הָאָפְנָה[1] הָאַחֲרוֹנָה.
Miss, this fits you nicely.	גְּבֶרֶת, זֶה הוֹלֵם אוֹתָךְ יָפֶה.
What color?	אֵיזֶה צֶבַע?

red	אָדֹם
black	שָׁחוֹר
white	לָבָן
blue	כָּחֹל
brown	חוּם
green	יָרֹק
yellow	צָהֹב
purple	אַרְגָּמָן

[1] The אָ is pronounced like the "o" in "more" in both Sefardic and Ashkenazic.

חֲזָרָה

I. תַּרְגֵּם לְעִבְרִית:

1. wine
2. vessels, dishes
3. is kept
4. lived
5. daughters
6. sad
7. I shall be able
8. began
9. wept
10. word, words of
11. even
12. slowly
13. scholar
14. to be
15. about, concerning
16. sick
17. gift
18. several
19. his lips
20. in place of
21. wore
22. wedding
23. neighbor
24. you don't
25. white
26. rejoicing, joy
27. happened

II. תַּרְגֵּם לְאַנְגְּלִית:

1. חָכְמָה
2. יֹפִי
3. יְפֵה תֹאַר
4. קֵיסָר
5. רוֹמָא
6. אַרְמוֹן
7. מְכֹעָר
8. כְּלֵי חֶרֶס
9. כְּלֵי כֶסֶף
10. כְּלֵי זָהָב
11. אוֹרֵחַ
12. הֶחְמִיץ
13. פָּשׁוּט
14. הַיָּפָה בְּ...
15. הִתְאַהֲבָה בְּ...
16. אֲהַבְתֶּם
17. גָּדֵל
18. אוֹתָךְ
19. הֲיִי לִי לְאִשָּׁה
20. נַחַל
21. חָקַק בְּ...
22. טִפָּה
23. רַךְ
24. בְּכָל זֹאת
25. יִכָּנְסוּ
26. לְתוֹךְ
27. הַצֶּדֶק לָךְ
28. נָגִיד
29. סְפָרַד
30. מְשׁוֹרֵר
31. מִנְּהָ
32. הִלֵּל
33. כְּרֹת
34. יְחִי
35. אִם יִרְצֶה הַשֵּׁם
36. גֵּרַשׁ
37. תִּתְחַדֵּשׁ
38. הַלְוָיָה
39. מִשְׁתֶּה
40. מַזָּל טוֹב
41. שְׂרֵפָה
42. עָשָׁן
43. מַעֲשֵׂיָה
44. יָנוּחַ בְּשָׁלוֹם עַל מִשְׁכָּבוֹ
45. הַסּוּס

III. Do you know the following grammatical forms?

A. Noun: Feminine nouns, page 256; inflection of דּוֹדָה, page 262.

B. Pronoun: אוֹתִי, page 275.

C. Negative: Inflection of אֵין, page 281.

D. Numbers: 20-100, page 268.

IV. Oral Hebrew:

A. Summarize in Hebrew the following stories:

1. „חָכְמָה וְיֹפִי" 2. „עֲקִיבָא וְרָחֵל" 3. „שְׁמוּאֵל הַנָּגִיד"

4. „יֶלֶד טִפֵּשׁ"

B. Converse on the following topics:

1. בַּמַּפָּה אֲנִי רוֹאֶה... 2. בַּחֲנוּת בְּגָדִים

V. Culture:

1. What is the value in American currency of a לִירָה?

2. What is the equivalent of a דּוּנָם? a קִילוֹ? a לִיטֶר?

3. List 5 Hebrew geographic terms.

4. Recite a Hebrew proverb.

מִבְחָן

I. **עֲנֵה בְעִבְרִית:** (20)

1. מַדּוּעַ הֶחְמִיץ הַיַּיִן שֶׁל הַמֶּלֶךְ?
2. מַדּוּעַ חָשַׁב עֲקִיבָא כִּי לֹא יוּכַל לִלְמֹד תּוֹרָה?
3. מָה רָאָה עֲקִיבָא בַּנַּחַל?
4. אֵיךְ כָּרַת שְׁמוּאֵל אֶת הַלָּשׁוֹן הָרָעָה שֶׁל הָעַרְבִי?
5. מַה צָּעַק חוּשָׁם כַּאֲשֶׁר רָאָה שְׂרֵפָה?

II. **בְּחַר בַּמִּלָּה הַנְּכוֹנָה:** (10)

(בָּנוֹת, דִּבְרֵי, חוֹלֶה, חַי, יַיִן, מַתָּנָה,
לָבַשׁ, עָצֵב, שִׂמְחָה, תַּלְמִיד חָכָם)

1. הַקֵּיסָר שָׂם אֶת הַ——— בִּכְלֵי זָהָב.
2. עֲקִיבָא ——— בְּאֶרֶץ יִשְׂרָאֵל.
3. רָחֵל הָיְתָה הַיָּפָה בַּ———.
4. עֲקִיבָא הָיָה ——— כִּי לֹא לָמַד תּוֹרָה.
5. עֲקִיבָא לָמַד תּוֹרָה וְהָיָה לְ———.
6. הַמֶּלֶךְ כָּעַס כַּאֲשֶׁר שָׁמַע אֶת ——— הָעַרְבִי.
7. שְׁמוּאֵל שָׁלַח ——— אֶל הָעַרְבִי.
8. הַמְשׁוֹרֵר הָעַרְבִי הָיָה אִישׁ עָנִי וְ———.
9. חוּשָׁם ——— בֶּגֶד חָדָשׁ.
10. בְּיוֹם שֶׁל ——— אוֹמְרִים „מַזָּל טוֹב".

III. כְּתֹב „זֶה" אוֹ „זֹאת" לִפְנֵי כָּל שֵׁם עֶצֶם (noun): (10)

1. ______ בֶּגֶד
2. ______ אֶרֶץ
3. ______ עֵץ
4. ______ אֶבֶן
5. ______ עִיר
6. ______ בַּיִת
7. ______ דֶּלֶת
8. ______ עַיִן
9. ______ בְּרֵכָה
10. ______ נַחַל

IV. כְּתֹב בְּמִלָּה אַחַת: (10)

1. הַדּוֹדָה שֶׁלָּךְ ______
2. הַשִּׂמְחָה שֶׁלּוֹ ______
3. הַחֲתוּנָּה שֶׁלָּהּ ______
4. הַיְשִׁיבָה שֶׁלָּנוּ ______
5. הַשִּׂיחָה שֶׁלָּהֶם ______
6. הַתּוֹרָה שֶׁלְּךָ ______
7. הָעֲבוֹדָה שֶׁלָּכֶם ______
8. הָאֲרוּחָה שֶׁלָּכֶן ______
9. הָאֲגָדָה שֶׁלָּהֶן ______
10. הַמִּטָּה שֶׁלִּי ______

V. כְּתֹב אֶת הַמִּסְפָּר הַנָּכוֹן: (10)

1. (26) ______ יְלָדִים
2. (45) ______ בַּחוּרוֹת
3. (60) ______ יָמִים
4. (24) ______ שְׁאֵלוֹת
5. (18) ______ סְפָרִים
6. (99) ______ כֵּלִים
7. (67) ______ אֲנָשִׁים
8. (31) ______ יְלָדוֹת
9. (92) ______ עֵצִים
10. (11) ______ חֲדָרִים

VI. שַׁנֵּה לְרִבּוּי: (10)

1. הַסָּב אוֹהֵב <u>אוֹתִי</u>.

2. מַדּוּעַ לֹא רָאִיתִי <u>אוֹתָךְ</u> אֶתְמוֹל?

3. מָתַי פָּגַשׁ <u>אוֹתְךָ</u>?

4. הַמֶּלֶךְ לֹא זָכַר <u>אוֹתוֹ</u>.

5. הָאֵם שָׁלְחָה <u>אוֹתָהּ</u> אֶל בֵּית הַסֵּפֶר.

VII. תַּרְגֵּם: (10)

1. ——— זוֹכֶרֶת אֶת הַתְּשׁוּבָה. (I do not)

2. ——— בַּבַּיִת. (They are not)

3. דָּוִד, מַדּוּעַ ——— עוֹנֶה? (don't you)

4. שִׁמְעוֹן ——— עָשִׁיר. (is not)

5. ——— שׁוֹמְעִים. (We do not)

VIII. Summarize either of these stories in Hebrew: (20)

1. „עֲקִיבָא וְרָחֵל" 2. „שְׁמוּאֵל הַנָּגִיד"

שִׁעוּר אַרְבָּעִים וְשִׁשָּׁה

LESSON 46

מִלּוֹן

רוֹפֵא	doctor	רָם	high
רִפֵּא	cured	בְּקוֹל רָם	in a loud voice
יְהוּדִי	Jew	מַלְאַךְ הַמָּוֶת	angel of death
בֶּרְלִין	Berlin	שָׁמַר בְּלִבּוֹ	he remembered
לֶסִינְג	Lessing (German poet)	חָלָה	(he) became ill
שָׂם (שׁ. שִׂים)	(he) put	שָׁכַב	(he) lay
רָאשֵׁי תֵבוֹת ר. ת.	initials	פָּגַשׁ	(he) met
מֶדִיצִינֶר	physician (German)	מְחַיֵּה הַמֵּתִים	revives the dead

הָרוֹפֵא הַיְּהוּדִי

This is a witty anecdote about the poet Lessing and his friend, Dr. Mordecai Hertz.

בְּעִיר בֶּרְלִין הָיָה רוֹפֵא יְהוּדִי וּשְׁמוֹ מָרְדְּכַי[1] הֶרְץ. הָרוֹפֵא הָיָה חָבֵר טוֹב לַמְשׁוֹרֵר הַגָּדוֹל לֶסִינְג. הֶרְץ שָׂם אֶת הָאוֹתִיּוֹת מה״ם עַל הַמֶּרְכָּבָה שֶׁלּוֹ. הָאוֹתִיּוֹת הָיוּ רָאשֵׁי הַתֵּבוֹת לַשֵּׁם:

מָרְדְּכַי הֶרְץ מֶדִיצִינֶר.

הַמְשׁוֹרֵר לֶסִינְג הֵבִין עִבְרִית. פַּעַם יָצָא לֶסִינְג לְטַיֵּל עִם חָבֵר שֶׁלּוֹ.

[1] The ָ in מָרְדְּכַי is pronounced like the "o" in "more" in both Sefardic and Ashkenazic.

וְהִנֵּה עָבְרָה לִפְנֵיהֶם הַמֶּרְכָּבָה שֶׁל הָרוֹפֵא מָרְדְּכַי הֶרְץ.
רָאָה הֶחָבֵר אֶת הָאוֹתִיּוֹת מה"ם עַל הַמֶּרְכָּבָה וְשָׁאַל אֶת לֶסִינְג:
„מַה פֵּרוּשׁ רָאשֵׁי הַתֵּבוֹת מה"ם?"
עָנָה לֶסִינְג בְּקוֹל רָם: „מה"ם – מַלְאַךְ הַמָּוֶת."
שָׁמַע הָרוֹפֵא אֶת תְּשׁוּבַת לֶסִינְג וְשָׁמַר אֶת הַדָּבָר בְּלִבּוֹ.
אַחֲרֵי יָמִים אֲחָדִים, חָלָה הַמְשׁוֹרֵר לֶסִינְג וְשָׁכַב בְּמִטָּתוֹ
הוּא שָׁלַח לִקְרֹא לָרוֹפֵא הַיְּהוּדִי, מָרְדְּכַי הֶרְץ.
בָּא הָרוֹפֵא וְרִפֵּא אֶת לֶסִינְג.
עָבְרוּ שְׁנֵי יָמִים וְהַמְשׁוֹרֵר קָם מִמִּטָּתוֹ, בָּרִיא בְגוּפוֹ.
יָצָא לֶסִינְג לְטַיֵּל בָּרְחוֹב. פָּגַשׁ אוֹתוֹ הָרוֹפֵא וְשָׁאַל אֶת לֶסִינְג:
„מָה אַתָּה אוֹמֵר עַכְשָׁו עַל רָאשֵׁי הַתֵּבוֹת מה"ם?"
עָנָה לֶסִינְג: „מה"ם – מְחַיֵּה הַמֵּתִים."

דִּקְדּוּק

1. אֲנִי שָׂם אֶת הַסֵּפֶר עַל הַשֻּׁלְחָן.

I am putting the book on the table.

2. שָׂרָה שָׂמָה אֶת הַבֶּגֶד עַל הַכִּסֵּא.

Sarah puts her coat on the chair.

3. הַיְלָדִים שָׂמוּ אֶת הַמַּחְבָּרוֹת בַּיַּלְקוּטִים.

The children put the notebooks in their briefcases.

4. מַדּוּעַ שַׂמְתָּ אֶת הַכִּסֵּא שָׁם?

Why did you put the chair there?

A. Present Tense of שִׂים (ע״י)[1]

יָחִיד

	נְקֵבָה			זָכָר
שָׂמָה	אֲנִי / אַתְּ / הִיא		שָׂם	אֲנִי / אַתָּה / הוּא

רִבּוּי

	נְקֵבָה			זָכָר
שָׂמוֹת	אֲנַחְנוּ / אַתֶּן / הֵן		שָׂמִים	אֲנַחְנוּ / אַתֶּם / הֵם

B. Past Tense of שִׂים

רִבּוּי		יָחִיד	
we put	שַׂמְנוּ	I put	שַׂמְתִּי
you (*m.*) put	שַׂמְתֶּם	you (*m.*) put	שַׂמְתָּ
you (*f.*) put	שַׂמְתֶּן	you (*f.*) put	שַׂמְתְּ
they (*m.*) put	שָׂמוּ	he put	שָׂם
they (*f.*) put	שָׂמוּ	she put	שָׂמָה

1. Note that the middle letter י of the root falls out in all forms of the present and past tenses. This type of verb is known as ע״י.

2. The vowel of the first root-letter in the present tense is ָ (קָמַץ) in all forms.

[1] For full conjugation of ע״י verbs see p.364.

3. In the past tense, the vowel of the first letter is ־ַ (פַּתָּח) in the first and second person singular and plural. In the third person singular and plural the vowel is ָ (קָמַץ).

4. The stress in the past tense third person singular and plural is on the first syllable, thus: שָׂ֫מָה (she put), שָׂ֫מוּ (they put).

Like שִׂים conjugate שִׁיר (sing); רִיב (quarrel); דִּין (judge).

תַּרְגִּילִים

I. עֲנֵה בְּעִבְרִית:

1. מִי הָיוּ חֲבֵרִים טוֹבִים?
2. מָה הַפֵּרוּשׁ שֶׁל הָאוֹתִיּוֹת מה"מ?
3. מַה קָּרָה לְלֶסִּינְג כַּאֲשֶׁר הָלַךְ לְטַיֵּל עִם חֲבֵרוֹ?
4. מַדּוּעַ עָנָה לֶסִּינְג בְּקוֹל רָם: „מַלְאַךְ הַמָּוֶת"?
5. מֶה עָשָׂה הָרוֹפֵא כַּאֲשֶׁר שָׁמַע אֶת דִּבְרֵי לֶסִּינְג?
6. מַה קָּרָה לְלֶסִּינְג אַחֲרֵי יָמִים אֲחָדִים?
7. לְמִי קָרָא לֶסִּינְג כַּאֲשֶׁר שָׁכַב בְּמִטָּתוֹ?
8. בְּכַמָּה יָמִים קָם לֶסִּינְג מִמִּטָּתוֹ?
9. מַה שָּׁאַל הָרוֹפֵא הַיְּהוּדִי אֶת לֶסִּינְג?
10. מַדּוּעַ עָנָה לֶסִּינְג: „מְחַיֵּה הַמֵּתִים"?

II. כְּתֹב הֲפָכִים (opposites):

1. מְכֹעָר 2. חוֹלֶה 3. עָצֵב 4. בָּכָה 5. לְאַט לְאַט
6. חַיִּים 7. עָנִי 8. קַח 9. חֹשֶׁךְ 10. הַרְבֵּה

III. זַוֵּג:

ב	א
בֶּרְלִין	רָאשֵׁי
הֶרְץ	מה"מ
רָם	רוֹפֵא
בְּמִטָּתוֹ	מְשׁוֹרֵר
לְסִינֶג	שָׁכַב
תֵּבוֹת	עִיר
מְחַיֵּה הַמֵּתִים	קוֹל

IV. כְּתֹב בִּזְמַן הֹוֶה:

1. (שִׂים) רָחֵל ——— אֶת הַגִּיר עַל הַלּוּחַ.
2. (שִׁיר) הַתַּלְמִידִים ——— שִׁירִים עִבְרִים.
3. (רִיב) הָאִשָּׁה ——— עִם הַפִּילוֹסוֹף בְּכָל יוֹם.
4. (קוּם) דָּוִד ——— וְהוֹלֵךְ לְבֵית הַסֵּפֶר.
5. (רוּץ) הַיְלָדוֹת ——— אֶל הַגַּן.

V. כְּתֹב בִּזְמַן עָבָר:

1. (נוּחַ) אֲנִי ——— בְּיוֹם הַשַּׁבָּת.
2. (שׁוּב) אֲנַחְנוּ ——— מִן הָעֲבוֹדָה בְּשָׁעָה שֵׁשׁ.
3. (שִׂים) הָרוֹפֵא ——— אֶת הָאוֹתִיּוֹת עַל הַמֶּרְכָּבָה.
4. (רִיב) מַדּוּעַ אַתֶּם ——— עִם הַשָּׁכֵן.
5. (שִׁיר) אַבְרָהָם וְרוּת ——— יַחַד.

VI. עִבְרִית מְדֻבֶּרֶת:

סַכֵּם (summarize) בְּעִבְרִית אֶת הַסִּפּוּר „הָרוֹפֵא הַיְּהוּדִי."

קְרִיאָה נוֹסֶפֶת

הַדָּגִים הַחֲכָמִים

The sly fox is outwitted by the fish.

פַּעַם הָלַךְ שׁוּעָל (fox) עַל שְׂפַת הַיָּם (the seashore).

רָאָה הַשּׁוּעָל דָּגִים רָצִים הֵנָּה וָהֵנָּה (to and fro).

עָמַד הַשּׁוּעָל וְקָרָא בְּקוֹל:

„דָּגִים, דָּגִים, מַדּוּעַ אַתֶּם בּוֹרְחִים?"

עָמְדוּ הַדָּגִים בַּמַּיִם, הִבִּיטוּ עַל הַשּׁוּעָל וְאָמְרוּ:

„אֲנַחְנוּ בּוֹרְחִים מִן הָרְשָׁתוֹת (the nets) שֶׁל הַדַּיָּגִים (fishermen)."

„צַר לִי מְאֹד" (I'm very sorry), אָמַר הַשּׁוּעָל. „אוּלַי אַתֶּם רוֹצִים לַעֲלוֹת (to ascend) עַל הָאָרֶץ, וְנִחְיֶה (and we shall live) יַחַד בְּשָׁלוֹם כַּאֲשֶׁר (just as) יָשְׁבוּ הָאָבוֹת שֶׁלִּי וְהָאָבוֹת שֶׁלָּכֶם."

עָנוּ הַדָּגִים:

„הַאִם אַתָּה הַשּׁוּעָל שֶׁקּוֹרְאִים לוֹ אֲנָשִׁים פִּקֵּחַ (shrewd)?

טִפֵּשׁ אַתָּה! אִם בַּמַּיִם אֲנַחְנוּ פּוֹחֲדִים תָּמִיד, הִנֵּה עַל הָאָרֶץ, שֶׁהִיא מְקוֹם מָוֶת לָנוּ, לֹא כָל שֶׁכֵּן." (how much more cause would we have to be afraid)

שִׁעוּר אַרְבָּעִים וְשִׁבְעָה

LESSON 47

מִלּוֹן

it's all right	אֵין דָּבָר	Nahalal	נַהֲלָל
to dry	לְיַבֵּשׁ	full	מָלֵא
we shall build	נִבְנֶה	a swamp	בִּצָּה
our houses, homes	בָּתֵּינוּ	empty	רֵיק
their homes	בָּתֵּיהֶם	German	גֶּרְמָנִי
settlement	מוֹשָׁב	where?	אַיֵּה
suffered	סָבַל (ר· סָבְלוּ)	he went away	הָלַךְ לוֹ
charming	נֶהְדָּר	to live	לִחְיוֹת (ע· חָיָה)

נַהֲלָל

The settlers visit Nahalal for the first time and determine to make it a fruitful and livable place.

חֲלוּצִים אֲחָדִים הָלְכוּ אֶל נַהֲלָל בָּעֵמֶק לִרְאוֹת אֶת הַמָּקוֹם.

כָּל הַמָּקוֹם הָיָה מָלֵא בִּצּוֹת.

הָיוּ שָׁם בָּתִּים אֲחָדִים, אֲבָל הַבָּתִּים הָיוּ רֵיקִים.

עָבַר זָקֵן אֶחָד. אָמְרוּ הַחֲלוּצִים אֶל הַזָּקֵן:

‏,מִי בָּנָה אֶת הַבָּתִּים הָאֵלֶּה?"

‏,גֶּרְמָנִים, לִפְנֵי שָׁנִים רַבּוֹת."

‏,אַיֵּה הַגֶּרְמָנִים?"

‏,מֵתוּ."

„מִי יָשַׁב פֹּה אַחֲרֵי הַגֶּרְמַנִים?"

„עַרְבִים."

„אַיֵּה הָעַרְבִים עַכְשָׁו?"

„גַּם הֵם מֵתוּ."

„מַדּוּעַ?"

„הַמַּיִם! הַמָּוֶת בָּא מִן הַמַּיִם וּמִן הַבִּצּוֹת."

הַזָּקֵן הָלַךְ לוֹ. בְּכָל מָקוֹם רַק מָוֶת וּבִצּוֹת.

קָרָא חָלוּץ אֶחָד:

„אֵינֶנּוּ רוֹצִים לָמוּת! אֲנַחְנוּ רוֹצִים לִחְיוֹת!"

עָנָה הַשֵּׁנִי:

„אֵין דָּבָר. אֲנַחְנוּ יְכֹלִים לְיַבֵּשׁ אֶת הַבִּצּוֹת. פֹּה נִבְנֶה אֶת בָּתֵּינוּ, נִבְנֶה מוֹשָׁב יָפֶה. נִחְיֶה וְלֹא נָמוּת."

וְכֵן הָיָה.

בַּמָּקוֹם הַהוּא בָּנוּ הַחֲלוּצִים אֶת בָּתֵּיהֶם וְשָׁם בָּנוּ אֶת הַמּוֹשָׁב. הֵם עָבְדוּ קָשֶׁה וְסָבְלוּ הַרְבֵּה; אֲבָל עַכְשָׁו נַהֲלָל הוּא מוֹשָׁב נֶהְדָּר, וַאֲנָשִׁים רַבִּים יוֹשְׁבִים שָׁם.

דִּקְדּוּק

1. פֹּה נִבְנֶה אֶת בָּתֵּינוּ. — Here we shall build our homes.

2. בַּמָּקוֹם הַהוּא בָּנוּ הַחֲלוּצִים אֶת בָּתֵּיהֶם. — The pioneers built their homes there.

3. תַּלְמִידֵינוּ עוֹבְדִים קָשֶׁה. — Our students work hard.

Inflection of תַּלְמִידִים (pupils)

		Short Form	Long Form
		יָחִיד	
ַי	my pupils	תַּלְמִידַי	הַתַּלְמִידִים שֶׁלִּי
ֶיךָ	your (*m.*) pupils	תַּלְמִידֶיךָ	הַתַּלְמִידִים שֶׁלְּךָ
ַיִךְ	your (*f.*) pupils	תַּלְמִידַיִךְ	הַתַּלְמִידִים שֶׁלָּךְ
ָיו	his pupils	תַּלְמִידָיו	הַתַּלְמִידִים שֶׁלּוֹ
ֶיהָ	her pupils	תַּלְמִידֶיהָ	הַתַּלְמִידִים שֶׁלָּהּ
		רִבּוּי	
ֵינוּ	our pupils	תַּלְמִידֵינוּ	הַתַּלְמִידִים שֶׁלָּנוּ
ֵיכֶם	your (*m.*) pupils	תַּלְמִידֵיכֶם	הַתַּלְמִידִים שֶׁלָּכֶם
ֵיכֶן	your (*f.*) pupils	תַּלְמִידֵיכֶן	הַתַּלְמִידִים שֶׁלָּכֶן
ֵיהֶם	their (*m.*) pupils	תַּלְמִידֵיהֶם	הַתַּלְמִידִים שֶׁלָּהֶם
ֵיהֶן	their (*f.*) pupils	תַּלְמִידֵיהֶן	הַתַּלְמִידִים שֶׁלָּהֶן

Note that the possessive adjective endings for plural nouns are somewhat similar to those of singular nouns. The striking difference is the addition of the letter yod (י) in all forms of the plural inflections.

Like תַּלְמִידִים inflect שִׁירִים (songs); דּוֹדִים (uncles); סִפּוּרִים (stories); מוֹרִים (teachers); חִבּוּרִים (compositions); עִתּוֹנִים (newspapers); בָּתִּים (houses).

תַּרְגִּילִים

I. הַשְׁלֵם בַּמִּלָּה הַנְּכוֹנָה:

(הָעַרְבִים, הַגֶּרְמַנִים, הַמָּוֶת, לִחְיוֹת,
מוֹשָׁב, יַבֵּשׁ, חַיִּים, בָּנָה, עֵמֶק, עִיר)

1. נַהֲלָל הוּא שֵׁם מָקוֹם בְּ——— בְּאֶרֶץ יִשְׂרָאֵל.
2. שָׁאֲלוּ הַחֲלוּצִים אֶת הַזָּקֵן: „מִי ——— אֶת הַבָּתִּים הָאֵלֶּה?"
3. עָנָה הַזָּקֵן: „——— בָּנוּ אֶת הַבָּתִּים."
4. אַחֲרֵי הַגֶּרְמַנִים בָּאוּ ———.
5. ——— בָּא מִן הַמַּיִם וּמִן הַבִּצּוֹת.
6. חָלוּץ אֶחָד אָמַר: „אֲנַחְנוּ רוֹצִים ——— פֹּה וְלֹא לָמוּת."
7. חָלוּץ שֵׁנִי אָמַר: „אֲנַחְנוּ יְכֹלִים לְ——— אֶת הַבִּצּוֹת."
8. הַחֲלוּצִים יָשְׁבוּ שָׁם וּבָנוּ ——— יָפֶה.

II. חַבֵּר מִשְׁפָּטִים בַּמִּלִּים הָאֵלֶּה:

1. מָלֵא 2. לִרְאוֹת 3. סָבַל 4. נֶהְדָּר 5. הָלַךְ לוֹ
6. מוֹשָׁב 7. לִחְיוֹת 8. בָּנָה 9. בִּצָּה 10. רֵיק

III. כְּתֹב „כֵּן" אוֹ „לֹא" וְתַקֵּן כָּל מִשְׁפָּט בִּלְתִּי נָכוֹן:

Write "yes" or "no" and correct each false statement:

1. מֵאָה חֲלוּצִים הָלְכוּ אֶל נַהֲלָל לִרְאוֹת אֶת הַמָּקוֹם.
2. לִפְנֵי שָׁנִים יָשְׁבוּ הַגֶּרְמַנִים וְהָעַרְבִים בְּנַהֲלָל.
3. הַגֶּרְמַנִים וְהָעַרְבִים מֵתוּ כִּי לֹא הָיָה לָהֶם לֶחֶם לֶאֱכֹל.
4. לִפְנֵי בּוֹא הַחֲלוּצִים, הָיָה הָעֵמֶק מָלֵא בִּצּוֹת.

5. חֲלוּצִים אֲחָדִים לֹא רָצוּ לָמוּת בָּעֵמֶק.
6. כָּל הַחֲלוּצִים שָׁבוּ אֶל הָעִיר וְלֹא יָשְׁבוּ בְּנַהֲלָל.
7. הַחֲלוּצִים בָּנוּ אֶת בָּתֵּיהֶם בְּעִיר תֵּל אָבִיב.
8. בַּסּוֹף בָּנוּ מוֹשָׁב נֶהְדָּר בְּנַהֲלָל.

IV. כְּתֹב בַּכִּנּוּיִים (with possessive endings):

1. הַבָּתִּים שֶׁלּוֹ	______	6. הַחִבּוּרִים שֶׁלָּנוּ	______
2. הַשִּׁירִים שֶׁלָּהּ	______	7. הַסִּפּוּרִים שֶׁלָּךְ	______
3. הַתַּלְמִידִים שֶׁלָּהֶם	______	8. הָעִתּוֹנִים שֶׁלָּהֶן	______
4. הַדּוֹדִים שֶׁלִּי	______	9. הַחַגִּים שֶׁלָּכֶם	______
5. הַשִּׁעוּרִים שֶׁלָּךְ	______	10. הַצִּלּוּמִים שֶׁלָּכֶן	______

V. שַׁנֵּה אֶת הַכִּנּוּי לְרִבּוּי (Change possessive ending to plural):

1. שִׁעוּרֶיךָ ______
2. סוּסָיו ______
3. חֲמוֹרַי ______
4. חַגַּי ______
5. תַּלְמִידַיִךְ ______

VI. עִבְרִית מְדֻבֶּרֶת:

סַפֵּר אֶת הַסִּפּוּר „נַהֲלָל" לְפִי הַנּוֹשְׂאִים (topics) הָאֵלֶּה:

1. הַבִּצּוֹת בְּנַהֲלָל.
2. שְׁאֵלוֹת הַחֲלוּצִים.
3. תְּשׁוּבוֹת הַזָּקֵן.
4. נַהֲלָל הַיּוֹם.
5. הַחֲלוּצִים עוֹבְדִים קָשֶׁה.

שעור ארבעים ושבעה

שִׁיר הָעֵמֶק

In the evening, when the worker rests from his day's toil, he sings this peaceful song of the valley.

בָּאָה מְנוּחָה לַיָּגֵעַ וּמַרְגּוֹעַ לֶעָמֵל,
לַיְלָה חִוֵּר מִשְׂתָּרֵעַ עַל פְּנֵי עֵמֶק יִזְרְעֶאל;
טַל מִלְּמַטָּה וּלְבָנָה מֵעָל,
מִבֵּית אַלְפָא עַד נַהֲלָל.

מַה, מַה לַּיְלָה מִלֵּיל,
דְּמָמָה בְּיִזְרְעֶאל.
נוּמָה, עֵמֶק, אֶרֶץ תִּפְאֶרֶת,
אָנוּ לְךָ מִשְׁמֶרֶת.

שִׁעוּר אַרְבָּעִים וּשְׁמֹנָה

LESSON 48

מִלוֹן

killed, slain	הָרוּג	Degania	דְּגַנְיָה
Russia	רוּסִיָּה	Kibbutz (cooperative settlement)	קִבּוּץ.
month	חֹדֶשׁ (ר· חֳדָשִׁים)	tent	אֹהֶל (ר· אֹהָלִים)
misfortune, accident	אָסוֹן	wind	רוּחַ ז"נ
do not be discouraged	אַל יִפֹּל רוּחֲכֶם	strong	חָזָק (נ· חֲזָקָה)
remembrance	זֵכֶר	overturned	הָפַךְ (נ· הָפְכָה)
strength	כֹּחַ	at his home (literally, "near him")	אֶצְלוֹ
to build	לִבְנוֹת (ע· בָּנָה)	Barski (proper name)	בַּרְסְקִי
young	צָעִיר	robber, bandit	שׁוֹדֵד (ר· שׁוֹדְדִים)

דְּגַנְיָה

A story about the heroism of the first settlers in Degania.

דְּגַנְיָה הָיְתָה הַקִּבּוּץ הָרִאשׁוֹן בְּאֶרֶץ יִשְׂרָאֵל.

הַחֲלוּצִים בִּדְגַנְיָה עָבְדוּ קָשֶׁה וְאָהֲבוּ אֶת הָעֲבוֹדָה.

הֵם יָשְׁבוּ בְּבָתִּים קְטַנִּים וּבְאֹהָלִים.

לַיְלָה אֶחָד בָּאָה רוּחַ חֲזָקָה וְהָפְכָה אֶת הָאֹהֶל כַּאֲשֶׁר

יָשְׁנוּ הַחֲלוּצִים.

הַבַּחוּרִים צָחֲקוּ וְאָמְרוּ:

"אֵין דָּבָר! אֲנַחְנוּ יְכֹלִים לִישׁוֹן בַּשָּׂדֶה."

302

פַּעַם חָלָה חָלוּץ. בָּאוּ הַחֲלוּצִים לְבַקֵּר אֶצְלוֹ.
רָאוּ כִּי הוּא חוֹלֶה מְאֹד. אָמַר מֹשֶׁה בַּרְסְקִי:
„אֲנִי אֵלֵךְ אֶל הַמּוֹשָׁבָה לִקְרֹא לָרוֹפֵא."
אָמְרוּ הַחֲלוּצִים אֶל מֹשֶׁה: „יֵשׁ שׁוֹדְדִים בַּדֶּרֶךְ."
„אֵין דָּבָר," עָנָה מֹשֶׁה, „אֵינֶנִּי פּוֹחֵד."
מֹשֶׁה רָכַב עַל סוּס וְהָלַךְ אֶל הַמּוֹשָׁבָה. שָׁעוֹת אֲחָדוֹת עָבְרוּ וּמֹשֶׁה לֹא שָׁב.
בָּעֶרֶב שָׁב הַסּוּס – בְּלִי מֹשֶׁה.
יָצְאוּ הַחֲבֵרִים לְבַקֵּשׁ אֶת מֹשֶׁה. מָצְאוּ אוֹתוֹ בַּיַּעַר – הָרוּג.
הַחֲבֵרִים כָּתְבוּ אֶל הָאָב שֶׁל מֹשֶׁה אֲשֶׁר יָשַׁב בְּרוּסְיָה.
אַחֲרֵי שְׁנֵי חֳדָשִׁים קִבְּלוּ מִכְתָּב מִן הָאָב. הָאָב כָּתַב:
„חֲבֵרִים יְקָרִים! אָסוֹן גָּדוֹל קָרָה לָנוּ.
בְּכָל זֹאת, אַל יִפֹּל רוּחֲכֶם! אֲנִי מְקַוֶּה כִּי זֵכֶר בְּנִי יִתֵּן לָכֶם כֹּחַ תָּמִיד לַעֲבֹד וְלִבְנוֹת."
אַחֲרֵי חֳדָשִׁים אֲחָדִים בָּא הָאָח הַצָּעִיר שֶׁל מֹשֶׁה מֵרוּסְיָה וְלָקַח אֶת מְקוֹמוֹ.

דִּקְדּוּק

1. הוּא יָשַׁב אֶצְלָם שָׁבוּעַ. He stayed with them a week.
2. אֶצְלֵנוּ הַכֹּל טוֹב. In our place, everything is fine.
3. לָמָּה עָמַדְתָּ אֶצְלוֹ? Why did you stand next to him?

INFLECTION OF אֵצֶל (NEAR, WITH, BY, IN THE HOME OF)

near us	אֶצְלֵנוּ	near me	אֶצְלִי
near you (*m. pl.*)	אֶצְלְכֶם	near you (*m. s.*)	אֶצְלְךָ
near you (*f. pl.*)	אֶצְלְכֶן	near you (*f. s.*)	אֶצְלֵךְ
near them (*m.*)	אֶצְלָם	near him	אֶצְלוֹ
near them (*f.*)	אֶצְלָן	near her	אֶצְלָהּ

Note the different meanings of the preposition אֵצֶל in sentences 1, 2, 3, above.

Note likewise that the preposition and its object pronouns, such as "near me," "near us," etc., are never written as two separate words in Hebrew. They are always written as one word. This is true of all prepositions in Hebrew.

תַּרְגִּילִים

I. שְׁאֵלוֹת:

1. מַה שֵּׁם הַקִּבּוּץ הָרִאשׁוֹן בְּאֶרֶץ יִשְׂרָאֵל?
2. אֵיפֹה יָשְׁבוּ הַחֲלוּצִים?
3. מַה קָּרָה לַחֲלוּצִים לַיְלָה אֶחָד?
4. מַדּוּעַ צָחֲקוּ הַבַּחוּרִים כַּאֲשֶׁר קָרָה הָאָסוֹן?
5. לָמָּה הָלְכוּ הַחֲלוּצִים לְבַקֵּר אֵצֶל חָלוּץ אֶחָד?
6. מָה אָמַר מֹשֶׁה בַּרְסְקִי?
7. לָמָּה לֹא שָׁב מֹשֶׁה בַּרְסְקִי?
8. אֶל מִי כָּתְבוּ הַחֲבֵרִים?
9. מַה בִּקֵּשׁ (sought) הָאָב שֶׁל מֹשֶׁה בַּמִּכְתָּב לַחֲבֵרִים?
10. מִי בָּא בִּמְקוֹם מֹשֶׁה?

II. זַוֵּג:

א	ב
הַסּוּס שָׁב	מְקוֹמוֹ
דְּגָנִיָּה	רוּחֲכֶם
הָרוּחַ הָפְכָה	אֶת הָעֲבוֹדָה
אַל יִפֹּל	מֵת
לָקַח	בְּלִי מֹשֶׁה
הָאָב	אֶת הָאֹהֶל
הַחֲלוּצִים אָהֲבוּ	בְּרוּסִיָּה
הָרוּג	קִבּוּץ

III. כְּתֹב אֶת הַתֹּאַר (the adjective) הַנָּכוֹן:

1. חָלוּץ (שָׂמֵחַ, שְׂמֵחָה)
2. יַעַר (גָּדוֹל, גְּדוֹלָה)
3. מוֹשָׁבָה (יָפֶה, יָפָה)
4. אָחוֹת (צָעִיר, צְעִירָה)
5. אִישׁ (זָקֵן, זְקֵנָה)
6. בָּנוֹת (חֲכָמִים, חֲכָמוֹת)
7. שָׁנִים (טוֹבִים, טוֹבוֹת)
8. אֲרָצוֹת (רַבִּים, רַבּוֹת)
9. רַגְלַיִם (חֲזָקִים, חֲזָקוֹת)
10. שָׁבוּעוֹת (אֲחָדִים, אֲחָדוֹת)

IV. כְּתֹב בְּרִבּוּי (Write the underlined word in the plural):

1. דָּוִד עוֹמֵד אֶצְלוֹ.
2. הֶחָבֵר כָּתַב לִי.
3. הַסְּפָרִים הֵם שֶׁלְּךָ.
4. מִי יוֹשֵׁב אֶצְלָהּ?
5. מָה אָמַר לָךְ?
6. דָּן נָתַן לוֹ מַתָּנָה.
7. אֶצְלִי הַכֹּל בְּסֵדֶר.
8. הַאִם הַבַּיִת הַזֶּה הוּא שֶׁלָּךְ?
9. מִי קָרָא לָהּ?
10. מַה זֶּה אֶצְלֵךְ?

V. כְּתֹב בְּמִלָּה אַחַת:

1. אֵין אֲנַחְנוּ ——
2. אֵין אַתֶּם ——
3. הַחָכְמָה שֶׁלִּי ——
4. הַבָּתִּים שֶׁלָּכֶם ——
5. הַשִּׁעוּרִים שֶׁלָּךְ ——
6. הַשְּׁאֵלָה שֶׁלָּךְ ——
7. הָעִתּוֹנִים שֶׁלָּהֶם ——
8. אֵין הִיא ——
9. אֵין הוּא ——
10. הַמּוֹשָׁב שֶׁלָּנוּ ——

VI. עִבְרִית מְדֻבֶּרֶת:

סַכֵּם אֶת הַסִּפּוּר „דְּגַנְיָה" בְּעִבְרִית.

הַתִּקְוָה

Israel's national anthem is a song of hope and of freedom.

כָּל עוֹד בַּלֵּבָב פְּנִימָה
נֶפֶשׁ יְהוּדִי הוֹמִיָּה,
וּלְפַאֲתֵי מִזְרָח קָדִימָה
עַיִן לְצִיּוֹן צוֹפִיָּה—

עוֹד לֹא אָבְדָה תִקְוָתֵנוּ
הַתִּקְוָה בַּת שְׁנוֹת אַלְפַּיִם,
לִהְיוֹת עַם חָפְשִׁי בְּאַרְצֵנוּ,
אֶרֶץ צִיּוֹן וִירוּשָׁלַיִם.

The Jordan River

Mediterranean Sea Wall, Caesarea

קְרִיאָה נוֹסֶפֶת

סִפּוּר עָצוּב

Three brothers visit New York to see the sights.

שְׁלֹשָׁה אַחִים, רְאוּבֵן שִׁמְעוֹן וְלֵוִי, בָּאוּ אֶל נְיוּ יוֹרְק לִרְאוֹת אֶת הָעִיר הַגְּדוֹלָה.

שָׂכְרוּ (rented) חֶדֶר בַּקּוֹמָה הַשִּׁשִּׁים (60th floor) שֶׁל מָלוֹן גָּדוֹל.

רְאוּבֵן נָתַן אֶת הַמַּפְתֵּחַ (the key) אֶל לֵוִי וְאָמַר:

„לֵוִי, הִנֵּה הַמַּפְתֵּחַ. שְׁמֹר אוֹתוֹ."

אַחֲרֵי כֵן יָרְדוּ הָאַחִים בַּמַּעֲלִית (the elevator) וְיָצְאוּ מִן הַמָּלוֹן.

כָּל הַיּוֹם הִתְהַלְּכוּ בִּרְחוֹבוֹת נְיוּ יוֹרְק לִרְאוֹת אֶת הַמְּקוֹמוֹת הַיָּפִים, וְשָׁבוּ לַמָּלוֹן בַּחֲצִי הַלַּיְלָה.

כַּאֲשֶׁר בָּאוּ אֶל הַמָּלוֹן רָאוּ כִּי אֵין אוֹר בַּמַּעֲלִית.

„מַה קָּרָה?" שָׁאַל רְאוּבֵן אֶת הַפּוֹעֵל (the worker) אֲשֶׁר עָמַד שָׁם.

עָנָה הַפּוֹעֵל:

„הַמַּעֲלִית שְׁבוּרָה (is broken)."

„שְׁבוּרָה," קָרְאוּ הָאַחִים. „יֵשׁ לָנוּ חֶדֶר בַּקּוֹמָה הַשִּׁשִּׁים!"

הִתְחִילוּ הָאַחִים לַעֲלוֹת בָּרֶגֶל.

אָמַר רְאוּבֵן: „יֵשׁ לִי עֵצָה טוֹבָה. מִן הַקּוֹמָה הָרִאשׁוֹנָה עַד הַקּוֹמָה הָעֶשְׂרִים, אֲנִי אָשִׁיר שִׁירִים יָפִים. מִן הַקּוֹמָה

הָעֶשְׂרִים עַד הַקּוֹמָה הָאַרְבָּעִים, שִׁמְעוֹן יְסַפֵּר (will tell)

סִפּוּרִים מַצְחִיקִים (funny), וּמִן הַקּוֹמָה הָאַרְבָּעִים עַד

הַקּוֹמָה הַשִּׁשִּׁים, לֵוִי יְסַפֵּר סִפּוּרִים עֲצוּבִים.״

רְאוּבֵן שָׁר שִׁירִים עַד הַקּוֹמָה הָעֶשְׂרִים, אַחֲרֵי כֵן סִפֵּר שִׁמְעוֹן

סִפּוּרִים מַצְחִיקִים.

כַּאֲשֶׁר בָּאוּ אֶל הַקּוֹמָה הָאַרְבָּעִים, אָמַר רְאוּבֵן:

„לֵוִי, עַכְשָׁו סַפֵּר אַתָּה סִפּוּרִים עֲצוּבִים.״

אָמַר לֵוִי: „יֵשׁ לִי רַק סִפּוּר עָצוּב אֶחָד:

הִשְׁאַרְתִּי (I left) אֶת הַמַּפְתֵּחַ לְמַטָּה (downstairs).״

שִׁעוּר אַרְבָּעִים וְתִשְׁעָה

LESSON 49

מִלּוֹן

טוּרוֹ	Touro (proper name)	חֹפֶשׁ	freedom
נְיוּ אוֹרְלִיאַנְס	New Orleans	גִּבּוֹר	hero
בֵּית תְּפִלָּה ז׳	house of worship, church	נִפְצַעְתִּי	I was wounded
בַּנְק	bank	הִתְגַּלְגַּלְתִּי	I rolled
עֵדָה	congregation	אַל תֵּרֵד	don't go down!
חַיָּב (ר׳ חַיָּבִים)	owe	תָּמוּת	you will die
בּוֹ	in him, at him	שָׂם לֵב	paid attention
אֲסַפֵּר (ע׳ סִפֵּר)	I shall tell	הִצִּיל	rescued
שֶׁפֶּרְד	Shepard (proper name)	מִתְפַּלֵּל	prays
נִלְחַמְנוּ עַל	we fought for	אַךְ	but, however

יְהוּדָה טוּרוֹ

Judah Touro, American patriot, proves that to be a good American one must practice tolerance.

בָּעִיר נְיוּ אוֹרְלִיאַנְס יָשַׁב אִישׁ עִבְרִי בְּשֵׁם יְהוּדָה טוּרוֹ.

פַּעַם אַחַת עָבַר יְהוּדָה בָּעִיר וְרָאָה אֲנָשִׁים רַבִּים עוֹמְדִים עַל יַד בֵּית תְּפִלָּה.

שָׁאַל יְהוּדָה:

„מַדּוּעַ עוֹמְדִים פֹּה כָּל הָאֲנָשִׁים הָאֵלֶּה?"

עָנָה אִישׁ אֶחָד:

בַּנְק מוֹכֵר בֵּית תְּפִלָּה. אֵין בְּנֵי הָעֵדָה

יְכֹלִים לְשַׁלֵּם אֶת הַכֶּסֶף אֲשֶׁר הֵם חַיָּבִים לַבַּנְק."

אָמַר יְהוּדָה: "אֲנִי אֶקְנֶה אֶת בֵּית הַתְּפִלָּה."

בָּא יְהוּדָה טוּרוֹ אֶל רֹאשׁ הָעֵדָה וְאָמַר לוֹ:

"אֲנִי אֶקְנֶה אֶת בֵּית הַתְּפִלָּה מִן הַבַּנְק וְאֶתֵּן אוֹתוֹ לָכֶם בְּמַתָּנָה,

וְאַתֶּם אֵינְכֶם חַיָּבִים עוֹד כֶּסֶף לַבַּנְק."

הִתְפַּלְאוּ כָּל הָאֲנָשִׁים וְהִבִּיטוּ בוֹ, וְרֹאשׁ הָעֵדָה שָׁאַל:

"מַדּוּעַ עָשִׂיתָ זֹאת? אַתָּה עִבְרִי וַאֲנַחְנוּ לֹא מִבְּנֵי יִשְׂרָאֵל."

עָנָה יְהוּדָה:

"שְׁמַע וַאֲסַפֵּר לְךָ סִפּוּר.

יֵשׁ לִי חָבֵר בְּשֵׁם שֶׁפֶּרְד. הוּא אֵינוֹ מִבְּנֵי יִשְׂרָאֵל.

בִּשְׁנַת אֶלֶף שְׁמֹנֶה מֵאוֹת וְאַרְבַּע עֶשְׂרֵה (1814),

נִלְחַמְנוּ יַחַד עַל יַד נְיוּ אוֹרְלִיאַנְס עַל חֹפֶשׁ אֲמֵרִיקָה.

חֲבֵרִי נִלְחַם כְּגִבּוֹר.

פִּתְאֹם נִפְצַעְתִּי אֲנִי וְהִתְגַּלְגַּלְתִּי מֵעַל הָהָר.

שֶׁפֶּרְד רָץ לַעֲזֹר לִי.

'אַל תֵּרֵד! תָּמוּת אִם תֵּרֵד!' אָמַר אֶחָד.

שֶׁפֶּרְד לֹא שָׂם לֵב לַדְּבָרִים הָאֵלֶּה.

הוּא נָשָׂא אוֹתִי וְהֵבִיא אוֹתִי לָרוֹפֵא וְהִצִּיל אוֹתִי מִמָּוֶת.

וְעַכְשָׁו חֲבֵרִי שֶׁפֶּרְד מִתְפַּלֵּל בְּבֵית הַתְּפִלָּה הַזֶּה!

נָכוֹן הַדָּבָר שֶׁאַתֶּם לֹא מִבְּנֵי יִשְׂרָאֵל וַאֲנִי עִבְרִי;

אַךְ כֻּלָּנוּ אֲמֵרִיקָאִים וּמַאֲמִינִים בַּפִּתְגָּם שֶׁבַּתּוֹרָה:

'וְאָהַבְתָּ לְרֵעֲךָ כָּמוֹךָ'."

דִּקְדּוּק

Inflection of בְּ (in, with, at, against)

I found money in it. — 1. מָצָאתִי בּוֹ כֶּסֶף.

He took the keys and opened both doors with them. — 2. לָקַח אֶת הַמַּפְתְּחוֹת וּפָתַח בָּהֶם שְׁתֵּי הַדְּלָתוֹת.

I don't know what to do with you. — 3. אֵינִי יוֹדֵעַ מַה לַּעֲשׂוֹת בְּךָ.

They looked at him for a moment. — 4. הִבִּיטוּ בּוֹ רֶגַע.

in, with us	בָּנוּ	in, with me	בִּי
in, with you (*m. pl.*)	בָּכֶם	in, with you (*m. s.*)	בְּךָ
in, with you (*f. pl.*)	בָּכֶן	in, with you (*f. s.*)	בָּךְ
in, with them (*m.*)	בָּהֶם	in, with him	בּוֹ
in, with them (*f.*)	בָּהֶן	in, with her	בָּהּ

Note the different meanings of the preposition בְּ in sentences 1, 2, 3 and 4, above.

The preposition בְּ is inflected exactly like לְ and שֶׁל. The preposition עִם (together with) is also inflected in the same manner.

תַּרְגִּילִים

I. שְׁאֵלוֹת:

1. מַדּוּעַ מָכַר הַבַּנְק אֶת בֵּית הַתְּפִלָּה?
2. מַדּוּעַ הִתְפַּלְאוּ כָּל הָאֲנָשִׁים עַל יְהוּדָה טוּרוֹ?
3. מַה שָּׁאַל רֹאשׁ הָעֵדָה אֶת טוּרוֹ?

4. אֵיפֹה נִלְחַם טוּרוֹ עַל חֹפֶשׁ אֲמֵרִיקָה?
5. מַה קָּרָה לְטוּרוֹ בַּמִּלְחָמָה הַזֹּאת?
6. מֶה הָיוּ הַדְּבָרִים הָאַחֲרוֹנִים שֶׁל טוּרוֹ לְרֹאשׁ הָעֵדָה?

II. חַבֵּר מִשְׁפָּטִים בַּמִּלִּים הָאֵלֶּה:

1. חֹפֶשׁ 2. חַיָּב 3. שָׂם לֵב 4. אַךְ 5. בֵּית תְּפִלָּה
6. הִצִּיל 7. גִּבּוֹר 8. אֲסַפֵּר 9. עֵדָה 10. מַתָּנָה

III. כְּתֹב הֲפָכִים:

1. רֵיק 2. יָפֶה 3. צָעִיר 4. בָּרִיא 5. מַתְחִיל
6. קַח 7. עָצֵב 8. בָּכָה 9. מָכַר 10. חֹשֶׁךְ

IV. שַׁנֵּה (change) לְיָחִיד:

1. הִבִּיט בָּהֶם.
2. הִתְחִיל בָּנוּ.
3. גָּמַרְתִּי בָּכֶם.
4. מָצָאתִי בָּהֶן רַק טוֹב.
5. לֹא יָדַעְתִּי מַה לַּעֲשׂוֹת בָּכֶן.

V. הַשְׁלֵם בַּמִּלָּה הַנְּכוֹנָה:

1. מַה מָּצָאתָ ———? — in it
2. הִבִּיטוּ ——— זְמַן רַב. — at them (*m.*)
3. מִי בַּמִּסְעָדָה? אֲנָשִׁים רַבִּים ———. — in it
4. מֶה עָשָׂה ———? — with them (*f.*)
5. הוּא נִלְחַם ———. — against me

VI. עִבְרִית מְדֻבֶּרֶת:

סַפֵּר אֶת הַסִּפּוּר „יְהוּדָה טוּרוֹ" לְפִי הַנּוֹשְׂאִים (topics) הָאֵלֶּה:

1. יְהוּדָה עוֹבֵד בָּעִיר.
2. הוּא קוֹנֶה אֶת בֵּית הַתְּפִלָּה.
3. בְּנֵי הָעִיר מִתְפַּלְּאִים.
4. הַמַּעֲשֶׂה בְּשֶׁפַּרְד.
5. הַדְּבָרִים הָאַחֲרוֹנִים שֶׁל טוּרוֹ.

Hebrew Calendar לוּחַ עִבְרִי

The Hebrew calendar is a lunar calendar. Since there are only 354 days in the lunar year, an extra month (Adar II) is added during leap years to reconcile the lunar and solar calendars. Leap years are declared approximately every third year, or more accurately, seven times in nineteen years.

The following are the months of the year:

Spring אָבִיב	Summer קַיִץ
1. נִיסָן	4. תַּמּוּז
2. אִיָּר	5. אָב
3. סִיוָן	6. אֱלוּל

Autumn סְתָו	Winter חֹרֶף
7. תִּשְׁרִי	10. טֵבֵת
8. חֶשְׁוָן	11. שְׁבָט
9. כִּסְלֵו	12. אֲדָר

שִׁעוּר חֲמִשִּׁים

LESSON 50

מִלּוֹן

רַחֲמָן	merciful	נִשְׁבַּע	swear
דָּרוֹם	south	צִוָּה	commanded
נָשִׂיא	president	אָבִיו	his father
צָפוֹן	north	לְהַאֲמִין	to believe
צָבָא	army	חַכֵּה	wait! (*imp.*)
לָקְחוּ בַּשֶּׁבִי	they captured	נִרְאֶה (ע׳ רָאָה)	we shall see
בֵּית אֲסוּרִים ז׳	prison	אֵלָיו	at him
מַרְגִּישׁ	feel	דִּמְעָה (ר׳ דְּמָעוֹת)	a tear

הוּא שָׁב

This is a story about Lincoln's love of his fellow men regardless of race or creed.

לְאַבְרָהָם לִינְקוֹן (Lincoln) הָיָה חָבֵר עִבְרִי בְּשֵׁם יוֹנָה (Jonah).

יוֹנָה אָהַב אֶת לִינְקוֹן כִּי לִינְקוֹן הָיָה טוֹב לֵב וְרַחֲמָן.

עָבְרוּ שָׁנִים אֲחָדוֹת וְיוֹנָה הָלַךְ לַדָּרוֹם וְיָשַׁב שָׁם.

בִּשְׁנַת אֶלֶף שְׁמֹנֶה מֵאוֹת שִׁשִּׁים וְאַחַת (1861) הָיָה לִינְקוֹן לְנָשִׂיא.

בַּשָּׁנָה הַהִיא הִתְחִילָה הַמִּלְחָמָה בֵּין הַדָּרוֹם וּבֵין הַצָּפוֹן.

לְיוֹנָה הָיָה בֵּן וּשְׁמוֹ יוֹסֵף. יוֹסֵף הָיָה בַּצָּבָא שֶׁל הַדָּרוֹם.

עָבְרוּ חֳדָשִׁים אֲחָדִים וְלָקְחוּ אֶת יוֹסֵף בַּשֶּׁבִי,

וְשָׂמוּ אוֹתוֹ בְּבֵית הָאֲסוּרִים בְּוַשִׁינְגְּטוֹן (in Washington).

כַּאֲשֶׁר שָׁמַע זֹאת יוֹנָה, חָלָה, וְכָתַב אֶל חֲבֵרוֹ לִינְקוֹן:

„אַבְרָהָם הַיָּקָר,

בְּנִי יוֹסֵף יוֹשֵׁב בְּבֵית הָאֲסוּרִים בְּוַשִׁינְגְטוֹן.

אֲנִי מַרְגִּישׁ שֶׁהַמָּוֶת קָרוֹב. בְּבַקָּשָׁה – שְׁלַח אֶת בְּנִי אֵלַי.

וַאֲנִי נִשְׁבָּע כִּי יָשׁוּב אֶל בֵּית הָאֲסוּרִים וְלֹא יִבְרַח."

לִינְקוֹן הָלַךְ אֶל שׁוֹמֵר בֵּית הָאֲסוּרִים וְצִוָּה לִשְׁלֹחַ אֶת יוֹסֵף לִרְאוֹת אֶת אָבִיו.

„אוּלַי לֹא יָשׁוּב," אָמַר הַשּׁוֹמֵר.

„אָבִיו נִשְׁבַּע כִּי יָשׁוּב, וְאַתָּה יָכֹל לְהַאֲמִין לְדִבְרֵי הָאָב,"

עָנָה הַנָּשִׂיא.

עָבַר שָׁבוּעַ וְיוֹסֵף לֹא שָׁב. בָּא הַשּׁוֹמֵר אֶל הַנָּשִׂיא וְקָרָא:

„הֲלֹא אָמַרְתִּי שֶׁלֹּא יָשׁוּב!"

„חַכֵּה עוֹד שָׁבוּעַ וְנִרְאֶה," עָנָה לִינְקוֹן.

בְּסוֹף הַשָּׁבוּעַ הַשֵּׁנִי בָּא יוֹסֵף אֶל הַנָּשִׂיא.

לִינְקוֹן שָׂמַח לִרְאוֹת אוֹתוֹ וְאָמַר:

„אֲנִי יָדַעְתִּי כִּי תָּשׁוּב. מַה שְּׁלוֹם אָבִיךָ?"

עָנָה יוֹסֵף: „אָבִי מֵת. אַךְ שָׂמַח כִּי רָאָה אֶת בְּנוֹ לִפְנֵי מוֹתוֹ."

„מֶה הָיוּ הַדְּבָרִים הָאַחֲרוֹנִים שֶׁל אָבִיךָ?" שָׁאַל לִינְקוֹן.

הִבִּיט אֵלָיו יוֹסֵף וּדְמָעוֹת יָרְדוּ מֵעֵינָיו.

„הַדְּבָרִים הָאַחֲרוֹנִים שֶׁל אָבִי הָיוּ – שׁוּב, בְּנִי יוֹסֵף, אֶל לִינְקוֹן. אֱמֹר לוֹ... תּוֹדָה."

דִּקְדּוּק

Inflection of אֶל and עַל

Joseph looked at him. — 1. הִבִּיט אֵלָיו יוֹסֵף.

I am speaking about you (*m.*). — 2. אֲנִי מְדַבֵּר עָלֶיךָ.

We must (literally, "upon us") do the work. — 3. עָלֵינוּ לַעֲשׂוֹת אֶת הָעֲבוֹדָה.

Speak to me, and not to them! — 4. דַּבֵּר אֵלַי וְלֹא אֲלֵיהֶם.

אֶל and עַל are inflected like plural nouns.

יָחִיד

to me	אֵלַי	upon, concerning me	עָלַי
to you (*m.*)	אֵלֶיךָ	upon, concerning you (*m.*)	עָלֶיךָ
to you (*f.*)	אֵלַיִךְ	upon, concerning you (*f.*)	עָלַיִךְ
to him	אֵלָיו	upon, concerning him	עָלָיו
to her	אֵלֶיהָ	upon, concerning her	עָלֶיהָ

רִבּוּי

to us	אֵלֵינוּ	upon, concerning us	עָלֵינוּ
to you (*m.*)	אֲלֵיכֶם	upon, concerning you (*m.*)	עֲלֵיכֶם
to you (*f.*)	אֲלֵיכֶן	upon, concerning you (*f.*)	עֲלֵיכֶן
to them (*m.*)	אֲלֵיהֶם	upon, concerning them (*m.*)	עֲלֵיהֶם
to them (*f.*)	אֲלֵיהֶן	upon, concerning them (*f.*)	עֲלֵיהֶן

Note that עַל has several meanings: upon, over, concerning, and against. עָלַי may therefore mean: "upon me," "over me," "I must," "concerning me" and "against me."

עִבְרִית חַיָּה

תַּרְגִּילִים

I. כְּתֹב „כֵּן" אוֹ „לֹא" וְתַקֵּן כָּל מִשְׁפָּט בִּלְתִּי נָכוֹן:

1. יוֹנָה הָעִבְרִי אָהַב אֶת לִינְקוֹן כִּי לִינְקוֹן הָיָה הַנָּשִׂיא.

2. יוֹנָה הָיָה בַּצָּבָא שֶׁל הַצָּפוֹן.

3. בִּשְׁנַת 1861 הִתְחִילָה הַמִּלְחָמָה בֵּין הַצָּפוֹן וְהַדָּרוֹם.

4. יוֹנָה בִּקֵּשׁ מֵאֵת לִינְקוֹן לִשְׁלֹחַ לוֹ אֶת בְּנוֹ יוֹסֵף.

5. יוֹסֵף הָיָה בְּבֵית הָאֲסוּרִים בַּדָּרוֹם.

6. יוֹנָה נִשְׁבַּע כִּי בְּנוֹ יוֹסֵף יָשׁוּב אֶל בֵּית הָאֲסוּרִים.

7. הַשּׁוֹמֵר אָמַר לְלִינְקוֹן: „כֵּן, בְּוַדַּאי (surely) יָשׁוּב יוֹסֵף אֶל בֵּית הָאֲסוּרִים."

8. לִינְקוֹן חִכָּה שְׁנֵי שָׁבוּעוֹת וְיוֹסֵף לֹא שָׁב.

9. לִינְקוֹן רָצָה לָדַעַת אֶת הַדְּבָרִים הָאַחֲרוֹנִים שֶׁל יוֹנָה.

10. דִּבְרֵי יוֹנָה הָאַחֲרוֹנִים הָיוּ: „שׁוּב אֶל לִינְקוֹן וֶאֱמֹר לוֹ תּוֹדָה."

II. כְּתֹב אֶת תֹּכֶן (contents) הַסִּפּוּר לְפִי הַנּוֹשְׂאִים (topics) הָאֵלֶּה (75—100 מִלִּים):

1. לִינְקוֹן וְיוֹנָה חֲבֵרִים.

2. הַמִּלְחָמָה בֵּין הַצָּפוֹן וְהַדָּרוֹם.

3. יוֹסֵף בְּבֵית הָאֲסוּרִים.

4. מִכְתָּב מִיּוֹנָה לְלִינְקוֹן.

5. יוֹסֵף רוֹאֶה אֶת אָבִיו.

6. דִּבְרֵי יוֹנָה הָאַחֲרוֹנִים.

318

III. זַוֵּג:

ב	א
יָרְדוּ	בַּיִת
חָבֵר שֶׁל לִינְקוֹן	לָקְחוּ
בַּשֶּׁבִי	מִלְחָמָה
הָאֲסוּרִים	טוֹב
לֵב	לִינְקוֹן
בֵּין הַצָּפוֹן וְהַדָּרוֹם	יוֹסֵף
נָשִׂיא	דְּמָעוֹת
בֶּן יוֹנָה	יוֹנָה

IV. הַשְׁלֵם בְּעִבְרִית (עַל or אֶל (Fill in the correct form of:

1. הוּא דִּבֵּר ——— לַחֲבֵרוֹ.	about me
2. כָּתַבְתִּי ——— מִכְתָּבִים רַבִּים	to her
3. הַמֶּלֶךְ מָשַׁל ———.	over them (*m.*)
4. שָׁלוֹם ———.	upon you (*m. pl.*)
5. אֲנִי מִתְפַּלֵּל ———.	to Him
6. ——— לִגְמֹר אֶת הַשִּׁעוּר	we must (i.e., upon us)
7. הֵם מַבִּיטִים ———.	at you (*f. pl.*)
8. שָׂם אֶת הַסֵּפֶר ———.	upon it (*m.*)
9. ——— לַעֲשׂוֹת אֶת הָעֲבוֹדָה.	I must (i.e., upon me)
10. לֹא שָׂם לֵב ———.	to you (*f. s.*)

V. כְּתֹב בִּשְׁתֵּי מִלִּים:

1. אֵינֶנּוּ ________
2. דְּבָרָיו ________
3. שִׁירוֹ ________
4. אֵינְכֶם ________
5. דּוֹדֵינוּ ________
6. כַּדָּהּ ________
7. אֵינָהּ ________
8. אֵינָם ________
9. מִכְתָּבֶיךָ ________
10. סִפּוּרֵיהֶם ________

Justice, Mercy, Humility

In his 1977 Inaugural Address, Jimmy Carter, President of the United States, declared that he would be guided by the words of Micah:

הִגִּיד לְךָ אָדָם מַה טּוֹב וּמָה ה׳
דּוֹרֵשׁ מִמְּךָ כִּי אִם עֲשׂוֹת מִשְׁפָּט
וְאַהֲבַת חֶסֶד וְהַצְנֵעַ לֶכֶת עִם אֱלֹהֶיךָ.

He hath shown thee, O man, what is good,
And what doth the Lord require of thee,
But to do justly,
And to love mercy,
And to walk humbly
With thy God. (6, 8)

חֲזָרָה

I. תַּרְגֵּם לְעִבְרִית:

1. doctor
2. Jew
3. put
4. he became sick
5. he lay down
6. he met
7. full
8. empty
9. where?
10. suffered
11. settlement
12. strong
13. strength
14. young
15. freedom
16. month
17. paid attention
18. rescued
19. feels
20. swears
21. owe
22. his father
23. wait!
24. to him

II. תַּרְגֵּם לְאַנְגְּלִית:

1. רֹפֵא
2. רָאשֵׁי תֵבוֹת
3. בְּקוֹל רָם
4. מַלְאַךְ הַמָּוֶת
5. שָׁמַר בְּלִבּוֹ
6. מְחַיֵּה מֵתִים
7. נֶהְדָּר
8. מוֹשָׁב
9. בָּתֵּיהֶם
10. נִבְנֶה
11. אֵין דָּבָר
12. לִחְיוֹת
13. הָלַךְ לוֹ
14. גֶּרְמַנִּי
15. בִּצָּה
16. לִבְנוֹת
17. זֵכֶר
18. אַל יִפֹּל רוּחֲכֶם
19. דִּמְעָה
20. לְיַבֵּשׁ
21. אָסוֹן
22. הָרוּג
23. שׁוֹדֵד
24. אֶצְלוֹ
25. הָפַךְ
26. רוּחַ
27. אֹהֶל
28. אַךְ
29. מִתְפַּלֵּל
30. תָּמוּת
31. אַל תֵּרֵד
32. הִתְגַּלְגַּלְתִּי
33. נִפְצַעְתִּי
34. גִּבּוֹר
35. נִלְחַמְנוּ עַל
36. אֲסַפֵּר
37. עֵדָה
38. בַּנְק
39. בֵּית תְּפִלָּה
40. נִרְאֶה
41. לְהַאֲמִין
42. צִוָּה
43. בֵּית אֲסוּרִים
44. לָקְחוּ בַּשֶּׁבִי
45. צָבָא
46. צָפוֹן
47. נָשִׂיא
48. דָּרוֹם

III. Do you know the following grammatical forms?

A. Verbs. Present and past of שִׂים, page 292.

B. Nouns: Inflection of plural noun תַּלְמִידִים, page 298.

C. Prepositions: Inflection of אֵצֶל, page 304; בְּ, page 312; אֶל and עַל, page 317.

IV. **Oral Hebrew:**

Can you summarize the following stories in Hebrew, giving the most important facts and events?

1. „נַהֲלָל" 2. „דְּגַנְיָה" 3. „יְהוּדָה טוּרוֹ" 4. „הוּא שָׁב"

V. **Culture:**

A. Give the names of two Hebrew songs.

B. Name the Hebrew months of the year and the corresponding four seasons.

C. According to Micah what principles should guide us throughout life?

מִבְחָן

I. עֲנֵה בְּעִבְרִית: (20)

1. מַדּוּעַ אָמַר לְסִינְג כִּי רָאשֵׁי הַתֵּבוֹת מה"ם הֵם „מְחַיֶּה מֵתִים"?
2. מַדּוּעַ לֹא עָזְבוּ הַחֲלוּצִים אֶת נַהֲלָל כַּאֲשֶׁר הָיָה מָלֵא בִּצּוֹת?
3. מַה כָּתַב הָאָב שֶׁל מֹשֶׁה בַּרְסְקִי בַּמִּכְתָּב?
4. אֵיךְ זָכַר טוּרוֹ אֶת הַחֶסֶד (kindness) שֶׁעָשָׂה לוֹ שֶׁפֶּרְד?
5. בַּמֶּה הָיָה לִינְקוֹן טוֹב לֵב וְרַחֲמָן בַּסִּפּוּר „הוּא שָׁב"?

II. מִי אָמַר אֶל מִי? (10)

1. „מה"ם – מַלְאַךְ הַמָּוֶת."
2. „הַמָּוֶת בָּא מִן הַמַּיִם וּמִן הַבִּצּוֹת."
3. „אֲנִי אֵלֵךְ אֶל הַמּוֹשָׁבָה לִקְרֹא לָרוֹפֵא."
4. „אֲנִי אֶקְנֶה אֶת בֵּית הַתְּפִלָּה מִן הַבַּנְק."
5. „אֲנִי יָדַעְתִּי כִּי תָּשׁוּב. מַה שְּׁלוֹם אָבִיךָ?"

III. כְּתֹב בְּמִלָּה אַחַת: (20)

1. הַבָּתִּים שֶׁלְּךָ ______
2. הַיָּדַיִם שֶׁלָּהּ ______
3. הַסְּפָרִים שֶׁלּוֹ ______
4. הַשִּׁירִים שֶׁלָּנוּ ______
5. הַשְּׁכֵנִים שֶׁלִּי ______
6. הַסּוּס שֶׁלּוֹ ______
7. הַחֲמוֹר שֶׁלָּךְ ______
8. הָעֵט שֶׁלָּהּ ______
9. הַסִּפּוּרִים שֶׁלָּהֶם ______
10. הַדּוֹדִים שֶׁלָּהֶן ______

IV. שַׁנֵּה לְעָבָר: (10)

1. אֲנִי שָׂם אֶת הַסֵּפֶר עַל הַשֻּׁלְחָן.

2. חַנָּה שָׁרָה אֶת שִׁירֵי הַחֲלוּצִים.

3. אַתְּ רָבָה תָּמִיד עִם הָאָח.

4. הֵם שָׂמִים לֵב לְדִבְרֵי הַמּוֹרָה.

5. אֲנַחְנוּ שָׁרִים שִׁיר עִבְרִי חָדָשׁ.

V. כְּתֹב אֶת הַצּוּרָה הַנְּכוֹנָה: Write the correct form of (20)
the word in parenthesis:

near me	1. הוּא עָמַד (אֵצֶל).
in them (m.)	2. מַה מָּצָאתָ (בְּ)?
in it (m.)	3. שָׂם (בְּ) אֶת הַכֶּסֶף.
upon us	4. הֵם מַבִּיטִים (עַל).
with it (m.)	5. אֲנַחְנוּ מְשַׂחֲקִים (בְּ) בַּגַּן.
to me	6. מֹשֶׁה דִּבֵּר (אֶל) בַּטֶּלֶפוֹן.
we must	7. (עַל) לִקְרֹא לָרוֹפֵא.
at his home	8. לֹא מָצָאתִי אִישׁ (אֵצֶל).
upon you (m. s.)	9. שָׁלוֹם (עַל).
to him	10. שַׂמְתִּי לֵב (אֶל).

VI. חַבֵּר חֲמִשָּׁה מִשְׁפָּטִים עַל אֶחָד מִן הַסִּפּוּרִים הָאֵלֶּה: (20)

1. „דְּגָנְיָה"   2. „נַהֲלָל"   3. „הוּא שָׁב"

סִפּוּרִים נוֹסָפִים

1. אֱלִיעֶזֶר בֶּן יְהוּדָה

מִלּוֹן

will build	יִבְנֶה (ע. בָּנָה)	Eliezer ben Yehudah	אֱלִיעֶזֶר בֶּן יְהוּדָה
will undersatnd	יָבִינוּ (ע. הֵבִין)	Paris	פָּרִיז נ.
that unites	הַמְאַחֶדֶת	medicine	תּוֹרַת הָרְפוּאָה נ.
to change	לַהֲפֹךְ	stopped	חָדַל
in the beginning	בַּתְּחִלָּה	pogroms	פְּרָעוֹת נ. ר
was born	נוֹלַד	were slain	נֶהֶרְגוּ
spread	הִתְפַּשֵּׁט	felt (v.)	הִרְגִּישׁ
speech	דִּבּוּר	thought of	עָלָה בְלִבּוֹ
		Europe	אֵירוֹפָּה נ.

The story of the man who revived Hebrew as a spoken language.

לִפְנֵי שְׁמֹנִים שָׁנָה הָיְתָה הַלָּשׁוֹן הָעִבְרִית כְּלָשׁוֹן מֵתָה. רַק
אֲנָשִׁים מְעַטִּים דִּבְּרוּ עִבְרִית.

וּבַיָּמִים הָהֵם הָיָה נַעַר צָעִיר בְּשֵׁם אֱלִיעֶזֶר. תַּלְמִיד הָיָה
בָּאוּנִיבֶרְסִיטָה בְּפָרִיז וְלָמַד רְפוּאָה, כִּי רָצָה לִהְיוֹת לְרוֹפֵא.
וְהַנַּעַר הַזֶּה אָהַב אֶת הַלָּשׁוֹן הָעִבְרִית מְאֹד וְלֹא חָדַל לִקְרֹא
בִּסְפָרִים עִבְרִיִּים יוֹם וָלַיְלָה.

וּפִתְאֹם פָּרְצוּ הַפְּרָעוֹת הַנּוֹרָאוֹת בְּרוּסְיָה. הַרְבֵּה יְהוּדִים
נִפְצְעוּ וְנֶהֶרְגוּ. צַר הָיָה לַתַּלְמִיד אֱלִיעֶזֶר. הוּא הִרְגִּישׁ בְּצַעַר
עַמּוֹ וְרָצָה לַעֲזֹר לָהֶם, אֲבָל מַה יָּכֹל לַעֲשׂוֹת?

וְהִנֵּה עָלָה בְּלִבּוֹ רַעְיוֹן גָּדוֹל: יָשׁוּב הָעָם הָעִבְרִי לְאַרְצוֹ, אֶרֶץ יִשְׂרָאֵל. שָׁם יִחְיֶה בְּכָבוֹד וּבְלִי פַּחַד, יַעֲבֹד וְיִבְנֶה. אֲבָל אִם יָשׁוּבוּ הָעִבְרִים לְאַרְצָם, אֵיךְ יָבִינוּ זֶה אֶת זֶה? הֵם צְרִיכִים לְלָשׁוֹן אַחַת שֶׁכֻּלָּם יוֹדְעִים. וּמָה הִיא הַלָּשׁוֹן הָאַחַת הַמְאַחֶדֶת אֶת כָּל הָעִבְרִים? הֲלֹא הִיא הַלָּשׁוֹן הַהִיסְטוֹרִית (historic) שֶׁלָּהֶם: עִבְרִית! וְעִבְרִית הָיְתָה כְּלָשׁוֹן מֵתָה.

וֶאֱלִיעֶזֶר נִשְׁבַּע לַהֲפֹךְ אֶת הַלָּשׁוֹן הַמֵּתָה לְלָשׁוֹן חַיָּה. הוּא לֹא רַק אָמַר כִּי אִם גַּם עָשָׂה.

הוּא נָסַע לְאֶרֶץ יִשְׂרָאֵל וְהִתְחִיל לְדַבֵּר רַק עִבְרִית לְאִשְׁתּוֹ, אֲשֶׁר בַּתְּחִלָּה לֹא הֵבִינָה אֲפִילוּ מִלָּה אַחַת.

נוֹלַד לָהֶם בֵּן וְהֵם דִּבְּרוּ אֵלָיו רַק עִבְרִית. הַמִּשְׁפָּחָה שֶׁל בֶּן יְהוּדָה הָיְתָה הַמִּשְׁפָּחָה הָעִבְרִית הָרִאשׁוֹנָה בְּאֶרֶץ יִשְׂרָאֵל.

וְגַם לְכָל הַחֲבֵרִים שֶׁלָּהֶם דִּבְּרוּ רַק עִבְרִית.

אָמְרוּ לָהֶם הַחֲבֵרִים: „מְשֻׁגָּעִים אַתֶּם! לֹא תוּכְלוּ לַהֲפֹךְ לָשׁוֹן מֵתָה לְלָשׁוֹן חַיָּה!" אֲבָל אֱלִיעֶזֶר וְאִשְׁתּוֹ לֹא שָׂמוּ לֵב אֲלֵיהֶם.

עָבְרוּ שָׁנִים וְעוֹד מִשְׁפָּחוֹת בִּירוּשָׁלַיִם הִתְחִילוּ לְדַבֵּר עִבְרִית. וּמִירוּשָׁלַיִם הִתְפַּשֵּׁט הַדִּבּוּר הָעִבְרִי בְּכָל אֶרֶץ יִשְׂרָאֵל, וּמִשָּׁם עָבַר לְאֵירוֹפָּה וְלַאֲמֵרִיקָה.

סוֹף סוֹף בָּא הַחֲלוֹם הַגָּדוֹל שֶׁל אֱלִיעֶזֶר בֶּן יְהוּדָה. הַלָּשׁוֹן הַהִיסְטוֹרִית שֶׁל הָעָם הָעִבְרִי הָיְתָה עוֹד פַּעַם לְלָשׁוֹן חַיָּה בְּפִי הָעָם.

הַדֹּאַר

בִּיד הַגָּדֹל. מֵאֵת שׁ. ל. בלאנק.
שְׁלֹשָׁה סִפּוּרִים.

שִׁירֵי יְהוּדָה הַלֵּוִי
אַמֶרִיקָה יִדיש וחול — שִׁירֵי וּמִבְחַר עַל־יְדֵי
יַעֲקֹב פְרֶנְשְׁטֵיין.

סֵפֶר הַשָּׁנָה לִיהוּדֵי אַמֶרִיקָה
כֶּרֶךְ שְׁבִיעִי (תש"ה)
כְּהוֹצָאַת הַהִסְתַּדְרוּת הָעִבְרִית בְּאַמֶרִיקָה
וּבַעֲרִיכַת מְנַחֵם רִיבוֹלוֹב

שְׁבִילֵי־הַחִנּוּךְ

בִּצָּרוֹן

הָאַמְלֶט
וִילִיאַם שֶׁקְסְפִּיר, בְּתַרְגּוּם יִשְׂרָאֵל אֶפְרָת.

הַדֹּאַר לַנֹּעַר

תַּרְגִּילִים

I. עֲנֵה בְעִבְרִית:

1. כַּמָּה אֲנָשִׁים דִּבְּרוּ עִבְרִית לִפְנֵי שְׁמוֹנִים שָׁנָה?
2. מֶה עָשָׂה אֱלִיעֶזֶר בֶּן יְהוּדָה בְּפָרִיז?
3. אֵיךְ הִרְגִּישׁ בֶּן יְהוּדָה כַּאֲשֶׁר פָּרְצוּ הַפְּרָעוֹת בְּרוּסְיָה?
4. אֵיזֶה רַעְיוֹן עָלָה עַל לֵב בֶּן יְהוּדָה?
5. לְאָן (where) נָסַע לְהַגְשִׁים (to realize) אֶת רַעְיוֹנוֹ?
6. מַדּוּעַ קָרְאוּ לְבֵיתוֹ „הַבַּיִת הָעִבְרִי הָרִאשׁוֹן"?
7. אֵיךְ הִתְפַּשֵּׁט הַדִּבּוּר הָעִבְרִי בְּכָל אֶרֶץ יִשְׂרָאֵל?

II אֵיפֹה?

1. לָמַד בֶּן יְהוּדָה תּוֹרַת הָרְפוּאָה?
2. פָּרְצוּ פְּרָעוֹת?
3. יָכוֹל הָעָם הָעִבְרִי לִחְיוֹת בְּכָבוֹד?
4. הֵקִימוּ אֶת הַבַּיִת הָעִבְרִי הָרִאשׁוֹן?
5. הִתְפַּשֵּׁט הַדִּבּוּר הָעִבְרִי?

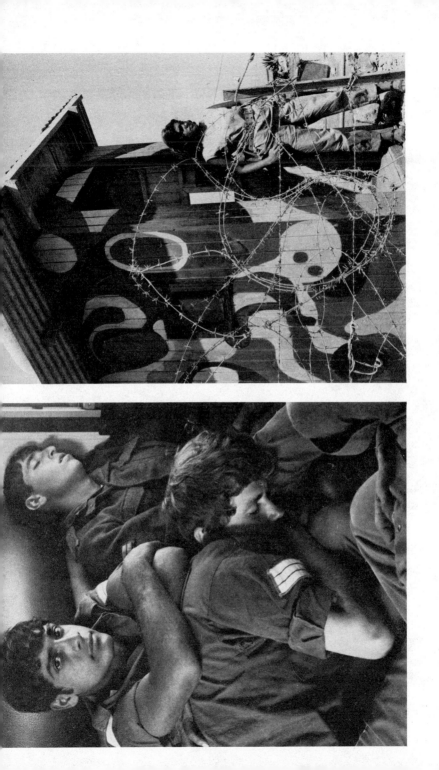

Israeli Soldiers

2. תֵּל חַי

מִלּוֹן

תֵּל חַי נ.	Tel Ḥai	חֲצַר	courtyard of
טְרוּמְפֶּלְדּוֹר	Trumpeldor	מַצֵּבָה	monument
גִּמְנַסְיָה	gymnasium (secondary school)	נְקֻדָּה	point
גָּלִיל נ.	Galilee	עָמַד עַל הַמִּשְׁמָר	stood guard
כְּפָר	village	בֵּידוּאִים	Bedouin
בָּהִיר (ר. בְּהִירִים)	clear	מִתְנַפֵּל עַל	attack
פֶּרַח (ר. פְּרָחִים)	flower	מוּכָן (ר. מוּכָנִים)	ready, prepared
חָצֵר זו"נ	courtyard	נִצַּח (ר. נִצְּחוּ)	conquered
		גַּאֲוָה	pride

Avinoam describes an interesting trip to historic Tel Ḥai on the 11th of the month of Adar.

11 בַּאֲדָר

שָׁלוֹם, בִּנְיָמִין!

אַתָּה מִתְפַּלֵּא בְּוַדַּאי עַל הַמִּכְתָּב הַזֶּה.

מַדּוּעַ שׁוֹלֵחַ אֲנִי אֶת הַמִּכְתָּב מִתֵּל חַי?

הִנֵּה אֲסַפֵּר לְךָ מַה שֶּׁעָשִׂינוּ הַיּוֹם.

הַיּוֹם הוּא יוֹם הַזִּכָּרוֹן (memorial) לִטְרוּמְפֶּלְדּוֹר.

עָרַכְנוּ טִיּוּל לְתֵל חַי. כָּל תַּלְמִידֵי הַגִּמְנַסְיָה בְּחֵיפָה

יָצְאוּ בִּמְכוֹנִיּוֹת בְּשָׁעָה שְׁמוֹנֶה בַּבֹּקֶר.

נָסַעְנוּ שָׁלֹשׁ שָׁעוֹת בַּדֶּרֶךְ לַגָּלִיל.

עָבַרְנוּ דֶּרֶךְ כְּפָרִים עַרְבִים וְגַם רָאִינוּ הַרְבֵּה מוֹשָׁבוֹת

וְקִבּוּצִים. מִכָּל צַד רָאִינוּ שָׂדוֹת יָפִים.
בְּשָׁעָה אַחַת עֶשְׂרֵה בָּאנוּ לְתֵל חַי.
יָרַדְנוּ מִן הַמְּכוֹנִיּוֹת וְהָלַכְנוּ בְּרֶגֶל לֶחָצֵר שֶׁל תֵּל חַי.
אַחֲרֵי כֵן עָלִינוּ אֶל הַמַּצֵּבָה בֵּין תֵּל חַי וּכְפַר גִּלְעָדִי.
אַחַד הַמּוֹרִים הִתְחִיל מְדַבֵּר:
„אַתֶּם רוֹאִים אֶת הַמַּצֵּבָה הַזֹּאת?
הַדָּבָר קָרָה שָׁלֹשׁ שָׁנִים אַחֲרֵי הַמִּלְחָמָה הָרִאשׁוֹנָה.
אֲנַחְנוּ הָיִינוּ מְעַטִּים בָּאָרֶץ, וּבְכָל זֹאת עָבַדְנוּ וּבָנִינוּ
מוֹשָׁבוֹת וְקִבּוּצִים.
תֵּל חַי הָיְתָה אַחַת הַנְּקֻדּוֹת עַל גְּבוּל הָאָרֶץ.
יוֹסֵף טְרוּמְפֶּלְדּוֹר וַחֲבֵרָיו עָמְדוּ עַל הַמִּשְׁמָר יוֹם וָלַיְלָה.
הַבֵּידוּאִים הָיוּ מִתְנַפְּלִים לִפְעָמִים עַל הַמּוֹשָׁבוֹת הָעִבְרִיּוֹת.
בְּיוֹם אַחַד עָשָׂר לְחֹדֶשׁ אֲדָר, הִתְנַפְּלוּ הַרְבֵּה בֵּידוּאִים
עַל תֵּל חַי.
אֲבָל טְרוּמְפֶּלְדּוֹר וַחֲבֵרָיו הָיוּ מוּכָנִים. לֹא יִתְּנוּ אֶת
הַכְּפָר הָעִבְרִי בִּידֵי הָעֲרָבִים, וְיָבֹא מַה!
כָּל הַיּוֹם וְהַלַּיְלָה נִלְחֲמוּ. בַּסּוֹף נִצְּחוּ הָעִבְרִים.
הָעֲרָבִים בָּרְחוּ.
אֲבָל טְרוּמְפֶּלְדּוֹר נִפְצַע קָשֶׁה.
בַּלַּיְלָה נָשְׂאוּ אֶת טְרוּמְפֶּלְדּוֹר לָרוֹפֵא בִּכְפַר גִּלְעָדִי.
בַּדֶּרֶךְ מֵת טְרוּמְפֶּלְדּוֹר.
לִפְנֵי מוֹתוֹ אָמַר לַחֲבֵרָיו: ‚אֵין דָּבָר. טוֹב לָמוּת בְּעַד אַרְצֵנוּ'."

הַמּוֹרֶה גָּמַר לְדַבֵּר. הָיָה שֶׁקֶט רְגָעִים אֲחָדִים.

אַחֲרֵי כֵן הָלַכְנוּ אֶל הַשָּׂדֶה.

יָשַׁבְנוּ וְאָכַלְנוּ תַּחַת הַשָּׁמַיִם הַבְּהִירִים.

שַׁרְנוּ שִׁירִים וְרָקַדְנוּ „הוֹרָה."

בְּאַרְבַּע אַחַר הַצָּהֳרַיִם יָצָאנוּ מִתֵּל חַי לָשׁוּב לְחֵיפָה.

אֲנִי אוֹמֵר לְךָ, בִּנְיָמִין, כִּי לִבִּי הָיָה מָלֵא גַּאֲוָה כַּאֲשֶׁר

חָשַׁבְתִּי עַל הַ„מַּכַּבִּים" הַחֲדָשִׁים שֶׁלָּנוּ.

כְּתֹב לִי, בִּנְיָמִין, עַל מַה שֶּׁעֲשִׂיתֶם בָּאֲגֻדָּה הָעִבְרִית

שֶׁלָּכֶם בִּנְיוּ יוֹרְק לְזֵכֶר טְרוּמְפֶּלְדּוֹר.

שֶׁלְּךָ,

אֲבִינֹעַם

תַּרְגִּילִים

I. מַדּוּעַ?

1. כָּתַב אֲבִינֹעַם מִכְתָּב מִתֵּל חַי?
2. הָיְתָה הַמַּצֵּבָה בֵּין תֵּל חַי וּכְפַר גִּלְעָדִי?
3. עָמְדוּ הָעִבְרִים עַל הַמִּשְׁמָר יוֹם וָלַיְלָה?
4. נָשְׂאוּ אֶת טְרוּמְפֶּלְדּוֹר לִכְפַר גִּלְעָדִי?
5. אָמַר טְרוּמְפֶּלְדּוֹר: „טוֹב לָמוּת בְּעַד אַרְצֵנוּ"?
6. אָכְלוּ הַתַּלְמִידִים תַּחַת הַשָּׁמַיִם?
7. הָיָה לֵב אֲבִינֹעַם מָלֵא גַּאֲוָה?

II. כְּתֹב אֶת תֹּכֶן הַמִּכְתָּב „תֵּל חַי" לְפִי הַנּוֹשְׂאִים הָאֵלֶּה (75 מִלִּים):

1. בַּדֶּרֶךְ מֵחֵיפָה לְתֵל חַי.
2. אֵצֶל הַמַּצֵּבָה.
3. דִּבְרֵי הַמּוֹרֶה.
4. מוֹת טְרוּמְפֶּלְדּוֹר.
5. אַחַר הַצָּהֳרַיִם.

יַלֵּיל

The ḥalutz sings of his homeland (מוֹלֶדֶת).

יַלֵּיל, יַלֵּיל,
מוֹלַדְתִּי אֶרֶץ כְּנַעַן,
מְגַמָּתִי שְׂדוֹת חָרָן.

3. חַנָּה סֶנֶשׁ

מִלּוֹן

Hungary	הוּנְגַּרְיָה	volunteered	הִתְנַדֵּב
(dramatic) play	מַחֲזֶה	Yugoslavia	יוּגוֹסְלַבְיָה
broke out	פָּרַץ	to enter	לְהִכָּנֵס
east	מִזְרָח	safe, secure	בָּטוּחַ
opportunity	הִזְדַּמְּנוּת	hid	הִתְחַבֵּא
British	בְּרִיטִים	told	הִגִּיד
brought down	הִפִּיל	captured	תָּפַשׂ
disappeared	נֶעְלַם	anything	כְּלוּם
organized	אִרְגֵּן	remained	נִשְׁאַר
parachutist	צַנְחָן	built, established	הֵקִים

The story of Hannah Senesch, a brave Israeli who gave her life to save Jews of Eastern Europe.

חַנָּה סֶנֶשׁ נוֹלְדָה בְּהוּנְגַּרְיָה. כְּשֶׁהָיְתָה בַּת שְׁמוֹנֶה עֶשְׂרֵה
עָלְתָה לְאֶרֶץ יִשְׂרָאֵל. הִיא עָבְדָה בְּקִבּוּץ שְׂדוֹת־יָם וְגַם
כָּתְבָה שִׁירִים וּמַחֲזוֹת. הִיא הֶאֱמִינָה שֶׁהַיְהוּדִים צְרִיכִים לָשׁוּב
לְאֶרֶץ יִשְׂרָאֵל וְלִבְנוֹת אוֹתָהּ.

כַּאֲשֶׁר פָּרְצָה מִלְחֶמֶת הָעוֹלָם הַשְּׁנִיָּה וְהַגֶּרְמָנִים כָּבְשׁוּ אֶת
מִזְרַח אֵירוֹפָּה וְגַם אֶת הוּנְגַּרְיָה, רָצְתָה חַנָּה לְהַצִּיל אֶת אִמָּהּ
וְעוֹד יְהוּדִים וּלְהָבִיא אוֹתָם לְאֶרֶץ יִשְׂרָאֵל.
וְהִנֵּה בָּאָה הַהִזְדַּמְּנוּת.

הַבְּרִיטִים רָצוּ לָדַעַת מַה קָּרָה לַטַּיָּסִים שֶׁלָּהֶם שֶׁהַגֶּרְמָנִים

הִפִּילוּ אוֹתָם וְהֵם נֶעֶלְמוּ. הַבְּרִיטִים אִרְגְּנוּ קְבוּצָה שֶׁל צַנְחָנִים יְהוּדִים שֶׁיָּטוּסוּ לְמִזְרַח אֵירוֹפָּה.

חַנָּה סֶנֶשׁ הִתְנַדְּבָה וְהָיְתָה לְצַנְחָנִית. הִיא טָסָה עִם עוֹד חֲמִשָּׁה צַנְחָנִים וְהֵם יָרְדוּ בְּאֶרֶץ יוּגוֹסְלַבְיָה. חַנָּה הָלְכָה בָּרֶגֶל כִּשְׁלֹשׁ מֵאוֹת קִילוֹמֶטֶר בַּלַּיְלָה כְּדֵי לְהִכָּנֵס לְהוּנְגַרְיָה בְּמָקוֹם בָּטוּחַ.

חַנָּה הִתְחַבְּאָה אַךְ הַהוּנְגָּרִים הִגִּידוּ לַגֶּרְמָנִים אֵיפֹה הִתְחַבְּאָה.

הַגֶּרְמַנִּים תָּפְסוּ אֶת חַנָּה. הֵבִיאוּ אוֹתָהּ לְבוּדַפֶּשְׁט וְשָׁאֲלוּ אוֹתָהּ כָּל מִינֵי שְׁאֵלוֹת עַל הַבְּרִיטִים וְעַל הַצַּנְחָנִים, אַךְ הִיא לֹא אָמְרָה לָהֶם דָּבָר.

אַחַר כָּךְ הֵבִיאוּ אֶת הָאֵם שֶׁל חַנָּה.

„אֵיפֹה בִּתֵּךְ?" שָׁאֲלוּ.

„בְּאֶרֶץ יִשְׂרָאֵל," עָנְתָה.

הַגֶּרְמַנִּים הֵבִיאוּ אֶת הָאֵם לִפְנֵי חַנָּה. הָאֵם וְהַבַּת בָּכוּ. כְּשֶׁרָאוּ הַגֶּרְמַנִּים שֶׁהָאֵם לֹא יָדְעָה כְּלוּם שָׁלְחוּ אוֹתָהּ הַבַּיְתָה.

חַנָּה נִשְׁאֲרָה בְּבֵית הָאֲסוּרִים אַרְבָּעָה חֳדָשִׁים. הַגֶּרְמַנִּים הִכּוּ אוֹתָהּ. אֲבָל לֹא הִגִּידָה לָהֶם דָּבָר עַל הַצַּנְחָנִים. אַחַר כָּךְ הָרְגוּ הַגֶּרְמַנִּים אֶת חַנָּה וְהִיא מֵתָה כִּגְבּוֹרָה. הִיא לֹא רָצְתָה שֶׁיְּכַסּוּ אֶת עֵינֶיהָ כְּשֶׁהָרְגוּ אוֹתָהּ.

אַחֲרֵי הַמִּלְחָמָה הֵבִיאוּ אֶת גּוּפָהּ שֶׁל חַנָּה לִירוּשָׁלַיִם וְשָׁם קָבְרוּ אוֹתָהּ בְּכָבוֹד לֹא רָחוֹק מִקֶּבֶר הֶרְצֵל.

בִּשְׂדוֹת־יָם הֵקִימוּ בַּיִת בִּשְׁמָהּ וְקָרְאוּ לוֹ „בֵּית חַנָּה סֶנֶשׁ."

תַּרְגִּילִים

I. עֲנֵה בְּעִבְרִית:

1. אֵיפֹה נוֹלְדָה חַנָּה?
2. בַּת כַּמָּה הָיְתָה כְּשֶׁעָלְתָה לְאֶרֶץ יִשְׂרָאֵל?
3. מַדּוּעַ הִתְנַדְּבָה וְהָיְתָה לְצַנְחָנִית?
4. אֵיפֹה יָרְדוּ הַצַּנְחָנִים?
5. מַה שָּׁאֲלוּ הַגֶּרְמַנִּים אֶת חַנָּה?
6. אֶת מִי הֵבִיאוּ לִפְנֵי חַנָּה?
7. אֵיךְ מֵתָה?
8. אֵיךְ כִּבְּדוּ אֶת חַנָּה סֶנֶשׁ אַחֲרֵי הַמִּלְחָמָה?

II. חַבֵּר מִשְׁפָּטִים בַּמִּלִּים הָאֵלֶּה:

1. מִזְרָח 2. הִזְדַּמְּנוּת 3. נֶעֱלַם 4. צַנְחָן 5. הִתְנַדֵּב
6. לְהִכָּנֵס 7. בָּטוּחַ 8. הִתְחַבֵּא 9. הִגִּיד 10. נִשְׁאַר

III. Hannah Senesch once wrote in a famous poem: "Blessed is the match which is consumed when it lights a flame in the heart." In what way were these words true to her own life?

4. אֵיךְ הָעוּגָה?

מִלּוֹן

עֲדַיִן	yet
לְהַסְבִּיר	to explain
יוֹצֵא מִן הַכְּלָל	exceptional
קְצָת חָמוּץ	a little sour
הִתְמוֹטֵט	collapsed
מִטְבָּח	kitchen
חָזַר	returned
מוּטָב	it is better
מִסְכֵּן (נ׳ מִסְכֵּנָה)	unfortunate, poor
הֵכִין	prepared
מִפְּנֵי	because of
פֶּן	lest
בְּמִקְרֶה	by chance
עוּגָה	cake
אַדְרִיכָל	architect
פִּיסִיקָאִי (נ׳ פִּיסִיקָאִית)	physicist
שׂוֹחֵחַ	spoke
עִנְיָן	topic
חָשׁוּב	important
חֲתִיכָה	piece
עוּגִיָּה	cookie
מְצֻפֶּה	covered
נֶעֱלָב	insulted
פַנְטַסְטִי	fantastic
הִסְמִיק	blushed
לְהַלֵּל	to praise

The story of a guest who tries to be courteous.

עֶרֶב אֶחָד הָלַכְתִּי לְבַקֵּר אֶת הַוֶּקְסְלֶרִים. אֲנִי מְכַבֵּד אוֹתָם מְאֹד. גִּדְעוֹן וֶקְסְלֶר הוּא אַדְרִיכָל יָדוּעַ. אִילָנָה אִשְׁתּוֹ הִיא פִּיסִיקָאִית וְעוֹבֶדֶת בְּמָכוֹן וַיצְמַן. (in the Weizmann Institute)

יָשַׁבְנוּ וְשׂוֹחַחְנוּ עַל עִנְיָנִים חֲשׁוּבִים. וְהִנֵּה נִכְנְסָה אִילָנָה. הִיא הֵבִיאָה עִמָּהּ עוּגָה. כָּל אֶחָד מִן הָאוֹרְחִים קִבֵּל חֲתִיכָה מִן הָעוּגָה וּשְׁתֵּי עוּגִיּוֹת מְצֻפּוֹת שׁוֹקוֹלַד. הִתְחַלְנוּ לֶאֱכֹל.

"אֵיךְ הָעוּגָה?" שָׁאַל גִּדְעוֹן.

"טוֹבָה מְאֹד," עָנִיתִי.

"טוֹבָה מְאֹד?" קָרָא גִּדְעוֹן נֶעֱלָב. "הֲלֹא הִיא פַנְטַסְטִית!"

"פַנְטַסְטִית בֶּאֱמֶת," אָמַרְתִּי. "עוּגָה כָּזֹאת לֹא אָכַלְתִּי מִיָּמַי (in my entire life)."

אִילָנָה הִסְמִיקָה. הִיא הֵבִיאָה אֶת הַקָּפֶה. רָצִיתִי לְהַמְשִׁיךְ בְּשִׂיחָה. אֲבָל בְּעֵינָיו שֶׁל גִּדְעוֹן רָאִיתִי שֶׁאֲנִי צָרִיךְ לְהַלֵּל עוֹד. אָמַרְתִּי:

"הַרְבֵּה קָפֶה שָׁתִיתִי בְּחַיַּי, אֲבָל קָפֶה נִפְלָא כָּזֶה לֹא שָׁתִיתִי עֲדַיִן..."

"בֶּאֱמֶת?" שָׁאֲלָה אִילָנָה.

"בֶּאֱמֶת!" אָמַרְתִּי. "הַקָּפֶה הַזֶּה נוֹתֵן תֹּכֶן חָדָשׁ לְחַיַּי..."

"מַדּוּעַ?" שָׁאַל גִּדְעוֹן.

"קָשֶׁה לִי לְהַסְבִּיר," עָנִיתִי. "אֲבָל זֶהוּ קָפֶה יוֹצֵא מִן הַכְּלָל. הַאֶפְשָׁר לְקַבֵּל עוֹד?"

הָאֱמֶת הִיא: הַקָּפֶה לֹא הָיָה רַע. אֲבָל גַּם לֹא טוֹב בְּיוֹתֵר.

אִילָנָה הֵבִיאָה גְּלִידָה וְסָלָט פֵּרוֹת.

"אֵיךְ הַגְּלִידָה?" שָׁאַל גִּדְעוֹן.

"נִפְלָאָה! נִפְלָאָה בֶּאֱמֶת!"

„וְסַלַּט הַפֵּרוֹת?" שָׁאַל גִּדְעוֹן.

„הֲלֹא אִי אֶפְשָׁר לְהַלֵּל כָּל דָּבָר..." אָמַרְתִּי בְּלִבִּי– וְעָנִיתִי:

„סַלַּט הַפֵּרוֹת קְצָת חָמוּץ..."

אִילָנָה הִתְמוֹטְטָה פִּתְאוֹם... הִיא רָצָה אֶל הַמִּטְבָּח וּבָכְתָה. גִּדְעוֹן רָץ אַחֲרֶיהָ. מִי יוֹדֵעַ מַה קָּרָה בַּמִּטְבָּח... גִּדְעוֹן חָזַר חִוֵּר וְאָמַר לִי:

„מוּטָב שֶׁתֵּלֵךְ עַכְשָׁו..."

* * *

בָּאתִי הַבַּיְתָה. כַּאֲשֶׁר חָזְרָה אִשְׁתִּי, סִפַּרְתִּי לָהּ מַה שֶּׁקָּרָה.

„אִילָנָה הַמִּסְכֵּנָה!" אָמְרָה אִשְׁתִּי בְּצַעַר. „טִפֵּשׁ שֶׁכָּמוֹךָ! הַאֵינְךָ יוֹדֵעַ שֶׁכָּל דָּבָר קוֹנִים בַּחֲנוּת, חוּץ מִסַּלַּט הַפֵּרוֹת? אוֹתוֹ הֵכִינָה אִילָנָה בְּמוֹ יָדֶיהָ... (with her own hands)"

* * *

מִפְּנֵי הַמַּעֲשֶׂה הַזֶּה אֵינִי יוֹצֵא בָּעֲרָבִים מִן הַבַּיִת. אֲנִי מְפַחֵד פֶּן אֶפְגֹּשׁ בְּמִקְרֶה אֶת הַוֶּקְסְלֶרִים...

עַל פִּי אֶפְרַיִם קִישׁוֹן

תַּרְגִּילִים

I. שְׁאֵלוֹת:

1. אֶת מִי בִּקֵּר קִישׁוֹן?

2. מַה קִבֵּל כָּל אֶחָד מִן הָאוֹרְחִים?
3. אֵיךְ הָעוּגָה?
4. מָה עוֹד הֵבִיאָה אִילָנָה?
5. מַדּוּעַ בָּכְתָה אִילָנָה?

II. הַשְׁלֵם בַּמִּלָּה הַנְּכוֹנָה:

(אַדְרִיכָל, חֲנוּת, חֲתִיכָה, מִטְבָּח, מַעֲשֶׂה, עוּגָה, עֲנָיָנִים, פֵּרוֹת)

1. שֵׁם הַסִּפּוּר „אֵיךְ הָ———?"
2. גִּדְעוֹן וֶקְסְלֶר הוּא ———.
3. הָאוֹרְחִים שׂוֹחֲחוּ עַל ——— חֲשׁוּבִים.
4. אִילָנָה נָתְנָה לְכָל אֶחָד מִן הָאוֹרְחִים ——— שֶׁל עוּגָה.
5. הָאוֹרֵחַ אָמַר, „סַלַּט הַ——— קְצָת חָמוּץ."
6. אִילָנָה רָצָה אֶל הַ——— וּבָכְתָה.
7. כָּל דָּבָר קוֹנִים בַּ——— חוּץ מִסַּלַּט פֵּרוֹת.
8. קִישׁוֹן מְפַחֵד לָצֵאת בָּעֲרָבִים מִפְּנֵי הַ——— הַזֶּה.

.5 הַמַּכַּבִּיָּה

מִלּוֹן

opening	פְּתִיחָה	torch	לַפִּיד
strong	כַּבִּיר	lit, kindled	הִדְלִיק
procession, march	מִצְעָד	Modin	מוֹדִיעִין
municipality	עִירִיָּה	they flew pigeons	הִפְרִיחוּ יוֹנִים
horseback riders	פָּרָשִׁים	message	בְּשׂוֹרָה
flag	דֶּגֶל	near	קָרוֹב
spectators	צוֹפִים	close	סִיּוּם
airplane	מָטוֹס	to symbolize	לְסַמֵּל
parachuted	צָנַח	branch	עָנָף
air	אֲוִיר	volleyball	כַּדּוּרְעָף
delegation	מִשְׁלַחַת	golf	גוֹלְף
the United States	אַרְצוֹת הַבְּרִית	swimming	שְׂחִיָּה
ceremony	טֶקֶס	rowing	חֲתִירָה
Yizkor (memorial service)	יִזְכֹּר	judo	ג׳וּדוֹ
athletes	סְפּוֹרְטָאִים	Western Wall	כֹּתֶל מַעֲרָבִי
Munich	מִינְכֶן	as	כְּפִי
Olympics	אוֹלִימְפִּיַאדָה	with all my soul and might	בְּכָל נַפְשִׁי וּמְאֹדִי
stadium	אִצְטַדְיוֹן		

Aviva writes to her friend in America about the Tenth Maccabiad (Jewish Olympics).

שָׁלוֹם, תָּמָר!

אֶתְמוֹל רָאִיתִי אֶת פְּתִיחַת הַמַּכַּבִּיָּה הָעֲשִׂירִית בְּרָמַת גַּן. הַחֲגִיגָה עָשְׂתָה רֹשֶׁם כַּבִּיר עָלַי.

אֶת הַחֲגִיגָה הָרִאשׁוֹנָה חָגְגוּ בְּ 1932. אָז בְּרֹאשׁ הַמִּצְעָד רָכַב מֵאִיר דִּיזֶנְגּוֹף, רֹאשׁ עִירִיַּת תֵּל אָבִיב, עַל סוּסוֹ הַלָּבָן, וְאַחֲרָיו שְׁנֵים עָשָׂר פָּרָשִׁים שֶׁנָּשְׂאוּ אֶת דִּגְלֵי הַשְּׁבָטִים הָעַתִּיקִים.

אֶתְמוֹל בְּשָׁעָה שֵׁשׁ נִכְנַס רֹאשׁ הַמֶּמְשָׁלָה, פְּרוֹפ. קָצִיר, בִּמְכוֹנִיתוֹ וּפָתַח אֶת הַמַּכַּבִּיָּה לִפְנֵי 50,000 צוֹפִים. לְמַעְלָה טָס מָטוֹס וְצַנְחָנִים רַבִּים צָנְחוּ בָּאֲוִיר לִכְבוֹד הַמְשַׂחֲקִים.

אַחַר כָּךְ הִתְחִיל מִצְעַד הַמִּשְׁלָחוֹת מִ 35 אֲרָצוֹת, כָּל מִשְׁלַחַת עִם הַדֶּגֶל שֶׁל אַרְצָהּ. מֵאַרְצוֹת הַבְּרִית בָּאָה מִשְׁלַחַת גְּדוֹלָה שֶׁל 339 אִישׁ. (בְּ 1932 הָיוּ רַק עֲשָׂרָה אֲנָשִׁים מֵאַרְצוֹת הַבְּרִית.) וְאַחֲרוֹן אַחֲרוֹן, מִשְׁלַחַת שֶׁל 451 מִמְּדִינַת יִשְׂרָאֵל עִם דֶּגֶל כָּחֹל וְלָבָן.

אַחֲרֵי הַמִּצְעָד עָרְכוּ טֶקֶס יִזְכֹּר לְזֵכֶר הָ 11 סְפּוֹרְטָאִים שֶׁנָּפְלוּ בְּמִינְכֶן בְּאוֹלִימְפִּיאָדַת 1972.

בְּשָׁעָה שֶׁבַע בָּעֶרֶב נִכְנַס לָאִצְטַדְיוֹן נוֹשֵׂא הַלַּפִּיד שֶׁהִדְלִיקוּ הַבֹּקֶר, בְּמוֹדִיעִין עַל קִבְרוֹת הַמַּכַּבִּים. אַחַר כָּךְ, הִפְרִיחוּ יוֹנִים לְהָבִיא בְּשׂוֹרַת הַשָּׁלוֹם לְרָחוֹק וּלְקָרוֹב. בְּסִיּוּם הַטֶּקֶס הִדְלִיקוּ נֵרוֹת וְחִלְּקוּ בֵּין כָּל הַצּוֹפִים לְסַמֵּל אֶת אֵשׁ הַשָּׁלוֹם.

יֵשׁ תַּחֲרוּת בְּ 23 עַנְפֵי סְפּוֹרְט – כַּדּוּרֶגֶל, כַּדּוּרְסַל, כַּדּוּרְעָף,

טֶנִיס, גּוֹלְף, שְׂחִיָּה, קְפִיצָה לַמַּיִם, חֲתִירָה, רִיצָה, ג׳וּדוֹ וְעוֹד וְעוֹד.

סִיּוּם הַמַּכַּבִּיָּה יִהְיֶה בְּעוֹד שְׁנֵי שָׁבוּעוֹת בִּירוּשָׁלַיִם עַל יַד הַכֹּתֶל הַמַּעֲרָבִי.

בַּלְּבוֹת שֶׁל כָּל הַסְּפּוֹרְטָאִים אַהֲבָה גְּדוֹלָה לְיִשְׂרָאֵל. כְּפִי שֶׁאָמַר אוֹרֵחַ אֶחָד, ״אֲנִי אוֹהֵב אֶת יִשְׂרָאֵל בְּכָל נַפְשִׁי וּמְאֹדִי. הָאָרֶץ הַזֹּאת הִיא אֶרֶץ אָבוֹת וּמְסַמֶּלֶת אֶת הַהִסְטוֹרְיָה שֶׁל עַמִּי.״

שֶׁלָּךְ,

אֲבִיבָה

תַּרְגִּילִים

I. מַכַּבִּיָּה רִאשׁוֹנָה אוֹ עֲשִׂירִית?

1. רֹאשׁ הַמֶּמְשָׁלָה פָּתַח אֶת הַחֲגִיגָה.
2. רֹאשׁ עִירִיַּת תֵּל אָבִיב רָכַב עַל סוּסוֹ הַלָּבָן.
3. שְׁנֵים עָשָׂר פָּרָשִׁים נָשְׂאוּ דְּגָלִים.
4. צַנְחָנִים צָנְחוּ מִמָּטוֹס.
5. בַּמִּשְׁלַחַת שֶׁל אַרְצוֹת הַבְּרִית הָיוּ 10 אֲנָשִׁים.
6. מִשְׁלָחוֹת שֶׁל 35 אֲרָצוֹת בָּאוּ לַמַּכַּבִּיָּה.

II. עֲנֵה בְּעִבְרִית:

1. מָתַי חָגְגוּ אֶת הַמַּכַּבִּיָּה הָרִאשׁוֹנָה?
2. מִי הָיָה רֹאשׁ עִירִיַּת תֵּל אָבִיב?
3. מִי פָּתַח אֶת הַמַּכַּבִּיָּה הָעֲשִׂירִית?

4. מַדּוּעַ עָרְכוּ טֶקֶס יִזְכֹּר?
5. כַּמָּה מִשְׁלָחוֹת בָּאוּ לַמַּכַּבִּיָּה הָעֲשִׂירִית?
6. אֵיפֹה הִדְלִיקוּ לַפִּיד?
7. מַדּוּעַ הִפְרִיחוּ יוֹנִים?
8. בְּכַמָּה עַנְפֵי סְפּוֹרְט הָיְתָה תַּחֲרוּת?
9. אֵיפֹה הָיָה סִיּוּם הַמַּכַּבִּיָּה הָעֲשִׂירִית?
10. מָה אָמַר סְפּוֹרְטָאִי אֶחָד עַל אֶרֶץ יִשְׂרָאֵל?

6. גּוֹלְדָה מֵאִיר

מִלּוֹן

Poalei Zion ("The Workers of Zion")	פּוֹעֲלֵי צִיּוֹן	further	הָלְאָה
building	בִּנְיָן	friend	יָדִיד
refugee	פָּלִיט	Abdullah	עַבְּדוּלְלָה
rise, establishment	קוֹם	(as) ambassador	(כְּ)שַׁגְרִירָה נ׳
covered	מְכֻסֶּה	Moscow	מוֹסְקְוָה
veil	צָעִיף	a large group	קָהָל רַב
on her face	עַל פָּנֶיהָ	worshiped	הִתְפַּלֵּל
dressed	לְבוּשׁ	gathered	הִתְאַסְּפוּ
danger	סַכָּנָה	entrance	כְּנִיסָה
terrorists	מְחַבְּלִים	enthusiasm	הִתְלַהֲבוּת
Jordan	יַרְדֵּן	Simchat Torah	שִׂמְחַת תּוֹרָה
		in spite of	לַמְרוֹת

Golda Meir, Israel's first woman prime minister, has been a source of inspiration to men and women throughout the world.

גּוֹלְדָה מֵאִיר נוֹלְדָה בְּרוּסְיָה בִּשְׁנַת 1898 וּבָאָה לְאַרְצוֹת הַבְּרִית כְּשֶׁהָיְתָה בַּת שְׁמוֹנֶה שָׁנִים. כְּשֶׁהָיְתָה בַּת שְׁבַע עֶשְׂרֵה הָיְתָה לַחֲבֵרָה בַּאֲגֻדַּת פּוֹעֲלֵי צִיּוֹן.

גּוֹלְדָה עָלְתָה לָאָרֶץ בִּשְׁנַת 1921. הִיא עָבְדָה בְּקִבּוּץ מֶרְחַבְיָה וְעָשְׂתָה כָּל מַה שֶּׁאֶפְשָׁר לְבִנְיַן הָאָרֶץ. וְגַם עָשְׂתָה הַרְבֵּה בְּעַד הַפְּלִיטִים שֶׁעָלוּ לָאָרֶץ.

חֹדֶשׁ לִפְנֵי קוּם מְדִינַת יִשְׂרָאֵל בְּ 1948 נָסְעָה מְכוֹנִית וּבָהּ אִישׁ וְאִשָּׁה. הָאִשָּׁה הָיְתָה מְכֻסָּה צָעִיף עַל פָּנֶיהָ וּלְבוּשָׁה שִׂמְלָה אֲרֻכָּה כְּמוֹ אִשָּׁה עַרְבִיָּה. הָאִשָּׁה הַזֹּאת הָיְתָה גּוֹלְדָה מֵאִיר.

שְׁנֵיהֶם עָבְרוּ אֶת הַיַּרְדֵּן. כָּל הַדֶּרֶךְ הָיְתָה מְלֵאָה סַכָּנוֹת כִּי הָיוּ הַרְבֵּה מְחַבְּלִים בְּיַרְדֵּן, אַךְ לֹא פָּחֲדוּ, וְנָסְעוּ הָלְאָה. שָׁם בְּבֵית אַחַד הַיְּדִידִים שֶׁלּוֹ חִכָּה עַבְדוּלְלָה, מֶלֶךְ יַרְדֵּן.

„בָּאנוּ לַעֲשׂוֹת שָׁלוֹם בֵּין יַרְדֵּן וּבֵין מְדִינַת יִשְׂרָאֵל שֶׁתָּקוּם בְּעוֹד חֹדֶשׁ," אָמְרָה גּוֹלְדָה.

הַמֶּלֶךְ שָׁמַע לְדִבְרֵי גּוֹלְדָה אַךְ רָאשֵׁי הָעַרְבִים לֹא רָצוּ שֶׁתָּקוּם מְדִינָה לְיִשְׂרָאֵל.

אַחֲרֵי קוּם הַמְּדִינָה נָסְעָה גּוֹלְדָה מֵאִיר לְרוּסְיָה כְּשַׁגְרִירָה מִמְּדִינַת יִשְׂרָאֵל. בְּרֹאשׁ הַשָּׁנָה בִּקְּרָה גּוֹלְדָה בְּבֵית הַכְּנֶסֶת בְּמוֹסְקְוָה. קָהָל רַב הִתְפַּלֵּל בְּבֵית הַכְּנֶסֶת וַאֲלָפִים הִתְאַסְּפוּ מִחוּץ לְבֵית הַכְּנֶסֶת וְשָׁרוּ וְרָקְדוּ.

„שָׁלוֹם," אָמְרָה גּוֹלְדָה לְבָחוּר אֶחָד שֶׁעָמַד בַּחוּץ עַל יַד הַכְּנִיסָה.

„שָׁלוֹם וְשָׁנָה טוֹבָה," עָנָה הַבָּחוּר בְּהִתְלַהֲבוּת.

„אָבִיךָ בְּבֵית הַכְּנֶסֶת?" שָׁאֲלָה גּוֹלְדָה.

"לֹא, לֹא. אָבִי אָמַר שֶׁהַסַּכָּנָה גְּדוֹלָה."

בְּשִׂמְחַת תּוֹרָה בִּקְּרָה גּוֹלְדָה מֵאִיר עוֹד פַּעַם בְּבֵית הַכְּנֶסֶת, וְעוֹד פַּעַם רָאֲתָה אֶת הַבָּחוּר.

"אֲנִי שְׂמֵחָה לִרְאוֹת אוֹתְךָ," אָמְרָה גּוֹלְדָה. "בָּאתָ לַמְרוֹת עֲצַת אָבִיךָ?"

"גַּם הוּא בָּא," עָנָה הַבָּחוּר בְּשִׂמְחָה. "בָּא לִכְבוֹדֵךְ וְלִכְבוֹד עַם יִשְׂרָאֵל."

בִּשְׁנַת 1969 נָתְנָה מְדִינַת יִשְׂרָאֵל אֶת הַכָּבוֹד הַיּוֹתֵר גָּדוֹל לְגוֹלְדָה מֵאִיר. בָּחֲרוּ בָּהּ לִהְיוֹת רֹאשׁ הַמֶּמְשָׁלָה.

תַּרְגִּילִים

I. בְּחַר בַּבִּטּוּי הַנָּכוֹן:

1. גּוֹלְדָה מֵאִיר נוֹלְדָה ———. (בְּאַרְצוֹת הַבְּרִית, בְּרוּסְיָה)
2. גּוֹלְדָה בָּאָה לְאַרְצוֹת הַבְּרִית כְּשֶׁהָיְתָה בַּת ———. (שֶׁבַע עֶשְׂרֵה, שְׁמֹנֶה)
3. הִיא עָלְתָה לְאֶרֶץ יִשְׂרָאֵל בִּשְׁנַת ———. (1921, 1948)
4. גּוֹלְדָה נָסְעָה לִרְאוֹת אֶת מֶלֶךְ ———. (יַרְדֵּן, מִצְרַיִם)
5. גּוֹלְדָה הָיְתָה שַׁגְרִירָה בְּ———. (לוֹנְדוֹן, מוֹסְקְוָוה)
6. הָאָב בָּא לְבֵית הַכְּנֶסֶת ———. (בְּרֹאשׁ הַשָּׁנָה, בְּשִׂמְחַת תּוֹרָה)

II. עֲנֵה בְּעִבְרִית:

1. אֵיפֹה נוֹלְדָה גּוֹלְדָה?
2. בַּת כַּמָּה הָיְתָה כְּשֶׁבָּאָה לְאַרְצוֹת הַבְּרִית?
3. מָתַי עָלְתָה גּוֹלְדָה לְאֶרֶץ יִשְׂרָאֵל?
4. מַדּוּעַ נָסְעָה גּוֹלְדָה לִרְאוֹת אֶת עַבְדּוּלָּה?

5. מַדּוּעַ נָסְעָה גוֹלְדָה לְמוֹסְקְוָוה בְּ1948?
6. מַדּוּעַ לֹא בָּא הָאָב לְבֵית הַכְּנֶסֶת בְּרֹאשׁ הַשָּׁנָה?
7. מִי בָּא עִם הַבָּחוּר בְּשִׂמְחַת תּוֹרָה?
8. מָתַי בָּחֲרוּ בְּגוֹלְדָה לִהְיוֹת רֹאשׁ הַמֶּמְשָׁלָה?

APPENDIX

Useful Classroom Expressions — בִּטּוּיִים שִׁמּוּשִׁיִּים

1.	Good morning	בֹּקֶר טוֹב .1
2.	Please sit down	בְּבַקָּשָׁה לָשֶׁבֶת .2
3.	Quiet!	שֶׁקֶט! .3
4.	Stand up!	קוּם (נ׳ קוּמִי) .4
5.	Open books!	פִּתְחוּ אֶת הַסְּפָרִים .5
6.	Read!	קִרְאוּ .6
7.	That's enough	זֶה דַּי .7
8.	Read aloud!	קְרָא בְּקוֹל (נ׳ קִרְאִי) .8
9.	Read slowly!	קְרָא לְאַט לְאַט (נ׳ קִרְאִי) .9
10.	Translate into English	תַּרְגֵּם לְאַנְגְּלִית (נ׳ תַּרְגְּמִי) .10
11.	Repeat!	אֱמֹר עוֹד פַּעַם (נ׳ אִמְרִי) .11
12.	Close your notebook!	סְגֹר אֶת הַמַּחְבֶּרֶת (נ׳ סִגְרִי) .12
13.	Go to the board!	לֵךְ אֶל הַלּוּחַ (נ׳ לְכִי) .13
14.	Take the chalk!	קַח אֶת הַגִּיר (נ׳ קְחִי) .14
15.	Write the word	כְּתֹב אֶת הַמִּלָּה (נ׳ כִּתְבִי) .15
16.	Correct the mistake!	תַּקֵּן אֶת הַשְּׁגִיאָה (נ׳ תַּקְּנִי) .16
17.	How do you spell . . . ?	אֵיךְ כּוֹתְבִים. . .? .17
18.	Answer the question!	עֲנֵה עַל הַשְּׁאֵלָה (נ׳ עֲנִי) .18

19.	At the top of the page	בְּרֹאשׁ הַדַּף	.19
20.	At the end of the page	בְּסוֹף הַדַּף	.20
21.	How do you say...?	אֵיךְ אוֹמְרִים...?	.21
22.	What mark did you get?	אֵיזֶה צִיּוּן קִבַּלְתָּ?	.22
23.	Report card	תְּעוּדָה	.23
24.	I failed	נִכְשַׁלְתִּי	.24
25.	I passed the test	עָמַדְתִּי בַּמִּבְחָן	.25

II

Idioms and Expressions ניבִים וְצֵרוּפֵי לָשׁוֹן

1.	How are you (*m.*)?	מַה שְּׁלוֹמְךָ?	.1
2.	How are you (*f.*)?	מַה שְּׁלוֹמֵךְ?	.2
3.	by the name of	בְּשֵׁם	.3
4.	I have	יֵשׁ לִי	.4
5.	to mock him	לְצַחֵק בּוֹ	.5
6.	afterwards	אַחֲרֵי כֵן	.6
7.	again	עוֹד פַּעַם	.7
8.	aloud	בְּקוֹל	.8
9.	everything's fine	הַכֹּל בְּסֵדֶר	.9
10.	please!	בְּבַקָּשָׁה	.10
11.	Au revoir!	לְהִתְרָאוֹת	.11
12.	one another (*f.*)	זֹאת אֶת זֹאת	.12
	one another (*m.*)	זֶה אֶת זֶה	
13.	breakfast	אֲרוּחַת הַבֹּקֶר	.13
14.	supper	אֲרוּחַת הָעֶרֶב	.14
15.	homework	שִׁעוּרֵי בַּיִת	.15
16.	today	הַיּוֹם	.16
17.	in, with what?	בַּמֶּה	.17
18.	hateful to you (*m. s.*)	שָׂנוּא עָלֶיךָ	.18
19.	a month ago	לִפְנֵי חֹדֶשׁ	.19

20.	he thought	אָמַר בְּלִבּוֹ	.20
21.	on his way	לְדַרְכּוֹ	.21
22.	shepherd	רוֹעֵה צֹאן	.22
23.	became (*m.*)	הָיָה לְ...	.23
24.	I am fine	שָׁלוֹם לִי	.24
25.	It's eight o'clock	הַשָּׁעָה שְׁמוֹנֶה	.25
26.	midnight	חֲצִי הַלַּיְלָה	.26
27.	he was grieved	צַר הָיָה לוֹ	.27
28.	Woe is me!	אוֹי לִי	.28
29.	I lost	אָבַד לִי	.29
30.	How much does it cost?	בְּכַמָּה זֶה עוֹלֶה	.30
31.	married man	בַּעַל אִשָּׁה	.31
32.	regards (*n.*)	דְּרִישַׁת שָׁלוֹם	.32
33.	every day	יוֹם יוֹם	.33
34.	never	אַף פַּעַם לֹא	.34
35.	at the top of one's voice	בְּקוֹלֵי קוֹלוֹת	.35
36.	so (much)	כָּל כָּךְ	.36
37.	jewel	אֶבֶן יְקָרָה	.37
38.	take a hike	עוֹרֵךְ טִיּוּל	.38
39.	Mediterranean Sea	יָם הַתִּיכוֹן	.39
40.	win	זוֹכֶה בְּ...	.40
41.	What time is it?	מָה הַשָּׁעָה?	.41

42.	at eight	בִּשְׁמֹנֶה	.42
43.	a quarter to nine	תֵּשַׁע פָּחוֹת רֶבַע	.43
44.	to welcome	לְקַבֵּל פְּנֵי . . .	.44
45.	better	טוֹב יוֹתֵר	.45
46.	worse	רַע יוֹתֵר	.46
47.	the best	הַיּוֹתֵר טוֹב	.47
48.	handsome	יְפֵה־תֹאַר	.48
49.	earthenware	כְּלֵי חֶרֶס	.49
50.	I shall become your wife	אֶהְיֶה לְאִשְׁתְּךָ	.50
51.	nevertheless	בְּכָל זֹאת	.51
52.	you're right	הַצֶּדֶק לְךָ	.52
53.	scholar	תַּלְמִיד חָכָם	.53
54.	concerning	עַל אוֹדוֹת	.54
55.	instead of	בִּמְקוֹם	.55
56.	thirty days old	בֶּן שְׁלֹשִׁים יוֹם	.56
57.	initials	רָאשֵׁי תֵבוֹת	.57
58.	remembered	שָׁמַר בְּלִבּוֹ	.58
59.	It's all right	אֵין דָּבָר	.59
60.	don't (*pl.*) be discouraged	אַל יִפֹּל רוּחֲכֶם	.60
61.	paid attention	שָׂם לֵב	.61
62.	captured	לָקַח בַּשֶּׁבִי	.62
63.	prison	בֵּית אֲסוּרִים	.63
64.	approaches	הוֹלֵךְ וּבָא	.64

III. NUMBERS

1. Cardinal Numbers

	זָכָר *m.*	נְקֵבָה *f.*		זָכָר וּנְקֵבָה *m. & f.*	
1	אֶחָד	אַחַת	30	שְׁלֹשִׁים	
2	שְׁנַיִם (שְׁנֵי)	שְׁתַּיִם (שְׁתֵּי)	40	אַרְבָּעִים	
3	שְׁלֹשָׁה	שָׁלֹשׁ	50	חֲמִשִּׁים	
4	אַרְבָּעָה	אַרְבַּע	60	שִׁשִּׁים	
4	חֲמִשָּׁה	חָמֵשׁ	70	שִׁבְעִים	
6	שִׁשָּׁה	שֵׁשׁ	80	שְׁמֹנִים	
7	שִׁבְעָה	שֶׁבַע	90	תִּשְׁעִים	
8	שְׁמֹנָה	שְׁמֹנֶה	100	מֵאָה	
9	תִּשְׁעָה	תֵּשַׁע			
10	עֲשָׂרָה	עֶשֶׂר		זָכָר	נְקֵבָה
11	אַחַד עָשָׂר	אַחַת עֶשְׂרֵה	101	מֵאָה וְאֶחָד	מֵאָה וְאַחַת
12	שְׁנֵים עָשָׂר	שְׁתֵּים עֶשְׂרֵה			
13	שְׁלֹשָׁה עָשָׂר	שְׁלֹשׁ עֶשְׂרֵה	200	שְׁתֵּי מֵאוֹת (מָאתַיִם)	
14	אַרְבָּעָה עָשָׂר	אַרְבַּע עֶשְׂרֵה	300	שְׁלֹשׁ מֵאוֹת	
15	חֲמִשָּׁה עָשָׂר	חֲמֵשׁ עֶשְׂרֵה	400	אַרְבַּע מֵאוֹת	
16	שִׁשָּׁה עָשָׂר	שֵׁשׁ עֶשְׂרֵה	500	חֲמֵשׁ מֵאוֹת	
11	שִׁבְעָה עָשָׂר	שְׁבַע עֶשְׂרֵה	600	שֵׁשׁ מֵאוֹת	
18	שְׁמֹנָה עָשָׂר	שְׁמֹנֶה עֶשְׂרֵה	700	שְׁבַע מֵאוֹת	
19	תִּשְׁעָה עָשָׂר	תְּשַׁע עֶשְׂרֵה	800	שְׁמֹנֶה מֵאוֹת	
20	עֶשְׂרִים	עֶשְׂרִים	900	תְּשַׁע מֵאוֹת	
21	עֶשְׂרִים וְאֶחָד	עֶשְׂרִים וְאַחַת	1000	אֶלֶף	

2. Ordinal Numbers

	זָכָר	נְקֵבָה	
1	רִאשׁוֹן	רִאשׁוֹנָה	first
2	שֵׁנִי	שֵׁנִית	second
3	שְׁלִישִׁי	שְׁלִישִׁית	third
4	רְבִיעִי	רְבִיעִית	fourth
5	חֲמִישִׁי	חֲמִישִׁית	fifth
6	שִׁשִּׁי	שִׁשִּׁית	sixth
7	שְׁבִיעִי	שְׁבִיעִית	seventh
8	שְׁמִינִי	שְׁמִינִית	eighth
9	תְּשִׁיעִי	תְּשִׁיעִית	ninth
10	עֲשִׂירִי	עֲשִׂירִית	tenth
11	הָאַחַד עָשָׂר	הָאַחַת עֶשְׂרֵה	eleventh [1]

[1] Beginning with number 11 and above, the ordinal numbers are the same as the cardinal numbers, with the definite article added.

IV. NOUN PARADIGMS

1. Declension of Singular Noun

(Bed) מִטָּה *f.* נְקֵבָה		(Song) שִׁיר *m.* זָכָר	
my bed	מִטָּתִי	my song	שִׁירִי
your (*m. s.*) bed	מִטָּתְךָ	your (*m. s.*) song	שִׁירְךָ
your (*f. s.*) bed	מִטָּתֵךְ	your (*f. s.*) song	שִׁירֵךְ
his bed	מִטָּתוֹ	his song	שִׁירוֹ
her bed	מִטָּתָהּ	her song	שִׁירָהּ
our bed	מִטָּתֵנוּ	our song	שִׁירֵנוּ
your (*m. pl.*) bed	מִטַּתְכֶם	your (*m. pl.*) song	שִׁירְכֶם
your (*f. pl.*) bed	מִטַּתְכֶן	your (*f. pl.*) song	שִׁירְכֶן
their (*m.*) bed	מִטָּתָם	their (*m.*) song	שִׁירָם
their (*f.*) bed	מִטָּתָן	their (*f.*) song	שִׁירָן

2. Declension of Plural Noun

(Beds) מִטּוֹת		(Songs) שִׁירִים	
my beds	מִטּוֹתַי	my songs	שִׁירַי
your (*m. s.*) beds	מִטּוֹתֶיךָ	your (*m. s.*) songs	שִׁירֶיךָ
your (*f. s.*) beds	מִטּוֹתַיִךְ	your (*f. s.*) songs	שִׁירַיִךְ
his beds	מִטּוֹתָיו	his songs	שִׁירָיו
her beds	מִטּוֹתֶיהָ	her songs	שִׁירֶיהָ
our beds	מִטּוֹתֵינוּ	our songs	שִׁירֵינוּ
your (*m. pl.*) beds	מִטּוֹתֵיכֶם	your (*m. pl.*) songs	שִׁירֵיכֶם
your (*f. pl.*) beds	מִטּוֹתֵיכֶן	your (*f. pl.*) songs	שִׁירֵיכֶן
their (*m.*) beds	מִטּוֹתֵיהֶם	their (*m.*) songs	שִׁירֵיהֶם
their (*f.*) beds	מִטּוֹתֵיהֶן	their (*f.*) songs	שִׁירֵיהֶן

V. VERB PARADIGMS

קַל–שְׁלֵמִים Regular Verbs in *Kal*

Present הֹוֶה

m. s. זָכָר

I close	סוֹגֵר	אֲנִי
you close		אַתָּה
he closes		הוּא

f. s. נְקֵבָה

I close	סוֹגֶרֶת	אֲנִי
you close		אַתְּ
she closes		הִיא

m. pl. רִבּוּי זָכָר

we close	סוֹגְרִים	אֲנַחְנוּ
you close		אַתֶּם
they close		הֵם

f. pl. רִבּוּי נְקֵבָה

we close	סוֹגְרוֹת	אֲנַחְנוּ
you close		אַתֶּן
they close		הֵן

Imperative צִוּוּי

close! (*m. s.*)	סְגֹר
close! (*f. s.*)	סִגְרִי
close! (*m. pl.*)	סִגְרוּ
close! (*f. pl.*)	סְגֹרְנָה

Infinitive מָקוֹר

to close	לִסְגֹּר

Past עָבָר

I closed	סָגַרְתִּי
you (*m. s.*) closed	סָגַרְתָּ
you (*f. s.*) closed	סָגַרְתְּ
he closed	סָגַר
she closed	סָגְרָה
we closed	סָגַרְנוּ
you (*m. pl.*) closed	סְגַרְתֶּם
you (*f. pl.*) closed	סְגַרְתֶּן
they (*m.*) closed	סָגְרוּ
they (*f.*) closed	סָגְרוּ

Future עָתִיד

I shall close	אֶסְגֹּר
you (*m.*) will close	תִּסְגֹּר
you (*f.*) will close	תִּסְגְּרִי
he will close	יִסְגֹּר
she will close	תִּסְגֹּר
we shall close	נִסְגֹּר
you (*m. pl.*) will close	תִּסְגְּרוּ
you (*f. pl.*) will close	תִּסְגֹּרְנָה
they (*m.*) will close	יִסְגְּרוּ
they (*f.*) will close	תִּסְגֹּרְנָה

Regular Verbs (אֶפְעַל in Future)

Present הֹוֶה

m. s. זָכָר

I study	לוֹמֵד	אֲנִי
you study	לוֹמֵד	אַתָּה
he studies	לוֹמֵד	הוּא

f. s. נְקֵבָה

I study	לוֹמֶדֶת	אֲנִי
you study	לוֹמֶדֶת	אַתְּ
she studies	לוֹמֶדֶת	הִיא

m. pl. רִבּוּי זָכָר

we study	לוֹמְדִים	אֲנַחְנוּ
you study	לוֹמְדִים	אַתֶּם
they study	לוֹמְדִים	הֵם

f. pl. רִבּוּי נְקֵבָה

we study	לוֹמְדוֹת	אֲנַחְנוּ
you study	לוֹמְדוֹת	אַתֶּן
they study	לוֹמְדוֹת	הֵן

Imperative צִוּוּי

study! (*m. s.*)	לְמַד
study! (*f. s.*)	לִמְדִי
study! (*m. pl.*)	לִמְדוּ
study! (*f. pl.*)	לְמַדְנָה

Infinitive מָקוֹר

to study	לִלְמֹד

Past עָבָר

I studied	לָמַדְתִּי
you (*m. s.*) studied	לָמַדְתָּ
you (*f. s.*) studied	לָמַדְתְּ
he studied	לָמַד
she studied	לָמְדָה
we studied	לָמַדְנוּ
you (*m. pl.*) studied	לְמַדְתֶּם
you (*f. pl.*) studied	לְמַדְתֶּן
they (*m.*) studied	לָמְדוּ
they (*f.*) studied	לָמְדוּ

Future עָתִיד

I shall study	אֶלְמַד
you (*m. s.*) will study	תִּלְמַד
you (*f. s.*) will study	תִּלְמְדִי
he will study	יִלְמַד
she will study	תִּלְמַד
we shall study	נִלְמַד
you (*m. pl.*) will study	תִּלְמְדוּ
you (*f. pl.*) will study	תִּלְמַדְנָה
they (*m.*) will study	יִלְמְדוּ
they (*f.*) will study	תִּלְמַדְנָה

נִפְעַל–שְׁלֵמִים Regular Verbs in Nifal (Passive)

Present הֹוֶה

m. s. זָכָר

I am watched		אֲנִי
you are watched	נִשְׁמָר	אַתָּה
he is watched		הוּא

f. s. נְקֵבָה

I am watched	נִשְׁמֶרֶת	אֲנִי
you are watched	or	אַתְּ
she is watched	נִשְׁמָרָה	הִיא

m. pl. רִבּוּי זָכָר

we are watched		אֲנַחְנוּ
you are watched	נִשְׁמָרִים	אַתֶּם
they are watched		הֵם

f. pl. רִבּוּי נְקֵבָה

we are watched		אֲנַחְנוּ
you are watched	נִשְׁמָרוֹת	אַתֶּן
they are watched		הֵן

Imperative צִוּוּי

be watched! (*m. s.*)	הִשָּׁמֵר
be watched! (*f. s.*)	הִשָּׁמְרִי
be watched! (*m. pl.*)	הִשָּׁמְרוּ
be watched! (*f. pl.*)	הִשָּׁמַרְנָה

Infinitive מָקוֹר

to be watched	לְהִשָּׁמֵר

Past עָבָר

I was watched	נִשְׁמַרְתִּי
you (*m. s.*) were watched	נִשְׁמַרְתָּ
you (*f. s.*) were watched	נִשְׁמַרְתְּ
he was watched	נִשְׁמַר
she was watched	נִשְׁמְרָה
we were watched	נִשְׁמַרְנוּ
you (*m. pl.*) were watched	נִשְׁמַרְתֶּם
you (*f. pl.*) were watched	נִשְׁמַרְתֶּן
they (*m.*) were watched	נִשְׁמְרוּ
they (*f.*) were watched	נִשְׁמְרוּ

Future עָתִיד

I shall be watched	אֶשָּׁמֵר
you (*m. s.*) will be watched	תִּשָּׁמֵר
you (*f. s.*) will be watched	תִּשָּׁמְרִי
he will be watched	יִשָּׁמֵר
she will be watched	תִּשָּׁמֵר
we will be watched	נִשָּׁמֵר
you (*m. pl.*) will be watched	תִּשָּׁמְרוּ
you (*f. pl.*) will be watched	תִּשָּׁמַרְנָה
they (*m.*) will be watched	יִשָּׁמְרוּ
they (*f.*) will be watched	תִּשָּׁמַרְנָה

פִּעֵל–שְׁלֵמִים Regular Verbs in *Piel*

Present הֹוֶה

m. s. זָכָר

I speak		אֲנִי
you speak	מְדַבֵּר	אַתָּה
he speaks		הוּא

f. s. נְקֵבָה

I speak		אֲנִי
you speak	מְדַבֶּרֶת	אַתְּ
she speaks		הִיא

m. pl. רִבּוּי זָכָר

we speak		אֲנַחְנוּ
you speak	מְדַבְּרִים	אַתֶּם
they speak		הֵם

f. pl. רִבּוּי נְקֵבָה

we speak		אֲנַחְנוּ
you speak	מְדַבְּרוֹת	אַתֶּן
they speak		הֵן

Imperative צִוּוּי

speak! (*m. s.*)	דַּבֵּר
speak! (*f. s.*)	דַּבְּרִי
speak! (*m. pl.*)	דַּבְּרוּ
speak! (*f. pl.*)	דַּבֵּרְנָה

Infinitive מָקוֹר

to speak	לְדַבֵּר

Past עָבָר

I spoke	דִּבַּרְתִּי
you (*m. s.*) spoke	דִּבַּרְתָּ
you (*f. s.*) spoke	דִּבַּרְתְּ
he spoke	דִּבֵּר
she spoke	דִּבְּרָה
we spoke	דִּבַּרְנוּ
you (*m. pl.*) spoke	דִּבַּרְתֶּם
you (*f. pl.*) spoke	דִּבַּרְתֶּן
they (*m.*) spoke	דִּבְּרוּ
they (*f.*) spoke	דִּבְּרוּ

Future עָתִיד

I shall speak	אֲדַבֵּר
you (*m.*) will speak	תְּדַבֵּר
you (*f.*) will speak	תְּדַבְּרִי
he will speak	יְדַבֵּר
she will speak	תְּדַבֵּר
we shall speak	נְדַבֵּר
you (*m. pl.*) will speak	תְּדַבְּרוּ
you (*f. pl.*) will speak	תְּדַבֵּרְנָה
they (*m.*) will speak	יְדַבְּרוּ
they (*f.*) will speak	תְּדַבֵּרְנָה

הִפְעִיל–שְׁלֵמִים Regular Verbs in Hifil (Causative)

Present הֹוֶה

m. s. זָכָר

I am completing	אֲנִי
you are completing	אַתָּה מַשְׁלִים
he is completing	הוּא

f. s. נְקֵבָה

I am completing	אֲנִי מַשְׁלֶמֶת
you are completing	אַתְּ or
she is completing	הִיא מַשְׁלִימָה

m. pl. רִבּוּי זָכָר

we are completing	אֲנַחְנוּ
you are completing	אַתֶּם מַשְׁלִימִים
they are completing	הֵם

f. pl. רִבּוּי נְקֵבָה

we are completing	אֲנַחְנוּ
you are completing	אַתֶּן מַשְׁלִימוֹת
they are completing	הֵן

Imperative צִוּוּי

complete! (*m. s.*)	הַשְׁלֵם
complete! (*f. s.*)	הַשְׁלִימִי
complete! (*m. pl.*)	הַשְׁלִימוּ
complete (*f. pl.*)	הַשְׁלֵמְנָה

Infinitive מָקוֹר

to complete	לְהַשְׁלִים

Past עָבָר

I completed	הִשְׁלַמְתִּי
you (*m. s.*) completed	הִשְׁלַמְתָּ
you (*f. s.*) completed	הִשְׁלַמְתְּ
he completed	הִשְׁלִים
she completed	הִשְׁלִימָה
we completed	הִשְׁלַמְנוּ
you (*m. pl.*) completed	הִשְׁלַמְתֶּם
you (*f. pl.*) completed	הִשְׁלַמְתֶּן
they (*m.*) completed	הִשְׁלִימוּ
they (*f.*) completed	הִשְׁלִימוּ

Future עָתִיד

I shall complete	אַשְׁלִים
you (*m. s.*) will complete	תַּשְׁלִים
you (*f. s.*) will complete	תַּשְׁלִימִי
he will complete	יַשְׁלִים
she will complete	תַּשְׁלִים
we shall complete	נַשְׁלִים
you (*m. pl.*) will complete	תַּשְׁלִימוּ
you (*f. pl.*) will complete	תַּשְׁלֵמְנָה
they (*m.*) will complete	יַשְׁלִימוּ
they (*f.*) will complete	תַּשְׁלֵמְנָה

Patriarch in Safed

שִׂים, Put (ע"י Verbs)

Past עָבָר

I put	שַׂמְתִּי
you (*m. s.*) put	שַׂמְתָּ
you (*f. s.*) put	שַׂמְתְּ
he put	שָׂם
she put	שָׂמָה
we put	שַׂמְנוּ
you (*m. pl.*) put	שַׂמְתֶּם
you (*f. pl.*) put	שַׂמְתֶּן
they (*m.*) put	שָׂמוּ
they (*f.*) put	שָׂמוּ

Present הֹוֶה

m. s. זָכָר

I put	שָׂם	אֲנִי
you put		אַתָּה
he puts		הוּא

f. s. נְקֵבָה

I put	שָׂמָה	אֲנִי
you put		אַתְּ
she puts		הִיא

m. pl. רַבִּים

we put	שָׂמִים	אֲנַחְנוּ
you put		אַתֶּם
they put		הֵם

f. pl. רַבּוֹת

we put	שָׂמוֹת	אֲנַחְנוּ
you put		אַתֶּן
they put		הֵן

Future עָתִיד

I shall put	אָשִׂים
you (*m.*) will put	תָּשִׂים
you (*f.*) will put	תָּשִׂימִי
he will put	יָשִׂים
she will put	תָּשִׂים
we shall put	נָשִׂים
you (*m. pl.*) will put	תָּשִׂימוּ
you (*f. pl.*) will put	תָּשֵׂמְנָה
they (*m.*) will put	יָשִׂימוּ
they (*f.*) will put	תָּשֵׂמְנָה

Imperative צִוּוּי

put! (*m. s.*)	שִׂים
put! (*f. s.*)	שִׂימִי
put! (*m. pl.*)	שִׂימוּ

Infinitive מָקוֹר

to put	לָשִׂים

קוּם, Arise (ע״ו Verbs)

Present הוֹוֶה

m. s. זָכָר

I arise	קָם	אֲנִי
you arise		אַתָּה
he arises		הוּא

f. s. נְקֵבָה

I arise	קָמָה	אֲנִי
you arise		אַתְּ
she arises		הִיא

m. pl. רִבּוּי זָכָר

we arise	קָמִים	אֲנַחְנוּ
you arise		אַתֶּם
they arise		הֵם

f. pl. רִבּוּי נְקֵבָה

we arise	קָמוֹת	אֲנַחְנוּ
you arise		אַתֶּן
they arise		הֵן

Imperative צִוּוּי

arise! (*m. s.*)	קוּם
arise! (*f. s.*)	קוּמִי
arise! (*m. pl.*)	קוּמוּ
arise! (*f. pl.*)	קֹמְנָה

Infinitive מָקוֹר

to arise	לָקוּם

Past עָבָר

I arose	קַמְתִּי
you (*m. s.*) arose	קַמְתָּ
you (*f. s.*) arose	קַמְתְּ
he arose	קָם
she arose	קָמָה
we arose	קַמְנוּ
you (*m. pl.*) arose	קַמְתֶּם
you (*f. pl.*) arose	קַמְתֶּן
they (*m.*) arose	קָמוּ
they (*f.*) arose	קָמוּ

Future עָתִיד

I shall arise	אָקוּם
you (*m.*) will arise	תָּקוּם
you (*f.*) will arise	תָּקוּמִי
he will arise	יָקוּם
she will arise	תָּקוּם
we shall arise	נָקוּם
you (*m. pl.*) will arise	תָּקוּמוּ
you (*f. pl.*) will arise	תָּקֹמְנָה
they (*m.*) will arise	יָקוּמוּ
they (*f.*) will arise	תָּקֹמְנָה

קָנָה, Buy (ל״ה Verbs)

Present הֹוֶה

m. s. זָכָר

I buy	קוֹנֶה	אֲנִי
you buy	קוֹנֶה	אַתָּה
he buys	קוֹנֶה	הוּא

f. s. נְקֵבָה

I buy	קוֹנָה	אֲנִי
you buy	קוֹנָה	אַתְּ
she buys	קוֹנָה	הִיא

m. pl. רִבּוּי זָכָר

we buy	קוֹנִים	אֲנַחְנוּ
you buy	קוֹנִים	אַתֶּם
they buy	קוֹנִים	הֵם

f. pl. רִבּוּי נְקֵבָה

we buy	קוֹנוֹת	אֲנַחְנוּ
you buy	קוֹנוֹת	אַתֶּן
they buy	קוֹנוֹת	הֵן

Imperative צִוּוּי

buy! (*m. s.*)	קְנֵה
buy! (*f. s.*)	קְנִי
buy! (*m. pl.*)	קְנוּ
buy! (*f. pl.*)	קְנֶינָה

Infinitive מָקוֹר

to buy	לִקְנוֹת

Past עָבָר

I bought	קָנִיתִי
you (*m. s.*) bought	קָנִיתָ
you (*f. s.*) bought	קָנִית
he bought	קָנָה
she bought	קָנְתָה
we bought	קָנִינוּ
you (*m. pl.*) bought	קְנִיתֶם
you (*f. pl.*) bought	קְנִיתֶן
they (*m.*) bought	קָנוּ
they (*f.*) bought	קָנוּ

Future עָתִיד

I shall buy	אֶקְנֶה
you (*m.*) will buy	תִּקְנֶה
you (*f.*) will buy	תִּקְנִי
he will buy	יִקְנֶה
she will buy	תִּקְנֶה
we shall buy	נִקְנֶה
you (*m. pl.*) will buy	תִּקְנוּ
you (*f. pl.*) will buy	תִּקְנֶינָה
they (*m.*) will buy	יִקְנוּ
they (*f.*) will buy	תִּקְנֶינָה

הָיָה, Be (ל״ה)

Present הֹוֶה[1]

m s זָכָר

I am		אֲנִי
you are	הֹוֶה	אַתָּה
he is		הוּא

f. s. נְקֵבָה

I am		אֲנִי
you are	הֹוָה	אַתְּ
she is		הִיא

m. pl. רִבּוּי זָכָר

we are		אֲנַחְנוּ
you are	הֹוִים	אַתֶּם
they are		הֵם

f. pl. רִבּוּי נְקֵבָה

we are		אֲנַחְנוּ
you are	הֹווֹת	אַתֶּן
they are		הֵן

Imperative צִוּוּי

be! (*m. s.*)	הֱיֵה
be! (*f. s.*)	הֲיִי
be! (*m. pl.*)	הֱיוּ
be! (*f. pl.*)	הֱיֶינָה

Infinitive מָקוֹר

to be	לִהְיוֹת

Past עָבָר

I was	הָיִיתִי
you (*m. s.*) were	הָיִיתָ
you (*f. s.*) were	הָיִית
he was	הָיָה
she was	הָיְתָה
we were	הָיִינוּ
you (*m. pl.*) were	הֱיִיתֶם
you (*f. pl.*) were	הֱיִיתֶן
they (*m.*) were	הָיוּ
they (*f.*) were	הָיוּ

Future עָתִיד

I shall be	אֶהְיֶה
you (*m.*) will be	תִּהְיֶה
you (*f.*) will be	תִּהְיִי
he will be	יִהְיֶה
she will be	תִּהְיֶה
we shall be	נִהְיֶה
you (*m. pl.*) will be	תִּהְיוּ
you (*f. pl.*) will be	תִּהְיֶינָה
they (*m.*) will be	יִהְיוּ
they (*f.*) will be	תִּהְיֶינָה

[1] The verb הָיָה is usually omitted in the present tense. It is understood.

קָרָא, Read (ל״א Verbs)

Past עָבָר

I read	קָרָאתִי
you (*m. s.*) read	קָרָאתָ
you (*f. s.*) read	קָרָאת
he read	קָרָא
she read	קָרְאָה
we read	קָרָאנוּ
you (*m. pl.*) read	קְרָאתֶם
you (*f. pl.*) read	קְרָאתֶן
they (*m.*) read	קָרְאוּ
they (*f.*) read	קָרְאוּ

Present הֹוֶה

m. s. זָכָר

I read		אֲנִי
you read	קוֹרֵא	אַתָּה
he reads		הוּא

f. s. נְקֵבָה

I read		אֲנִי
you read	קוֹרֵאת	אַתְּ
she reads		הִיא

m. pl. רִבּוּי זָכָר

we read		אֲנַחְנוּ
you read	קוֹרְאִים	אַתֶּם
they read		הֵם

f. pl. רִבּוּי נְקֵבָה

we read		אֲנַחְנוּ
you read	קוֹרְאוֹת	אַתֶּן
they read		הֵן

Future עָתִיד

I shall read	אֶקְרָא
you (*m. s.*) will read	תִּקְרָא
you (*f. s.*) will read	תִּקְרְאִי
he will read	יִקְרָא
she will read	תִּקְרָא
we shall read	נִקְרָא
you (*m. pl.*) will read	תִּקְרְאוּ
you (*f. pl.*) will read	תִּקְרֶאנָה
they (*m.*) will read	יִקְרְאוּ
they (*f.*) will read	תִּקְרֶאנָה

Imperative צִוּוּי

read! (*m. s.*)	קְרָא
read! (*f. s.*)	קִרְאִי
read! (*m. pl.*)	קִרְאוּ
read! (*f. pl.*)	קְרֶאנָה

Infinitive מָקוֹר

to read	לִקְרֹא

פָּתַח, Open (ל״ח)

Present הֹוֶה

m. s. זָכָר

I open	פּוֹתֵחַ	אֲנִי
you open		אַתָּה
he opens		הוּא

f. s. נְקֵבָה

I open	פּוֹתַחַת	אֲנִי
you open		אַתְּ
she opens		הִיא

m. pl. רִבּוּי זָכָר

we open	פּוֹתְחִים	אֲנַחְנוּ
you open		אַתֶּם
they open		הֵם

f. pl. רִבּוּי נְקֵבָה

we open	פּוֹתְחוֹת	אֲנַחְנוּ
you open		אַתֶּן
they open		הֵן

Imperative צִוּוּי

open! (*m. s.*)	פְּתַח
open! (*f. s.*)	פִּתְחִי
open! (*m. pl.*)	פִּתְחוּ
open! (*f. pl.*)	פְּתַחְנָה

Infinitive מָקוֹר

to open	לִפְתֹּחַ

Past עָבָר

I opened	פָּתַחְתִּי
you (*m. s.*) opened	פָּתַחְתָּ
you (*f. s.*) opened	פָּתַחַתְּ
he opened	פָּתַח
she opened	פָּתְחָה
we opened	פָּתַחְנוּ
you (*m. pl.*) opened	פְּתַחְתֶּם
you (*f. pl.*) opened	פְּתַחְתֶּן
they (*m.*) opened	פָּתְחוּ
they (*f.*) opened	פָּתְחוּ

Future עָתִיד

I shall open	אֶפְתַּח
you (*m.*) will open	תִּפְתַּח
you (*f.*) will open	תִּפְתְּחִי
he will open	יִפְתַּח
she will open	תִּפְתַּח
we shall open	נִפְתַּח
you (*m. pl.*) will open	תִּפְתְּחוּ
you (*f. pl.*) will open	תִּפְתַּחְנָה
they (*m.*) will open	יִפְתְּחוּ
they (*f.*) will open	תִּפְתַּחְנָה

(פ"ע) עָמַד, Stood

<table>
<tr><td colspan="2">

Present הֹוֶה

m. s. זָכָר

I stand	אֲנִי
you stand	אַתָּה עוֹמֵד
he stands	הוּא

f. s. נְקֵבָה

I stand	אֲנִי
you stand	אַתְּ עוֹמֶדֶת
she stands	הִיא

m. pl. רִבּוּי זָכָר

we stand	אֲנַחְנוּ
you stand	אַתֶּם עוֹמְדִים
they stand	הֵם

f. pl. רִבּוּי נְקֵבָה

we stand	אֲנַחְנוּ
you stand	אַתֶּן עוֹמְדוֹת
they stand	הֵן

Imperative צִוּוּי

stand! (m. s.)	עֲמֹד
stand! (f. s.)	עִמְדִי
stand! (m. pl.)	עִמְדוּ
stand! (f. pl.)	עֲמֹדְנָה

Infinitive מָקוֹר

to stand	לַעֲמֹד

</td><td>

Past עָבָר

I stood	עָמַדְתִּי
you (m. s.) stood	עָמַדְתָּ
you (f. s.) stood	עָמַדְתְּ
he stood	עָמַד
she stood	עָמְדָה
we stood	עָמַדְנוּ
you (m. pl.) stood	עֲמַדְתֶּם
you (f. pl.) stood	עֲמַדְתֶּן
they (m.) stood	עָמְדוּ
they (f.) stood	עָמְדוּ

Future עָתִיד

I shall stand	אֶעֱמֹד
you (m. s.) will stand	תַּעֲמֹד
you (f. s.) will stand	תַּעַמְדִי
he will stand	יַעֲמֹד
she will stand	תַּעֲמֹד
we shall stand	נַעֲמֹד
you (m. pl.) will stand	תַּעַמְדוּ
you (f. pl.) will stand	תַּעֲמֹדְנָה
they (m.) will stand	יַעַמְדוּ
they (f.) will stand	תַּעֲמֹדְנָה

</td></tr>
</table>

יָשַׁב, Sit (פ"י)

Present הֹוֶה

m. s. זָכָר

I sit	יוֹשֵׁב	אֲנִי
you sit		אַתָּה
he sits		הוּא

f. s. נְקֵבָה

I sit	יוֹשֶׁבֶת	אֲנִי
you sit		אַתְּ
she sits		הִיא

m. pl. רִבּוּי זָכָר

we sit	יוֹשְׁבִים	אֲנַחְנוּ
you sit		אַתֶּם
they sit		הֵם

f. pl. רִבּוּי נְקֵבָה

we sit	יוֹשְׁבוֹת	אֲנַחְנוּ
you sit		אַתֶּן
they sit		הֵן

Imperative צִוּוּי

sit! (*m. s.*)	שֵׁב
sit! (*f. s.*)	שְׁבִי
sit! (*m. pl.*)	שְׁבוּ
sit! (*f. pl.*)	שֵׁבְנָה

Infinitive מָקוֹר

to sit	לָשֶׁבֶת

Past עָבָר

I sat	יָשַׁבְתִּי
you (*m. s.*) sat	יָשַׁבְתָּ
you (*f. s.*) sat	יָשַׁבְתְּ
he sat	יָשַׁב
she sat	יָשְׁבָה
we sat	יָשַׁבְנוּ
you (*m. pl.*) sat	יְשַׁבְתֶּם
you (*f. pl.*) sat	יְשַׁבְתֶּן
they (*m.*) sat	יָשְׁבוּ
they (*f.*) sat	יָשְׁבוּ

Future עָתִיד

I shall sit	אֵשֵׁב
you (*m. s.*) will sit	תֵּשֵׁב
you (*f. s.*) will sit	תֵּשְׁבִי
he will sit	יֵשֵׁב
she will sit	תֵּשֵׁב
we shall sit	נֵשֵׁב
you (*m. pl.*) will sit	תֵּשְׁבוּ
you (*f. pl.*) will sit	תֵּשַׁבְנָה
they (*m.*) will sit	יֵשְׁבוּ
they (*f.*) will sit	תֵּשַׁבְנָה

Eat אָכַל, פ״א (Verbs)

Present הֹוֶה

m. s. זָכָר

I eat		אֲנִי
you eat	אוֹכֵל	אַתָּה
he eats		הוּא

f. s. נְקֵבָה

I eat		אֲנִי
you eat	אוֹכֶלֶת	אַתְּ
he eats		הִיא

m. pl. רִבּוּי זָכָר

we eat		אֲנַחְנוּ
you eat	אוֹכְלִים	אַתֶּם
they eat		הֵם

f. pl. רִבּוּי נְקֵבָה

we eat		אֲנַחְנוּ
you eat	אוֹכְלוֹת	אַתֶּן
they eat		הֵן

Imperative צִוּוּי

eat! (m. s.)	אֱכֹל
eat! (f. s.)	אִכְלִי
eat! (m. pl.)	אִכְלוּ
eat! (f. pl.)	אֱכֹלְנָה

Infinitive מָקוֹר

to eat	לֶאֱכֹל

Past עָבָר

I ate	אָכַלְתִּי
you (m. s.) ate	אָכַלְתָּ
you (f. s.) ate	אָכַלְתְּ
he ate	אָכַל
she ate	אָכְלָה
we ate	אָכַלְנוּ
you (m. pl.) ate	אֲכַלְתֶּם
you (f. pl.) ate	אֲכַלְתֶּן
they (m.) ate	אָכְלוּ
they (f.) ate	אָכְלוּ

Future עָתִיד

I shall eat	אֹכַל
you (m. s.) will eat	תֹּאכַל
you (f. s.) will eat	תֹּאכְלִי
he will eat	יֹאכַל
she will eat	תֹּאכַל
we shall eat	נֹאכַל
you (m. pl.) will eat	תֹּאכְלוּ
you (f. pl.) will eat	תֹּאכַלְנָה
they (m.) will eat	יֹאכְלוּ
they (f.) will eat	תֹּאכַלְנָה

THE ALPHABET

Pronunciation	Original Meaning	Script	Printed Letter	Name of Letter
(Silent letter)	Ox	א	א	1. אָלֶף
b, v	House	בּ, ב	בּ, ב	2. בֵּית, בֵית
g (as in "good")	Camel	ג	ג	3. גִּמֶל
d	Door	ד	ד	4. דָלֶת
h	Window	ה	ה	5. הֵא
v	Hook	ו	ו	6. וָו
z	Weapon	ז	ז	7. זַיִן
ḥ (as in "Pesaḥ")	Fence	ח	ח	8. חֵית
t	Snake	ט	ט	9. טֵית
y (as in "yes")	Hand	י	י	10. יוֹד
k, kh[1]	Palm of hand	כּ, כ	כּ, כ	11. כַּף, כָף
kh[1] (used at the end of a word)		ך	ך	כָף סוֹפִית
l	Ox-goad	ל	ל	12. לָמֶד

[1]Pronounced like ח.

THE ALPHABET

Pronunciation	Original Meaning	Script	Printed Letter	Name of Letter
m	Water	מ	מ	13. מֵם
m (used at the end of a word)		ם	ם	מֵם סוֹפִית
n	Fish	נ	נ	14. נוּן
n (used at the end of a word)		ן	ן	נוּן סוֹפִית
s	Prop	ס	ס	15. סָמֶךְ
(Silent letter)	Eye	ע	ע	16. עַיִן
p, f	Mouth	פּ, פ	פּ, פ	17. פֵּא, פֵא
f (used at the end of a word)		ף	ף	פֵא סוֹפִית
ts	Fish-hook	צ	צ	18. צָדֵי
ts (used at the end of a word)		ץ	ץ	צָדֵי סוֹפִית
k	Back of the head	ק	ק	19. קוֹף
r	Head	ר	ר	20. רֵישׁ
sh, s	Tooth	שׁ, שׂ	שׁ, שׂ	21. שִׁין, שִׂין
t	Sign	תּ	תּ	22. תָּו

THE VOWELS

Sefardic Pronunciation	Sign of Vowel	Name of Vowel
	Long Vowels	
a as in "father"[1]	ָ	קָמַץ גָּדוֹל
e as in "they"[2]	ֵ	צֵירֶה
ee as in "feet"	ִי	חִירִק גָּדוֹל
o as in "more"[3]	וֹ	חוֹלָם
oo as in "too"	וּ	שׁוּרֶק
	Short Vowels	
a as in "what"	ַ	פַּתַּח
e as in "met"	ֶ	סֶגּוֹל
i as in "big"	ִ	חִירִק קָטָן
o as in "more"	ָ	קָמַץ קָטָן
u as in "put"	ֻ	קִבּוּץ
	Half-Vowels	
(like the פַּתַּח but shorter in duration)	ֲ	חֲטַף־פַּתַּח
o as in "more"	ֳ	חֲטַף־קָמַץ
(like the סֶגּוֹל but shorter in duration)	ֱ	חֲטַף־סֶגּוֹל
e as in "delay"	ְ	שְׁוָא נָע
(silent—marks the end of a syllable)	ְ	שְׁוָא נָח

[1] Ashkenazic pronunciation: *o* as in "more."

[2] Some Israelis pronounce the ֵ like the *e* as in "met."

[3] Ashkenazic pronunciation: *o* as in "go."

תַּרְגִּילֵי קְרִיאָה

A Boy יֶלֶד Yeled .1

Hebrew is read from right to left. The three letters in the word יֶלֶד (yeled) are pronounced as follows:

י—pronounced like the y in "yes."
ל—pronounced like the "l."
ד—pronounced like the "d."

Vowels in Hebrew are indicated by symbols placed below or above a letter. The ֶ is pronounced like the e in "met."

Read the following letters:

1. יֶ, יֶ, לֶ, לֶ, דֶ, דֶ, יֶ, לֶ.
2. יֶ, דֶ, לֶ, דֶ, דֶ, לֶ, דֶ, יֶ.
3. דֶ, דֶ, לֶ, לֶ, יֶ, יֶ, לֶ, יֶ.
4. לֶ, דֶ, דֶ, לֶ, דֶ, יֶ, יֶ, דֶ.

Read the following syllables and words:

5. יֶד, יֶל, לֶל, לֶד, יֶד, דֶד.
6. יֶל, לֶד, יֶלֶד, דֶל, לֶל, יֶד.
7. יֶלֶד, דֶל, יֶל, יֶד, לֶד, לֶל.
8. דֶד, יֶד, לֶל, לֶד, יֶל, יֶלֶד.

Note the script for these letters:

י י   ל ל   ד ד

Copy the Hebrew words above into script.

Read aloud the following letters and words:

יֶ, יֶ, לֶ, דֶ, דֶ, יֶלֶד, יֶלֶד

THE BOY הַיֶלֶד HA-YELED .2

a as in "what" ה ה H

1. הַ, יַ, לַ, דַ, לַ, הַ, דַ, יַ, לַ, דַ.
2. הֶ, יֶ, לֶ, דֶ, יֶ, לֶ, דֶ, הֶ, יֶ, דֶ.
3. הַ, הֶ, יַ, יֶ, לַ, לֶ, דַ, דֶ, לֶ, הֶ.
4. יַד, הַד, יַל, הַל, דַל לַד, דַל, הַדַל.
5. יֶד, הֶד, דֶד, דֶל, לֶל, יֶל, יַד, יֶלֶד.
6. יֶלֶד, הַיֶלֶד, לַיֶלֶד, לַד, הַיֶלֶד.

הַ, הֶ, יֶ, יַ, לֶד, יֶלֶד, הַיֶלֶד

A GIRL יַלְדָה YAL-DAH .3

: not pronounced (indicates the end of a syllable)

ָ *a* as in "father"[1]

1. הַ, הָ, יָ, יַ, לָ, לַ, דָ, דַ, לַ, יָ.
2. הֶ, יֶ, לֶ, דֶ, לֶ, דֶ, הֶ, יֶ, הֶ, דֶ.
3. לָ, דָ, הָ, יָ, לַ, דַ, יַ, הַ, דֶ, לָ.
4. דָה, לָה, הָד, לָד, יָד, יָל, יַלְדָה, יֶלֶד.
5. יֶל, דֶל, דֶד, לָה, דַל, יַל, הַיַלְדָה.
6. יַלְ, יַלְדָה, יֶלֶד, הַיָד, יָד, הַיֶלֶד.

יֶלֶד, הַיֶלֶד, יַלְדָה, הַיַלְדָה

[1] This is the Sefardic pronunciation used in Israel. In the Ashkenazic pronunciation the ָ is pronounced like the o in "more."

WHAT מַה MAH .4

M 𝑁 מ

.1 מַ, מָ, מַ, מֶ, מָ, מֶ, מַ, מֶ, ־ַ, הַ.

.2 לַ, דַ, מַ, מָ, דָ, לָ, לֶ, דֶ, מֶ, הֶ.

.3 מָה, מַה, מֶ, ־ֶ, מַ, מָד, מֶד, מֶל, מַה, הַד.

.4 דַל, דֶד, לֶד, מַד, מָל, מַל, מָה, דָה, יַלְ, מַד.

.5 לָמָה, יָמָה, דָמָה, לָמַד, מַה, ־ֶ.

.6 יֶלֶד, הַיֶּלֶד, יַלְדָה, מָה, מַה, מַ.

מָ, מַ, מֶ, מַה, יֶלֶד, יַלְדָּה, הַיַּלְדָּה

WHO? מִי MEE .5

ee as in "feet" ־ִי

.1 מִי, דִי, לִי, הִי, ־ִי, מִי, מָ, מֶ, מִי, מַד.

.2 לִי, הִי, הָ, הֶ, לֶ, דֶ, מֶ, ־ֶ, מִי, מִיד.

.3 דִי, ־ִי, לִי, לַ, מָ, דָ, דֶ, דֶ, לִי, מַה.

.4 מָל, מַלְ, מַד, מָה, יַלְ, מִי.

.5 לִיד, יֶלֶד, יַלְדִי, לִי, מַה, לָה.

.6 לָמָה, לָמַד, מִי יֶלֶד? מִי יַלְדָה?

מִ, מַה, מָה, מִי יֶלֶד? מִי יַלְדָּה?

A Pupil תַּלְמִיד Tal-meed .6

T תּ תּ

1. תַּ, תֶּ, תִּי, תָּ, מַ, מֶ, מִי, מָ, תַּל, תַּד.
2. לֶ, לִי, לָ, לַ, הֶ, הִי, הָ, יַ, תָּה.
3. תִּי, לִי, תַּ, מַ, תֶּ, דֶ, תָּ, דַ, תֶּל.
4. מַה, מִי, תַּל, מִיד, תַּלְמִיד, יֶלֶד, הַיֶּלֶד.
5. מָה, לָה, לָמַד, דַּל, יֶלֶד, יַלְדִּי, יַלְדָּה.
6. לָה, תָּלָה, לִי, דַּלְתִּי, הַיַּלְדָּה, תַּלְמִיד, הַתַּלְמִיד.

תָּ, תַּ, תֶּ, תִּי, תַּלְמִיד, יֶלֶד, הַתַּלְמִיד

This (is) זֶה Zeh .7

Z ז ז

1. זֶה, זֶ, זָ, זַ, זִי, לִי, זֶ, דֶ, זֶה.
2. דַ, זַ, לַ, מַ, יַ, הַ, תָּ, זָ, זַל, זָה.
3. זָד, זֶ, זָ, דֶ, דָ, לֶ, לָ, יֶ, יָ.
4. דַל, דָה, יַלְדָּה, הַיַּלְדָּה, לִי, זֶה, יֶלֶד.
5. מִיל, זִיל, זַל, זָז, לָמָה, לָמַד, זֶה תַּלְמִיד.
6. מִי זֶה? תַּלְמִיד. מִי זֶה? יֶלֶד.

זֶ, זִי, זַ, מִי זֶה? זֶה תַּלְמִיד

A Teacher מוֹרֶה Mo-reh .8

as in "more" / וֹ   R ר ר

1. רֶ, רַ, רָ, רִי, רוֹ, רַ, רֶ, רוֹ, רֶה.
2. מוֹ, לוֹ, זוֹ, רוֹ, יוֹ, דוֹ, תּוֹ, הוֹ, רָה.
3. רוֹ, רֶ, לֶ, לַ, דַ, הַ, זַ, תֶּ, תּוֹ, מַה.
4. דָר, דוֹר, דִיר, דִירָה, יוֹרֶה, יָד, יָדָה.
5. הַר, מַר, מוֹר, יָרָה, מִי זֶה? זֶה מוֹרֶה.
6. מוֹרֶה, מוֹרָה, הַמּוֹרֶה, הַמּוֹרָה, יֶלֶד, זֶה תַּלְמִיד.

רוֹ, רַ, רִי, אוֹרֶה, הַאוֹרֶה, זֶה אוֹרֶה

A Flag דֶגֶל Degel .9

g as in "go" ג ג

1. גוֹ, גִי, גַ, גֶ, גָ, גוֹ, גַ, גִי, גַל, תַּל.
2. רִי, תִּי, זַ, זוֹ, הוֹ, הַ, יַ, לַ, גֶל.
3. לוֹ, לִי, מִי, תּוֹ, דוֹ, דַ, גַ, גִי, רַג.
4. זָז, גַג, גִיד, גִיר, הַגִיר, דֶגֶל.
5. יֶלֶד, יַלְדִי, הַיֶלֶד, דֶגֶל, הַדֶגֶל, יַלְדָה, הַדֶגֶל.
6. רֶגֶל, רַגְלִי, רַגְלוֹ, גַל, מַה זֶה? זֶה דֶגֶל.

גֶ, גִי, ג, גוֹ, דֶגֶל, זֶה דֶגֶל.

[1] In Israel the וֹ is pronounced like the o in "more."
In Ashkenazic the וֹ is pronounced like the o in "go."

Peace שָׁלוֹם Sha-lom .10

m (at the end of a word) ם ם SH ש ש

.1 שָׁ, שֶׁ, שִׁ, שׁוֹ, שַׁ, שׁוֹ, שִׁי, שֶׁ, שׁוֹר, תָּשׁ.

.2 שָׁם, תָּם, יָם, יַם, לוֹם, שָׁלוֹם, תָּם.

.3 שֶׁל, שַׁל, שֶׁה, שָׁם, שָׁר, שִׁיר, תָּמִים.

.4 מוֹרֶה, מוֹרִים, רָם, רָמָה, מַר, זֶמֶר. שָׁלוֹם, יֶלֶד!

.5 מַר, הַר, דָּם, דָּמָה, דוֹמֶה, רָשַׁם. שָׁלוֹם, תַּלְמִיד!

שָׁ, שֶׁ, שׁוֹ, שִׁי, שָׁלוֹם מוֹרֶה, שָׁלוֹם!

ם, רָם, שָׁם, דָּם, יַם, תָּם, שָׁלוֹם

A Candle נֵר Ner .11

e as in "they"[1] ‥ N נ נ

.1 נֵ, יֵ, לֵ, דֵ, הֵ, זֵ, מֵ, שֵׁ, רֵ, תֵּ.

.2 נֶ, נֵ, נָ, נַ, נִי, נוֹ, תּוֹ, רוֹ, שׁוֹ, לוֹ.

.3 נֵר, גֵּר, זֵר, נִים, גַּנִּים, נֵרִי, נֵרוֹ.

.4 שָׁנָה, שֵׁנָה, שָׁנִים, מָנָה, נֵר, הַנֵּר, נֵרִי.

.5 יֶלֶד. מִי זֶה? תַּלְמִיד. מַה זֶּה? נֵר.

נֵ, נִי, נוֹ, נֵר, מַה זֶּה? הַנֵּר

[1] Some Israelis pronounce the ‥ like the e in "met."

תרגילי קריאה

.12 O-MER אוֹמֵר SAYS

silent letter א א

1. אוֹ, אִי, אַ, אָ, אֶ, אֵ, מֵ, רֵ, אֶ, זֶ.
2. אִי, תִּי, אַ, יַ, אָ, מָ, אוֹ, לוֹ, אֶ, דֶ.
3. אֶ, אִי, תֶּ, נִי, נָ, אָ, גֶ, אֶ, הַ, אַ.
4. אִי, אוֹ, אוֹמֵר, אָז, רָז, זֵר, אוֹזֵר.
5. אֵם, הָאֵם, אִישׁ, הָאִישׁ, אוֹר, אַתְּ, אַתָּה.
6. הַיֶּלֶד אוֹמֵר שָׁלוֹם. הַתַּלְמִיד אוֹמֵר, „שָׁלוֹם, מוֹרֶה."

אוֹ, אָ, אִי, אוֹמֵר, הַמּוֹרֶה אוֹמֵר שָׁלוֹם

.13 ḤEDER חֶדֶר A ROOM

Ḥ[1] ח ח

1. חֶ, חָ, חִי, חוֹ, חֶ, חַ, תַּ, חִי, רִי, חֵ.
2. חוֹ, אוֹ, חֶ, אֶ, חַ, יַ, חִי, זִי, חָ, דָ.
3. חֶדֶר, חוֹר, חִישׁ, חָשׁ, חַד, חַדָּה, חַדִּים.
4. אֶחָד, חִידָה, אָח, הָאָח, אָחִי, אַחִים, אַחֵר.
5. חֶדֶר, חַדְרִי, חַדְרוֹ, חַם, חַמָּה, יַחַד, יָחִיד.
6. מִי זֶה? תַּלְמִיד. מַה זֶה? זֶה חֶדֶר.

חִי, חֶ, חַ, חוֹ, חֶדֶר, תַּלְמִיד. הַחֶדֶר

[1] The ח is formed deep down in the throat. There is no sound like it in English The ח is heard in the names of holidays such as *Ḥanukah* and *Pesaḥ*.

In The Room בַּחֶדֶר Ba-ḥeder .14

B ב בּ

1. בַּ, בֶּ, בָּ, בִּי, בּוֹ, בֵּ, חֵ, אֶ, בֶּ, תָּ.
2. ַי, בַּ, רֶ, בֶּ, מִי, בִּי, זוֹ, בּוֹ, הֵ, בֵּ.
3. בַּד, הַבַּד, בַּר, בָּרָא, בּוֹא, אַבָּא, אִמָּה.
4. חֶדֶר, הַחֶדֶר, בַּחֶדֶר, מָה, בָּמָה, בַּמֶּה, בָּהֶם.
5. שֵׁם, שָׁם, רַבָּם, רַבּוֹ, רַבָּה, תָּם, תָּמִים, בָּנִים.
6. מַה זֶה? דֶּגֶל, מִי בַּחֶדֶר? הַמּוֹרֶה בַּחֶדֶר.

בַּ, בָּ, בּוֹ, בֶּ, בַּחֶדֶר. הַיֶּלֶד בַּחֶדֶר

A Blackboard לוּחַ Loo-aḥ[1] .15

oo as in "too" / וּ

1. לוּ, דוּ, יוּ, הוּ, מוּ, תּוּ, זוּ, רוּ, שׁוּ, נוּ.
2. אוּ, חוּ, בּוּ, בִּי, לִי, לוֹ, מוֹ, מוּ, תּוּ, תּוֹ.
3. לוּחַ, רוּחַ, הַלּוּחַ, הָרוּחַ, יָרֵחַ, נוֹחַ, לָנוּחַ.
4. הוּא, הִיא, בָּאוּ, רָאוּ, לָנוּ, בָּנוּ, בָּאנוּ.
5. שָׁר, שָׁרוּ, תָּם, תּוֹר, תּוֹרָה, לוֹ, בִּילוּ.
6. מַה זֶּה? לוּחַ. הַלּוּחַ בַּחֶדֶר. שָׁלוֹם, מוֹרֶה.

וּ, לוּ, נוּ, הוּא, לוּחַ, הַלּוּחַ בַּחֶדֶר

[1]Note that חַ at the end of a word is pronounced *aḥ*.

A Wall קִיר Keer .16

ק ק K

1. קִי, קָ, קוֹ, קַ, קֶ, קוּ, קֵ, קוֹ, קִי, קוּ.
2. קֵ, ‥, קֶ, תֶּ, קַ, תַּ, קוּ, הוּ, קוֹ, רוּ.
3. קַר, קִיר, קַל, קוֹל, רַק, דַּק, דָּג.
4. קָם, קוּם, קָמִים, קַמְ–תִּי, קַמְ–תָּ, קַשׁ, הַקַּשׁ.
5. מַקֵּל, מַקְ–לִי, מַקְלוֹ, קוֹרֵא, קָרָא, לָקַח, לוֹקֵחַ.
6. קִיר, הַקִּיר, הַקִּיר בַּחֶדֶר. מַה זֶה? קִיר.

קִי, קוֹ, קוּ, קַ, לוּחַ, זֶה קִיר

A Table שֻׁלְחָן Shul-ḥan .17

ן n (at the end of a word) — ֻ *u* as in "put"

1. לֻ, שֻׁ, מֻ, בֻּ, יֻ, רֻ, זֻ, חֻ, קֻ, תֻּ.
2. לָן, רָן, שֵׁן, תֵּן, בֵּן, חֵן, דָּן.
3. מָן, מִין, בִּין, דִּין, לוּן, זָן, גַּן.
4. יֶלֶד, יֻלַּד, יֻתַּן, הֵם, הֵן, לָהֶן, לָהֶם.
5. לוֹ, אוֹ, אוֹמֵר, אוֹר, שׁוֹר, לוּחַ, הַלּוּחַ.
6. קִיר. זֶה שֻׁלְחָן. הַשֻּׁלְחָן בַּחֶדֶר. הַלּוּחַ בַּחֶדֶר.

||| שֻׁלְחָן, הַשֻּׁלְחָן בַּחֶדֶר. דָּן, יֶלֶד

A Bed מִטָּה Mitah .18

ט ט T · *i* as in "big"

1. טֶ, טָ, טִי, טוֹ, טוּ, טֵ, טְ, טִ, טַ, טֶ.
2. טָ, לָ, טוֹ, רוֹ, טֵ, אֵ, טֶ, שֶׁ, טִי, הִי.
3. טַל, מִטָּה, הַמִּטָּה, בַּמִּטָּה, מַטֶּה, הַמַּטֶּה, מָטָר.
4. מִן, בֵּן, זָן, מָזוֹן, רִין, אִי, אִישׁ.
5. אֵם, אִמָּא, אִמִּי, אִמּוֹ, אִמָּם, אִמָּן, אָמֵן.
6. מִלָּה, הַמִּטָּה בַּחֶדֶר. מִי בַּמִּטָּה? הַיֶּלֶד בַּמִּטָּה.

טוֹ, טַ, טוּ, מִטָּה, הַמִּטָּה, הַיֶּלֶד בַּמִּטָּה

A Bird צִפּוֹר Tsi-por .19

צ צ TS פּ פּ P

1. צָ, צִי, צוֹ, צוּ, צֵ, צֶ, צְ, צֵ, צִ, צַ.
2. פָּ, פִּי, פַּ, פֶּ, פּוּ, פֵּ, פְּ, פּוֹ, פִּ, פַּ.
3. צִיר, צַר, צָרָה, צָרִים, צַד, בַּצַּד, הַצַּד.
4. פִּי, פִּיל, הַפִּיל, פֶּן, פָּנִים, הַפָּנִים, תַּפּוּחַ.
5. צִפּוֹר בַּחֶדֶר. הַיֶּלֶד אוֹמֵר, „שָׁלוֹם צִפּוֹר, שָׁלוֹם."

צִ, צוֹ, צוּ, פּוֹ, פַּ. צִפּוֹר, הַצִּפּוֹר

Good טוֹב Tov .20

ב V

1. בֶ, בוֹ, בִי, בוּ, בַ, בְ, בָ, בֵ, בִ, בֶ.
2. בֶּ, בֶּ, בַּ, בַ, בּוֹ, בוֹ, בִּי, בִי, בֵּ, בֵ.
3. שֵׁב, שָׁב, שׁוּב, אָב, אָבִי, אָבִיב, חָבִיב.
4. תֵּל אָבִיב, חָבֵר, הֶחָבֵר, טוֹב, טוֹבָה, טוֹבִים.
5. טִיב, מֵטִיב, הַטּוֹב, טָבַל, טוֹבֵל, אָבֵל, אָבַד.
6. מִי בַּחֶדֶר? יֶלֶד. הַתַּלְמִיד טוֹב. הַמּוֹרֶה טוֹב.

בַּ, בּוֹ, בִּי, טוֹב. הַיֶּלֶד טוֹב.

A Book סֵפֶר Sefer .21

ס S　　　　פ F

1. סֵ, סַ, סִי, סוֹ סֶ, סוּ, סֶ, סָ, סְ, סִ.
2. פֵּ, פַּ, פִּי, פּוֹ, פֶּ, פּוּ, פֶּ, פָּ, פְּ, פִּ.
3. סֵ, פֵּ, סַ, פַּ, סְ, פְּ, סוֹ, פּוֹ, סִי, פִּי.
4. נֵס, סוּס, טָס, מַס, סֵפֶר, הַסֵּפֶר, בַּסֵּפֶר.
5. יָפֶה, יָפָה, יָפִים, הַיָּפֶה, סֵפֶל, נָפַל, נוֹפֵל.
6. מַה זֶה? סֵפֶר. מִי זֶה? זֶה תַּלְמִיד.

סָ, סֶ, סוֹ, זֶה סֵפֶר, הַסֵּפֶר טוֹב.

WRITES כּוֹתֵב KO-TEV .22

כּ כ K　　　　　T ת תּ[1]

1. כָּ, כֶּ, כִּי, כּוֹ, כְּ, כֵּ, כַּ, כִּ, כּוּ, כֹּ.
2. תָּ, תֶּ, תִּי, תּוֹ, תְּ, תֵּ, תִּ, תּוּ, תֹּ.
3. כָּ, תָּ, כֶּ, תֶּ, כִּי, תִּי, כּוֹ, תּוֹ, כְּ, תְּ.
4. כּוֹתֵב, כּוֹתֶבֶת, יוֹשֵׁב, יוֹשֶׁבֶת, כָּתַב, נָתַן, נוֹתֵן.
5. תֵּל אָבִיב, בְּתֵל אָבִיב, בַּת, אֶת, אַתְּ.
6. הַיֶּלֶד כּוֹתֵב. הַתַּלְמִיד כּוֹתֵב. הַמּוֹרֶה כּוֹתֵב סֵפֶר.

כִּ, כָּ, תִּי, תֵּ, הַתַּלְמִיד כּוֹתֵב בַּסֵּפֶר

A DRESS שִׂמְלָה SIMLAH .23

שׂ ש S

1. שִׂ, שַׂ, שִׂי, שְׂ, שׂוֹ, שֶׂ, שָׂ, שַׂ, שִׂי, שֵׂ.
2. שִׂי, תִּי, שַׂ, ַ, שֶׂ, דֶ, שׂוּ, פּוּ, שֵׂ, סֵ.
3. שַׂר, שָׂם, שִׂים, שִׂמְ, שִׂמְלָה, הַשִּׂמְלָה, שַׂק.
4. יִשְׂ, יִשְׂרָאֵל, סֵפֶר, סִפְרָה, שָׂשׂ, שָׂשׂוֹן, שִׂישׂוּ.
5. מִשְׂ, מִשְׂרָה, שִׂיא, שֶׂה, הַשֶּׂה, שָׂרָה, קָרָא.
6. שֶׁלֶג, שָׁלוֹם, סֵפֶר, צִפּוֹר, טוֹב, שֻׁלְחָן, שִׂמְלָה.

שִׂ, שִׂי, שׂוֹ, שַׂ, שִׂמְלָה, הַשִּׂמְלָה, שָׁלוֹם

[1] Pronounced s in Ashkenazic.

WORK עֲבוֹדָה A-VO-DAH .24

a [1]—: silent letter ע ע

1. עַ, עֶ, עִי, עוֹ, עוּ, עָ, עְ, עֵ, עִי, עַי.
2. עַ, תַ, עָ, דָ, עֵ, הֵ, עִי, אִי, עוֹ, יוֹ.
3. עַל, עַד, עַם, אָב, עַמִּי, עַמּוֹ, עוֹד.
4. עִיר, עֵר, עֶבֶד, עָבַד, עוֹבֵד, עוֹבֶדֶת, עֵת.
5. עֲבוֹדָה. בֹּקֶר[2] בָּא לַעֲבוֹדָה. אֲנִי עוֹבֵד. הָעֲבוֹדָה.

עֲ עוֹ, עֲ, עֲבוֹדָה. בֹּקֶר בָּא לַעֲבוֹדָה

A NEIGHBOR שָׁכֵן SHA-ḤEN .25

Kh כ כ[3]

1. כֵ, כַ, כִי, כְ, כוֹ, כִי, כוּ, כֹ, כָ, כִ.
2. כֵ, ֵ, כַ, הַ, כֶ, שֶׁ, כוֹ, אוֹ, כַ, עַ.
3. חֵן, כֵן, שָׁכֵן, אָבֵן, לָבֵן, חָכָם, הֶחָכָם.
4. בָּכָה, בָּכוּ, בּוֹכֶה, בּוֹכָה, כָּכָה, שָׁכֵן, הַשָּׁכֵן.
5. מִי בַּחֶדֶר? הַשָּׁכֵן. הַיֶּלֶד אוֹמֵר, „שָׁלוֹם, שָׁכֵן."

כַ, כֵ, כוֹ, כּוֹ, שָׁכֵן הַשָּׁכֵן בַּחֶדֶר

[1] The —: is pronounced like the — but is a little shorter. It is not accented

[2] בֹּ is pronounced like בּוֹ.

[3] Pronounced like the ח.

A Nose אַף Af .26

f (used in place of פ at the end of a word) ף

1. אַף, גוּף, דַּף, חוֹף, טַף, כַּף, עוֹף.
2. נוֹף, סַף, עָף, קוֹף, תֹּף, סוֹף, צוּף.
3. סוֹפוֹ, תֻּפִּי, עָפִים, גּוּף, גּוּפִי, גּוּפוֹ, צָף.
4. צַד, צַדִּיק, תָּם, תָּמִים, גַּן, גַּנִּים, דַּפִּים.
5. אַף, הָאַף, צִפּוֹר, סֵפֶר, שֻׁלְחָן, שָׁלוֹם, טוֹב.

ף, אַף, סַף, הַצִּפּוֹר, הַקִּיר, הָאַף.

David and Dan דָּוִד וְדָן Da-vid v'dan .27

e as in "delay" [2] ְ

V / ו[1]

1. וְ, וִי, וֵ, וָ, וְ, ווֹ, וֶ, וּו, וֵ, וַ.
2. בְּ, וְ, גְּ, דְ, יְ, לְ, מְ, תְּ, שְׁ, כְּ.
3. דָּוִד, וְדָוִד, וְדָן, יֶלֶד וְיַלְדָּה, מוֹרֶה וְתַלְמִיד.
4. אָב, אָבִי, אָבִיב, אָבִיו, אָחִיו, לוּחַ וְשֻׁלְחָן.
5. דָּוִד וְדָן. הַיֶּלֶד וְהַיַּלְדָּה בַּחֶדֶר. דָּוִד כּוֹתֵב.

[1] The ו is sometimes a consonant as above, and sometimes a vowel as in וֹ and וּ.

[2] The ְ at the beginning of a syllable is pronounced. At the end of a syllable it is not pronounced (תַּלְ–מִיד).

.28 L'kha לְךָ To you (*m.*) Lakh לָךְ To you (*f.*)

ךְ Kh (used at the end of a word)

.1 לְךָ, בְּךָ, לִבְּךָ, בִּתְּךָ, סִפְרְךָ, אִמְּךָ, אָבִיךָ.

.2 לָךְ, לֵךְ, לְכִי, הָלַךְ, אֵלֵךְ, בְּנֵךְ, בִּתֵּךְ.

.3 לִי, לְךָ, לָךְ, לָהֶם, לָהֶן, עֵט, עִטְּךָ.

.4 אָחִיךָ, אָחִיךְ, אַחֶיךָ,[1] פָּנֶיךָ, בָּנֶיךָ, אֵלֶיךָ.

.5 הוֹלֵךְ, בָּרוּךְ, אָחִיו, אֶחָיו, פָּנָיו,[2] בָּנָיו.

ךְ, לָךְ, מַה שְּׁלוֹמֵךְ? שָׁלוֹם לָךְ

.29 Tsi-por al ets צִפּוֹר עַל עֵץ A bird on a tree

ץ ts (used in place of צ at the end of a word)

.1 עֵץ, אָץ, גֵּץ, חֵץ, קֵץ, לֵץ, לֵצִים.

.2 נֵץ, רָץ, רוּץ, רָצִים, חִצִּים, עֵצִים, עֲצֵי.[3]

.3 אַף, עֵץ, הָעֵצִים, דַּף, דָּן, דָּם, דְּמֵי.

.4 אֵם, עָף, עֵצִי, עֵצוֹ, עֵט, צַדִּיק, הָעֵץ.

.5 מִי עַל הָעֵץ? הַצִּפּוֹר עַל הָעֵץ.

ץ, עֵץ, הָעֵץ, הַצִּפּוֹר עַל הָעֵץ

[1] The י is not pronounced in the combination ֶיךָ.

[2] The י is not pronounced in the combination ָיו.

[3] ֵי is pronounced like the e in "they."

TRUTH אֱמֶת EMET   A BOAT אֳנִיָּה O-NEE-YAH .30

The ֳ is pronounced like the o in "more."

The ֱ is pronounced like the ֶ but is not accented.

For grammatical reasons the ָ is sometimes a short vowel and is pronounced like the o in "more" in both Sefardic and Ashkenazic. Every ָ in the next two lines follows this rule.

כֹּל, כָּל, אֹזֶן, אָזְנִי, חָנֵּנוּ, זָכְרֵנוּ, חָפְשִׁי.

אֱמֶת, עֳנִי, אֳנִיּוֹת, חָכְמַת, מָרְדְּכַי, אֶעֱשֶׂה.

LIVING חַי ḤY .31

y (as in "my") ַי

1. חַי, דַּי, גַּי, לַי, נַי, עַי, רַי, שַׁי.
2. נוֹי,[1] הוֹי, אוֹי, עָלַי, עָלָיו, רֵעַי, בָּתַּי.
3. חָי,[2] דָי, נָי, עֵינַי, לְפָנַי, מוֹרַי, בָּנַי.
4. בָּנוּי,[3] קָנוּי, עָשׂוּי, רָאוּי, יָמַּי, אַחַי, אְזַי.

The דָגֵשׁ (dot in the middle of a letter) sometimes strengthens or doubles a letter:

כִּנּוֹר (kinnor); הַגַּן (haggan); מִטָּה (mittah).

[1] The וֹי is pronounced like the oy in "boy."

[2] The ָי is pronounced like ַי in Sefardic and like וֹי in Ashkenazic.

[3] The וּי is pronounced "ui."

VOCABULARIES

I. Hebrew—English

II. English—Hebrew

ABBREVIATIONS רָאשֵׁי תֵּבוֹת

MASCULINE	זָכָר	ז.
PLURAL MASCULINE	זָכָר רַבִּים	ז.ר.
MASCULINE & FEMININE	זָכָר וּנְקֵבָה	זו"נ
SINGULAR	יָחִיד	י.
FEMININE	נְקֵבָה	נ.
FEMININE PLURAL	נְקֵבָה רַבּוֹת	נ.ר.
PAST	עָבָר	ע.
PLURAL	רִבּוּי	ר.
ROOT	שֹׁרֶשׁ	ש.

adj.	adjective	n.	noun
adv.	adverb	neg. imp.	negative imperative
conj.	conjunction	obj. pr.	object pronoun
f.	feminine	pl.	plural
f. s.	feminine singular	prep.	preposition
imp.	imperative	rel. pr.	relative pronoun
m.	masculine	s.	singular
m. s.	masculine singular	v.	verb

NOTE ON THE USE OF THE VOCABULARY

Verbs are listed in the third person masculine singular of the past, present and future tenses.

Nouns are given in the singular and plural with the gender of each noun indicated if the noun is irregular.

Complete paradigms of nouns and verbs may be found in Appendix, pages 356-366.

Adjectives are given in the masculine and feminine singular.

Hebrew—English Vocabulary מִלּוֹן עִבְרִי־אַנְגְּלִי

א"ב	Aleph-Beth, alphabet
אָב (אָבוֹת)	father
אָב	Av (5th month of the Hebrew calendar)
אַבָּא	dad, papa
אָבֹא	I shall come
אָבַד (אוֹבֵד, יֹאבַד)	was lost; perished
אָבַד לִי	I lost
יֹאבַד לִי	I shall lose
אִבֵּד (מְאַבֵּד, יְאַבֵּד)	waste, destroy
אָבוֹת	patriarchs
אַבְטַלְיוֹן	Avtalion
אָבִיב	spring (the season)
אָבִיו	his father
אֲבָל	but
אֶבֶן נ. (אֲבָנִים)	stone
אֶבֶן יְקָרָה	precious stone, jewel
אַבְנֵר	Abner
אַבְרָהָם	Abraham
אֲגֻדָּה (אֲגֻדּוֹת)	club
אֲגוֹרָה	agora (Israeli coin: 1⁄100 of a lira)
אָדוֹן	Sir, Mr.; lord
אֲדוֹנִי	Sir, Mr.
אָדֹם (נ. אֲדֻמָּה)	red
אֲדָמָה	soil
אֲדָר	Adar (12th month of Hebrew calendar)

אָהַב (אוֹהֵב, יֶאֱהַב)	love
אָהֲבוּ	they loved
אַהֲבָה	love
אָהוּב (נ. אֲהוּבָה)	beloved
אֶהְיֶה	I shall be
אֶהְיֶה לְ	I shall become
אֹהֶל (אֹהָלִים)	tent
אוֹ	or
אוֹדוֹת	concerning, about
עַל אוֹדוֹת	" "
אוֹטוֹבּוּס (אוֹטוֹבּוּסִים)	autobus, bus
אוֹי	alas! woe!
אוֹי לִי	woe is me!
אֲוִירוֹן (אֲוִירוֹנִים)	airplane
אוּכַל	I shall be able
אוּלַי	perhaps
אוּנִיבֶרְסִיטָה	university
אוֹר ז. (אוֹרוֹת)	light
אוֹרֵחַ (אוֹרְחִים)	guest
אוֹת נ. (אוֹתִיּוֹת)	letter (alphabet)
אוֹתִי	me (*obj. pronoun*)
אוֹתְךָ (נ. אוֹתָךְ)	you
אוֹתָהּ	her
אוֹתוֹ	him; it (*m.*)
אוֹתָם (נ. אוֹתָן)	them

אָז	then
אֹזֶן נ. (אָזְנַיִם)	ear
אָח (אַחִים)	brother
אָחָא	brother
אֶחָד	one
אֲחָדִים (י. אֶחָד)	several
אַחַד עָשָׂר (נ. אַחַת עֶשְׂרֵה)	eleven
אָחוֹת (אֲחָיוֹת)	sister
אַחִים (י. אָח)	brothers
אַחֵר (נ. אַחֶרֶת)	another; other
אַחַר, אַחֲרֵי	after
אַחֲרֵי כֵן	afterwards
אַחֲרוֹן (נ. אַחֲרוֹנָה)	last
(בְּ)אַחֲרָיוּת	registered, insured
אַחַת נ.	one
אִי אֶפְשָׁר	impossible
אַיֵּה	where?
אֵיזֶה (נ. אֵיזוֹ)	which? which one?
אִיטַלְיָה נ.	Italy
אֵיךְ	how?
אֵימָתַי	when then?
אֵין	(there is) not, does not, do not (used with present tense of verb)
אֵין דָּבָר	it's nothing; you're welcome
אֵינִי	I am not, do not
אֵינְךָ	you (*m. s.*) are not, do not
אֵיפֹה	where?
אִיָּר	Iyar (2nd month of the Hebrew calendar)
אֵירוֹפָּה נ.	Europe
אִישׁ (אֲנָשִׁים)	man
אַךְ	but
אָכַל (אוֹכֵל, יֹאכַל)	eat
אֹכֶל	food
(לֶ)אֱכֹל	to eat
אִכָּר (אִכָּרִים)	farmer, peasant
אֶל	to; at
אַל	do not (*neg. imp.*)
אַל יִפֹּל רוּחֲכֶם	do not be discouraged (*m. pl.*)
אַל תֵּרֵד	do not go down! (*m. s.*)
אֵלֶּה; הָאֵלֶּה	these
אֱלֹהִים	God
אֱלוּל	Elul (6th month of the Hebrew calendar)
אֵלָיו	to him
אֵלֵךְ (ע. הָלַךְ)	I shall go
אֲלֶכְּסַנְדֶר	Alexander
אַלֶנְבִּי	Allenby
אֶלֶף (אֲלָפִים)	thousand
אָלֶף־בֵּית	alphabet
אִם	if
אִם כֵּן	if that's the case
אִם יִרְצֶה הַשֵּׁם	God willing
אֵם (אִמּוֹת)	mother
אִמָּא	ma, mama
אָמַר (אוֹמֵר, יֹאמַר)	say

מלון עברי־אנגלי

אָמַר בְּלִבּוֹ	he thought
אֲמֵרִיקָאִי (נ. אֲמֵרִיקָאִית)	American
אֲמֵרִיקָה נ.	America
אֱמֶת נ.	truth
אַנְגְּלִי (נ. אַנְגְּלִית)	English
אַנְגְּלִיָּה נ.	England
אָנוּ	we
אֲנַחְנוּ	we
אֲנִי	I
אֳנִיָּה (אֳנִיּוֹת)	boat
אֲנָךְ (אֲנָכִים)	plumbline
אֲנָשִׁים (י. אִישׁ)	men, people
אָסוֹן ז. (אֲסוֹנוֹת)	accident
אָסוּר (נ. אֲסוּרָה)	forbidden
אֲסֵפָה (אֲסֵפוֹת)	(a) meeting
אֲסַפֵּר (שׁ. סִפֵּר)	I shall relate
אֶסְתֵּר	Esther
אַף (אַפִּים)	nose
אַף פַּעַם לֹא	never
אֲפִילוּ	even, even if
אָפְנָה	style
אֶפְשָׁר	(it is) possible
אֵצֶל	near, next to
אֶצְלוֹ	next to him, near him
אַצְלִיחַ	I shall succeed
אַרְבָּעָה (נ. אַרְבַּע)	four
אַרְבָּעָה עָשָׂר (נ. אַרְבַּע עֶשְׂרֵה)	fourteen
אַרְבָּעִים	forty
אַרְגָּמָן	purple
אֻרְוָה (אֻרְוֹת)	stable
אֲרוּחָה (אֲרוּחוֹת)	meal
אֲרוּחַת הַבֹּקֶר	breakfast
אֲרוּחַת הָעֶרֶב	supper
אֲרוּחַת הַצָּהֳרַיִם	lunch
אָרוֹן ז. (אֲרוֹנוֹת)	coffin; closet
אָרַז (אוֹרֵז, יֶאֱרֹז)	wrap (*v.*)
אַרְטִיק	Arctic (ice-cream stick)
אֲרִי ז. (אֲרָיוֹת)	lion
אָרֹךְ (נ. אֲרֻכָּה)	long
אַרְמוֹן ז. (אַרְמוֹנוֹת)	palace
אֶרֶץ נ. (אֲרָצוֹת)	earth, land
אַרְצָה	to the land
אֶרֶץ יִשְׂרָאֵל נ.	Israel
אֶרֶץ יִשְׂרְאֵלִי ז. (נ. אֶרֶץ יִשְׂרְאֵלִית)	Israeli
אֶרֶץ כְּנַעַן נ.	Land of Canaan
אֵשׁ נ.	fire
אִשָּׁה (נָשִׁים)	woman
אִשְׁתְּךָ	your wife
אִשְׁתּוֹ	his wife
אֶשְׁכַּח (ע. שָׁכַח)	I shall forget
אֲשֶׁר	who, which (*rel. pr.*)
אֶת	word placed before a definite direct object

אַתְּ	you (*f. s.*)
אַתָּה	you (*m. s.*)
אִתּוֹ	with him
אַתְלֵיט (אַתְלֵיטִים)	athlete
אַתֶּם	you (*m. pl.*)
אֶתְמוֹל	yesterday
אַתֶּן	you (*f. pl.*)
אֶתֵּן (נָתַן)	I shall give
בְּ	in a; with a
בַּ	in the; with the
בָּא (בָּא, יָבוֹא)	come
בָּאתִי	I came
בָּאוּ	they came
בְּאֵר נ. (בְּאֵרוֹת)	a well
בְּאֵר שֶׁבַע	Beersheba
בָּבֶל נ.	Babylonia
בְּבַקָּשָׁה	please
בֶּגֶד (בְּגָדִים)	coat; garment; cloak
בִּגְדֵי יָם	bathing suits
בָּהִיר (נ. בְּהִירָה)	clear
בּוֹ	in him; with him; in it
בּוֹא	come! (*imp.*)
בּוּז	scorn, contempt
בּוּל (בּוּלִים)	stamp
בּוֹנִים	builders
בּוֹסְטוֹן נ.	Boston
בְּזוֹל	cheap
בָּחוּר (בַּחוּרִים)	youth, young man
בַּחוּרָה (בַּחוּרוֹת)	young lady
בְּחִינָה (בְּחִינוֹת)	test, examination
בַּחֲרוּ	choose! (*imp. m. pl.*)
בִּטּוּי (בִּטּוּיִים)	expression
בְּיַאלִיק	Bialik (famous modern Hebrew poet)
בְּיַד (יָד)	in the power of
בֵּידוּאִים ז.ר.	Bedouin
בִּיּוֹלוֹגְיָה	biology
בֵּין	between; among
בֵּינֵיהֶם	between them
בַּיִת ז. (בָּתִּים)	house
בֵּית אַלְפָא	Beth-Alpha (village in the Emek)
בֵּית אֲסוּרִים ז.	prison
בֵּית דֹּאַר ז. (בָּתֵּי דֹּאַר)	post office
בֵּית כְּנֶסֶת ז. (בָּתֵּי כְּנֵסִיּוֹת)	synagogue
בֵּית מִדְרָשׁ ז. (בָּתֵּי מִדְרָשׁוֹת)	school, academy
בֵּית הַמִּקְדָּשׁ ז.	Holy Temple
בֵּית סֵפֶר ז. (בָּתֵּי סֵפֶר)	school
בֵּית סֵפֶר תִּיכוֹן ז. (בָּתֵּי סֵפֶר תִּיכוֹנִים)	high school
בֵּית רַחֲצָה ז.	bath house
בֵּית תְּפִלָּה ז.	house of worship, synagogue, church
בָּכָה (בּוֹכֶה, יִבְכֶּה)	weep
בָּכְתָה	she wept
בָּכוּ	they wept
בְּכָל זֹאת	nevertheless

בְּלִי	without
בִּלְתִּי	not, except
בִּלְתִּי נָכוֹן	not correct
בֵּן (בָּנִים)	son
בֵּן יָחִיד	only son
בֶּן שְׁלֹשִׁים יוֹם	thirty days old
בָּנְתָה	she built
בָּנוּ	they built
בָּנוֹת (י. בַּת)	daughters
בָּנִים (בֵּן)	sons
בְּנֵי	sons of, members of
בְּנֵי יִשְׂרָאֵל	children of Israel
בַּנְק	bank
בְּסֵדֶר	in order; fine; o.k.
(בַּ)סֵּתֶר	secretly
בְּעַד	for the sake of, through
בַּעַל	master, owner, husband
בַּעַל מָלוֹן	innkeeper
בַּעַל אִשָּׁה ז.	married
בַּעֲלָה	mistress; owner
בִּצָּה (בִּצּוֹת)	swamp
בְּצַלְאֵל	Bezalel
בְּקוֹל	aloud
בְּקוֹלֵי קוֹלוֹת	at the top of his voice
בִּקֵּר (מְבַקֵּר, יְבַקֵּר)	visit, attend
בֹּקֶר	morning
בִּקֵּשׁ (מְבַקֵּשׁ, יְבַקֵּשׁ)	seek, request
בָּרָא (בּוֹרֵא, יִבְרָא)	create
בְּרֵאשִׁית	in the beginning
בָּרַח (בּוֹרֵחַ, יִבְרַח)	flee
בָּרְחוּ	they fled
בָּרִיא (נ. בְּרִיאָה)	well, healthy
בֵּרַךְ (מְבָרֵךְ, יְבָרֵךְ)	bless
בְּרָכָה (בְּרָכוֹת)	blessing, greeting
בֶּרְלִין נ.	Berlin
בְּשֵׁם	named; by the name of
בָּשָׂר	meat
בַּת (בָּנוֹת)	daughter
בַּת צְחוֹק נ.	smile
בָּתִּים ז. (י. בַּיִת)	houses
גַּאֲוָה	pride
גָּאַל (גּוֹאֵל, יִגְאַל)	redeem
גַּב (גַּבִּים)	back
גָּבֹהַּ (נ. גְּבֹהָה)	high, tall
גְּבוּל (גְּבוּלִים)	border, boundary
גִּבּוֹר (גִּבּוֹרִים)	courageous, mighty; a hero
גְּבוּרָה	heroism
גִּבְעָה (גְּבָעוֹת)	hill
גִּבְעַת רָם	Givat Ram (Jerusalem)
גְּבֶרֶת	Miss, Mrs.
גַּג ז. (גַּגּוֹת)	roof

big, great, large	גָּדוֹל (נ. גְּדוֹלָה)
become big, grow	גָּדַל (גָּדֵל, יִגְדַּל)
fence	גָּדֵר נ. (גְּדֵרוֹת)
body	גּוּף (גּוּפִים)
soda water	גָּזוֹז
rob	גָּזַל (גּוֹזֵל, יִגְזֹל)
valley	גַּיְא ז"נ (גֵּאָיוֹת)
chalk	גִּיר
with chalk	בְּגִיר
ice cream	גְּלִידָה
sheet (of paper)	גִּלָּיוֹן ז. (גִּלְיוֹנוֹת)
Galilee	גָּלִיל נ.
Goliath	גָּלְיָת
also, even	גַּם
also	גַּם כֵּן
camel	גָּמָל (גְּמַלִּים)
Gamaliel	גַּמְלִיאֵל
gymnasium (secondary school)	גִּמְנַסְיָה
finish	גָּמַר (גּוֹמֵר, יִגְמֹר)
garden	גַּן (גַּנִּים)
steal	גָּנַב (גּוֹנֵב, יִגְנֹב)
reside, sojourn	גָּר (גָּר, יָגוּר)
German	גֶּרְמָנִי (גֶּרְמָנִים)
Germany	גֶּרְמַנְיָה נ.
chase away	גֵּרַשׁ (מְגָרֵשׁ, יְגָרֵשׁ)
they chased away	גֵּרְשׁוּ
rain	גֶּשֶׁם (גְּשָׁמִים)

post	דֹּאַר
Hadoar (name of a Hebrew magazine)	"הַדֹּאַר"
speech	דִּבּוּר
word; thing	דָּבָר (דְּבָרִים)
words of	דִּבְרֵי
my, your words	דְּבָרַי, דְּבָרֶיךָ
speak	דִּבֵּר (מְדַבֵּר, יְדַבֵּר)
to speak	(לְ)דַבֵּר
fish	דָּג (דָּגִים)
Degania	דְּגַנְיָה נ.
dagesh (in grammar, a dot inserted in a letter)	דָּגֵשׁ
David	דָּוִד
uncle	דּוֹד (דּוֹדִים)
aunt	דּוֹדָה (דּוֹדוֹת)
dunam (¼ of acre)	דּוּנָם
generation	דּוֹר ז. (דּוֹרוֹת)
enough	דַּי
fisherman	דַּיָּג (דַּיָּגִים)
ink	דְּיוֹ ז"נ
door	דֶּלֶת נ. (דְּלָתוֹת)
image, likeness	דְּמוּת נ. (דְּמֻיוֹת)
silence	דְּמָמָה
tear (n.)	דִּמְעָה (דְּמָעוֹת)
Dan	דָּן
a knock	דְּפִיקָה (דְּפִיקוֹת)
knock	דָּפַק (דּוֹפֵק, יִדְפֹּק)
grammar	דִּקְדּוּק

דַּקָּה (דַּקּוֹת)	minute
דָּרוֹם	south
דְּרִישַׁת שָׁלוֹם נ.	greetings, regards
דֶּרֶךְ ז׳ו׳נ (דְּרָכִים)	way, road
דֶּרֶךְ	through (*prep.*)
בַּדֶּרֶךְ	on the road
דָּת נ. (דָּתוֹת)	religion
הַ (הֵא הַיְדִיעָה)	the (the definite article)
הָאֵלֶּה	these
הַאִם	(word introducing a question)
הֶאֱמִין (מַאֲמִין, יַאֲמִין)	believe
הַאֻמְנָם	Is it true? Indeed!
הָבֵא	bring! (*imp. m. s.*)
הֵבִיא (מֵבִיא, יָבִיא)	bring
הֵבִיאוּ	they brought
הִבִּיט (מַבִּיט, יַבִּיט)	look
הִבִּיטָה	she looked
הִבִּיטוּ	they looked
הֵבִין (מֵבִין, יָבִין)	understood
הֵבִינָה	she understood
הֶגֶה ז. (הֲגָאִים)	steering wheel
הֲדַר הַכַּרְמֶל	Hadar Ha-Carmel
הַהוּא ז. (נ. הַהִיא)	that (*dem. pronoun*)
הָהֵם (נ. הָהֵן)	those
הוּא	he
הֹוֶה	present (tense)
הוֹלֵךְ וּבָא	approaching
הוֹצֵא	take out! (*imp. m. s.*)
הוֹצִיא (מוֹצִיא, יוֹצִיא)	take out
הוֹרָאוֹת נ.ר.	instructions
הוֹרָה	Hora (national Israeli dance)
הֶחְמִיץ	became sour
הִיא	she
הָיָה (הֹוֶה, יִהְיֶה)	be
הָיְתָה	she was
הָיוּ	they were
הָיָה לְ...	he became
הַיּוֹם	today
הֲיִי	be! (*imp. f. s.*)
הִכָּה (מַכֶּה, יַכֶּה)	smite, strike
הִכּוּ	they smote, struck
הִכִּיר (מַכִּיר, יַכִּיר)	recognized
הַכֹּל	everything
הַלּוֹ	hello! (telephone)
הַלְוָיָה	funeral
הָלַךְ (הוֹלֵךְ, יֵלֵךְ)	go, walk
הָלַךְ לְדַרְכּוֹ	he went on his way
הִלֵּל	Hillel
הַלְלוּיָהּ	hallelujah (praise the Lord)
הָלַם (הוֹלֵם, יַהֲלֹם)	fit (*v.*)
הֵם	they (*m.*)
הָמָן	Haman

הִמְשִׁיךְ (מַמְשִׁיךְ, יַמְשִׁיךְ)	continue
הֵן	they (*f.*)
הֵן	behold
הֵנָּה וָהֵנָּה	to and fro
הִנֵּה	behold, here is, here are
הִסְטוֹרְיָה	history
הֵסִירוּ	they removed
הִסְתּוֹבֵב (מִסְתּוֹבֵב, יִסְתּוֹבֵב)	go around
הָפַךְ (הוֹפֵךְ, יַהֲפֹךְ)	overturn, change
הֶפֶךְ (הֲפָכִים)	opposite
הִפְלִיג (מַפְלִיג, יַפְלִיג)	set sail
הִצִּיל (מַצִּיל, יַצִּיל)	rescue, deliver
הִצִּילָה	she rescued, delivered
הִצִּילוּ	they rescued, delivered
הִצְלִיחַ (מַצְלִיחַ, יַצְלִיחַ)	succeed
הֵקִיץ (מֵקִיץ, יָקִיץ)	awaken
הֵקִיצָה	she awoke
הֵקִיצוּ	they awoke
הַר (הָרִים)	mountain
הַר הַכַּרְמֶל	Mt. Carmel
הַר הַמּוֹרִיָּה	Mt. Moriah
הַר הַצּוֹפִים	Mt. Scopus (near Jerusalem)
הַר סִינַי	Mt. Sinai
הַר צִיּוֹן	Mt. Zion (in Jerusalem)
הַרְאֵה	show! (*imp.*)
לְהַרְאוֹת	to show
הַרְבֵּה	much, many (*adj.*)
הָרַג (הוֹרֵג, יַהֲרֹג)	he killed
(לַ)הֲרֹג	to kill
הִרְגִּישׁ (מַרְגִּישׁ, יַרְגִּישׁ)	feel
הָרוּג (נ. הֲרוּגָה)	killed, slain
הֵרִים (מֵרִים, יָרִים)	raise, lift
הֵרִימָה	she raised, lifted
הֵרִימוּ	they raised, lifted
הִרְעִימָה	she thundered
הֶרְצֵל	Herzl
הִשְׁאִיר (מַשְׁאִיר, יַשְׁאִיר)	left behind
הָשִׁיבוּ (ע. הֵשִׁיב)	restore! return!
הַשְׁלִימוּ	complete! (*m. pl.*)
הִשְׁתַּחֲוָה	he bowed down
הִתְאַהֲבָה בְּ...	she fell in love with
הִתְגַּלְגַּלְתִּי	I rolled
הִתְחִיל (מַתְחִיל, יַתְחִיל)	begin
הִתְחִילָה	she began
הִתְחַמֵּם	he warmed himself
הִתְחָרוּת נ. (הִתְחָרֻיּוֹת)	contest, competition
הִתְחַתְּנוּ	they were married
הִתְלַבֵּשׁ	he dressed himself
הִתְעַמְּלוּת נ.	physical exercise, calisthenics
חֲדַר־הִתְעַמְּלוּת ז.	gymnasium
הִתְפַּלֵּא	he was surprised
הִתְפַּלְּאוּ	they were surprised
הִתְפַּשֵּׁט	disrobe, spread
הִתְקַיֵּם	was fulfilled
הִתְרַחֵץ	he washed himself

וְ, וּ, וַ	and
וְאָהַבְתָּ	And thou shalt love
וְאָהַבְתָּ לְרֵעֲךָ	And thou shalt love thy neighbor
וַדַּאי, בְּוַדַּאי	surely, of course
וָזִיר	vizier (prime minister)
וַיִּקְרָא	Leviticus (3rd book of the Bible)
וַיַּרְא (ע. רָאָה)	and he saw
וַשִׁינְגְטוֹן	Washington
זֹאת נ.	this
זֶה ז.	this
זֶה אֶת זֶה	each other (*m.* object)
זוּג ז. (זוּגוֹת)	pair
זַוֵּג (זַוְּגוּ)	match! (*v.*)
זָז (זָז, יָזוּז)	moved, stirred
זָזָה	she moved, stirred
זָזוּ	they moved, stirred
זָכָה בְּ... (זוֹכֶה, יִזְכֶּה)	merit, win
זָכוּ	they won
זֵכֶר	remembrance
זָכָר (זְכָרִים)	male, masculine
זִכָּרוֹן ז. (זִכְרוֹנוֹת)	remembrance, memorial
זִמְזוּם	drone, humming
זְמַן (זְמַנִּים)	season; term; period of time; tense
זְמַן מָה	a while, some time
זָקֵן (נ. זְקֵנָה)	old
זָקָן (זְקָנִים)	beard
זָרַח (זוֹרֵחַ, יִזְרַח)	**shine** (*v.*)
זָרַע (זוֹרֵעַ, יִזְרַע)	**sow** (*v.*)
זָרַק (זוֹרֵק, יִזְרֹק)	throw
חִבָּה	affection
בְּחִבָּה	affectionately
חִבּוּר (חִבּוּרִים)	composition
חָבִיב עַל	beloved by, dear to
חֲבִילָה (חֲבִילוֹת)	bundle
חֲבָל	too bad!
חָבֵר (חֲבֵרִים)	friend; member
חֲבֶרְתָּהּ	her friend (*f.*)
חַבֵּר (חַבְּרוּ)	compose!
חֶבְרוֹן נ.	Hebron
חָבַשׁ (חוֹבֵשׁ, יַחֲבֹשׁ)	saddle (horse); wear (hat)
חַג (חַגִּים)	holiday, festival
חָגַג	he celebrated
חֲגִיגָה (חֲגִיגוֹת)	celebration
חָדַל (חָדֵל, יֶחְדַּל)	stop
חֶדֶר (חֲדָרִים)	room
חֲדַר הָאֹכֶל	the dining-room
חָדָשׁ (נ. חֲדָשָׁה)	new
חֲדָשׁוֹת נ.ר.	news
חֹדֶשׁ (חֳדָשִׁים)	month
חַוָּה	Eve
חוֹל ז. (חוֹלוֹת)	sand
חוֹלֶה (נ. חוֹלָה)	sick

dream	חָלַם (חוֹלֵם, יַחֲלֹם)
they dreamt	חָלְמוּ
Ḥelm	חֶלֶם נ.
shirt, blouse	חֻלְצָה
portion, part	חֵלֶק (חֲלָקִים)
your (*m. s.*) part	חֶלְקְךָ
his part	חֶלְקוֹ
divide, distribute	חִלֵּק (מְחַלֵּק, יְחַלֵּק)
they shared, divided	חִלְּקוּ
smooth, blank	חָלָק (נ. חֲלָקָה)
warm	חַם (נ. חַמָּה)
donkey, mule	חֲמוֹר (חֲמוֹרִים)
fifth	חֲמִישִׁי (נ. חֲמִישִׁית)
five	חֲמִשָּׁה (נ. חָמֵשׁ)
fifteen	חֲמִשָּׁה עָשָׂר (נ. חֲמֵשׁ עֶשְׂרֵה)
fifteenth of Shevat—Arbor Day	חֲמִשָּׁה עָשָׂר בִּשְׁבָט
fifty	חֲמִשִּׁים
Hannah	חַנָּה
store	חֲנוּת נ. (חֲנֻיּוֹת)
department store	חֲנוּת כָּל בּוֹ
Ḥanukah, Feast of Lights	חֲנֻכָּה
Hanania	חֲנַנְיָה
kindness	חֶסֶד (חֲסָדִים)
freedom	חֹפֶשׁ
free	חָפְשִׁי (נ. חָפְשִׁית)
half	חֲצִי
court, yard	חָצֵר ז׳ו״נ (חֲצֵרִים, חֲצֵרוֹת)
carve, engrave	חָקַק (חוֹקֵק, יָחֹק)

brown	חוּם (נ. חוּמָה)
outside	חוּץ
into the street	הַחוּצָה
hole, den, lair	חוֹר (חוֹרִים)
pale	חִוֵּר (חִוְּרִים)
Ḥoran (district near Israel)	חוֹרָן
Ḥusham	חוּשָׁם
strong	חָזָק (נ. חֲזָקָה)
review (*n.*)	חֲזָרָה (חֲזָרוֹת)
wheat	חִטָּה
live (*adj.*)	חַי (נ. חַיָּה)
owe, responsible to	חַיָּב (נ. חַיֶּבֶת)
puzzle	חִידָה (חִידוֹת)
life	חַיִּים ז. ר.
soldier	חַיָּל (חַיָּלִים)
Haifa	חֵיפָה נ.
wait	חִכָּה (מְחַכֶּה, יְחַכֶּה)
wait! (*imp. m. s.*)	חַכֵּה
wise	חָכָם (נ. חֲכָמָה)
wisdom	חָכְמָה (חָכְמוֹת)
science of medicine	חָכְמַת הָרְפוּאָה
milk	חָלָב
become sick	חָלָה (חוֹלֶה, יֶחֱלֶה)
she became sick	חָלְתָה
they became sick	חָלוּ
dream (*n.*)	חֲלוֹם : (חֲלוֹמוֹת)
window	חַלּוֹן ז. (חַלּוֹנוֹת)
pioneer	חָלוּץ (חֲלוּצִים)

חֶרְמֵשׁ (חֶרְמֵשִׁים)	sickle
חָרָן	Haran (place)
חֹרֶף	winter
חָרַשׁ (חוֹרֵשׁ, יַחֲרשׁ)	plough (*v.*)
חָשַׁב (חוֹשֵׁב, יַחֲשֹׁב)	think
חֶשְׁבּוֹן ז. (חֶשְׁבּוֹנוֹת)	bill
חֶשְׁוָן	Ḥeshvan (8th month of the Hebrew calendar)
חֹשֶׁךְ	darkness
חָתוּל (חֲתוּלִים)	cat
חֲתֻנָּה (חֲתֻנּוֹת)	wedding

טָבִי	Tavi
טָבַע	(was) drowned
טְבֶרְיָה נ.	Tiberias
טֵבֵת	Tevet (10th month of the Hebrew calendar)
טוֹב (נ. טוֹבָה)	good
טוֹבָה (טוֹבוֹת)	favor
טוּס (טָס, יָטוּס)	fly, soar
טִיּוּל (טִיּוּלִים)	a hike
טַיִס	flying, aviator
(לְ)טַיֵּל	to hike
טַיָּס (טַיָּסִים)	flyer, aviator
טַל	dew
טֶלֶוִיזְיָה	television
טֶלֶפוֹן	telephone
טֶמְפּוֹ	Tempo (a carbonated beverage)
טֶנִיס	tennis
טָעִים (נ. טְעִימָה)	tasty
טִפָּה (טִפּוֹת)	a drop
טִפֵּשׁ (טִפְּשִׁים)	fool
טְרוּמְפֶּלְדוֹר	Trumpeldor
טָרִי (נ. טְרִיָּה)	fresh

יִבְנֶה (ע. בָּנָה)	he will build
יִבְרַח (ע. בָּרַח)	he will flee
יָגֵעַ	weary
יָד נ. (יָדַיִם)	hand
יָדוּעַ (נ. יְדוּעָה)	well-known
יָדַע (יוֹדֵעַ, אֵדַע)	know
יְהוּדָה	Judah
יְהוּדִי (יְהוּדִים)	Jew
יְהוּדִית	Judith
יְהוֹנָתָן	Jonathan
יְהוֹשֻׁעַ	Joshua
יִהְיֶה (ע. הָיָה)	he will be
יוֹאֵל	Joel
יוֹבֵל	jubilee
יִוָּלֵד	he will be born
יוֹם (יָמִים)	day
יוֹם יוֹם	day by day
הַיּוֹם	today
יוֹם חֲמִישִׁי	Thursday
יוֹם כִּפּוּר	Day of Atonement
יוֹם רִאשׁוֹן	Sunday

Wednesday	יוֹם רְבִיעִי
Tuesday	יוֹם שְׁלִישִׁי
Monday	יוֹם שֵׁנִי
Friday	יוֹם שִׁשִּׁי
Independence Day (Israel)	יוֹם הָעַצְמָאוּת ז.
Greek	יְוָנִי (נ. יְוָנִית)
Jonathan	יוֹנָתָן
more	יוֹתֵר
better	טוֹב יוֹתֵר
worse	רַע יוֹתֵר
the most . . .	הַיּוֹתֵר...
Jezreel (valley in Israel)	יִזְרְעֶאל
together	יַחַד
long live!	יְחִי (ע. חָיָה)
Yechya	יִחְיָא
singular	יָחִיד
wine	יַיִן ז. (יֵינוֹת)
(they) will enter	יִכָּנְסוּ
boy, child	יֶלֶד (יְלָדִים)
girl	יַלְדָּה (יְלָדוֹת)
sea	יָם (יַמִּים)
Mediterranean Sea	(הַ)יָּם הַתִּיכוֹן
Dead Sea	יָם הַמֶּלַח
days	יָמִים (י. יוֹם)

May he rest in peace!	יָנוּחַ בְּשָׁלוֹם עַל מִשְׁכָּבוֹ
foundation	יְסוֹד ז. (יְסוֹדוֹת)
he will help	יַעֲזוֹר (ע. עָזַר)
they will help (*m.*)	יַעַזְרוּ
Jacob	יַעֲקֹב
forest	יַעַר (יְעָרִים)
beautiful, pretty, nice	יָפֶה (נ. יָפָה)
nicely	יָפֶה
handsome	יְפֵה תֹאַר
the most beautiful of	(הַ)יָּפֶה בְּ
Jaffa	יָפוֹ נ.
go out, leave	יָצָא (יוֹצֵא, יֵצֵא)
she went out	יָצְאָה
they went out	יָצְאוּ
Isaac	יִצְחָק
production, creation	יְצִירָה
he will take	יִקַּח (ע. לָקַח)
they shall establish, erect	יָקִימוּ (ע. הֵקִים)
dear	יָקִיר (נ. יַקִּירָה)
my dear (*m.*)	יַקִּירִי
he will read, recite	יַקְרִיא (ע. הִקְרִיא)
descend	יָרַד (יוֹרֵד, יֵרֵד)
it will rain	יֵרֵד גֶּשֶׁם
(the) Jordan River	(הַ)יַּרְדֵּן ז.
Jerusalem	יְרוּשָׁלַיִם נ.
Jerusalemite	יְרוּשַׁלְמִי
moon	יָרֵחַ

יֶרֶק ז. (יְרָקוֹת)	vegetable
יָרֹק (נ. יְרֻקָּה)	green
יֵשׁ	there is, there are
יֵשׁ לוֹ	he has
יֵשׁ לִי	I have
יֵשׁ לְךָ	you (*m. s.*) have
יֵשׁ לְדָוִד	David has
יָשַׁב (יוֹשֵׁב, יֵשֵׁב)	sit, dwell
יָשְׁבוּ	they sat
יְשִׁיבָה (יְשִׁיבוֹת)	Yeshiva, academy
יִשְׁלַח (ע. שָׁלַח)	he will send
יָשֵׁן (נ. יְשֵׁנָה)	sleep (*v.*)
יִשְׂרָאֵל	Israel
יִתְאַחֵד	will unite
יִתֵּן (ע. נָתַן)	he will give
כָּאן	here
כַּאֲשֶׁר	when (*conj.*)
כִּבֵּד (מְכַבֵּד, יְכַבֵּד)	honored
כָּבוֹד	honor
כְּבִישׁ (כְּבִישִׁים)	paved road, highway
כְּבָר	already
כַּד ז׳ו׳נ (כַּדִּים)	pitcher (of water)
כַּדּוּר (כַּדּוּרִים)	ball
כַּדּוּר בָּסִיס	baseball
כַּדּוּר סַל	basketball
כְּדֵי לְ...	in order to
כֹּהֵן (כֹּהֲנִים)	priest
כּוֹס נ. (כּוֹסוֹת)	glass, cup
כֹּחַ	strength
כָּחֹל (נ. כְּחֻלָּה)	blue
כִּי	that (*conj.*); because
כָּךְ	so
כִּכַּר פָּרִיז נ.	Paris Square (in Haifa)
כָּל	whole, every, each
כָּל אִישׁ	everybody
כָּל כָּךְ	so, so much
כָּל כָּךְ גָּדוֹל	so big
כֶּלֶב (כְּלָבִים)	dog
כַּלְבָּא שָׂבוּעַ	Kalba Savua
כְּלִי (כֵּלִים)	dish, vessel
כְּלֵי חֶרֶס	earthenware
כְּלֵי כֶּסֶף	silverware
כְּלֵי זָהָב	gold dishes
כַּמָּה	how much? how many?
בְּכַמָּה עוֹלֶה	how much does it cost?
בֶּן כַּמָּה	how old? (*m.*)
בַּת כַּמָּה	how old? (*f.*)
כְּמוֹ	like, as
כָּמוֹךָ	as thyself
כִּימִיָּה	chemistry
כֵּן	yes

כִּנּוּי (כִּנּוּיִים)	suffix, possessive pronoun
כִּנּוּס (כִּנּוּסִים)	meeting; convention
כְּנֶסֶת נ.	Knesset (Israeli parliament)
כְּנַעַן נ.	Canaan
כִּסֵּא ז. (כִּסְאוֹת)	chair
כִּסָּה (מְכַסֶּה, יְכַסֶּה)	cover
כִּסְלֵו	Kislev (9th month of the Hebrew calendar)
כֶּסֶף (כְּסָפִים)	silver, money
כַּסְפִּי	Caspi
כָּעַס (כּוֹעֵס, יִכְעַס)	became angry
כָּעֲסָה	she became angry
כָּעֲסוּ	they became angry
כְּפָפוֹת נ.ר.	gloves
כְּפָר (כְּפָרִים)	village
כְּפַר גִּלְעָדִי	K'far Giladi
כְּפַר יְחֶזְקֵאל	K'far Yeḥezkel
כַּרְטִיס (כַּרְטִיסִים)	ticket
כְּרִיכָה (כְּרִיכוֹת)	binding (cover)
כְּרַךְ (כְּרַכִּים)	city, metropolis
כֶּרֶם (כְּרָמִים)	vineyard
כַּרְמֶל	Carmel
כַּרְמְלִית נ.	Carmelit (Haifa subway)
כָּרַת (כּוֹרֵת, יִכְרֹת)	cut
(כָּרַתִּי, כָּרַתָּ)	I, you, cut
כְּרֹת	cut! (*imp. m. s.*)
כָּתַב (כּוֹתֵב, יִכְתֹּב)	write
כִּתְבֵי הַקֹּדֶשׁ	Holy Scriptures; Bible
כְּתֹבֶת נ. (כְּתֹבוֹת)	address

כִּתָּה (כִּתּוֹת)	class
כָּתוּב (נ. כְּתוּבָה)	written
כְּתוּבִים	The Writings (third section of Bible)
לְ	to
לְ; לַ	to; for a; for the
לֹא	no
לֹא כָּל שֶׁכֵּן	how much more so!
לֹא רַק... כִּי אִם	not only—but also
לֵאָה	Leah
לְאֻמִּי (נ. לְאֻמִּית)	national
לְאַט לְאַט	slowly
לֶאֱכֹל	to eat
לֵאמֹר (ע. אָמַר)	to say
לְאָן	whither?
(לְ)אִשָּׁה	for a wife
לֵב ז. (לִבּוֹת)	heart
לִבִּי	my heart
לִבּוֹ	his heart
לָבוֹא (שׁ. בּוֹא)	to come
לִבְכּוֹת	to weep
לָבָן (נ. לְבָנָה)	white
לְבָנָה	moon
לִבְנוֹת (ע. בָּנָה)	to build
לְבַקֵּר	to visit, attend
לְבַקֵּשׁ	to ask, request
לָבַשׁ (לוֹבֵשׁ, יִלְבַּשׁ)	he put on (clothes), dressed

מלון עברי־אנגלי

on his way	לְדַרְכּוֹ
to her, it (f.)	לָהּ
to believe	לְהַאֲמִין (ע. הֶאֱמִין)
to be redeemed	לְהִגָּאֵל
to revive	לְהַחֲיוֹת
to be	לִהְיוֹת
to beat, strike	לְהַכּוֹת
to fight	לְהִלָּחֵם
to them (m. pl.)	לָהֶם
to them (f. pl.)	לָהֶן
on the contrary	לְהֶפֶךְ
to set up, erect	לְהָקִים
to show	לְהַרְאוֹת
to sustain oneself, support oneself	לְהִתְפַּרְנֵס
au revoir (till we meet again)	לְהִתְרָאוֹת
to him, it (m.)	לוֹ
to accompany, escort	(לְ)לַוּוֹת (ע. לִוָּה)
blackboard, calendar	לוּחַ ז. (לוּחוֹת)
Levy	לֵוִי
to cherish	לְחַבֵּב (ע. חִבֵּב)
to live	לִחְיוֹת (ע. חָיָה)
bread	לֶחֶם
whisper	לַחַשׁ
softly	בְּלַחַשׁ
to drown	לִטְבֹּעַ
to hike	לְטַיֵּל (ע. טִיֵּל)
to me	לִי
to you (m. s.)	לְךָ

to you (f. s.)	לָךְ
to dry	לְיַבֵּשׁ (ע. יָבֵשׁ)
liter	לִיטֶר
night	לַיְלָה ז. (לֵילוֹת)
Lincoln	לִינְקוֹן
lira	לִירָה
to sleep	לִישׁוֹן (ע. יָשַׁן)
go! (imp.)	לֵךְ (נ. לְכִי)
in honor of	לִכְבוֹד (כָּבוֹד)
go! (imp. m. pl.)	לְכוּ (ע. הָלַךְ)
to you (m. pl.)	לָכֶם
to you (f. pl.)	לָכֶן
therefore	לָכֵן
to go	לָלֶכֶת (ע. הָלַךְ)
to study, to learn	לִלְמֹד
study	לָמַד (לוֹמֵד, יִלְמַד)
teach	לִמֵּד (מְלַמֵּד, יְלַמֵּד)
they taught	לִמְּדוּ
below, downward	לְמַטָּה
to substitute for, take the place of	לְמַלֵּא מָקוֹם...
above, upward	לְמַעְלָה
for the sake of	לְמַעַן
to find	לִמְצֹא
to us	לָנוּ
to comfort	לְנַחֵם (ע. נִחֵם)
to plant	לִנְטֹעַ
to travel, journey	לִנְסֹעַ (ע. נָסַע)
Lessing (German dramatist)	לֶסִינְג

408

לַעֲנוֹת (ע. עָנָה)	to answer
לַעֲרֹךְ טִיּוּל	to take a hike
לַעֲשׂוֹת (ע. עָשָׂה)	to do
לְפִי	according to
לִפְנֵי	before
לִפְנֵי זְמַן רַב	a long time ago
לִפְנֵי שָׁנָה	a year ago
לִפְנֵיהֶם	before them (*m.*)
לְפָנִים	formerly
לִפְעָמִים	at times, sometimes
לִצְחֹק (צָחַק) לְ...	to laugh at
לְצַחֵק בְּ...	to make fun of
לְקַבֵּל (ע. קִבֵּל)	to receive
לְקַבֵּל פְּנֵי	to welcome
לָקַח (לוֹקֵחַ, יִקַּח)	take
לָקְחָה	she took
לִרְאוֹת (ע. רָאָה)	to see
לָרִיב	to quarrel
לָשׁוֹן נ. (לְשׁוֹנוֹת)	tongue, language
לְשַׁלֵּם (ע. שִׁלֵּם)	to pay
לִשְׂרֹף (ע. שָׂרַף)	to burn
לְתֵאָבוֹן	hearty appetite!
לְתוֹךְ	inside of, into
מְאֹד	very; very much
מֵאָה (מֵאוֹת)	hundred
מָאתַיִם	two hundred
מְאַחֵד (נ. מְאַחֶדֶת)	unite
מֵאִיר	Meir
מַאֲמִין (נ. מַאֲמִינָה)	believe
מֵאֵת	from, by
מִבְחָן (מִבְחָנִים)	test, examination
מַבִּיט (נ. מַבִּיטָה)	look
מֵבִין (נ. מְבִינָה)	understand
מְבַלֶּה (נ. מְבַלָּה)	spend, wear out
מְבַקֵּר (נ. מְבַקֶּרֶת)	visit, attend
מְבַקֵּשׁ (נ. מְבַקֶּשֶׁת)	seek, request
מִגְבַּעַת נ. (מִגְבָּעוֹת)	hat
מְגַמָּה	destination
מִגְרָשׁ (מִגְרָשִׁים)	field, plot of land
מְגָרֵשׁ (נ. מְגָרֶשֶׁת)	chase away, expel
מְדַבֵּר (נ. מְדַבֶּרֶת)	speak
מִדְבָּר ז. (מִדְבָּרוֹת)	desert, wilderness
מַדּוּעַ	why?
מִדֵּי פַּעַם בְּפַעַם	from time to time
מְדִינָה (מְדִינוֹת)	a state
מַדָּע	science
מַה, מָה, מֶה	what?
מַה גָּדוֹל	how great!
מַה יָּפֶה	how beautiful!
מַה שֶּׁ...	that which
מַהֲדוּרָה (מַהֲדוּרוֹת)	edition
מַהֵר	quickly
מוֹדֶרְנִי (נ. מוֹדֶרְנִית)	modern
מוּכָן (נ. מוּכָנָה)	ready, prepared

מלון עברי־אנגלי

birthplace, homeland	מוֹלֶדֶת נ.
Macedonian	מוֹקְדוֹן
teacher (m.)	מוֹרֶה
teacher (f.)	מוֹרָה
teachers	מוֹרִים; מוֹרוֹת
settlement (semi-co-operative)	מוֹשָׁב (מוֹשָׁבִים)
settlement (private)	מוֹשָׁבָה (מוֹשָׁבוֹת)
delivers	מוֹשִׁיעַ
death	מָוֶת ז.
death of	מוֹת
weather	מֶזֶג אֲוִיר
valise, satchel	מִזְוָדָה (מִזְוָדוֹת)
secretary	מַזְכִּיר (מַזְכִּירִים)
good luck	מַזָּל טוֹב
fork	מַזְלֵג ז. (מַזְלְגוֹת)
notebook	מַחְבֶּרֶת נ. (מַחְבָּרוֹת)
revives	מְחַיֶּה (נ. מְחַיָּה)
price	מְחִיר (מְחִירִים)
wait	מְחַכֶּה (נ. מְחַכָּה)
tomorrow	מָחָר
bed	מִטָּה (מִטּוֹת)
meter	מֶטֶר
umbrella	מִטְרִיָּה (מִטְרִיּוֹת)
who?	מִי
immediately	מִיָּד
water	מַיִם ז.ר.
kind, class, gender	מִין (מִינִים)
cord	מֵיתָר (מֵיתָרִים)
honor, respect	מְכַבֵּד (נ. מְכַבֶּדֶת)
Maccabean	מַכַּבִּי (מַכַּבִּים)
Maccabiad (international Hebrew athletic meet held bi-annually in Tel Aviv)	מַכַּבִּיָה
strikes, hits, beats	מַכֶּה (נ. מַכָּה)
automobile	מְכוֹנִית נ. (מְכוֹנִיּוֹת)
recognize, know	מַכִּיר (נ. מַכִּירָה)
trousers	מִכְנָסַיִם ז.ר.
ugly	מְכֹעָר (נ. מְכֹעָרה)
sell	מָכַר (מוֹכֵר, יִמְכֹּר)
obstacle	מִכְשׁוֹל (מִכְשׁוֹלִים)
letter (correspondence)	מִכְתָּב (מִכְתָּבִים)
full	מָלֵא (נ. מְלֵאָה)
Angel of Death	מַלְאַךְ הַמָּוֶת ז.
word	מִלָּה נ. (מִלִּים)
salty	מָלוּחַ (נ. מְלוּחָה)
inn, hotel	מָלוֹן
dictionary	מִלּוֹן (מִלּוֹנִים)
salt	מֶלַח
Dead Sea	יָם הַמֶּלַח
war	מִלְחָמָה (מִלְחָמוֹת)
words	מִלִּים נ.ר. (י. מִלָּה)
king	מֶלֶךְ (מְלָכִים)
utter, relate	מִלֵּל (מְמַלֵּל, יְמַלֵּל)
teach	מְלַמֵּד
waiter	מֶלְצַר
Malaga	מָלַקָּה נ.
from	מִן

מָנָה (מוֹנֶה, יִמְנֶה)	count
מִנָּה (מְמַנֶּה, יְמַנֶּה)	appoint
מְנוּחָה	rest
מְנַצֵּחַ (נ. מְנַצַּחַת)	conquer, be victorious
מִסָּבִיב לְ...	around, about
מְסַדֵּר (נ. מְסַדֶּרֶת)	arrange
מַסֵּכָה (מַסֵּכוֹת)	mask, cover
מִסְעָדָה (מִסְעָדוֹת)	restaurant
מִסְפָּר (מִסְפָּרִים)	number
מְסַפֵּר (נ. מְסַפֶּרֶת)	tell, relate
מְעַט	a little bit
מַעֲטָפָה	envelope
מֵעַל	from (on)
מַעְלָה	upward
מַעֲלִית נ. (מַעֲלִיּוֹת)	elevator
מַעֲשֶׂה ז. (מַעֲשִׂים)	deed
מַעֲשֵׁנָה (מַעֲשֵׁנוֹת)	chimney
מִפִּי (פֶּה)	from mouth of
מַפִּית נ. (מַפִּיּוֹת)	napkin
מַפְתֵּחַ ז. (מַפְתְּחוֹת)	key
מָצָא (מוֹצֵא, יִמְצָא)	find
(מָצָאתִי, מָצָאתָ)	I, you found
מָצָא חֵן בְּעֵינַי	I liked
מַצֵּבָה (מַצֵּבוֹת)	monument
מִצְוָה (מִצְווֹת)	commandment, command
כְּמִצְוַת	according to the order of
מַצְחִיק (נ. מַצְחִיקָה)	funny
מְצַיֵּר (נ. מְצַיֶּרֶת)	draws, describes

מְצַלְצֵל	ring (*v.*)
מִצְרַיִם נ.	Egypt
מְקַבֵּל (נ. מְקַבֶּלֶת)	receive
מְקַוֶּה (נ. מְקַוָּה)	hope (*v.*)
מָקוֹם ז. (מְקוֹמוֹת)	place, seat
בִּמְקוֹם	instead of
מָקוֹר ז. (מְקוֹרוֹת)	infinitive
מַקֵּל ז. (מַקְלוֹת)	a stick, staff
מִקְלַחַת נ.	shower
מְקַלֵּל (נ. מְקַלֶּלֶת)	curse (*v.*)
מְקֻשָּׁט (נ. מְקֻשָּׁטָה)	decorated
מַר	Mr.
מַרְאֶה (נ. מַרְאָה)	show (*v.*)
מַרְאֶה ז. (מַרְאוֹת)	sight, appearance
מַרְגּוֹעַ	rest
מַרְגִּישׁ (נ. מַרְגִּישָׁה)	feel
מָרְדְּכַי	Mordecai
מָרוֹר (מְרוֹרִים)	bitter herbs
מִרְיָם	Miriam
מֶרְכָּבָה	chariot, carriage
מְרַקֵּד (נ. מְרַקֶּדֶת)	dance
מְשֻׁגָּע (נ. מְשֻׁגָּעָה)	crazy
מֹשֶׁה	Moses
מְשׁוֹרֵר	singer, poet
מְשַׂחֵק	play (a game)
מִשְׂחָק (מִשְׂחָקִים)	a game
מָשַׁל (מוֹשֵׁל, יִמְשֹׁל)	rule
מִשְׁמֶרֶת נ.	guard

מלון עברי־אנגלי

family	מִשְׁפָּחָה (מִשְׁפָּחוֹת)
sentence	מִשְׁפָּט (מִשְׁפָּטִים)
servant	מְשָׁרֵת ז. (מְשָׁרְתִים)
banquet, feast	מִשְׁתֶּה ז. (מִשְׁתָּאוֹת)
spreads out	מִשְׂתָּרֵעַ
dead	מֵת (נ. מֵתָה)
he died	מֵת
she died	מֵתָה
they died	מֵתוּ
assemble, meet	מִתְאַסֵּף
begin	מַתְחִיל
when?	מָתַי
dress oneself	מִתְלַבֵּשׁ (נ. מִתְלַבֶּשֶׁת)
mathematics	מָתֶמָטִיקָה
gift	מַתָּנָה (מַתָּנוֹת)
attack	מִתְנַפֵּל (נ. מִתְנַפֶּלֶת)
pray	מִתְפַּלֵּל (נ. מִתְפַּלֶּלֶת)
wash oneself	מִתְרַחֵץ (נ. מִתְרַחֶצֶת)
present; tip	מַתָּת נ.
please!	נָא
beautiful	נָאֶה (נ. נָאָה)
prophets	נְבִיאִים
we shall build	נִבְנֶה (ע. בָּנָה)
Negev	נֶגֶב
against	נֶגֶד
against me	נֶגְדִּי

prince	נָגִיד (נְגִידִים)
approach	נָגַשׁ (נִגַּשׁ, יִגַּשׁ)
she approached	נִגְּשָׁה
they approached	נִגְּשׁוּ
beautiful, charming, majestic	נֶהְדָּר (נ. נֶהְדָּרָה)
Nahalal (settlement in Emek)	נַהֲלָל ז.
river	נָהָר (נְהָרִים)
let us kill	נַהֲרֹג (ע. הָרַג)
they were killed	נֶהֶרְגוּ (ש. הָרַג)
convenience	נוֹחִיּוּת נ.
was born	נוֹלַד
slumber!	נוּמָה (ש. נוּם)
additional	נוֹסָף (נ. נוֹסֶפֶת)
fall	נוֹפֵל (נ. נוֹפֶלֶת)
terrible	נוֹרָא (נ. נוֹרָאָה)
carry, raise	נוֹשֵׂא (נ. נוֹשֵׂאת)
topic, subject	נוֹשֵׂא (נוֹשְׂאִים)
rest	נָח (נָח, יָנוּחַ)
I, you rested	נַחְתִּי, נַחְתָּ
they rested	נָחוּ
we shall live	נִחְיֶה (ע. חָיָה)
brook, stream	נַחַל (נְחָלִים)
we shall violate, profane	נְחַלֵּל (ע. חִלֵּל)
charming, lovely	נֶחְמָד (נ. נֶחְמָדָה)
we will stretch out	נֵט (ע. נָטָה)
New Orleans	נְיוּ אוֹרְלֵיאַנְס נ.
New York	נְיוּ יוֹרְק נ.
Nisan (1st month of the Hebrew calendar)	נִיסָן

נְיָר ז. (נְיָרוֹת)	writing paper
נָכוֹן (נ. נְכוֹנָה)	correct (*adj.*)
נִכְנַס (נִכְנָס, יִכָּנֵס)	enter
נָכְרִי (נָכְרִים)	foreigner, alien
נִכְשַׁל (נִכְשָׁל, יִכָּשֵׁל)	fail
נִלְחַמְנוּ עַל	we fought for
נָמוֹךְ (נ. נְמוּכָה)	low
נָמוּת (ע. מֵת)	we shall die
נָמָל	port, harbor
נִמְצָא	is found (*m.*)
נְסִיעָה (נְסִיעוֹת)	journey
נִסְמָךְ	construct (form of noun)
נָסַע (נוֹסֵעַ, יִסַּע)	journey, travel
נָעִים (נ. נְעִימָה)	pleasant
נַעַל נ. (נְעָלִים)	shoe
נַעֲלֶה	we shall ascend
נַעַר (נְעָרִים)	youth, lad
נַעֲרָה (נְעָרוֹת)	girl, maiden
נִפָּגֵשׁ	we shall meet
נָפַל (נוֹפֵל, יִפֹּל)	fall
נִפְלָא (נ. נִפְלָאָה)	wonderful, marvelous
נִפְצַעְתִּי	I was wounded
נִפְצַע	he was wounded
נִפְרָד	absolute (form of noun)
נֶפֶשׁ נ. (נְפָשׁוֹת)	soul, mind
נִצַּח (מְנַצֵּחַ, יְנַצֵּחַ)	conquer
נְקֵבָה (נְקֵבוֹת)	female
נְקֻדָּה (נְקֻדּוֹת)	a point
נִקְנֶה (ע. קָנָה)	we shall buy
נַקְנִיקִית נ.	sausage, frankfurter
נִקְרָא (נ. נִקְרֵאת)	is called
נִרְאֶה (ע. רָאָה)	we shall see
נָשָׂא (נוֹשֵׂא, יִשָּׂא)	raise, carry
נָשָׂאתִי, נָשָׂאתָ	I, you raised, carried
נָשְׂאָה	she raised, carried
נָשְׂאוּ	they raised, carried
נִשְׁבַּע (נ. נִשְׁבַּעַת)	swear
נָשׂוּא, נָשׂוּי	married
נָשִׂיא (נְשִׂיאִים)	president, prince
נִשְׁמָר (נ. נִשְׁמֶרֶת)	is kept, preserved
נֶשֶׁף (נְשָׁפִים)	evening affair, celebration
נִתְלַכְלֵךְ (מִתְלַכְלֵךְ, יִתְלַכְלֵךְ)	became soiled
נָתַן (נוֹתֵן, יִתֵּן)	give
נָתַתִּי, נָתַתָּ	I, you give
נָתְנוּ	they gave
נִתֵּן (ע. נָתַן)	we shall give
סָב (סָבִים)	grandfather
סֹב	turn around! (*imp.*)
סַבּוֹן	soap
סָבִיב	around
סְבִיבָה	environment, surrounding
סָבַל (סוֹבֵל, יִסְבֹּל)	suffer, endure
סְגָן (סְגָנִים)	vice-president

close	סָגַר (סוֹגֵר, יִסְגֹּר)
close! (*imp. m. s.*)	סְגֹר
close! (*imp. m. pl.*)	סִגְרוּ
close! (*imp. f. s.*)	סִגְרִי
ordinal (number)	סִדּוּרִי
to organize	(לְ)סַדֵּר (ע. סִדֵּר)
arrange! (*imp. m. pl.*)	סַדְּרוּ
order	סֵדֶר
in order; fine; O.K.	בְּסֵדֶר
everything is O.K.	הַכֹּל בְּסֵדֶר
soda	סוֹדָה
merchant, dealer	סוֹחֵר (סוֹחֲרִים)
horse	סוּס (סוּסִים)
stormy	סוֹעֵר (נ. סוֹעֶרֶת)
end	סוֹף
finally	סוֹף סוֹף
Socrates	סוֹקְרַט
to turn aside	סוּר
cigar	סִיגָרָה (סִיגָרוֹת)
Sivan (3rd month of the Hebrew calendar)	סִיוָן
sign (*n.*)	סִימָן (סִימָנִים)
Sukkot—Feast of Tabernacles	סֻכּוֹת
knife	סַכִּין נ. (סַכִּינִים)
pardon; excuse me!	סְלִיחָה
construct state	סְמִיכוּת
symbol	סֵמֶל (סְמָלִים)
Sanhedrin (Jewish Supreme Court)	סַנְהֶדְרִין נ.
story	סִפּוּר (סִפּוּרִים)

sport	סְפּוֹרְט
sapphire	סַפִּיר
to count	(לִ)סְפֹּר (ע. סָפַר)
count	סָפַר (סוֹפֵר, יִסְפֹּר)
book	סֵפֶר (סְפָרִים)
tell! (*imp. m. s.*)	סַפֵּר
tell, relate	(לְ)סַפֵּר
Spain	סְפָרַד נ.
literature	סִפְרוּת נ.
turn aside	סָר (סָר, יָסוּר)
I, you turned aside	סַרְתִּי, סַרְתָּ
she turned aside	סָרָה
they turned aside	סָרוּ
autumn	סְתָו
servant, slave	עֶבֶד (עֲבָדִים)
work	עָבַד (עוֹבֵד, יַעֲבֹד)
work (*n.*)	עֲבוֹדָה
homework	עֲבוֹדַת בַּיִת
past tense	עָבָר
pass	עָבַר (עוֹבֵר, יַעֲבֹר)
Hebrew	עִבְרִי (עִבְרִים)
Hebrew language	עִבְרִית
until	עַד
congregation	עֵדָה (עֵדוֹת)
Adloyada (Purim festival in Tel Aviv)	עַדְלְיָדַע
change (balance)	עֹדֶף

עוֹד	more, else
עוֹד פַּעַם	once more, again
עוֹלָם (עוֹלָמִים)	world
לְעוֹלָם	forever
עוֹר ז. (עוֹרוֹת)	leather
עוֹשֶׂה (נ. עוֹשָׂה)	do, make
עֵז נ. (עִזִּים)	goat
עָזַב (עוֹזֵב, יַעֲזֹב)	abandon, leave
עָזַר (עוֹזֵר, יַעֲזֹר)	help
עֵט (עֵטִים)	pen
עַיִן נ. (עֵינַיִם)	eye
עָיֵף (נ. עֲיֵפָה)	tired
עִיר נ. (עָרִים)	city
עַכְשָׁו	now
עַל	on, concerning
עַל אֹדוֹת	concerning
עַל דְּבַר	concerning
עַל יַד	alongside of, near
עַל לֹא דָבָר	you're welcome (lit. over nothing)
עַל פִּי	according to
עָלָה (עוֹלֶה, יַעֲלֶה)	ascend
(עָלִיתִי, עָלִיתָ)	I, you ascended
עָלוּ	they ascended
עָלָה בָאֵשׁ	was burned
עָלָה בְלִבּוֹ	there occurred to him, he thought of
עָלָיו	upon him, it (*m.*)
עִם	with
עַם (עַמִּים)	people
עָמַד (עוֹמֵד, יַעֲמֹד)	stood
עָמַד עַל הַמִּשְׁמָר	he stood guard
עָמַד בַּמִּבְחָן	passed a test
עִמִּי	with me
עָמֵל (עֲמֵלִים)	worker
עֵמֶק (עֲמָקִים)	valley
עֹנֶג	pleasure
עָנָה (עוֹנֶה, יַעֲנֶה)	answer
עָנִיתִי, עָנִיתָ	I, you answered
עָנְתָה	she answered
עָנוּ	they answered
עֲנֵה	answer! (*imp. m. s.*)
עָנִי (נ. עֲנִיָּה)	poor
עֲנִיבָה (עֲנִיבוֹת)	necktie
עֲנָק (עֲנָקִים)	giant
עִפָּרוֹן ז. (עֶפְרוֹנוֹת)	pencil
עֵץ (עֵצִים)	tree
עָצֵב (נ. עֲצֵבָה)	sad
עֵצָה (עֵצוֹת)	advice
עָצֵל	lazy
עַצְלוּת נ.	laziness
(בְּ)עַצְמִי	myself
עֲקִיבָא	Akiva
עֶרֶב (עֲרָבִים)	evening
עַרְבִי (עַרְבִים)	Arab
עָרַךְ (עוֹרֵךְ, יַעֲרֹךְ)	arrange
עוֹרֵךְ טִיּוּל	take a hike
עֲרֵמָה (עֲרֵמוֹת)	heap, pile

עָשָׂה (עוֹשֶׂה, יַעֲשֶׂה)	he did, made
עָשִׂיתִי, עָשִׂיתָ	I, you did, made
עָשְׂתָה	she did, made
עָשׂוּ	they did, made
עָשִׁיר (נ. עֲשִׁירָה)	rich
עֲשִׂירִי (נ. עֲשִׂירִית)	tenth
עָשָׁן	smoke (*n.*)
עֲשָׂרָה (נ. עֶשֶׂר)	ten
עֶשְׂרִים	twenty
עֵת נ. (עִתִּים)	time (season)
לְעֵת זִקְנָה	old age
עִתּוֹן (עִתּוֹנִים)	newspaper
עָתִיד	future
עַתִּיק (נ. עַתִּיקָה)	ancient
(לִ)פְגּשׁ (ע. פָּגַשׁ)	to meet
פָּגְשׁוּ	they met
פָּדָה (פּוֹדֶה, יִפְדֶּה)	redeem
פֶּה ז. (פִּיּוֹת)	mouth
פֹּה	here
פּוֹלַנְיָה נ.	Poland
פּוֹעֵל (פּוֹעֲלִים)	workman, laborer
פּוּרִים	Purim (holiday)
פַּחַד (פְּחָדִים)	fear (*n.*)
פָּחַד (פּוֹחֵד, יִפְחַד)	fear, is afraid
פָּחֲדוּ	they were afraid
פָּחוֹת	less, minus
פִילוֹסוֹף (פִילוֹסוֹפִים)	philosopher
פִּלְפֵּל	pepper
פְּלִשְׁתִּי (פְּלִשְׁתִּים)	Philistine
פְּנַאי	leisure
פְּנֵי	face (of)
פֶּסַח (פְּסָחִים)	Passover
פֶּסֶל (פְּסִילִים)	image, statue
פֹּעַל (פְּעָלִים)	verb
פַּעַם נ. (פְּעָמִים)	time, once
פַּעֲמוֹן (פַּעֲמוֹנִים)	bell
פָּקַח (פּוֹקֵחַ, יִפְקַח)	open (eyes)
פִּקֵּחַ (נ. פִּקַּחַת)	shrewd
פַּרְדֵּס (פַּרְדֵּסִים)	orange grove
פְּרוּטָה (פְּרוּטוֹת)	penny
פְּרוֹטוֹקוֹל	minutes (meeting)
פְּרוֹפֵסוֹר	professor
פֵּרוּשׁ (פֵּרוּשִׁים)	meaning, commentary
פֶּרַח (פְּרָחִים)	flower
פָּרַט (פּוֹרֵט, יִפְרֹט)	change money
פְּרִי ז. (פֵּרוֹת)	fruit
פָּרִיז נ.	Paris
פָּרַס נ.	Persia
פְּרָס (פְּרָסִים)	prize
פַּרְסִי	Persian
פְּרָעוֹת נ.ר.	disorder, pogrom
פָּרַץ (פּוֹרֵץ, יִפְרֹץ)	break out
פִּרְקֵי אָבוֹת	Ethics of the Fathers
פָּשׁוּט (נ. פְּשׁוּטָה)	simple, plain

פִּשְׁתָּן	flax
פִּתְאֹם	suddenly
פִּתְגָּם (פִּתְגָּמִים)	proverb
פָּתַח (פּוֹתֵחַ, יִפְתַּח)	open
פְּתַח	open! (*imp. m. s.*)
פֶּתַח תִּקְוָה	Petach Tikva
פִּתְחִי	open! (*imp. f. s.*)
צֵא (ע. יָצָא)	go forth! (*imp. m. s.*)
צְאוּ	go forth! (*imp. m. pl.*)
צֹאן ז"נ	sheep
רוֹעֵה צֹאן	shepherd
צָבָא ז. (צְבָאוֹת)	army
צַבָּר	cactus
צַבְּרָא	native of Israel (colloquial)
צַד (צְדָדִים)	side
צַד שֵׁנִי	other (second) side
צַדִּיק (צַדִּיקִים)	righteous
צֶדֶק	right
(הַ)צֶּדֶק לְךָ	*you* (*m. s.*) are right
צָדַק (צוֹדֵק, יִצְדַּק)	be right
צָהֹב (נ. צְהֻבָּה)	yellow
צָהַל (צוֹהֵל, יִצְהַל)	neigh
צָהֳרַיִם	noon
צִוָּה	he commanded
צִוּוּי	imperative, command
צוּם (צָם, יָצוּם)	(to) fast
צוּרָה (צוּרוֹת)	form
צְחוֹק	laughter, joke
צָחַק (צוֹחֵק, יִצְחַק)	laugh
(לְ)צַחֵק בּוֹ	to mock him
צָחֲקָה	she laughed
צָחֲקוּ	they laughed
צִיּוּן (צִיּוּנִים)	mark
(לְ)צַיֵּר	to draw, to picture, to describe
צִלּוּם (צִלּוּמִים)	photograph
צָעִיר (נ. צְעִירָה)	young
צָעַק (צוֹעֵק, יִצְעַק)	cry
צַעַר	grief, distress
צָפוֹן	north
צִפּוֹר נ. (צִפֳּרִים)	bird
צַר (נ. צָרָה)	narrow
צַר לִי	I am sorry
צָרָה (צָרוֹת)	trouble (*n.*)
צָרִיךְ (נ. צְרִיכָה)	need; must
קְבוּצָה (קְבוּצוֹת)	cooperative settlement
(לְ)קַבֵּל (ע. קִבֵּל)	to receive
קִבֵּל (מְקַבֵּל, יְקַבֵּל)	receive
קִבְּלָה	she received
קִבְּלוּ	they received
קָבַר (קוֹבֵר, יִקְבֹּר)	bury
קֶבֶר (קְבָרִים)	grave
קֹדֶשׁ	holiness

קְהִלָּה (קְהִלּוֹת)	community
קוֹל ז׳ (קוֹלוֹת)	voice
בְּקוֹל	aloud
(בְּ)קוֹלֵי קוֹלוֹת	most loudly
קוּם	arise! (*imp. m. s.*)
קוֹמָה (קוֹמוֹת)	floor (story)
קוֹפֵץ (נ׳ קוֹפֶצֶת)	jump
קַח (ע׳ לָקַח)	take! (*imp. m. s.*)
קְחִי נ׳	take! (*imp. f. s.*)
קָטָן (נ׳ קְטַנָּה)	small, little
קִילוֹ	kilogram
קִילוֹמֶטֶר	kilometer
קֵיסָר	Caesar, emperor
קַיִץ	summer
קִיר ז׳ (קִירוֹת)	wall
קַל (נ׳ קַלָּה)	easy, light
קִלֵּל (מְקַלֵּל, יְקַלֵּל)	curse
קֶלַע (קְלָעִים)	sling
קַלְעוֹ	his sling
קָם (נ׳ קָמָה)	arise
קָם לִתְחִיָּה	has been revived
קָנָה (קוֹנֶה, יִקְנֶה)	buy
קָנִיתִי, קָנִיתָ	I, you bought
קָנְתָה	she bought
קָנוּ	they bought
קְנֵה	buy! (*imp. m. s.*)
קְנִיתֶם	you (*m. pl.*) bought
קִנָּמוֹן	cinnamon

קְפִיצָה (קְפִיצוֹת)	jump (*n.*)
(לִ)קְפֹּץ (ע׳ קָפַץ)	to jump
קָצָר (נ׳ קְצָרָה)	short
קָצַר (קוֹצֵר, יִקְצֹר)	harvest (*v.*)
קַר (נ׳ קָרָה)	cold (*adj.*)
קְרָא	read! call! (*imp. m. s.*)
קָרָא (קוֹרֵא, יִקְרָא)	read, call
קָרָאתִי, קָרָאתָ	I, you read, called
קָרָה (יִקְרֶה)	happen
קָרוּעַ (נ׳ קְרוּעָה)	torn
קְרִיאָה	reading (*n.*)
קִרְיַת הָאוּנִיבֶרְסִיטָה	University City (Jerusalem)
קַרְנָבָל	carnival
קָשֶׁה (נ׳ קָשָׁה)	hard, harsh
קִשּׁוּט (קִשּׁוּטִים)	decoration
קָשַׁר (קוֹשֵׁר, יִקְשֹׁר)	tie, bind
רָאָה (רוֹאֶה, יִרְאֶה)	see
רָאִיתִי, רָאִיתָ	I, you saw
רָאֲתָה	she saw
רָאוּ	they saw
רְאוּ	see! (*imp. m. pl.*)
רְאוּבֵן	Reuben
רָאוּי (נ׳ רְאוּיָה)	fitting, worthy, proper
רֹאשׁ (רָאשִׁים)	head
רֹאשׁ הַשָּׁנָה	New Year
רָאשֵׁי תֵבוֹת ז׳ ר׳	initials

רִאשׁוֹן (נ. רִאשׁוֹנָה)	first
רִאשׁוֹן לְצִיּוֹן	Rishon Le-Zion
רַב (רַבָּנִים)	Rabbi
רַב (נ. רַבָּה)	much, many
רַבִּים (נ. רַבּוֹת)	plural, many
רָבָה (שׁ. רִיב)	she quarreled
רִבּוּי	plural
רַבִּי	Rabbi
רְבִיעִי (נ. רְבִיעִית)	fourth
רֶבַע	one fourth, a quarter
רָגִיל (נ. רְגִילָה)	used to, accustomed
רֶגֶל נ. (רַגְלַיִם)	foot
רֶגַע (רְגָעִים)	moment
רֵד (ע. יָרַד)	go down (*imp. m. s.*)
רְדוּ	go down! (*imp. m. pl.*)
רַדְיוֹ	radio
רוּחַ ז׳ו׳נ (רוּחוֹת)	wind, spirit
רוֹטֶל	rotl (weight)
רוֹמָא נ.	Rome
רוֹמָן (רוֹמָנִים)	novel (*n.*)
רוּסְיָה נ.	Russia
וֹעֶה (רוֹעִים)	shepherd
רוֹעֵה צֹאן	shepherd
רוֹפֵא (רוֹפְאִים)	doctor, physician
(לָ)רוּץ	to run
רוֹצֶה (נ. רוֹצָה)	want, is willing
רוּת	Ruth
רְחוֹב ז. (רְחוֹבוֹת)	street
רְחוֹב אַלֶנְבִּי	Allenby Road
רְחוֹב בְּיַאלִיק	Bialik Street
רְחוֹב יָפוֹ	Jaffa Road
רָחוֹק (נ. רְחוֹקָה)	distant, far
רָחֵל	Rachel
רַחֲמָן (רַחֲמָנִים)	merciful
רָחַץ (רוֹחֵץ, יִרְחַץ)	wash
רָחֲצָה	she washed
רָחֲצוּ	they washed
(לִ)רְחֹץ (ע. רָחַץ)	to wash, bathe
רִיב ז. (רִיבוֹת)	quarrel
רֵיחַ ז. (רֵיחוֹת)	odor, fragrance
רֵיק (נ. רֵיקָה)	empty
רַךְ (נ. רַכָּה)	soft
רָכַב (רוֹכֵב, יִרְכַּב)	mount (animal)
רַכֶּבֶת נ. (רַכָּבוֹת)	train
רָם (נ. רָמָה)	tall, high
קוֹל רָם	loud voice
רַמְלָה נ.	Ramlah (city in Israel)
רֵעַ	neighbor, friend
רַע (נ. רָעָה)	bad, evil
רָעָב	hunger, famine
רָעֵב (נ. רְעֵבָה)	hungry
רַעְיוֹן ז. (רַעְיוֹנוֹת)	idea, thought
רַעַם (רְעָמִים)	thunder
רַעַשׁ	noise
רִפֵּא (מְרַפֵּא, יְרַפֵּא)	cure
רִפְּאָה	she cured

רִפְּאוּ	they cured
רָץ (נ. רָצָה)	run
רָצָה (רוֹצֶה, יִרְצֶה)	want, wish
רָצִיתִי, רָצִיתָ	I, you wanted
רָצְתָה	she wanted
רָצוּ	they wanted
רַק	only
רָקַד (רוֹקֵד, יִרְקֹד)	dance (*v.*)
רֹשֶׁם (רְשָׁמִים)	impression
רָשָׁע (רְשָׁעִים)	wicked
רֶשֶׁת נ. (רְשָׁתוֹת)	net
שָׁאַג (שׁוֹאֵג, יִשְׁאַג)	roar
שָׁאוּל	Saul
שָׁאַל (שׁוֹאֵל, יִשְׁאַל)	ask
שָׁאֲלָה	she asked
שָׁאֲלוּ	they asked
שְׁאָר	rest, remainder
שֵׁב	sit! (*imp. m. s.*)
שְׁבִי	sit! (*imp. f. s.*)
שְׁבוּ	sit! (*imp. m. pl.*)
שָׁב (שָׁב, יָשׁוּב)	return
שָׁבוּ	they returned
שָׁבוּעַ ז. (שָׁבוּעוֹת)	week
שָׁבוּעוֹת	Feast of Weeks, Pentecost
שָׁבוּר (נ. שְׁבוּרָה)	broken
שֵׁבֶט (שְׁבָטִים)	tribe
שְׁבָט	Shevat (11th month of the Hebrew calendar)
שְׁבִי	captivity
בַּשְּׁבִי	into captivity
שְׁבִיעִי (נ. שְׁבִיעִית)	seventh
שִׁבְעָה (נ. שֶׁבַע)	seven
שִׁבְעָה עָשָׂר (נ. שְׁבַע עֶשְׂרֵה)	seventeen
שִׁבְעִים	seventy
שַׁבָּת נ. (שַׁבָּתוֹת)	Sabbath
שְׁגִיאָה (שְׁגִיאוֹת)	error
שָׂדֶה ז. (שָׂדוֹת)	field
שׁוֹדֵד (שׁוֹדְדִים)	robber, bandit
שׂוֹחֶה (נ. שׂוֹחָה)	swim
שׁוֹטֶה (שׁוֹטִים)	idiot, fool, stupid
שׁוֹנֶה (נ. שׁוֹנָה)	different
שׁוֹפֵט (נ. שׁוֹפֶטֶת)	judge
שׁוּק (שְׁוָקִים)	market
שַׁח	chess
שָׁחוֹר (נ. שְׁחוֹרָה)	black
(לִ)שְׂחוֹת (ע. שָׂחָה)	to swim
שִׂחֵק (מְשַׂחֵק, יְשַׂחֵק)	play (game), act
שִׂחֲקוּ	they played, acted
שִׂיחָה (שִׂיחוֹת)	conversation
(לָ)שִׂים	to put
שִׁיר (שִׁירִים)	song, poem
שִׁיר	sing! (*imp. m. s.*)
שִׁירוּ	sing! (*imp. m. pl.*)
שָׁכַב (שׁוֹכֵב, יִשְׁכַּב)	lie down
שָׁכֵן (שְׁכֵנִים)	neighbor

שָׂכַר (שׂוֹכֵר, יִשְׂכֹּר)	rent (*v.*)
שָׂכָר	wages, reward
שְׂכַר דִירָה ז.	rent (*n.*)
שֶׁל	of
שֶׁלֶג (שְׁלָגִים)	snow
שֶׁלָּהֶם	their (*m.*)
שֶׁלּוֹ	his
שָׁלוֹם	peace, greetings, hello, good-bye
מַה שְׁלוֹמְךָ	how are you? (*m.*)
מַה שְׁלוֹמֵךְ	how are you? (*f.*)
שָׁלוֹם לִי	I am well
שָׁלוֹם עֲלֵיכֶם	Shalom Aleichem (pen name of famous Jewish humorist)
שָׁלַח (שׁוֹלֵחַ, יִשְׁלַח)	send
שְׁלַח	send! (*imp. m. s.*)
שִׁלְחוּ	send! (*imp. m. pl.*)
(לִ)שְׁלֹחַ (ע. שָׁלַח)	to send
שֻׁלְחָן ז. (שֻׁלְחָנוֹת)	table
שֶׁלֶט (שְׁלָטִים)	sign, placard
שֶׁלִּי	mine
שֶׁלְּךָ	your (*m.*)
שֶׁלָּךְ	your (*f.*)
שְׁלִישִׁי (נ. שְׁלִישִׁית)	third
שֶׁלָּכֶם	your (*m. pl.*)
שְׁלֹמֹה	Solomon
שְׁלֹשָׁה (נ. שָׁלֹשׁ)	three
שְׁלֹשָׁה עָשָׂר (נ. שְׁלֹשׁ עֶשְׂרֵה)	thirteen
שְׁלֹשִׁים	thirty
שָׂם (שָׂם, יָשִׂים)	put
שַׂמְתִּי, שַׂמְתָּ	I, you put
שָׂמָה	she put
שָׂמוּ	they put
שָׂם לֵב	he paid attention
שֵׁם ז. (שֵׁמוֹת)	name
בְּשֵׁם	by the name of
שְׁמִי	my name
שְׁמוֹ	his name
שֵׁם עֶצֶם	common noun
שָׁם	there
שַׁמַּאי	Shammai
שְׁמוּאֵל	Samuel
שְׁמוֹת	Exodus (second book of the Bible)
שָׂמֵחַ (נ. שְׂמֵחָה)	happy
שִׂמְחָה	joy
שָׁמַיִם ז.ר.	heaven
שְׁמִינִי (נ. שְׁמִינִית)	eighth
שִׁמְךָ	your (*m. s.*) name
שְׁמֵךְ	your (*f. s.*) name
שִׂמְלָה (שְׂמָלוֹת)	dress (*n.*)
שָׁמֵן (נ. שְׁמֵנָה)	fat
שְׁמוֹנָה (נ. שְׁמוֹנֶה)	eight
שְׁמוֹנָה עָשָׂר (נ. שְׁמוֹנֶה עֶשְׂרֵה)	eighteen
שְׁמוֹנִים	eighty
שָׁמַע (שׁוֹמֵעַ, יִשְׁמַע)	listen, hear
שְׁמַעְיָה	Shemaiah
שִׁמְעוֹן בֶּן שָׁטַח	Simon, son of Shataḥ
שָׁמַר (שׁוֹמֵר, יִשְׁמֹר)	watch, guard

מלון עברי־אנגלי

שָׁמַר בְּלִבּוֹ	he remembered, kept it to himself
שֶׁמֶשׁ ז׳ו״נ	sun
שַׁמָּשׁ (שַׁמָּשִׁים)	sexton
שֵׁנָה	sleep (*n.*)
שַׁנֵּה	change! (*imp. m. s.*)
שַׁנּוּ	change! (*imp. m. pl.*)
שָׁנָה נ. (שָׁנִים)	year
שָׂנוּא (נ. שְׂנוּאָה)	hateful
שֵׁנִי (נ. שֵׁנִית)	second
שְׁנַיִם	two (*m.*)
שְׁתַּיִם	two (*f.*)
שְׁנֵיהֶם	both of them (*m.*)
שְׁנֵינוּ	both of us
שְׁנֵים עָשָׂר (נ. שְׁתֵּים עֶשְׂרֵה)	twelve
שָׁעָה (שָׁעוֹת)	hour, o'clock
שָׁעוֹן (שְׁעוֹנִים)	a watch, clock
שִׁעוּר (שִׁעוּרִים)	lesson
שִׁעוּרֵי בַּיִת ז.ר.	homework
שַׁעַר (שְׁעָרִים)	gate
שָׂפָה (שְׂפָתַיִם)	lip, language
שְׂפָתָיו	his lips
שִׁפְחָה (שְׁפָחוֹת)	maid
שָׁפַט	he judged
שָׁפַךְ (שׁוֹפֵךְ, יִשְׁפֹּךְ)	spill, pour
שְׂפַת הַיָּם נ.	seashore
שֶׁקֶט	quiet, silence
שָׁקַע (שׁוֹקֵעַ, יִשְׁקַע)	set, descend
שַׂר (שָׂרִים)	officer, prince

שָׁר (נ. שָׁרָה)	sing
שָׂרָה	Sarah
שְׂרֵפָה	a fire, conflagration
שִׁשָּׁה (נ. שֵׁשׁ)	six
שִׁשָּׁה עָשָׂר (נ. שֵׁשׁ עֶשְׂרֵה)	sixteen
שִׁשִּׁי (נ. שִׁשִּׁית)	sixth
שִׁשִּׁים	sixty
שָׁתִיל (שְׁתִילִים)	sapling
שְׁתֵּים עֶשְׂרֵה נ.	twelve (*f.*)
שָׁתַק (שׁוֹתֵק, יִשְׁתֹּק)	keep silent
תְּאוֹמוֹת נ.ר.	twins
תֹּאַר (תְּאָרִים)	adjective
תָּבוֹאוּ	you (*m. pl.*) will come
תֵּבַת מִכְתָּבִים נ.	letter-box
תִּהְיֶה (ע. הָיָה)	you (*m. s.*) will be
תּוֹדָה	thanks (*n.*)
תּוּכַל (ע. יָכֹל)	you (*m. s.*) will be able
תּוֹעֶלֶת נ.	benefit
תּוֹצָאוֹת נ.ר.	score, result
תּוֹצֶרֶת הָאָרֶץ נ.	"made in Israel"
תּוֹרָה	Torah (Pentateuch)
תְּחִיָּה	revival
תִּחְיֶה (ע. חָיָה)	she will live
תַּחֲנָה (תַּחֲנוֹת)	station
תַּחֲרוּת נ.	competition, competitive game, contest
תַּחַת	under

תֵּימָנִי (תֵּימָנִים)	Yemenite
תַּיָּר (תַּיָּרִים)	tourist
תֹּכֶן	contents
תֵּכֶף	immediately, promptly
תֵּל אָבִיב נ.	Tel Aviv
תֵּל חַי נ.	Tel Ḥai
תָּלוּי (נ. תְּלוּיָה)	hanging, suspended
תַּלְמִיד (תַּלְמִידִים)	pupil (*m.*)
תַּלְמִידָה (תַּלְמִידוֹת)	pupil (*f.*)
תַּלְמִיד חָכָם (תַּלְמִידֵי חֲכָמִים)	scholar
תַּמּוּז	Tammuz (4th month of the Hebrew calendar)
תְּמוּנָה (תְּמוּנוֹת)	picture
תָּמוּת (ע. מֵת)	you (*m. s.*) will die
תָּמִיד	always
תָּמָר	Tamar
תֵּן (ע. נָתַן)	give! (*imp. m. s.*)
תְּנִי	give! (*imp. f. s.*)
תַּנַ"ךְ ז. (תּוֹרָה, נְבִיאִים, כְּתוּבִים)	Bible
תְּעוּדָה (תְּעוּדוֹת)	report card
תִּפְאֶרֶת	beauty, pride
תַּפּוּחַ זָהָב (תַּפּוּחֵי זָהָב)	orange
תָּפוּשׂ (נ. תְּפוּשָׂה)	taken, occupied
תְּפִלָּה (תְּפִלּוֹת)	prayer
תַּפְרִיט (תַּפְרִיטִים)	menu
תַּצְלִיחַ (ע. הִצְלִיחַ)	you will succeed
תִּקַּח (ע. לָקַח)	you (*m. s.*) will take
תַּקֵּן	correct! (*imp. m. s.*)
תַּקְּנוּ	correct! (*imp. m. pl.*)
תַּרְבּוּת נ.	culture, civilization
תַּרְגּוּם	translation
תַּרְגִּיל (תַּרְגִּילִים)	exercise (*n.*)
תַּרְגֵּם	translate (*imp. m. s.*)
תַּרְגְּמוּ	translate! (*imp. m. pl.*)
תַּרְנְגֹל (תַּרְנְגֹלִים)	rooster
תְּשׁוּבָה (תְּשׁוּבוֹת)	answer
תְּשִׁיעִי (נ. תְּשִׁיעִית)	ninth
תִּשְׁעָה (נ. תֵּשַׁע)	nine
תִּשְׁעָה בְּאָב	Ninth of Av (fast day)
תִּשְׁעָה עָשָׂר (נ. תְּשַׁע עֶשְׂרֵה)	nineteen
תִּשְׁעִים	ninety
תִּשְׁרִי	Tishri (7th month of the Hebrew calendar)
תִּתְחַדֵּשׁ (ע. הִתְחַדֵּשׁ)	wear it well! (*m. s.*)

English—Hebrew Vocabulary מִלּוֹן אַנְגְּלִי־עִבְרִי

able יָכֹל (יָכֹל, יוּכַל)

Abner אַבְנֵר

about עַל; עַל אוֹדוֹת

above מֵעַל; לְמַעְלָה

Abraham אַבְרָהָם

absolute form of noun נִפְרָד

academy בֵּית מִדְרָשׁ; יְשִׁיבָה

accident אָסוֹן ז. (אֲסוֹנוֹת)

according to לְפִי

accustomed רָגִיל (נ. רְגִילָה)

additional נוֹסָף (נ. נוֹסֶפֶת)

address כְּתֹבֶת נ. (כְּתֹבוֹת)

adjective תֹּאַר (תְּאָרִים)

Adloyada (Purim carnival) עַדְלָיָדַע

advice עֵצָה (עֵצוֹת)

affectionately בְּחִבָּה

(be) afraid פָּחַד (פּוֹחֵד, יִפְחַד)

after אַחַר; אַחֲרֵי

  afterwards אַחֲרֵי כֵן, אַחַר כָּךְ

against נֶגֶד

ago לִפְנֵי

  a year ago לִפְנֵי שָׁנָה

agora (Israeli coin: 1/100 of lira) אֲגוֹרָה

Ahasuerus אֲחַשְׁוֵרוֹשׁ

airplane אֲוִירוֹן (אֲוִירוֹנִים)

Akiva עֲקִיבָא

alas! אוֹי

Alexander אֲלֶכְּסַנְדֵּר

all כָּל; הַכֹּל

Allenby Road רְחוֹב אַלֶּנְבִּי

all right בְּסֵדֶר

aloud בְּקוֹל

alphabet א"ב

already כְּבָר

also גַּם; גַּם כֵּן

always תָּמִיד

America אֲמֵרִיקָה

  American אֲמֵרִיקָאִי

among בֵּין

ancient עַתִּיק (נ. עַתִּיקָה)

and וְ, וּ, וַ

angel מַלְאָךְ (מַלְאָכִים)

anger (*n.*) כַּעַס

(to be) angry כָּעַס (כּוֹעֵס, יִכְעַס)

another עוֹד; אַחֵר

answer (*n.*) תְּשׁוּבָה (תְּשׁוּבוֹת)

answer (*v.*) עָנָה (עוֹנֶה, יַעֲנֶה)

  to answer לַעֲנוֹת

appearance מַרְאֶה ז. (מַרְאוֹת)

appoint מִנָּה (מְמַנֶּה, יְמַנֶּה)

approach (*v.*)	נִגַּשׁ (נִגָּשׁ, יִגַּשׁ)
approaching	הוֹלֵךְ וּבָא
Arab	עַרְבִי (עַרְבִים)
Arbor Day (fifteenth of Shevat)	חֲמִשָּׁה עָשָׂר בִּשְׁבָט
arise	קוּם (קָם, יָקוּם)
army	צָבָא ז. (צְבָאוֹת)
around	סָבִיב; מִסָּבִיב לְ
go around	הִסְתּוֹבֵב
arrange	סִדֵּר (מְסַדֵּר, יְסַדֵּר)
as	כְּמוֹ; כַּאֲשֶׁר
ascend	עָלָה (עוֹלֶה, יַעֲלֶה)
ask	שָׁאַל (שׁוֹאֵל, יִשְׁאַל)
ate	אָכַל
athlete	אַתְלֵיט (אַתְלֵיטִים)
Atonement, Day of	יוֹם כִּפּוּר
attack (*v.*)	הִתְנַפֵּל (מִתְנַפֵּל, יִתְנַפֵּל)
attend	בִּקֵּר (מְבַקֵּר, יְבַקֵּר)
aunt	דּוֹדָה (דּוֹדוֹת)
au revoir	לְהִתְרָאוֹת
autobus	אוֹטוֹבּוּס (אוֹטוֹבּוּסִים)
automobile	מְכוֹנִית נ. (מְכוֹנִיּוֹת)
autumn	סְתָו
awaken	הֵקִיץ (מֵקִיץ, יָקִיץ)
back (of the body)	גַּב
bad	רַע (נ. רָעָה)
ball	כַּדּוּר (כַּדּוּרִים)
baseball	כַּדּוּר בָּסִיס
basketball	כַּדּוּר סַל
football, soccer	כַּדּוּר רֶגֶל
bank	בַּנְק
bath house	בֵּית רַחֲצָה ז. (בָּתֵּי רַחֲצָה)
bathing suit	בֶּגֶד יָם (בִּגְדֵי יָם)
be	הָיָה (הָיָה, יִהְיֶה)
to be	לִהְיוֹת
beard	זָקָן (זְקָנִים)
beautiful	יָפֶה (נ. יָפָה)
beauty	יֹפִי
became	הָיָה לְ...
because	כִּי
bed	מִטָּה (מִטּוֹת)
Bedouin (*pl.*)	בֵּידוּאִים
Beersheba	בְּאֵר שֶׁבַע נ.
before	לִפְנֵי
before them	לִפְנֵיהֶם
begin	הִתְחִיל (מַתְחִיל, יַתְחִיל)
(in the) beginning	בְּרֵאשִׁית; בָּרִאשׁוֹנָה
behold	הִנֵּה
believe	הֶאֱמִין (מַאֲמִין, יַאֲמִין)
bell	פַּעֲמוֹן (פַּעֲמוֹנִים)
beloved	אָהוּב (נ. אֲהוּבָה)
below	לְמַטָּה
Berlin	בֶּרְלִין נ.
better	יוֹתֵר טוֹב
between	בֵּין

מלון אנגלי־עברי

between them בֵּינֵיהֶם
Bezalel בְּצַלְאֵל
Bialik בְּיַאלִיק
Bialik St. רְחוֹב בְּיַאלִיק
Bible תַּנַ"ךְ
big גָּדוֹל (נ. גְּדוֹלָה)
bill חֶשְׁבּוֹן ז. (חֶשְׁבּוֹנוֹת)
binding כְּרִיכָה (כְּרִיכוֹת)
biology בִּיּוֹלוֹגְיָה
bird צִפּוֹר נ. (צִפֳּרִים)
birthplace מוֹלֶדֶת נ.
bitter herb מָרוֹר (מְרוֹרִים)
black שָׁחוֹר (נ. שְׁחוֹרָה)
blackboard לוּחַ ז. (לוּחוֹת)
blank חָלָק (נ. חֲלָקָה)
bless בֵּרַךְ (מְבָרֵךְ, יְבָרֵךְ)
blessing בְּרָכָה (בְּרָכוֹת)
blouse חֻלְצָה (חֻלְצוֹת)
blue כָּחֹל (נ. כְּחֻלָּה)
boat אֳנִיָּה (אֳנִיּוֹת)
body גּוּף (גּוּפִים)
book סֵפֶר (סְפָרִים)
border גְּבוּל (גְּבוּלִים)
born נוֹלַד (נוֹלָד, יִוָּלֵד)
Boston בּוֹסְטוֹן נ.
both (of them) שְׁנֵיהֶם
boundary גְּבוּל (גְּבוּלִים)
bow down הִשְׁתַּחֲוָה (מִשְׁתַּחֲוֶה, יִשְׁתַּחֲוֶה)
boy יֶלֶד (יְלָדִים); נַעַר (נְעָרִים)
bread לֶחֶם
breakfast אֲרוּחַת הַבֹּקֶר
break out פָּרַץ (פּוֹרֵץ, יִפְרֹץ)
bring הֵבִיא (מֵבִיא, יָבִיא)
broken שָׁבוּר (נ. שְׁבוּרָה)
brook נַחַל (נְחָלִים)
brother אָח (אַחִים)
brought הֵבִיא
brown חוּם (נ. חוּמָה)
build בָּנָה (בּוֹנֶה, יִבְנֶה)
builder בּוֹנֶה (בּוֹנִים)
bundle חֲבִילָה (חֲבִילוֹת)
burn שָׂרַף (שׂוֹרֵף, יִשְׂרֹף)
bury קָבַר (קוֹבֵר, יִקְבֹּר)
but אֲבָל, אַךְ
buy קָנָה (קוֹנֶה, יִקְנֶה)
by מֵאֵת; אֵצֶל

cactus (colloquially, "native of Israel") צַבְּרָא
calendar לוּחַ ז. (לוּחוֹת)
calisthenics הִתְעַמְּלוּת
call קָרָא (קוֹרֵא, יִקְרָא)
came בָּא
camel גָּמָל (גְּמַלִּים)
Canaan כְּנַעַן נ.
(into) captivity (בַּ)שֶּׁבִי

Carmelit (Haifa subway)	כַּרְמְלִית
carnival	קַרְנְבָל; עַדְלֹידָע
carry	נָשָׂא (נוֹשֵׂא, יִשָּׂא)
carve	חָקַק (חוֹקֵק, יָחֹק)
Caspi	כַּסְפִּי
cat	חָתוּל (חֲתוּלִים)
celebrate	חָגַג (חוֹגֵג, יָחֹג)
celebration	חֲגִיגָה (חֲגִיגוֹת)
chair	כִּסֵּא נ. (כִּסְאוֹת)
chalk	גִּיר
change (*v.*)	שִׁנָּה (מְשַׁנֶּה, יְשַׁנֶּה)
change money (*v.*)	פָּרַט (פּוֹרֵט, יִפְרֹט)
here is your change!	הִנֵּה הָעֹדֶף
chariot	מֶרְכָּבָה (מֶרְכָּבוֹת)
charming	נֶהְדָּר (נ. נֶהְדָּרָה);
	נֶחְמָד (נ. נֶחְמָדָה)
chase away	גֵּרֵשׁ (מְגָרֵשׁ, יְגָרֵשׁ)
cheap	בְּזוֹל
cherish	חִבֵּב (מְחַבֵּב, יְחַבֵּב)
chess	שַׁח
child	יֶלֶד (יְלָדִים)
children	בָּנִים; יְלָדִים
chimney	מַעֲשֵׁנָה (מַעֲשֵׁנוֹת)
choose	בָּחַר (בּוֹחֵר, יִבְחַר)
cigar	סִיגָרָה (סִיגָרוֹת)
cinnamon	קִנָּמוֹן
city	עִיר נ. (עָרִים)
class	כִּתָּה (כִּתּוֹת)
clear	בָּהִיר (נ. בְּהִירָה)
clever	חָכָם (נ. חֲכָמָה)
close	סָגַר (סוֹגֵר, יִסְגֹּר)
clothing	בְּגָדִים
club, organization	אֲגוּדָּה (אֲגוּדּוֹת)
coat	בֶּגֶד (בְּגָדִים)
coffin	אָרוֹן ז. (אֲרוֹנוֹת)
cold (*adj.*)	קַר (נ. קָרָה)
colony	מוֹשָׁבָה (מוֹשָׁבוֹת)
cooperative	קְבוּצָה (קְבוּצוֹת)
semi-cooperative	מוֹשָׁב (מוֹשָׁבִים)
come	בּוֹא (בָּא, יָבוֹא)
comfort (*v.*)	נִחֵם (מְנַחֵם, יְנַחֵם)
command (*v.*)	צִוָּה (מְצַוֶּה, יְצַוֶּה)
commandment	מִצְוָה (מִצְווֹת)
community	קְהִלָּה (קְהִלּוֹת)
complete (*v.*)	הִשְׁלִים (מַשְׁלִים, יַשְׁלִים)
compose	חִבֵּר (מְחַבֵּר, יְחַבֵּר)
composition	חִבּוּר (חִבּוּרִים)
concerning	עַל; עַל אודות
congregation	עֵדָה (עֵדוֹת)
conquer	כָּבַשׁ (כּוֹבֵשׁ, יִכְבֹּשׁ)
construct state	סְמִיכוּת
contempt	בּוּז
content	שָׂמֵחַ (נ. שְׂמֵחָה)
contents	תֹּכֶן
contest	הִתְחָרוּת, תַּחֲרוּת
continue	הִמְשִׁיךְ (מַמְשִׁיךְ, יַמְשִׁיךְ)

convenience	נוֹחִיּוּת
convention	כִּנּוּס (כִּנּוּסִים)
conversation	שִׂיחָה (שִׂיחוֹת)
cooperative settlement	קְבוּצָה (קְבוּצוֹת)
correct (*v.*)	תִּקֵּן (מְתַקֵּן, יְתַקֵּן)
correct (*adj.*)	נָכוֹן (נ. נְכוֹנָה)
count (*v.*)	סָפַר (סוֹפֵר, יִסְפֹּר)
courageous	גִּבּוֹר (נ. גִּבּוֹרָה)
court	חָצֵר ז״נ (חֲצֵרוֹת)
cover (*v.*)	כִּסָּה (מְכַסֶּה, יְכַסֶּה)
crazy	מְשֻׁגָּע (נ. מְשֻׁגָּעָה)
create	בָּרָא (בּוֹרֵא, יִבְרָא)
cry (*v.*)	צָעַק (צוֹעֵק, יִצְעַק)
culture	תַּרְבּוּת
cup	כּוֹס נ. (כּוֹסוֹת)
cure (*v.*)	רִפֵּא (מְרַפֵּא, יְרַפֵּא)
curse (*v.*)	קִלֵּל (מְקַלֵּל, יְקַלֵּל)
cut (*v.*)	כָּרַת (כּוֹרֵת, יִכְרֹת)
Dad	אַבָּא
Dan	דָּן
dance (*n.*)	רִקּוּד
dance (*v.*)	רָקַד (רוֹקֵד, יִרְקֹד)
darkness	חֹשֶׁךְ
daughter	בַּת (בָּנוֹת)
David	דָּוִד
day	יוֹם (יָמִים)

day by day	יוֹם יוֹם
Dead Sea	יָם הַמֶּלַח
(my) dear	יַקִּירִי (נ. יַקִּירָתִי)
dear to	חָבִיב עַל
death	מָוֶת ז.
decide	הֶחְלִיט (מַחְלִיט, יַחְלִיט)
decorated	מְקֻשָּׁט (נ. מְקֻשָּׁטָה)
decoration	קִשּׁוּט (קִשּׁוּטִים)
deed	מַעֲשֶׂה ז. (מַעֲשִׂים)
department store	חֲנוּת כֹּל בּוֹ
descend	יָרַד (יוֹרֵד, יֵרֵד)
to descend	לָרֶדֶת
desert	מִדְבָּר ז. (מִדְבָּרוֹת)
destroy	אִבֵּד (מְאַבֵּד, יְאַבֵּד)
dew	טַל
dictionary	מִלּוֹן (מִלּוֹנִים)
did	עָשָׂה
die	מוּת (מֵת, יָמוּת)
different	שׁוֹנֶה (נ. שׁוֹנָה)
difficult	קָשֶׁה (נ. קָשָׁה)
dining room	חֲדַר אֹכֶל
discouraged	נָפַל רוּחוֹ
dish	כְּלִי (כֵּלִים)
distant	רָחוֹק (נ. רְחוֹקָה)
distress	צַעַר
divide	חִלֵּק (מְחַלֵּק, יְחַלֵּק)
do (make)	עָשָׂה (עוֹשֶׂה, יַעֲשֶׂה)
to do	לַעֲשׂוֹת

doctor רוֹפֵא (רוֹפְאִים)
dog כֶּלֶב (כְּלָבִים)
donkey חֲמוֹר (חֲמוֹרִים)
don't אֵין
  don't (*neg. imp.*) אַל
door דֶּלֶת נ. (דְּלָתוֹת)
draw (a picture) צִיֵּר (מְצַיֵּר, יְצַיֵּר)
dream (*n.*) חֲלוֹם ז. (חֲלוֹמוֹת)
  dream (*v.*) חָלַם (חוֹלֵם, יַחֲלֹם)
dress (*n.*) שִׂמְלָה (שְׂמָלוֹת)
dress oneself הִתְלַבֵּשׁ (מִתְלַבֵּשׁ, יִתְלַבֵּשׁ)
drop (*n.*) טִפָּה (טִפּוֹת)
drown טָבַע (טוֹבֵעַ, יִטְבַּע)
dry (*v.*) יִבֵּשׁ (מְיַבֵּשׁ, יְיַבֵּשׁ)
dwell יָשַׁב (יוֹשֵׁב, יֵשֵׁב)
  to dwell לָשֶׁבֶת

each כָּל
  each other זֶה אֶת זֶה
ear אֹזֶן נ. (אָזְנַיִם)
earth אֲדָמָה; אֶרֶץ
earthenware כְּלֵי חֶרֶס
easy קַל (נ. קַלָּה)
eat אָכַל (אוֹכֵל, יֹאכַל)
  to eat לֶאֱכֹל
edition מַהֲדוּרָה (מַהֲדוּרוֹת)
Egypt מִצְרַיִם נ.

eight שְׁמֹנָה (נ. שְׁמֹנֶה)
eighteen שְׁמֹנָה עָשָׂר (נ. שְׁמֹנֶה עֶשְׂרֵה)
eighth שְׁמִינִי (נ. שְׁמִינִית)
eighty שְׁמוֹנִים
elevator מַעֲלִית נ. (מַעֲלִיּוֹת)
eleven אַחַד עָשָׂר (נ. אַחַת עֶשְׂרֵה)
else עוֹד
emperor קֵיסָר
empty רֵיק (נ. רֵיקָה)
end סוֹף
England אַנְגְלִיָּה נ.
English (language) אַנְגְּלִית נ.
English (*adj.*) אַנְגְּלִי (נ. אַנְגְּלִית)
enough דַּי
enter נִכְנַס (נִכְנָס, יִכָּנֵס)
envelope מַעֲטָפָה (מַעֲטָפוֹת)
environment סְבִיבָה (סְבִיבוֹת)
escort (*v.*) לִוָּה (מְלַוֶּה, יְלַוֶּה)
establish הֵקִים (מֵקִים, יָקִים)
Esther אֶסְתֵּר
Ethics of the Fathers פִּרְקֵי אָבוֹת
Europe אֵירוֹפָּה
Eve חַוָּה
even, even if אֲפִילוּ
evening עֶרֶב (עֲרָבִים)
every כָּל
  everybody כָּל אִישׁ; הַכֹּל
  everything הַכֹּל

examination	מִבְחָן (מִבְחָנִים)
exercise (*n.*)	תַּרְגִּיל (תַּרְגִּילִים)
expression	בִּטּוּי (בִּטּוּיִים)
eye	עַיִן נ. (עֵינַיִם)
face (*n.*)	פָּנִים זו״נ
fail	נִכְשַׁל (נִכְשָׁל, יִכָּשֵׁל)
fall	נָפַל (נוֹפֵל, יִפֹּל)
family	מִשְׁפָּחָה (מִשְׁפָּחוֹת)
famine	רָעָב
farmer	אִכָּר (אִכָּרִים)
fast (*adv.*)	מַהֵר
(to) fast	צוֹם (צָם, יָצוּם)
fat	שָׁמֵן (נ. שְׁמֵנָה)
father	אָב (אָבוֹת)
favor	טוֹבָה (טוֹבוֹת)
fear (*n.*)	פַּחַד (פְּחָדִים)
feast	מִשְׁתֶּה ז. (מִשְׁתָּאוֹת)
feel	הִרְגִּישׁ (מַרְגִּישׁ, יַרְגִּישׁ)
feminine	נְקֵבָה (נְקֵבוֹת)
fence	גָּדֵר נ. (גְּדֵרוֹת)
festival	חַג (חַגִּים)
(a) few	אֲחָדִים
field	שָׂדֶה ז. (שָׂדוֹת)
fifteen	חֲמִשָּׁה עָשָׂר (נ. חֲמֵשׁ עֶשְׂרֵה)
fifth	חֲמִישִׁי (נ. חֲמִישִׁית)
fifty	חֲמִשִּׁים

fight	נִלְחַם (נִלְחָם, יִלָּחֵם)
to fight	לְהִלָּחֵם
finally	סוֹף סוֹף
find	מָצָא (מוֹצֵא, יִמְצָא)
finish	גָּמַר (גּוֹמֵר, יִגְמֹר)
fire	אֵשׁ נ.
(a) fire	שְׂרֵפָה (שְׂרֵפוֹת)
first	רִאשׁוֹן (נ. רִאשׁוֹנָה)
fish	דָּג (דָּגִים)
fisherman	דַּיָּג (דַּיָּגִים)
fit (*v.*)	הָלַם (הוֹלֵם, יַהֲלֹם)
five	חֲמִשָּׁה (נ. חָמֵשׁ)
flax	פִּשְׁתָּן
flee	בָּרַח (בּוֹרֵחַ, יִבְרַח)
floor	רִצְפָּה; קוֹמָה
flower	פֶּרַח (פְּרָחִים)
food	אֹכֶל
fool	טִפֵּשׁ (טִפְּשִׁים); שׁוֹטֶה (שׁוֹטִים)
foot	רֶגֶל נ. (רַגְלַיִם)
for	לְ; בְּעַד
forbidden	אָסוּר (נ. אֲסוּרָה)
foreigner	נָכְרִי (נָכְרִים)
forget	שָׁכַח (שׁוֹכֵחַ, יִשְׁכַּח)
forest	יַעַר (יְעָרִים)
forever	לְעוֹלָם
fork	מַזְלֵג ז. (מַזְלְגוֹת)
form	צוּרָה (צוּרוֹת)
formerly	לְפָנִים

forty	אַרְבָּעִים
foundation	יְסוֹד ז. (יְסוֹדוֹת)
four	אַרְבָּעָה (נ. אַרְבַּע)
fourteen	אַרְבָּעָה עָשָׂר (נ. אַרְבַּע עֶשְׂרֵה)
fourth	רְבִיעִי (נ. רְבִיעִית)
fragrance	רֵיחַ ז. (רֵיחוֹת)
frankfurter	נַקְנִיקִית נ. (נַקְנִיקִיּוֹת)
free	חָפְשִׁי (נ. חָפְשִׁית)
freedom	חֹפֶשׁ
fresh	טָרִי (נ. טְרִיָּה)
friend	חָבֵר (חֲבֵרִים)
from	מִן (מִ, מֵ)
fruit	פְּרִי ז. (פֵּרוֹת)
(to be) fulfilled	הִתְקַיֵּם (מִתְקַיֵּם, יִתְקַיֵּם)
full	מָלֵא (נ. מְלֵאָה)
(make) fun (of)	צִחֵק בְּ (מְצַחֵק, יְצַחֵק)
funeral	הַלְוָיָה (הַלְוָיוֹת)
funny	מַצְחִיק (נ. מַצְחִיקָה)
future	עָתִיד
Galilee	גָּלִיל נ.
game	מִשְׂחָק (מִשְׂחָקִים)
garden	גַּן (גַּנִּים)
gate	שַׁעַר (שְׁעָרִים)
gender	מִין (מִינִים)
generation	דּוֹר ז. (דּוֹרוֹת)
German	גֶּרְמָנִי
Germany	גֶּרְמַנְיָה
get up	קוּם (קָם, יָקוּם)
giant	עֲנָק (עֲנָקִים)
gift	מַתָּנָה (מַתָּנוֹת)
girl	יַלְדָּה (יְלָדוֹת); נַעֲרָה (נְעָרוֹת); בַּחוּרָה (בַּחוּרוֹת)
give	נָתַן (נוֹתֵן, יִתֵּן)
to give	לָתֵת
(a) glass	כּוֹס נ. (כּוֹסוֹת)
glove	כְּפָפָה (כְּפָפוֹת)
go	הָלַךְ (הוֹלֵךְ, יֵלֵךְ)
to go	לָלֶכֶת
go! (*imp.*)	לֵךְ
goat	עֵז נ. (עִזִּים)
God	אֱלֹהִים; הַשֵּׁם
God willing	אִם יִרְצֶה הַשֵּׁם
go down	יָרַד (יוֹרֵד, יֵרֵד)
to go down	לָרֶדֶת
gold	זָהָב
Goliath	גָּלְיָת
good	טוֹב (נ. טוֹבָה)
good-bye	שָׁלוֹם
go out	יָצָא (יוֹצֵא, יֵצֵא)
to go out	לָצֵאת
go up	עָלָה (עוֹלֶה, יַעֲלֶה)
grammar	דִּקְדּוּק

grandfather	סָב (סָבִים)
grave	קֶבֶר (קְבָרִים)
great	גָּדוֹל (נ. גְּדוֹלָה)
Greek	יְוָנִי
green	יָרֹק (נ. יְרֻקָּה)
greeting	בְּרָכָה (בְּרָכוֹת)
grow	גָּדַל (גָּדֵל, יִגְדַּל)
guest	אוֹרֵחַ (אוֹרְחִים)
gymnasium (physical exercise)	חֲדַר הִתְעַמְּלוּת
Haifa	חֵיפָה נ.
half	חֲצִי
hallelujah	הַלְלוּיָהּ
hand	יָד נ. (יָדַיִם)
handsome	יְפֵה תֹּאַר (נ. יְפַת תֹּאַר)
hanging	תָּלוּי
Hannah	חַנָּה
happen	קָרָה (יִקְרֶה)
happy	שָׂמֵחַ (נ. שְׂמֵחָה)
hard	קָשֶׁה (נ. קָשָׁה)
harvest	קָצַר (קוֹצֵר, יִקְצֹר)
has	לְ
I have	(יֵשׁ) לִי
hat	מִגְבַּעַת נ. (מִגְבָּעוֹת)
hateful	שָׂנוּא (נ. שְׂנוּאָה)
he	הוּא

head	רֹאשׁ (רָאשִׁים)
healthy	בָּרִיא (נ. בְּרִיאָה)
hear	שָׁמַע (שׁוֹמֵעַ, יִשְׁמַע)
heart	לֵב ז. (לִבּוֹת)
hearty appetite!	לְתֵאָבוֹן
heaven	שָׁמַיִם ז.ר.
Hebrew (language)	עִבְרִית
Hebrew (*adj.*)	עִבְרִי (נ. עִבְרִית)
Hebron	חֶבְרוֹן נ.
hello	שָׁלוֹם
hello (telephone)	הַלּוֹ
help	עָזַר (עוֹזֵר, יַעֲזֹר)
her	אוֹתָהּ; לָהּ
here	פֹּה
here is	הִנֵּה
hero	גִּבּוֹר (גִּבּוֹרִים)
heroism	גְּבוּרָה
Herzl	הֶרְצְל
high	גָּבֹהַּ (נ. גְּבֹהָה)
high school	בֵּית סֵפֶר תִּיכוֹן ז. (בָּתֵּי סֵפֶר תִּיכוֹנִים)
highway	כְּבִישׁ (כְּבִישִׁים)
hike (*n.*)	טִיּוּל (טִיּוּלִים)
hike (*v.*)	טִיֵּל (מְטַיֵּל, יְטַיֵּל)
to take a hike	עָרַךְ (עוֹרֵךְ, יַעֲרֹךְ) טִיּוּל
hill	גִּבְעָה (גְּבָעוֹת)
Hillel	הִלֵּל

him; to him	אוֹתוֹ; לוֹ
his	שֶׁלּוֹ
history	הִסְטוֹרְיָה
hole	חוֹר (חוֹרִים)
holiday	חַג (חַגִּים)
holiness	קֹדֶשׁ
home	בַּיִת ז. (בָּתִּים)
home (*adv.*)	הַבַּיְתָה
homeland	מוֹלֶדֶת נ.
homework	שִׁעוּרֵי בַּיִת
honor (*n.*)	כָּבוֹד
honor (*v.*)	כִּבֵּד (מְכַבֵּד, יְכַבֵּד)
hope	קִוָּה (מְקַוֶּה, יְקַוֶּה)
Hora (national Israeli dance)	הוֹרָה
horse	סוּס (סוּסִים)
hotel	מָלוֹן
hour	שָׁעָה (שָׁעוֹת)
house	בַּיִת ז. (בָּתִּים)
how?	אֵיךְ
how are you?	מַה שְּׁלוֹמְךָ?
how many?	כַּמָּה?
how much is it?	בְּכַמָּה זֶה עוֹלֶה?
how nice!	מַה יָּפֶה!
how old?	בֶּן כַּמָּה?
hundred	מֵאָה (מֵאוֹת)
hungry	רָעֵב (נ. רְעֵבָה)
husband	בַּעַל (בְּעָלִים)
I	אֲנִי
ice cream	גְּלִידָה
idea	רַעְיוֹן ז. (רַעְיוֹנוֹת); עֵצָה (עֵצוֹת)
if	אִם
if that's the case	אִם כֵּן
image (statue)	פֶּסֶל (פְּסִילִים)
immediately	תֵּכֶף
imperative	צִוּוּי
impossible	אִי אֶפְשָׁר (נ. אִי אֶפְשָׁרִית)
impression	רֹשֶׁם (רְשָׁמִים)
in; in the	בְּ; בַּ
in it	בּוֹ (נ. בָּהּ)
incorrect	בִּלְתִּי נָכוֹן (נ. בִּלְתִּי נְכוֹנָה)
indeed	אָמְנָם
Independence Day (5th of Iyyar)	יוֹם הָעַצְמָאוּת ז.
infinitive	מָקוֹר ז. (מְקוֹרוֹת)
initials	רָאשֵׁי תֵבוֹת ז.ר.
ink	דְּיוֹ זו״נ
innkeeper	בַּעַל מָלוֹן
inside of	בְּתוֹךְ; לְתוֹךְ
instead of	בִּמְקוֹם
instructions	הוֹרָאוֹת
into	לְ; לְתוֹךְ
invite	הִזְמִין (מַזְמִין, יַזְמִין)
Isaac	יִצְחָק
Israel	יִשְׂרָאֵל
Land of Israel	אֶרֶץ יִשְׂרָאֵל נ.

Israeli	אֶרֶץ יִשְׂרָאֵלִי (נ. אֶרֶץ יִשְׂרְאֵלִית)
Israelites	בְּנֵי יִשְׂרָאֵל
it	אוֹתוֹ (נ. אוֹתָהּ)
(in) it	בּוֹ (נ. בָּהּ)
Italy	אִיטַלְיָה נ.
Jacob	יַעֲקֹב
Jaffa	יָפוֹ נ.
Jaffa Road	רְחוֹב יָפוֹ
Jerusalem	יְרוּשָׁלַיִם
Jerusalemite	יְרוּשַׁלְמִי
Jew	יְהוּדִי (יְהוּדִים)
jewel	אֶבֶן יְקָרָה נ. (אֲבָנִים יְקָרוֹת)
Joel	יוֹאֵל
Jonathan	יְהוֹנָתָן
Jordan (river)	הַיַּרְדֵּן
Joshua	יְהוֹשֻׁעַ
journey	נְסִיעָה (נְסִיעוֹת)
joy	שִׂמְחָה
jubilee	יוֹבֵל (יוֹבְלִים)
Judah	יְהוּדָה
judge (*n.*)	שׁוֹפֵט (שׁוֹפְטִים)
judge (*v.*)	שָׁפַט (שׁוֹפֵט, יִשְׁפֹּט)
Judith	יְהוּדִית
jump (*v.*)	קָפַץ (קוֹפֵץ, יִקְפֹּץ)
jump (*n.*)	קְפִיצָה (קְפִיצוֹת)
key	מַפְתֵּחַ ז. (מַפְתְּחוֹת)
kill	הָרַג (הוֹרֵג, יַהֲרֹג)
kilometer	קִילוֹמֶטֶר
kind (*n.*)	מִין (מִינִים)
kind (*adj.*)	טוֹב לֵב (נ. טוֹבַת לֵב)
kindness	חֶסֶד
king	מֶלֶךְ (מְלָכִים)
kneel	בָּרַךְ (בּוֹרֵךְ, יִבְרַךְ)
Knesset (Israeli Parliament)	כְּנֶסֶת נ.
knife	סַכִּין נ. (סַכִּינִים)
knock (*n.*)	דְּפִיקָה (דְּפִיקוֹת)
knock (*v.*)	דָּפַק (דּוֹפֵק, יִדְפֹּק)
know	יָדַע (יוֹדֵעַ, יֵדַע)
to know	לָדַעַת
known	יָדוּעַ (נ. יְדוּעָה)
know	הִכִּיר (מַכִּיר, יַכִּיר)
land	אֶרֶץ נ. (אֲרָצוֹת)
language	לָשׁוֹן נ. (לְשׁוֹנוֹת); שָׂפָה (שָׂפוֹת)
large	גָּדוֹל (נ. גְּדוֹלָה)
last	אַחֲרוֹן (נ. אַחֲרוֹנָה)
laugh (*v.*)	צָחַק (צוֹחֵק, יִצְחַק)
laughter	צְחוֹק
laziness	עַצְלוּת נ.
lazy	עָצֵל (נ. עֲצֵלָה)
Leah	לֵאָה
learn	לָמַד (לוֹמֵד, יִלְמַד)

leather	עוֹר ז. (עוֹרוֹת)
leave	עָזַב (עוֹזֵב, יַעֲזֹב)
leave behind	הִשְׁאִיר (מַשְׁאִיר, יַשְׁאִיר)
leisure (time)	פְּנַאי
less	פָּחוֹת
lesson	שִׁעוּר (שִׁעוּרִים)
letter (of alphabet)	אוֹת נ. (אוֹתִיּוֹת)
letter (correspondence)	מִכְתָּב (מִכְתָּבִים)
letter box	תֵּבַת מִכְתָּבִים נ.
lie down	שָׁכַב (שׁוֹכֵב, יִשְׁכַּב)
life	חַיִּים ז.ר.
lift (*v.*)	הֵרִים (מֵרִים, יָרִים)
light (*n.*)	אוֹר ז. (אוֹרוֹת)
light (*adj.*)	קַל (נ. קַלָּה)
like, as	כְּמוֹ
as thyself	כָּמוֹךָ
(I) liked	מָצָא חֵן בְּעֵינַי
likeness	דְּמוּת נ.
Lincoln	לִינְקוֹן
lion	אֲרִי ז. (אֲרָיוֹת)
lip	שָׂפָה (שְׂפָתַיִם)
lira (Israeli)	לִירָה (לִירוֹת)
listen	שָׁמַע (שׁוֹמֵעַ, יִשְׁמַע)
literature	סִפְרוּת נ.
little	קָטָן (נ. קְטַנָּה)
a little bit	מְעַט
live	חָיָה (חַי, יִחְיֶה)
long live	יְחִי

long	אָרֹךְ (נ. אֲרֻכָּה)
look	הִבִּיט (מַבִּיט, יַבִּיט)
lord	אָדוֹן
lose	אָבַד (אוֹבֵד, יֹאבַד)
I lost	אָבַד לִי
love (*n.*)	אַהֲבָה
love (*v.*)	אָהַב (אוֹהֵב, יֶאֱהַב)
fall in love with	הִתְאַהֵב בְּ...
low	נָמוּךְ (נ. נְמוּכָה)
luck	מַזָּל
good luck	מַזָּל טוֹב
lunch	אֲרוּחַת הַצָּהֳרַיִם נ.
Ma	אִמָּא
Maccabee	מַכַּבִּי (מַכַּבִּים)
Macedonian	מוֹקְדוֹן
"made in Israel"	תּוֹצֶרֶת הָאָרֶץ נ.
maid	שִׁפְחָה (שְׁפָחוֹת)
make	עָשָׂה (עוֹשֶׂה, יַעֲשֶׂה)
to make	לַעֲשׂוֹת
Malaga	מַלָּקָה
male	זָכָר (זְכָרִים)
man	אִישׁ (אֲנָשִׁים)
many	רַבִּים (נ. רַבּוֹת)
mark	צִיּוּן (צִיּוּנִים)
market	שׁוּק (שְׁוָקִים)
married	בַּעַל אִשָּׁה; נָשׂוּי

marry	הִתְחַתֵּן (מִתְחַתֵּן, יִתְחַתֵּן)
mask	מַסֵּכָה (מַסֵּכוֹת)
master	בַּעַל (בְּעָלִים)
match (v.)	זִוֵּג (מְזַוֵּג, יְזַוֵּג)
mathematics	מַתֵּמָטִיקָה
(to) me	אוֹתִי; לִי
meal	אֲרוּחָה (אֲרוּחוֹת)
meaning	פֵּרוּשׁ (פֵּרוּשִׁים)
meat	בָּשָׂר
medicine	רְפוּאָה (רְפוּאוֹת)
Mediterranean Sea	הַיָּם הַתִּיכוֹן
meet (v.)	הִתְאַסֵּף (מִתְאַסֵּף, יִתְאַסֵּף); פָּגַשׁ (פּוֹגֵשׁ, יִפְגֹּשׁ)
(a) meeting	אֲסֵפָה (אֲסֵפוֹת)
Meir	מֵאִיר
member (of club)	חָבֵר בְּ (חֲבֵרִים בְּ)
members of the family	בְּנֵי הַמִּשְׁפָּחָה
memorial	זִכָּרוֹן ז. (זִכְרוֹנוֹת)
men	אֲנָשִׁים (י. אִישׁ)
menu	תַּפְרִיט (תַּפְרִיטִים)
merchant	סוֹחֵר (סוֹחֲרִים)
merciful	רַחֲמָן (נ. רַחֲמָנִיָּה)
meter (a measure)	מֶטֶר
mighty	גִּבּוֹר (נ. גִּבּוֹרָה)
milk	חָלָב
minute	דַּקָּה (דַּקּוֹת)
minutes (of a meeting)	פְּרוֹטוֹקוֹל
Miriam	מִרְיָם
Miss	גְּבֶרֶת
mistake	שְׁגִיאָה (שְׁגִיאוֹת)
mock	צִחֵק (מְצַחֵק, יְצַחֵק)
modern	מוֹדֶרְנִי (נ. מוֹדֶרְנִית)
moment	רֶגַע (רְגָעִים)
money	כֶּסֶף
month	חֹדֶשׁ (חֳדָשִׁים)
monument	מַצֵּבָה (מַצֵּבוֹת)
moon	יָרֵחַ
Mordecai	מָרְדְּכַי
more	עוֹד; יוֹתֵר
morning	בֹּקֶר
Moses	מֹשֶׁה
mother	אֵם (אִמּוֹת)
mountain	הַר (הָרִים)
mouth	פֶּה ז. (פִּיּוֹת)
move (v.)	זָז (זָז, יָזוּז)
Mr.	אָדוֹן, מַר
Mrs.	גְּבֶרֶת
Mt. Carmel	הַר הַכַּרְמֶל
Mt. Scopus	הַר הַצּוֹפִים
Mt. Sinai	הַר סִינַי
Mt. Zion	הַר צִיּוֹן
much	הַרְבֵּה; רַב
must	צָרִיךְ לְ (נ. צְרִיכָה לְ)
my, mine	שֶׁלִּי
myself	בְּעַצְמִי

name	שֵׁם (שֵׁמוֹת)
named	בְּשֵׁם
napkin	מַפִּית (מַפִּיּוֹת)
narrow	צַר
national	לְאֻמִּי (נ. לְאֻמִּית)
near	אֵצֶל; עַל יַד
necktie	עֲנִיבָה; דָּג מָלוּחַ
need	צָרִיךְ לְ (נ. צְרִיכָה לְ)
neighbor	שָׁכֵן (שְׁכֵנִים)
net	רֶשֶׁת נ. (רְשָׁתוֹת)
never	אַף פַּעַם; אַף פַּעַם לֹא
nevertheless	בְּכָל זֹאת
new	חָדָשׁ (נ. חֲדָשָׁה)
New Orleans	נְיוּ אוֹרְלֵיאַנְס נ.
news	חֲדָשׁוֹת
newspaper	עִתּוֹן (עִתּוֹנִים)
New Year	רֹאשׁ הַשָּׁנָה
New York	נְיוּ יוֹרְק נ.
next to	אֵצֶל
nice	יָפֶה (נ. יָפָה)
nicely	יָפֶה
night	לַיְלָה ז. (לֵילוֹת)
nine	תִּשְׁעָה (נ. תֵּשַׁע)
nineteen	תִּשְׁעָה עָשָׂר (נ. תְּשַׁע עֶשְׂרֵה)
ninety	תִּשְׁעִים
ninth	תְּשִׁיעִי (נ. תְּשִׁיעִית)
no	לֹא
noise	רַעַשׁ
noon	צָהֳרַיִם
north	צָפוֹן
nose	אַף (אַפִּים)
notebook	מַחְבֶּרֶת נ. (מַחְבָּרוֹת)
novel (*n.*)	רוֹמָן (רוֹמָנִים)
now	עַכְשָׁו
number	מִסְפָּר (מִסְפָּרִים)
obstacle	מִכְשׁוֹל (מִכְשׁוֹלִים)
occupied	תָּפוּשׂ (נ. תְּפוּשָׂה)
o'clock	שָׁעָה
three o'clock	הַשָּׁעָה הַשְּׁלִישִׁית
of	שֶׁל
officer	שַׂר (שָׂרִים)
O.K.	בְּסֵדֶר
it's O.K.	זֶה בְּסֵדֶר
old	זָקֵן (נ. זְקֵנָה)
a year old	בֶּן שָׁנָה (נ. בַּת שָׁנָה)
on	עַל
once	פַּעַם אַחַת
one	אֶחָד (נ. אַחַת)
only	רַק
only son	בֵּן יָחִיד
open	פָּתַח (פּוֹתֵחַ, יִפְתַּח)
open (eyes)	פָּקַח (פּוֹקֵחַ, יִפְקַח)
opposite	הֶפֶךְ
or	אוֹ

orange	תַּפּוּחַ זָהָב (תַּפּוּחֵי זָהָב)
orange grove	פַּרְדֵּס (פַּרְדֵּסִים)
order	סֵדֶר
in order to	כְּדֵי לְ
ordinal (number)	מִסְפָּר סִדּוּרִי
other	אַחֵר (נ. אַחֶרֶת)
outside	בַּחוּץ
owe	חַיָּב (נ. חַיֶּבֶת)
pair	זוּג ז. (זוּגוֹת)
palace	אַרְמוֹן ז. (אַרְמוֹנוֹת)
pale	חִוֵּר (נ. חִוֶּרֶת)
paper	נְיָר ז. (נְיָרוֹת)
pardon!	סְלִיחָה
Paris	פָּרִיז נ.
part	חֵלֶק (חֲלָקִים)
party (celebration)	נֶשֶׁף (נְשָׁפִים)
pass (*v.*)	עָבַר (עוֹבֵר, יַעֲבֹר)
passed a test	עָמַד בְּמִבְחָן
Passover	פֶּסַח (פְּסָחִים)
past tense	עָבָר
patriarchs	אָבוֹת
pay (*v.*)	שִׁלֵּם (מְשַׁלֵּם, יְשַׁלֵּם)
peace	שָׁלוֹם
peasant	אִכָּר (אִכָּרִים)
pen	עֵט (עֵטִים)
pencil	עִפָּרוֹן (עֶפְרוֹנִים)
penny	פְּרוּטָה (פְּרוּטוֹת)
people (nation)	עַם (עַמִּים)
people (persons)	אֲנָשִׁים (י. אִישׁ)
pepper	פִּלְפֵּל
perhaps	אוּלַי
Persia	פָּרַס נ.
Persian	פַּרְסִי (פַּרְסִים)
Philistine	פְּלִשְׁתִּי (פְּלִשְׁתִּים)
philosopher	פִילוֹסוֹף (פִילוֹסוֹפִים)
photograph	צִלּוּם (צִלּוּמִים)
picture	תְּמוּנָה (תְּמוּנוֹת)
pioneer	חָלוּץ (חֲלוּצִים)
pitcher (of water)	כַּד זו"נ (כַּדִּים)
place (*n.*)	מָקוֹם ז. (מְקוֹמוֹת)
plan (*v.*)	עָרַךְ (עוֹרֵךְ, יַעֲרֹךְ)
plant	נָטַע (נוֹטֵעַ, יִטַּע)
play a game	שִׂחֵק (מְשַׂחֵק, יְשַׂחֵק)
pleasant	נָעִים (נ. נְעִימָה)
please	בְּבַקָּשָׁה; נָא
pleasure	עֹנֶג
plot of land	מִגְרָשׁ (מִגְרָשִׁים)
plough (*v.*)	חָרַשׁ (חוֹרֵשׁ, יַחֲרֹשׁ)
poem	שִׁיר (שִׁירִים)
poet	מְשׁוֹרֵר (מְשׁוֹרְרִים)
a point	נְקֻדָּה (נְקֻדּוֹת)
Poland	פּוֹלַנְיָה נ.

poor	עָנִי (נ. עֲנִיָּה)
port	נָמָל
portion	חֵלֶק (חֲלָקִים)
possessive pronouns	כִּנּוּיִים
possible	אֶפְשָׁר
post office	בֵּית הַדֹּאַר ז. (בָּתֵּי הַדֹּאַר)
(by) power (of)	בְּיַד
pray	הִתְפַּלֵּל (מִתְפַּלֵּל, יִתְפַּלֵּל)
prayer	תְּפִלָּה (תְּפִלּוֹת)
precious	יָקָר (נ. יְקָרָה)
present tense	הֹוֶה
president	נָשִׂיא (נְשִׂיאִים)
pretty	יָפֶה (נ. יָפָה)
price	מְחִיר (מְחִירִים)
pride	גַּאֲוָה
priest	כֹּהֵן (כֹּהֲנִים)
prince	נָגִיד (נְגִידִים); בֶּן מֶלֶךְ
prison	בֵּית אֲסוּרִים נ. (בָּתֵּי אֲסוּרִים)
prize	פְּרָס (פְּרָסִים)
product	תּוֹצֶרֶת נ.
professor	פְּרוֹפֵיסוֹר
prophet	נָבִיא (נְבִיאִים)
proverb	פִּתְגָּם (פִּתְגָּמִים)
pupil	תַּלְמִיד (תַּלְמִידִים)
purple	אַרְגָּמָן
put	שִׂים (שָׂם, יָשִׂים)
puzzle	חִידָה (חִידוֹת)

quarrel (*v.*)	רִיב (רָב, יָרִיב)
(a) quarter (of)	רֶבַע
quick, quickly	מַהֵר
quiet (*n.*)	שֶׁקֶט

Rabbi	רַב; רַבִּי
Rachel	רָחֵל
radio	רַדְיוֹ
rain	גֶּשֶׁם (גְּשָׁמִים)
it is raining	גֶּשֶׁם יוֹרֵד
raise	הֵרִים (מֵרִים, יָרִים)
read	קָרָא (קוֹרֵא, יִקְרָא)
ready	מוּכָן (נ. מוּכָנָה)
receive	קִבֵּל (מְקַבֵּל, יְקַבֵּל)
recite	הִקְרִיא (מַקְרִיא, יַקְרִיא)
recognize	הִכִּיר (מַכִּיר, יַכִּיר)
red	אָדֹם (נ. אֲדֻמָּה)
redeem	פָּדָה (פּוֹדֶה, יִפְדֶּה)
regards (greetings)	דְּרִישַׁת שָׁלוֹם
registered (mail)	בְּאַחֲרָיוּת, רָשׁוּם
religion	דָּת נ. (דָּתוֹת)
remembrance	זֵכֶר
remove	הֵסִיר (מֵסִיר, יָסִיר)
rent (*v.*)	שָׂכַר
rent (*n.*)	שְׂכַר דִּירָה
report card	תְּעוּדָה (תְּעוּדוֹת)
request (*v.*)	בִּקֵּשׁ (מְבַקֵּשׁ, יְבַקֵּשׁ)

reside	גָּר (גָּר, יָגוּר)
respect (*v.*)	כִּבֵּד (מְכַבֵּד, יְכַבֵּד)
rest (*v.*)	נוּחַ (נָח, יָנוּחַ)
rest (*n.*)	מְנוּחָה
rest in peace!	יָנוּחַ בְּשָׁלוֹם עַל מִשְׁכָּבוֹ
rest (remainder)	שְׁאָר
restaurant	מִסְעָדָה (מִסְעָדוֹת)
return	שׁוּב (שָׁב, יָשׁוּב)
return (restore)	הֵשִׁיב (מֵשִׁיב, יָשִׁיב)
Reuben	רְאוּבֵן
review (*n.*)	חֲזָרָה (חֲזָרוֹת)
revive	מְחַיֶּה
revival	תְּחִיָּה (תְּחִיּוֹת)
rich	עָשִׁיר (נ. עֲשִׁירָה)
ride (an animal)	רָכַב (רוֹכֵב, יִרְכַּב)
right	נָכוֹן (נ. נְכוֹנָה)
(be) right	צָדַק (צוֹדֵק, יִצְדַּק)
you were right	צָדַקְתָּ
righteous	צַדִּיק (נ. צַדֶּקֶת)
ring (*v.*)	צִלְצֵל (מְצַלְצֵל, יְצַלְצֵל)
road	דֶּרֶךְ ז׳ו״נ (דְּרָכִים)
on the road	בַּדֶּרֶךְ
roar (*v.*)	שָׁאַג (שׁוֹאֵג, יִשְׁאַג)
rob	גָּזַל (גּוֹזֵל, יִגְזֹל)
robber	שׁוֹדֵד (שׁוֹדְדִים)
roll down	הִתְגַּלְגֵּל (מִתְגַּלְגֵּל, יִתְגַּלְגֵּל)
Rome	רוֹמָא נ.
roof	גַּג ז. (גַּגּוֹת)

room	חֶדֶר (חֲדָרִים)
room (place)	מָקוֹם
rooster	תַּרְנְגֹל
rule (*v.*)	מָשַׁל (מוֹשֵׁל, יִמְשֹׁל)
run	רוּץ (רָץ, יָרוּץ)
Russia	רוּסְיָה נ.
Ruth	רוּת
Sabbath	שַׁבָּת (שַׁבָּתוֹת)
sad	עָצֵב (נ. עֲצֵבָה)
saddle (*v.*)	חָבַשׁ (חוֹבֵשׁ, יַחֲבֹשׁ)
sail (*v.*)	הִפְלִיג (מַפְלִיג, יַפְלִיג)
(for) sake (of)	לְמַעַן
salt	מֶלַח
salty	מָלוּחַ (נ. מְלוּחָה)
Samuel	שְׁמוּאֵל
sand	חוֹל ז. (חוֹלוֹת)
sapling	שָׁתִיל (שְׁתִילִים)
sapphire	סַפִּיר (סַפִּירִים)
Sarah	שָׂרָה
Saul	שָׁאוּל
save (deliver)	הִצִּיל (מַצִּיל, יַצִּיל)
saw (*v.*)	רָאָה
say	אָמַר (אוֹמֵר, יֹאמַר)
said to himself	אָמַר בְּלִבּוֹ
scholar	תַּלְמִיד חָכָם (תַּלְמִידֵי חֲכָמִים)
school	בֵּית סֵפֶר ז. (בָּתֵּי סֵפֶר)

science	מַדָּע
score	תּוֹצָאָה
Scriptures	תּוֹרָה; כִּתְבֵי הַקֹּדֶשׁ
sea	יָם (יַמִּים)
seashore	שְׂפַת הַיָּם
season	זְמָן (זְמַנִּים)
second	שֵׁנִי (נ. שֵׁנִית)
secondary school	גִּמְנַסְיָה
secretary	מַזְכִּיר (מַזְכִּירִים)
secretly	בַּסֵּתֶר
see	רָאָה (רוֹאֶה, יִרְאֶה)
to see	לִרְאוֹת
seek	בִּקֵּשׁ (מְבַקֵּשׁ, יְבַקֵּשׁ)
send	שָׁלַח (שׁוֹלֵחַ, יִשְׁלַח)
servant	עֶבֶד (עֲבָדִים); מְשָׁרֵת (מְשָׁרְתִים)
sell	מָכַר (מוֹכֵר, יִמְכֹּר)
sentence	מִשְׁפָּט (מִשְׁפָּטִים)
seven	שִׁבְעָה (נ. שֶׁבַע)
seventeen	שִׁבְעָה עָשָׂר (נ. שְׁבַע עֶשְׂרֵה)
seventh	שְׁבִיעִי (נ. שְׁבִיעִית)
seventy	שִׁבְעִים
several	אֲחָדִים
sexton	שַׁמָּשׁ (שַׁמָּשִׁים)
she	הִיא
sheep	צֹאן
sheet (of paper)	גִּלָּיוֹן ז. (גִּלְיוֹנוֹת)
shepherd	רוֹעֶה
shine (*v.*)	זָרַח (זוֹרֵחַ, יִזְרַח)
shirt (blouse)	חֻלְצָה (חֻלְצוֹת)
shoe	נַעַל נ. (נְעָלִים)
short	קָצָר (נ. קְצָרָה)
show (*v.*)	הֶרְאָה (מַרְאֶה, יַרְאֶה)
shower	מִקְלַחַת נ.
shrewd	פִּקֵּחַ (נ. פִּקַּחַת)
sick	חוֹלֶה (נ. חוֹלָה)
sickle	חֶרְמֵשׁ (חֶרְמֵשִׁים)
side	צַד (צְדָדִים)
sign (placard)	שֶׁלֶט (שְׁלָטִים)
sign (proof)	סִימָן (סִימָנִים)
silence	שֶׁקֶט
silver	כֶּסֶף
silverware	כְּלֵי כֶסֶף
Simon	שִׁמְעוֹן
simple	פָּשׁוּט (נ. פְּשׁוּטָה)
sing	שִׁיר (שָׁר, יָשִׁיר)
singular	יָחִיד (נ. יְחִידָה)
sir	אָדוֹן, אֲדוֹנִי
sister	אָחוֹת (אֲחָיוֹת)
sit	יָשַׁב (יוֹשֵׁב, יֵשֵׁב)
to sit	לָשֶׁבֶת
six	שִׁשָּׁה (נ. שֵׁשׁ)
sixteen	שִׁשָּׁה עָשָׂר (נ. שֵׁשׁ עֶשְׂרֵה)
sixth	שִׁשִּׁי (נ. שִׁשִּׁית)
sixty	שִׁשִּׁים
sleep (*n.*)	שֵׁנָה
sleep (*v.*)	יָשֵׁן (יָשֵׁן, יִישַׁן)

sling-shot	קֶלַע (קְלָעִים)
slowly	לְאַט לְאַט
slumber (*v.*)	נוּם (נָם, יָנוּם)
small	קָטָן (נ. קְטַנָּה)
smile (*n.*)	בַּת צְחוֹק
smoke (*n.*)	עָשָׁן
smooth	חָלָק (נ. חֲלָקָה)
snow	שֶׁלֶג (שְׁלָגִים)
soap	סַבּוֹן
socks (*n.*)	גַּרְבַּיִם
soda	סוֹדָה
soda water	גָּזוֹז
soft	רַךְ (נ. רַכָּה)
softly	בְּלַחַשׁ
soil	אֲדָמָה
soiled	נִתְלַכְלֵךְ (מִתְלַכְלֵךְ, יִתְלַכְלֵךְ)
soldier	חַיָּל (חַיָּלִים)
Solomon	שְׁלֹמֹה
sometimes	לִפְעָמִים
so much	כָּל כָּךְ
son	בֵּן (בָּנִים)
song	שִׁיר (שִׁירִים)
(I am) sorry	צַר לִי
soul	נֶפֶשׁ נ. (נְפָשׁוֹת)
sour (*v.*)	הֶחְמִיץ (מַחְמִיץ, יַחְמִיץ)
south	דָּרוֹם
sow (*v.*)	זָרַע (זוֹרֵעַ, יִזְרַע)
Spain	סְפָרַד נ.
speak	דִּבֵּר (מְדַבֵּר, יְדַבֵּר)
speech	דִּבּוּר
spend (time)	בִּלָּה (מְבַלֶּה, יְבַלֶּה)
spill	שָׁפַךְ (שׁוֹפֵךְ, יִשְׁפֹּךְ)
sport (athletics)	סְפּוֹרְט
spread out	הִשְׂתָּרֵעַ (מִשְׂתָּרֵעַ, יִשְׂתָּרַע)
spring (the season)	אָבִיב
stable	אֻרְוָה (אֻרָווֹת)
stamp	בּוּל (בּוּלִים)
stand	עָמַד (עוֹמֵד, יַעֲמֹד)
state	מְדִינָה (מְדִינוֹת)
station	תַּחֲנָה (תַּחֲנוֹת)
steal	גָּנַב (גּוֹנֵב, יִגְנֹב)
stick	מַקֵּל ז. (מַקְלוֹת)
stone	אֶבֶן נ. (אֲבָנִים)
stop	חָדַל (חָדֵל, יֶחְדַּל)
store	חֲנוּת (חֲנֻיּוֹת)
stormy	סוֹעֵר (נ. סוֹעֶרֶת)
story	סִפּוּר (סִפּוּרִים)
street	רְחוֹב ז. (רְחוֹבוֹת)
strength	כֹּחַ
strong	חָזָק (נ. חֲזָקָה)
struck	הִכָּה (מַכֶּה, יַכֶּה)
study	לָמַד (לוֹמֵד, יִלְמַד)
style	מוֹדָה; אָפְנָה
subject	נוֹשֵׂא (נוֹשְׂאִים)
substitute for	מִלֵּא מָקוֹם (מְמַלֵּא, יְמַלֵּא)
succeed	הִצְלִיחַ (מַצְלִיחַ, יַצְלִיחַ)

suddenly	פִּתְאֹם
suffer	סָבַל (סוֹבֵל, יִסְבֹּל)
summer	קַיִץ
sun	שֶׁמֶשׁ ז׳ו׳נ (שְׁמָשׁוֹת)
supper	אֲרוּחַת הָעֶרֶב נ.
support himself	הִתְפַּרְנֵס (מִתְפַּרְנֵס, יִתְפַּרְנֵס)
surely	וַדַּאי
(be) surprised	הִתְפַּלֵּא (מִתְפַּלֵּא, יִתְפַּלֵּא)
swamp	בִּצָּה (בִּצּוֹת)
swear	נִשְׁבַּע (נִשְׁבָּע, יִשָּׁבַע)
swim	שָׂחָה (שׂוֹחֶה, יִשְׂחֶה)
symbol	סֵמֶל (סְמָלִים)
synagogue	בֵּית כְּנֶסֶת ז. (בָּתֵּי כְנֵסִיּוֹת)
Tabernacles, Feast of	סֻכּוֹת
table	שֻׁלְחָן ז. (שֻׁלְחָנוֹת)
take	לָקַח (לוֹקֵחַ, יִקַּח)
to take	לָקַחַת
take out	הוֹצִיא (מוֹצִיא, יוֹצִיא)
tall	גָּבֹהַּ (נ. גְּבוֹהָה)
teach	לִמֵּד (מְלַמֵּד, יְלַמֵּד)
teacher	מוֹרֶה (מוֹרִים)
tear (*n.*)	דִּמְעָה (דְּמָעוֹת)
Tel Aviv	תֵּל אָבִיב נ.
telephone	טֵלֵפוֹן
Tel Ḥai	תֵּל חַי נ.
television	טֵלֵוִיזְיָה

tell	סִפֵּר (מְסַפֵּר, יְסַפֵּר)
Temple	בֵּית הַמִּקְדָּשׁ ז.
ten	עֲשָׂרָה (נ. עֶשֶׂר)
tennis	טֶנִיס
tense	זְמַן (זְמַנִּים)
tent	אֹהֶל (אֹהָלִים)
tenth	עֲשִׂירִי (נ. עֲשִׂירִית)
term (semester)	זְמַן (זְמַנִּים)
terrible	נוֹרָא (נ. נוֹרָאָה)
test	מִבְחָן (מִבְחָנִים)
thanks (*n.*)	תּוֹדָה
that (*conj.*)	כִּי
that (*rel. pr.*)	אֲשֶׁר; שֶׁ
that book	הַסֵּפֶר הַהוּא
the	הַ, הָ, הֶ
their	שֶׁלָּהֶם (נ. שֶׁלָּהֶן)
them	אוֹתָם (נ. אוֹתָן)
then	אָז
there	שָׁם
there is, there are	יֵשׁ
therefore	לָכֵן
these	אֵלֶּה; הָאֵלֶּה
they	הֵם (נ. הֵן)
(became) thin	כָּחַשׁ (כָּחוּשׁ, יִכְחַשׁ)
think	חָשַׁב (חוֹשֵׁב, יַחְשֹׁב)
third	שְׁלִישִׁי (נ. שְׁלִישִׁית)
thirteen	שְׁלשָׁה עָשָׂר (נ. שְׁלשׁ עֶשְׂרֵה)
thirty	שְׁלשִׁים

מלון אנגלי־עברי

this זֶה (נ. זֹאת)
those הָהֵם (נ. הָהֵן)
thought (n.) רַעְיוֹן ז. (רַעְיוֹנוֹת)
thought (v.) חָשַׁב; אָמַר בְּלִבּוֹ
thousand אֶלֶף (אֲלָפִים)
three שְׁלשָׁה (נ. שָׁלשׁ)
through בְּעַד; דֶּרֶךְ
throw זָרַק (זוֹרֵק, יִזְרֹק)
thunder (n.) רַעַם
  thunder (v.) הִרְעִים (מַרְעִים, יַרְעִים)
thus כָּךְ
Tiberias טְבֶרְיָה
ticket כַּרְטִיס (כַּרְטִיסִים)
tie (v.) קָשַׁר (קוֹשֵׁר, יִקְשֹׁר)
time (season) זְמָן (זְמַנִּים)
  what time is it? מָה הַשָּׁעָה?
time פַּעַם נ.
  many times פְּעָמִים רַבּוֹת
tip (to a waiter) מַתָּת נ.; שֵׁרוּת זו"נ
tired עָיֵף (נ. עֲיֵפָה)
to אֶל; לְ
  to me אֵלַי; לִי
today הַיּוֹם
together יַחַד
tomorrow מָחָר
tongue לָשׁוֹן נ. (לְשׁוֹנוֹת)
topic נוֹשֵׂא (נוֹשְׂאִים)
torn קָרוּעַ (נ. קְרוּעָה)
touch (v.) נָגַע (נוֹגֵעַ, יִגַּע)
tourist (m.) תַּיָּר (תַּיָּרִים)
train רַכֶּבֶת נ. (רַכָּבוֹת)
translate תִּרְגֵּם (מְתַרְגֵּם, יְתַרְגֵּם)
translation תַּרְגּוּם
travel (v.) נָסַע (נוֹסֵעַ, יִסַּע)
tree עֵץ (עֵצִים)
tribe שֵׁבֶט (שְׁבָטִים)
trouble צָרָה (צָרוֹת)
trousers מִכְנָסַיִם ז.ר.
trunk מִזְוָדָה (מִזְוָדוֹת)
truth אֱמֶת
turn הָפַךְ (הוֹפֵךְ, יַהֲפֹךְ)
turn aside סוּר (סָר, יָסוּר)
twelve שְׁנֵים עָשָׂר (נ. שְׁתֵּים עֶשְׂרֵה)
twenty עֶשְׂרִים
twins תְּאוֹמִים ז.ר.
two שְׁנַיִם, שְׁנֵי (נ. שְׁתַּיִם, שְׁתֵּי)

ugly מְכֹעָר (נ. מְכֹעָרָה)
umbrella מִטְרִיָּה (מִטְרִיּוֹת)
uncle דּוֹד (דּוֹדִים)
under תַּחַת
understand הֵבִין (מֵבִין, יָבִין)
undress הִתְפַּשֵּׁט (מִתְפַּשֵּׁט, יִתְפַּשֵּׁט)
unite אִחֵד (מְאַחֵד, יְאַחֵד)

what	מַה, מֶה, מָה
wheat	חִטָּה
wheel (steering)	הֶגֶה
when (*conj.*)	כַּאֲשֶׁר
when?	מָתַי
where?	אֵיפֹה; אַיֵּה
whereto?	לְאָן
which?	אֵיזֶה (נ. אֵיזוֹ)
which (*rel. pr.*)	אֲשֶׁר; שֶׁ
while	כַּאֲשֶׁר
a while	זְמַן מָה
whisper	לַחַשׁ
white	לָבָן (נ. לְבָנָה)
who?	מִי
who (*rel. pr.*)	אֲשֶׁר, שֶׁ
whole	כָּל
why?	מַדּוּעַ
wicked	רָשָׁע (נ. רְשָׁעָה)
wife	אִשָּׁה (נָשִׁים)
his wife	אִשְׁתּוֹ
will be	יִהְיֶה
wind	רוּחַ זו"נ (רוּחוֹת)
window	חַלּוֹן (חַלּוֹנוֹת)
wine	יַיִן ז. (יֵינוֹת)
winter	חֹרֶף
wisdom	חָכְמָה
wise	חָכָם (נ. חֲכָמָה)
with	עִם; בְּ
without	בְּלִי
woman	אִשָּׁה (נָשִׁים)
won	זָכָה בְּ (זוֹכֶה, יִזְכֶּה)
wonderful	נִפְלָא (נ. נִפְלָאָה)
word	מִלָּה נ. (מִלִּים); דָּבָר (דְּבָרִים)
work (*n.*)	עֲבוֹדָה
work (*v.*)	עָבַד (עוֹבֵד, יַעֲבֹד)
workman	פּוֹעֵל (פּוֹעֲלִים)
world	עוֹלָם (עוֹלָמִים)
worthy	רָאוּי (נ. רְאוּיָה)
wound (*v.*)	פָּצַע (פּוֹצֵעַ, יִפְצַע)
wrap (*v.*)	אָרַז (אוֹרֵז, יֶאֱרֹז)
write	כָּתַב (כּוֹתֵב, יִכְתֹּב)
written	כָּתוּב
Writings (3rd section of the Bible)	כְּתוּבִים
year	שָׁנָה נ. (שָׁנִים)
yellow	צָהֹב (נ. צְהֻבָּה)
Yemenite	תֵּימָנִי (תֵּימָנִים)
yes	כֵּן
Yeshiva	יְשִׁיבָה (יְשִׁיבוֹת)
yesterday	אֶתְמוֹל
you	אַתָּה (אַתֶּם); אַתְּ (אַתֶּן)
you (*obj. pr.*)	אוֹתְךָ (אֶתְכֶם); אוֹתָךְ (אֶתְכֶן)
young	צָעִיר (נ. צְעִירָה)
your	שֶׁלְּךָ (שֶׁלָּכֶם); שֶׁלָּךְ (שֶׁלָּכֶן)
youth	בָּחוּר (בַּחוּרִים)

university	אוּנִיבֶרְסִיטָה
until	עַד
upon	עַל
upward	לְמַעְלָה
use (*n.*)	תּוֹעֶלֶת
valley	עֵמֶק (עֲמָקִים)
vegetable	יֶרֶק ז. (יְרָקוֹת)
verb	פֹּעַל (פְּעָלִים)
very; very much	מְאֹד
vice-president	סְגָן (סְגָנִים)
(be) victorious	נִצַּח (מְנַצֵּחַ, יְנַצֵּחַ)
village	כְּפָר (כְּפָרִים)
vineyard	כֶּרֶם (כְּרָמִים)
violate	חִלֵּל (מְחַלֵּל, יְחַלֵּל)
visit	בִּקֵּר (מְבַקֵּר, יְבַקֵּר)
vizier	וַזִּיר
voice	קוֹל ז. (קוֹלוֹת)
in a loud voice	בְּקוֹל, בְּקוֹל רָם
at the top of his voice	בְּקוֹלֵי קוֹלוֹת
wages	שָׂכָר
wait	חִכָּה (מְחַכֶּה, יְחַכֶּה)
waiter	מֶלְצַר (מֶלְצָרִים)
wall	קִיר (קִירוֹת)
want	רָצָה (רוֹצֶה, יִרְצֶה)
war	מִלְחָמָה (מִלְחָמוֹת)
warm	חַם (נ. חַמָּה)
warm himself	הִתְחַמֵּם (מִתְחַמֵּם, יִתְחַמֵּם)
was	הָיָה (נ. הָיְתָה)
I was	הָיִיתִי
wash	רָחַץ (רוֹחֵץ, יִרְחַץ)
wash oneself	הִתְרַחֵץ (מִתְרַחֵץ, יִתְרַחֵץ)
Washington	וַשִׁינְגְטוֹן
waste	אִבֵּד (מְאַבֵּד, יְאַבֵּד)
watch (*v.*)	שָׁמַר (שׁוֹמֵר, יִשְׁמֹר)
watch (clock)	שָׁעוֹן (שְׁעוֹנִים)
water	מַיִם ז.ר.
way	דֶּרֶךְ ז"נ (דְּרָכִים)
we	אֲנַחְנוּ
wear	לָבַשׁ (לוֹבֵשׁ, יִלְבַּשׁ)
wear (a hat)	חָבַשׁ (חוֹבֵשׁ, יַחֲבֹשׁ)
wear it well!	תִּתְחַדֵּשׁ
weather	מֶזֶג אֲוִיר
wedding	חֲתוּנָה (חֲתוּנוֹת)
week	שָׁבוּעַ ז. (שָׁבוּעוֹת)
weep	בָּכָה (בּוֹכֶה, יִבְכֶּה)
(you are) welcome	בְּבַקָּשָׁה; עַל לֹא דָבָר
welcome home	בָּרוּךְ הַבָּא
(a) well	בְּאֵר נ. (בְּאֵרוֹת)
well (healthy)	בָּרִיא (נ. בְּרִיאָה)
I am well	שָׁלוֹם לִי
went	הָלַךְ
(they) were	הָיוּ

INDEX

INDEX OF GRAMMATICAL AND CULTURAL TOPICS

Tower of David, Jerusalem

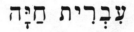

עִבְרִית חַיָּה